OWN

历 史 ， 是 昨 天 的 事 实

量化经济史经典译丛

总主编 曾咏梅 白彩全 冯 晨

[法]克洛德·迪博耶（Claude Diebolt） 　[荷]奥克·莱普玛（Auke Rijpma）

[英]萨拉·卡米歇尔（Sarah Carmichael） 　　　　　　　　　　主编

[土耳其]塞林·迪利（Selin Dilli） 　[德]夏洛特·施特默（Charlotte Störmer）

Cliometrics of the Family

郭永钦 蔡孟君 王凌峰 译

生育、人口与教育投资

家庭量化历史

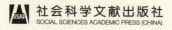

社会科学文献出版社
SOCIAL SCIENCES ACADEMIC PRESS (CHINA)

OWN

历史，是昨天的事实

First published in English under the title

Cliometrics of the Family

edited by Claude Diebolt,Auke Rijpma,Sarah Carmichael,Selin Dilli and Charlotte Störmer Copyright © Springer Nature

Switzerland AG,2019

This edition has been translated and published under licence from Springer Nature Switzerland AG.

主编简介

克洛德·迪博耶（Claude Diebolt）　斯特拉斯堡大学法国国家科学研究中心（CNRS）经济学教授。主要研究领域为增长和经济周期的计量史学。《计量史学》（*Cliometrica*）创办人、主编，《计量史学手册》的共同编辑，曾组织第八届世界计量史学大会。法国计量史学协会创会会长，曾任计量史学协会主席，现任法国经济学协会会长。

奥克·莱普玛（Auke Rijpma）　乌得勒支大学经济与社会史系助理教授。主要研究领域为定量分析方法、幸福感测量、公共服务以及家庭组织与经济发展关系等。

萨拉·卡米歇尔（Sarah Carmichael）　乌得勒支大学经济与社会史系助理教授。主要研究领域为非正式制度与发展成果关系、性别不平等测度等。

塞林·迪利（Selin Dilli）　乌得勒支大学经济与社会史系副教授。主要研究领域为非正式和正式制度演变及对发展成果的影响，如全球性别平等、民主、经济增长和创业。

夏洛特·施特默（Charlotte Störmer）　乌得勒支大学经济与社会史系博士后研究员、一进化生物学家。主要研究领域为人类生命史变异和演化。

译者简介

　　郭永钦　广州大学人文学院副教授，主要研究领域为经济史、历史地理。

　　蔡孟君　英国南安普顿商学院硕士，主要研究领域为全球金融市场波动性。

　　王凌峰　广东外语外贸大学国际经济贸易研究院讲师，主要研究领域为国际贸易理论与政策、复杂网络分析。

目 录

1 家庭量化历史：
编者介绍

克洛德·迪博耶（Claude Diebolt）

奥克·莱普玛（Auke Rijpma）

萨拉·卡米歇尔（Sarah Carmichael）

塞林·迪利（Selin Dilli）

夏洛特·施特默（Charlotte Störmer）

摘　要：本书提出了一些新观点，使得家庭量化历史研究回归本位。如今，越来越多的经济史和社会史学家已经开始用量化方法来分析家庭问题。本书汇集了2015年在东京举办的"世界经济史大会"上题为"全球家庭结构转型及其对发展的影响"的会议论文以及与该主题相关的其他若干文献。

关键词：计量史学①　家庭　经济发展　经济增长

计量史学关注的是测量方法及其理论模型在历史研究中的应用（Diebolt and Haupert，2016）。它主要应用于经济史领域，但又不限于此："更确切地说，无论是否存在反事实推断（counterfactual），计量史学主要应用（经济）模型中内嵌的因果关系，来揭示各种因素的相对重要性，即自然科学所认定的在特定历史条件下发挥作用之力"（Diebolt，2016）。因此，本书从量化和理论两个角度研究家庭史，并特别关注其与长期经济发展的相互作用。

家庭（family）还是户（household）？本书同时使用这两个术语，且在本章的论述中对二者不做区分。户在整个历史上是社会的重要组成部分，并兼有数种重要功能。它首先是生产的主要场所（De Vries，2008），但本书却更关注它的另外两种功能。第一，家庭是下一代人实现社会化（socialisation）的地方。因此，了解家庭史一方面对于理解文化的传承性非常重要，另一方面也意味着家庭行为的代际传递将带来传承性

---

① 计量学（cliometrics），可译作量化历史、历史计量或计量史学，由于学界对此术语的译法未做专门区分，故本书在翻译时视语境而定。——译者注

（Spolaore and Wacziarg，2013；Bisin and Verdier，2000）。

家庭的第二个重要功能，它也是生育率以及人力资本投资决策所出之地。总的来说，人力资本的形成引起了学者们的极大关注，尤其是近年来，学者们利用数量-质量权衡（quantity-quality trade-off）理论（模型）进行了大量的研究。研究认为家庭必须平衡多生孩子但给予较少的人力资本投资，与少生孩子但给予较多的人力资本投资两种不同的抉择。数量-质量权衡理论已提出多年（Becker，1960；Becker and Lewis，1973；Blake，1981），而真正让其保持长久生命力的是统一增长理论的发展（Galor and Weil，2000）；Diebolt 和 Perrin（2016）从计量史的角度对此进行了较多讨论。无论如何，从马尔萨斯停滞到持续经济增长理论的过渡中，数量-质量权衡理论都有着举足轻重的地位，极大地激发了对家庭内部教育和生育率的历史研究。

除了讨论传承性外，生育率和教育也是本书反复出现的主题。当然，本书的主题不限于此。生育率和教育不仅是目前社会史研究的基本组成部分，也是政治史、福利史和劳工史研究的重要构成。本书主题涵盖广泛，在上述提及的领域都有一定的贡献。

在第 2 章中，克洛德·迪博耶和福斯廷·佩林讨论了统一增长理论。他们在模型设计上类似于 Galor 和 Weil（2000）：技术进步促使家庭减少了生育孩子的数量，但增加了对人力资本的投资，这使经济从停滞过渡到持续增长。迪博耶和佩林的主要贡献是将性别平等纳入模型。由于以技能为导向的技术变革的发生，女性人力资本投资增加，这使得她们养育孩子的机会成本提高，因此进一步降低了她们的生育率。

在第 3 章中，弗朗切斯科·钦尼雷拉回顾了有关数量-质量权衡模型应用的文献，并罗列了利用该模型对 19 世纪普鲁士社会的最新研究成果。结果表明，欧洲社会早在 19 世纪前就实施了节育措施。此外，梳理现有文献后发现，对教育的更高投资使得生育率下降，并且文化规范（cultural norms）在欧洲的传播和应用发挥了附加的作用。普鲁士 1864~1971 年的县级数据表明，在家庭决定将子女送入幼儿园时，生育率和教育投资之间存在着权衡关系。

在第 4 章中，斯特凡·奥贝里对因果识别策略进行了一次批判性回顾，主要是基于那些将双胞胎出生变量应用于数量-质量权衡模型的文献。为此，他梳理了因果关系文献、双胞胎出生工具变量的最新批判文献，并通过模拟来检验这些文献的意义。他的主要观点是：有一些双胞胎出生不会使孩子的数量超过父母的预期，这意味着研究人员在应用数量-质量权衡模型时应审慎对待将双胞胎出生作为工具变量而得出的估计结果。

在第 5 章中，米科瓦伊·索瓦泽克、拉多斯拉夫·波尼亚特、塞巴斯蒂安·克吕泽纳和西格弗里德·格鲁贝尔研究了家族组织是否对历史上欧洲的人力资本形成产生了影响。他们利用 Mosaic 项目的微观人口普查数据，通过年龄分布构建了人力资本的衡量标准，并度量了家庭中基于性别与年龄不平等程度的父权指数。研究发现，家族组织与人力资本积累之间存在稳健的相关关系，父权指数越高，算术能力越低。

在第 6 章中，格拉齐耶拉·贝尔托基和莫妮卡·博扎诺讨论了意大利的家庭结构文献，并就该主题提供了 1871 年的新数据。研究表明，意大利的家庭结构与广泛的家庭结构分类标准，如欧洲婚姻模式（European Marriage Pattern，EMP），并不一致。她们基于省级人口普查数据（重点是与婚姻模式相关的变量）进行的研究清晰地表明，意大利婚姻模式的异质性比欧洲婚姻模式更强。研究结果还表明，这些数据与工业化和教育程度等历史发展问题的相关性较低，但与当今数据的相关性较强。由此可见，性别平等的长期文化传播，使家庭结构和婚姻模式对发展发挥了举足轻重的作用。

在第 7 章中，亚历山德拉·M. 德·普雷特、扬·卢滕·范赞登和萨拉·卡米歇尔探讨了欧亚大陆性别平等与经济发展间的长期关系。他们从新制度经济学（New Institutional Economics）中汲取灵感，认为在家庭层面对一家之长（powerholders）进行限制是经济发展的关键决定因素。他们利用民族志的方法证实了该观点，同时发现在 1500～1950 年，女性友好指数与经济发展呈正相关关系。该时期的长足发展反而集中在外围地区，因为发源于欧亚大陆核心地区的新石器时代革命导致了父权制家庭制度的诞生。

在第 8 章中，劳拉·C. 德尔巴利和胡安·M.C. 拉罗萨分析了 1776～1810 年布宜诺斯艾利斯的家族关系对政治权力的重要性。他们基于民事登记处提供的关于个人与家族间婚姻、教亲关系等数据，利用社会网络分析方法证实了关系对于获得权力确实很重要，尤其对于那些家族中的重要人物。

在第 9 章中，福斯廷·佩林和米卡尔·贝奈姆分析了 1851 年法国区域经济发展与性别平等的关系。他们使用来自法国统计局的经济、人口和社会指数数据，运用主成分分析法和层次聚类分析法进行了两阶段降维处理，对法国各省进行了分类分析。按照城市和农村、农业和工业以及婚姻结构的分类情况将数据分为六组后发现：在经济发达和教育程度高的法国东北部地区，性别平等程度也很高。

在第 10 章中，马加利·雅乌尔-格拉马尔和夏洛特·勒·沙普兰对 19 世纪初的法国教育进行了研究。她们利用 1833 年的基佐调查（Guizot inquiry）数据探讨了法国学校教育的复杂性和多样性。基佐调查是针对法国学校的大规模调查，数据翔实并覆盖了 11 个大区。通过分析这些数据，她们发现，大型学校（通常位于大型城镇）的教学结构更合理，教学费用也更高，学生也取得了更好的成绩。

在第 11 章中，玛丽亚·M. 卡穆分析了 1858～1909 年乌拉圭的家庭形成模式。以人口普查数据为基础，她重点研究了移民对家庭形成模式的重要影响，发现最重要的影响不是来自移民文化，而是来自移民时大量年轻非技能型男性人口的迁入。例如，人口档案资料表明，这些移民家庭中非亲属数量更多，而户主为女性的家庭则更少。

第 12 章的主题是家庭—工作模式，安妮·雷马特分析了国家福利体制对女性劳动参与和照料家庭的不同影响。虽然在第二次世界大战后的一段时期，发达国家女性的劳动参与率有了很大的提高，但大部分为非全职就业，照料家庭仍是女性的主要职责。她整理了 18 个发达国家 1950～2014 年的数据，利用动态面板数据方法和 Esping-Andersen 的福利体制下性别扩展分类方法进行分析，指出确实可以从福利体制以及照料家庭的公共支出的角度来预测女性劳动参与情况，特别是全职就业。

在第 13 章中，达西·朱夫评估了自 1920 年以来刚果的工业和政府在教育中发挥的作用。她使用刚果的行政报告和人口普查数据分析发现：在被殖民时期，刚果的教育程度存在巨大的地区差异，这种差异至少持续到 1984 年。目前的研究大多以大都市政策、地理环境和非洲需求来解释这种现象，而她则强调采矿业发挥的拉动作用。比属刚果矿业公司不仅需要技术型劳动力，还与政府一同致力于建立稳定的劳动力队伍，为此向工人们提供了专业培训和最低限度的教育。

在第 14 章中，让-弗朗索瓦·米尼奥探讨了 1900 年以来西欧收养儿童数量的情况及相关的法律规定。由于儿童收养与谁能成为家庭成员的问题密切相关，因此理解家庭关系的作用就相当重要了。他从法律史角度阐明，20 世纪上半叶，特别是在两次世界大战给各国留下大量孤儿之后，合法收养儿童有了更多的选择。政府关于正式登记领养的统计数据显示，领养率在 70 年代前后达到高峰，之后随着可收养儿童数量减少而下降。

虽然瑞典和德国等北方国家的领养率远远高于法国和意大利等南方国家，但很难找出造成这些差异的根本原因。

参考文献

Becker, G. S. , 1960. *An Economic Analysis of Fertility*. In *Demographic and Economic Change in Developed Countries*, edited by Duesenberry, J. S. and Okun, B. , pp. 209 – 240. New York: Columbia University Press.

Becker, G. S. and Lewis, H. G. , 1973. "On the Interaction between the Quantity and Quality of Children. " *J Polit Econ* 81 (2): S279–S288.

Bisin, A. and Verdier, T. , 2000. "Beyond the Melting Pot: Cultural Transmission. Marriage. and the Evolution of Ethnic and Religious Traits. " *Q J Econ* 115 (3): 955–988.

Blake, J. , 1981. "Family Size and the Quality of Children. " *Demography* 18 (4): 421–442.

De Vries, J. , 2008. *The Industrious Revolution: Consumer Behavior and the Household Economy. 1650 to the Present*. Cambridge: Cambridge University Press.

Diebolt, C. , 2016. "*Cliometrica* after 10 Years: Definition and Principles of Cliometric Research. " *Cliometrica* 10 (1): 1–4.

Diebolt, C. and Haupert, M. , eds. , 2016. *Handbook of Cliometrics*. Berlin: Springer.

Diebolt, C. and Perrin, F. , 2016. *Growth Theories*. In *Handbook of Cliometrics*, edited by Diebolt, C. and Haupert, M. , pp. 177–195. Berlin: Springer.

Galor, O. and Weil, D. N. , 2000. "Population, Technology, and Growth: From Malthusian Stagnation to the Demographic Transition and Beyond. " *Am Econ Rev* 90 (4): 806–828.

Spolaore, E. and Wacziarg, R. , 2013. "How Deep Are the Roots of Economic Development?" *J Econ Lit* 51 (2): 325–369.

2

统一增长历史计量模型：历史长周期中的家庭组织和经济增长

克洛德·迪博耶（Claude Diebolt）

福斯廷·佩林（Faustine Perrin）

摘　要： 本章探讨了性别平等对工业化国家长期经济增长和人口增长的作用，研究结果揭示了在经济从停滞向持续增长过渡的时期内生育率、技术和人均收入的变化。我们利用关于女性赋权①的统一增长历史计量模型进行研究后发现，由具有内生性的技术导向的技术进步以及由此引发的性别关系变化，会促使女性投资于技能教育和进行人力资本积累。与此同时，女性花在教育上的时间越多，生育孩子的机会成本越高，生育率也就越低。这种良性循环引起了人口结构和经济的转型。

关键词： 计量史学　经济增长　性别　生育率　人力资本

2.1　引言

迄今为止，性别平等与长期经济增长之间的关系仍鲜受理论界的关注。性别角色的命题较难切入，因为需要对家族组织及其与市场的作用有全面的了解。然而，我们坚信性别角色的变化对现代社会的经济发展具有重要的作用。经济学研究表明，由于女性角色对人口行为和人力资本形成具有重要影响，因而成为经济发展中的一个策略变量（strategic variable）（Diebolt and Perrin，2017）。

在过去的两个世纪里，西方世界经历了巨大的经济、人口和文化变迁，这一历史时期也是经济发展和人口增长的转折点。尽管各有差异，但

---

① 女性赋权（female empowerment），指的是创造一种环境让女性可以做出与个人和社会利益相关的决定。女性赋权包括提高女性在社会、经济、政治和司法领域的平等权利，并且让她们能申明自己的权利。——译者注

主要西方国家在经济和人口结构转型的时间节点和速度方面仍有相似经历（Galor，2012）。工业革命前所有社会都经历了相当长一段时期的人均收入停滞和高生育率，而后西方国家出现了大逆转，人均收入持续高增长，生育率持续降低（Becker et al.，2012；Klemp，2012）。除了经济和人口结构转型之外，我们注意到人口素质也发生了巨大的变化：正规教育正在普及，两性关系也发生了巨大的变化。

经验规律（empirical regularities）引出了许多问题，涉及女性赋权、人口结构转型和经济发展之间的潜在交互作用，以及它在从马尔萨斯停滞时期（Malthusian stagnation）向现代经济增长制度（Modern Growth Regime）过渡中扮演了何种角色。如何解释产出增长和人口之间关系的急剧逆转？什么是人口结构转型背后的潜在行为力量？在过渡时期，教育与生育是如何内生交互的？利用女性赋权概念能否解释西方国家经历的从停滞到持续增长的飞跃？

本章通过分析长期过渡时期的新决定因素，丰富了统一增长理论。我们构建的模型结合了与观察到的典型事实相一致的新的和额外的机制，强调女性和家庭组织在发展过程中发挥了重要作用。考虑到家庭决策对生育率的影响，因此很少有增长模型能够区分男性与女性的作用。我们通过一种新的性别识别方法解决了发展过程中出现的问题。本章主要关注如何准确说明性别平等在何种程度上、通过何种机制影响家庭成员的决定，从而影响长期经济增长。我们重点研究了西方国家从工业化前期到工业化经济体系形成期间，人口出生率与死亡率从双高转向双低的作用机制。尤其值得关注的是，我们探讨了家庭作为一种社会组织怎样随性别分工而发生变化，即从最大限度地增加收入和后代数量的父权家庭（patriarchal）（男性养家模式）过渡到内部职责分工更加平等的"现代组织"家庭（双职工模式）。在双职工模式下，男女双方都参与劳动力市场，这在某种程度上推动了西方国家的发展。

我们构建了一个统一增长历史计量模型，用该模型可以测度经济从停滞到持续增长的过程中生育率、技术和人均收入之间的相互作用。在这一模型中，女性赋权一直是人口结构转型的根源，并促进了现代经济的增长。利用该理论模型得出的结论与经验证据相符，揭示了人力资本积累的初始条件，表明拥有技能的人口比例的变化对生育方式和个人生活影响巨大。尤其是，我们引入了一个拥有两类人力资本并整合了性别关系、性别平等因素的两性世代重叠（overlapping-generations）机制①。家庭成员从自己的消费和子女终身潜在收入中获得效用，由此决定投入教育的时间，以及想要抚养孩子的数量。我们仍假定所有的育儿工作由女性完成，那么决定个人决策的关键变量就是技术环境和性别不平等程度。技术环境的迅速变化通过收入效应增加了技术教育的回报，并提高了男孩的受教育程度和出生率。更高的性别平等程度（由技术进步触发）则通过替代效应提高了女孩的受教育程度，并减少了子女总数。此外，假设女性完全负责育儿工作，那么人力资本中的女性赋权则被认为对儿童教育至关重要。最终，更高的性别平等程度改变了子女的权衡关系（trade-off），即从注重数量到注重质量。因此，平均生育率取决于人口的技能水平。

模型涉及的不同因素都得出了良性的结果。在动态层面上，性别平等程度与技术水平的提高为女性提供了更多机会投资于技能型人力资本（skilled human capital）。母亲的人力资本投资与生育率之间存在负相关关系，这促使家庭生育更少的子女，但给子女提供更高程度的教育。它客观上促使个人拥有更多的动力去获得技能型人力资本。人力资本是规模

---

① 世代重叠机制亦译作世代交叠机制。多用于形容昆虫，昆虫虫期延续时间长，因此造成各虫期参差不齐、上下世代间相互重叠、界限不清，甚至出现几代共存的现象，本章将该专业名词用于人力资本积累过程。——译者注

报酬递增的一个要素，资源向人力资本的再分配，使经济迈上增长之路。

本章的内容如下：第 2.2 节简要回顾相关文献；第 2.3 节分析具体模型；第 2.4 节研究经济的动态演变；第 2.5 节总结和概括本章内容。

2.2 相关文献

与女性相关的问题已成为劳动经济学和经济史领域的核心问题（Goldin，2006），但它在经济增长领域仍处于边缘地位，并未受学界广泛关注。尽管有关性别平等与经济发展关系的实证研究成果汗牛充栋（Schultz，1995；Klasen，2002；Knowles et al.，2002），但是相关理论研究仍较为匮乏。Galor 和 Weil（1996）、Lagerlöf（2003）、Soares 和 Falcao（2008）、Doepke 和 Tertilt（2009），以及 De La Croix 和 Vander Donckt（2010）是少数几位将性别差异纳入模型研究的学者。[1]

长期以来，解释经济增长和发展的理论都受到马尔萨斯主义[2]和新古典主义的启发。尽管应用马尔萨斯理论能概括停滞时代的特征，但用这一理论进行预测得出的结果却与后人口结构转型时代的特征明显不符，同时也有别于现代增长体制的特征。外生增长模型[3]——如索洛模型（1956年）——解释了人口增长问题，把人口行为视作一个外生变量，假设其独立于工资、收入和价格。以往的经济学研究缺乏对家庭行为及其影响的关注，

---

① 关于性别平等和经济增长的经验和理论文献，见 Cuberes 和 Teignier-Baqué（2012）。

② 马尔萨斯主义是以英国经济学家马尔萨斯为代表的学派。马尔萨斯人口论是马尔萨斯于 1798 年创立的关于人口增长与食物增加速度相对比的一种人口理论，其主要论点和结论为：生活资料按算术级数增加，而人口是按几何级数增长的，因此生活资料的增加赶不上人口的增长是自然的、永恒的规律，只有通过饥饿、繁重的劳动、限制结婚以及战争等手段来消灭社会"底层人口"，才能削弱这个规律的作用。——译者注

③ 外生增长模型是在假设经济增长的动力（技术进步）是外生给定的前提条件下研究经济增长的特征和规律的模型。——译者注

这促使新的研究流派诞生："新家庭经济学"（New Home Economics）[1]，由贝克尔（Becker）和明瑟（Mincer）于 20 世纪 60 年代提出。该学派将微观经济学的研究领域扩展到了广义行为和人类互动，如人口行为、人力资本投资、代际转移、工作分配和时间分配等。[2] 而 Nerlove（1974）、Razin 和 Ben-Zion（1975）以及 Srinivasan（1988）在其后将人口行为与宏观经济演变联系起来，分析它们对一般均衡的影响。[3] 在上述这些论文以及 Romer（1986，1990）和 Lucas（1988）构建的内生增长模型[4]的启发下，一些研究者逐步建立了嵌入确定的家庭微观经济变量的增长模型（Barro and Becker，1989；Becker et al.，1990；Ehrlich and Lui，1991；Galor and Weil，1996；Dahan and Tsiddon，1998；Iyigun，2000）。

致力于理论研究的学者们进行了一系列合理的解释，试图探究人口结构转型与收入和人口增长间关系逆转的根源。促使二者之间关系发生逆转的潜在因素包括儿童死亡率的下降，以及由此带来的总和生育率的相应下降。一些学者，如 Becker（1981），还认为，人均收入的增加使家庭收入增加，同时使抚养子女的机会成本也在增加。在这两方面，历史的和经验的证据均与这些潜在解释相悖。首先，西方国家人口死亡率下降比总和生育率下降的发生早了一个世纪；其次，人均收入差别很大的国家也发生过人口结构转型。

在工业化进程中，特别是在第二次工业革命阶段，人力资本需求的逐

---

① 新家庭经济学是现代经济学研究深入微观、以家庭为研究对象的经济学分支。新家庭经济学主要研究家庭的消费、生产、理财等经济活动。——译者注

② 早期出版的成果包括 Becker（1960）、Mincer（1962）和 Becker（1965）。

③ 在出生率内生的新古典增长模型框架内，作者试图确定最优人口增长率。

④ 由于储蓄率、人口增长率、技术进步是由人们的行为决定的，也是可以通过政策等加以影响的，在不同的经济中水平很不相同。因此，当新古典模型不能很好地解释增长时，可将储蓄率、人口增长率和技术进步等重要参数作为内生变量来考虑，从而可以从模型的内部来决定经济的长期增长率，这些模型被称为内生增长模型。——译者注

渐增加被认为是导致人口结构转型的主要动力。贝克尔模型将整个家庭作为一个单一的决策者，成功地解释了人口结构转型。Becker 等（1990）对人力资本、生育率和经济增长之间的关系进行了建模。在具有利他属性父母的"单一性别"模型中，较高的生产率导致较高的工资，有利于人力资本积累，反过来又提高了生育子女的机会成本。这一特点揭示了两个局部稳态的存在：一种是子女数量多、人力资本低的马尔萨斯稳态；另一种是子女数量少、人力资本高的稳态。这与 Tamura（1994）的研究得出了同样的结论。在解释模型时，上述学者认为女性的劳动参与率变化并不明显。

也有学者认为，缩小性别差异是另一种提高生育率的强化机制。Galor 和 Weil（1996）假设男女能力不同并能从事不同的工作，从而研究基于生育率和工资的性别差异与经济增长之间的关系。根据 Galor 和 Weil 的观点，技术进步和资本积累在工业化过程中对女性的相对工资产生了积极影响，但增加了抚养孩子的机会成本，并最终导致生育率下降。Iyigun 和 Walsh（2007）以内生生育率动态模型研究夫妻决策中配偶议价能力的演变来解释生育率的下降。[①] 同样地，De La Croix 和 Vander Donckt（2010）采用家庭内部议价能力，即"福利权衡"（welfare weight）的概念，分析了议价能力变化如何影响人口和经济结果。

嵌入内生生育率的新古典增长模型的演进为发达经济体的现代经济增长提供了合理解释。尽管如此，模型并未对整个发展进程进行全局性解释，而发展进程中的一些最基本的问题仍然存在。因此，Galor（2005，2011）等增长理论学者提出了一种重要理论，它可以在一个单一的框架内捕捉到从马尔萨斯停滞到经济可持续增长的转变，以及与此

---

① 作者未关注经济发展，从而忽视了性别异质性变化如何影响长期增长的问题。

相关的大分流①和人口结构转型现象。

Galor 和 Weil（1999，2000）认为技术进步率的加速逐渐增加了对人力资本的需求，促使父母投资于后代的质量而不是子女的数量。最终，人力资本积累使生育率下降。只要技术进步率增加，就会导致人口结构的转型和经济持续增长。因此，该模型展示了从马尔萨斯停滞向现代增长制度的过渡，此后又建立了包含新机制的模型。Galor 和 Moav（2002）以及 Lagerlöf（2003）也提出了类似的观点，他们认为在儿童素质方面先天遗传因素是存在的。利用基于家庭的一元化研究方法，Lagerlöf（2003）解释了高素质如何随时间推移而传承，并产生更高程度的繁荣和更低的生育率（虽然也涉及了教育中性别歧视的变迁，但并未解释）。Cervellati 和 Sunde（2005）在探讨预期寿命、人力资本和技术进步之间的关系基础上，又引入了补充机制和渠道。所有这些模型（包括我们的模型）的共同点在于数量-质量替代在过渡阶段发挥了核心作用。作为对现有文献的补充，我们在统一增长理论框架内增加了性别的维度，以说明性别关系随时间的变化而变化。

2.3 模型

我们构建了一个世代重叠模型，其中行为延续到无限连续时间内，用 $T \in \mathbb{R}^+$ 表示。假定经济体是由离散的不同世代重叠组成的，在各个时期经济体都使用单位劳动效率生产单一的同质产品。

---

① 大分流（Great Divergence），是芝加哥大学历史系教授彭慕兰提出的一个历史学名词，指的是西方国家在 19 世纪克服了增长限制而超越中国、印度等东方国家的一段历史时期。——译者注

每个世代都有两类个体：男性（m）和女性（f）。[1] 所有男性和女性都被赋予一个时间单位，他们可以将时间分配于工作、教育、生育和养育子女这些事务中。在生命的第一阶段，个体只消耗父母时间禀赋的一小部分。我们假设女性生育的时间成本更高[2]，因此 $\tau^f \equiv \tau > \tau^m = 0$（Iyigun and Walsh，2007），而 τ 是抚养一个孩子的成本。在人生的第二个阶段，同属于一代人的两名异性被随机匹配为夫妻。家庭的所有成年人都基于受教育程度做出工作还是生小孩的决定。[3] 因此，每个家庭由这些人组成：一个男人和一个女人（有不同的偏好），以及他们的孩子。每一世代 t 的男女拥有确定的性别平等水平 θ_t。

2.3.1 生产

2.3.1.1 最终产出的生产

生产是基于规模报酬不变的技术（constant-return-to-scale technology）展开的，它取决于内生的技术进步。独特的消费商品（产出）的生产要素有两种：技能型劳动力（L^s）[4] 和非技能型劳动力（L^u）。时间为 t，总生产函数 Y_t 由 CES（常数替代弹性）函数决定。

$$Y_t = A_t Y(L^u, L^s) = A_t \left[(1 - \alpha_t) L_t^{u\rho} + \alpha_t L_t^{s\rho} \right]^{\frac{1}{\rho}} \tag{2.1}$$

其中，$\alpha_t \in$（0，1）是相对生产率占比，$A > 0$ 表示时间为 t 的全要素

---

[1] 本章认为男性和女性有相同的能力和偏好［与 Galor 和 Weil（1996）的设定相反］，但养育后代的时间成本不同。

[2] 最近，种族歧视观察组织（Observatoire des inégalités）的一项研究（"Emploi du temps 2009-2010"调查）表明，女性照料和养育子女的时间仍然是男子的两倍。

[3] 本章与大多数运用数量-质量权衡模型展开研究的论文有别，它们的设定是父母做出教育决定，如 Galor 和 Moav（2002）或 Lagerlöf（2003），我们则认为教育投资是个人做出的投资，如 Cervellati 和 Sunde（2005）。

[4] 技能型劳动力是年轻时在学校花费时间进行过学习或培训的成年工人。

生产率下的内生技术水平 $\rho \in$（0，1）。所有生产要素都被假定为边际收益为正。每种类型的劳动力在时间 t 的回报，分别是非技能型劳动力w_t^u和技能型劳动力w_t^s，其中：

$$w_t^u = \frac{\partial Y_t}{\partial L_t^u} = A_t (1 - \alpha_t) L_t^{u\rho-1} \left[\alpha_t L_t^{s\rho} + (1 - \alpha_t) L_t^{u\rho} \right]^{(1-\rho)/\rho} \tag{2.2}$$

$$w_t^s = \frac{\partial Y_t}{\partial L_t^s} = A_t \, \alpha_t \, L_t^{s\rho-1} \left[\alpha_t L_t^{s\rho} + (1 - \alpha_t) L_t^{u\rho} \right]^{(1-\rho)/\rho} \tag{2.3}$$

2.3.1.2 人力资本生产

可以将人力资本定义为人们所体现的（积累性）知识、技能、能力和特质的积存，这些知识、技能、能力和特质提高了他们从事劳动的能力，从而产生经济价值。一个人从额外知识中所获得的收益可能正取决于其已获得的知识（Becker et al.，1990）。为了获得收入y_t^i，并进行消费，个人必须获得人力资本，并向劳动力市场提供这种人力资本。人力资本的获取需要时间，我们将人力资本生产建模为教育的结果，该过程涉及父母（主要指母亲）对教育的投资以及个体在教育中的决策。

出生时，每个人都被赋予一定数量的文化资本$h_{t-1} \in$ [0，1]。这种文化资本是由家庭环境决定的，更具体来说是由父母的人力资本禀赋带来的一系列智力资本。人力资本可以通过教育（人力资本的制度化形式）在时间的推移中积累。父母人力资本的作用是提高子女单位教育时间的产出效率。因此，子女在整个教育过程中获得的人力资本数量取决于父母的人力资本禀赋。父母的人力资本越大（h_{t-1}^i），教育效率就越高，对子女人力资本的影响也就越大（h_t^i）。

由于我们假设女性生育的时间成本更高，因此每个孩子的人力资本取决于其母亲的人力资本（人力资本中的女性禀赋），而不是其父亲的人力资本。

我们用e_t^i表示两种类型的劳动力投入教育的时间，其中$i = u$，s，分别代表非技能型或技能型劳动力，从而得到两种类型的人力资本。[1] 就教育过程的时间强度而言，这两种人力资本有所不同。若获得人力资本时需要支付固定成本$\underline{e}$（以时间为单位）[2]，获得技能型人力资本的固定教育费用比获得非技能型人力资本要高，则有$\underline{e}^s > \underline{e}^u$。因此，技能型劳动力的工作年限也较短。假设文化资本（人力资本中的女性禀赋）在获得高级技能时更为重要。为简化起见，假设$h_{t-1}^{f,s} = \hbar$和$h_{t-1}^{f,u} = 1$。

人力资本生产函数如下：

$$h_t^i = \beta^i (e_t^i - \underline{e}^i) [h_{t-1}^{f,i}] \tag{2.4}$$

其中，$\forall e \geqslant \underline{e}^i$；$i = u$，$s$。$\beta$为单位教育的产出。

继承了类型i的人力资本并将e_t^i投资于类型i的教育而获得人力资本的个人可以赚取终身收入$y_t^i(\hbar)$，表示为：

$$y_t^i \equiv y_t^i(\hbar, e_t^i) = w_t h_t^i(\hbar, e_t^i) [1 - e_t^i] \tag{2.5}$$

终身收入来自劳动力市场上的人力资本供给，它本身就是人力资本（母亲）的一个函数。1993 年的一份《世界发展报告》已经强调了女性收入对儿童福利的重要性。该报告强调母亲的收入对儿童福利的影响比父亲的收入更大。人力资本的概念除了体现于个体能力、竞争力和知识外，还包括健康。教育投资是劳动生产率的来源之一，对工资有积极影响。从这个角度看，女性教育对儿童健康的影响比男性教育大（Currie and Moretti, 2003）。

---

[1] Galor 和 Moav（2002）已经引入了两种类型的个体：成人个体的质量类型a和数量类型b，作为后代质量的决定因素。

[2] 参见 Cervellati 和 Sunde（2007）。

2.3.1.3 技术进步

技术进步是内生的。技术进步被认为能提高教育在人力资本生产中的价值。[1] 根据 Lucas（1988）和 Romer（1990）的说法，人力资本积累是经济增长的引擎，它是通过教育和培训来实现的，可以提高劳动力的技能和生产率（并促进新思想和技术的采用）。这意味着技术进步偏向于高技能型生产，并取决于经济中可用的人力资本存量，引入新技术可以提高要素生产率：

$$g_t = \frac{A_t - A_{t-1}}{A_{t-1}} = F(\Lambda_{t-1}, A_{t-1}) [2] \tag{2.6}$$

一代人对技能教育的投入越多，为后代积累的技能型人力资本就越多。

2.3.2 个体

第 t 代成员的生活分为童年和成年两个阶段。在人生的第一个阶段，个体就是孩子。他们消耗了父母时间禀赋的一小部分。我们假设个体在童年阶段只接受父母的教育而不用做出决定。在人生的第二个阶段（成年），个体会决定自己的受教育程度和生育意愿（以及养育子女花费的时间）。剩余时间就都用在劳动力市场上了（包括技能型劳动力或非技能型劳动力）。

如前所述，除时间约束外，假定两性是平等的。这一约束限制表现在女性生育孩子所消耗的时间成本上。在该模型中，女性可以内生地决定其在人生中的哪个时间段养育子女。在整个人生策略中，女性做出子女数量和质量的最优组合决策[3]，并将剩余时间分配在劳动力市场上，消费掉工资收入。因此，劳动力的单位效率大小由人力资本水平和子女数量决定。

---

① 技术进步降低了现有人力资本对新技术环境的适应性，教育减轻了技术进步的不利影响。

② g_t 即为本章中的技术进步率。—— 译者注

③ 我们在这里将高生育率作为数量、高人力资本作为质量。

2.3.2.1　偏好和预算约束

多人家庭　假设所有的个体都在第二个人生阶段结婚，效用函数包含家庭的两性维度。个体关心自身的消费和子女的潜在终身收入。[1]　家庭偏好由以下加权效用函数表示，该函数是单调递增凹函数，并在标准边界条件下有内部解[2]：

$$U(c_t^m, c_t^f, y_{t+1} n_t^i) = (1 - \theta_t) \ln c_t^m + \theta_t \ln c_t^f + \gamma \ln(z_{t+1}^i n_t^i) \tag{2.7}$$

其中，c_t^f 和 c_t^m 分别代表女性（妻子）和男性（丈夫）的消费水平，n_t^i 是子女总数，z_{t+1}^i 表示子女的终身收入[3]，$\gamma \in (0, 1)$ 衡量子女数量相对于劳动力参与的价值，θ_t 代表家庭决策中女性的议价能力。

妻子在家庭决策过程中的议价能力是内生的，并且是配偶人力资本存量的函数。它显示了人力资本如何影响女性在决策中的议价能力。该参数可以解释为衡量家庭内部性别平等的指标，表示为：

$$\theta_t = \frac{w_t^f h_t^f}{w_t^f h_t^f + w_t^m h_t^m} \equiv \varphi(h_t^f, h_t^m) \tag{2.8}$$

分别以 h_t^f 和 h_t^m 表示人力资本中的女性禀赋和男性禀赋。$\theta_t \in (0, 1)$，$\theta_t = 0$ 表示家庭中丈夫的总决策权，$\theta_t = 1$ 表示妻子的总决策权。夫妻双方完全平等时，则 $\theta_t = 1/2$。

预算约束　个体根据在市场上花费的时间而进行消费。对于女性而言，投资于自己的教育和养育子女的时间均不能用于工作。我们用 $\tau n_t^i + e_t^{f,i}$ 表示第 t 代女性为养育子女并获得 i 型教育水平 e_t^i 的时间成本。女性在劳动力市场上花费的时间是投资于教育和养育子女之后的剩余时间。男性

---

① 该效用函数反映了在自己消费和养育子女之间的权衡。

② 或称内点解（interior solutions）。——译者注

③ 这产生了世代联系（利他偏好）。

只在教育方面面临时间成本，在劳动力市场上花费的时间是受教育后的剩余时间。令 $e_t^{m,i}$ 为第 t 代男性获得 i 型教育水平 e_t^i 的时间成本。男性和女性的潜在收入被分配到消费中，分别为 c_t^m 和 c_t^f。妻子和丈夫共同面临以下整合了个人时间约束的预算约束：

$$c_t^m + c_t^f \leq (1 - \tau \, n_t^i - e_t^{f,i}) \, w_t^{f,i} \, h_t^{f,i}(\cdot) + (1 - e_t^{m,i}) \, w_t^{m,i} \, h_t^{m,i}(\cdot) \tag{2.9}$$

与 Becker（1960）、Barro 和 Becker（1989）以及 Galor 和 Weil（2000）构建的模型类似，我们的模型结合了数量-质量权衡理论，因为家庭选择的子女数量及质量，限制了个人用于养育子女和在劳动力市场上工作的总时间。然而，与现有模式不同的是，生育率和教育投资的权衡取决于女性决策。

2.3.2.2 家庭选择问题

优化问题 第 t 代家庭成员需要选择他们想要获得的人力资本类型（通过教育投资实现）、后代的数量和消费模式。在第 t 代中，家庭是以下优化函数的解：

$$\{e_t^{fi\,*}, e_t^{mi\,*}, n_t^{i\,*}, c_t^{f\,*}, c_t^{m\,*}\} = \mathrm{argmax}\, U_t(c_t^{f\,*}, c_t^{m\,*}, y_{t+1}^i \, n_t^i) \tag{2.10}$$

受以下条件约束：

$$c_t^m + c_t^f \leq (1 - \tau \, n_t^i - e_t^{f,i}) \, w_t^{f,i} \, h_t^{f,i} + (1 - e_t^{m,i}) \, w_t^{m,i} \, h_t^{m,i}$$

对于式（2.4）和式（2.5），有 $i = u, s$。

我们推导出了最优选择，并得到了如下一组关于夫妻消费水平、最优生育率和教育最优投资的一阶条件，条件是获得特定类型的人力资本 i，则有

$$c_t^m = (1 - \theta_t)[(1 - \tau \, n_t^i - e_t^{f,i}) \, w_t^{f,i} \, h_t^{f,i} + (1 - e_t^{m,i}) \, w_t^{m,i} \, h_t^{m,i}] \tag{2.11}$$

$$c_t^f = \theta_t[(1 - \tau \, n_t^i - e_t^{f,i}) \, w_t^{f,i} \, h_t^{f,i} + (1 - e_t^{m,i}) \, w_t^{m,i} \, h_t^{m,i}] \tag{2.12}$$

$$e_t^{m,i} = \frac{1 + \underline{e}^i}{2} \tag{2.13}$$

$$e_t^{f,i} = \frac{1 + \underline{e}^i - \tau n_t^i}{2} \tag{2.14}$$

$$n_t^i = \frac{\gamma}{(1 - \theta_t)} \frac{c_t^m}{\tau w_t^{f,i} h_t^{f,i}} \tag{2.15}$$

一阶条件说明了夫妻各自所占的比例。[①] 在其他条件相同的情况下，女性面临获得个体人力资本和生育率之间的权衡问题，这意味着随着女性教育投入时间的增多，最优子女数量会减少；相反地，有更多的子女会减少女性的教育投入时间。此外，以获取技能型人力资本为目的的教育投资是一种固定成本，教育的固定成本较高，因此需要更多的教育投入时间。

最优解　求解方程组，可以获得人力资本类型最优的家庭的解 c^f，c^m，n，e^f 和 e^m。我们可以分别确定最优的夫妻消费水平各自所占的比例[②]，它们取决于家庭内部议价能力的分布：

$$c_t^{m*} = \frac{(1 - \theta_t)(1 - \underline{e}^i)}{(2 + \gamma)} (w_t^{f,i} h_t^{f,i} + w_t^{m,i} h_t^{m,i}) \tag{2.16}$$

$$c_t^{f*} = \frac{\theta_t(1 - \underline{e}^i)}{(2 + \gamma)} (w_t^{f,i} h_t^{f,i} + w_t^{m,i} h_t^{m,i}) \tag{2.17}$$

女性的最优消费随着婚姻内女性议价能力的增强而增加；相反地，男性的最优消费随着婚姻内女性议价能力的增强而减少，夫妻双方根据参数 θ_t 的值贡献了一部分家庭劳动收入。换言之，夫妻之间的消费分配是家庭

[①]　指的分别是式（2.11）中 C_t^m（夫）和式（2.12）中 C_t^f（妻）。——译者注

[②]　指的分别是式（2.16）中 C_t^{m*}（夫）和式（2.17）中 C_t^{f*}（妻），分别对应式（2.11）和式（2.12）的最优解。——译者注

性别平等水平的函数。例如，在极端情况下，$\theta_t = 0$，即完全由丈夫挣钱养家，夫妻之间的性别差距很大；相反地，当 $\theta_t = 1/2$ 时，两性完全平等，夫妻双方对家庭劳动收入的贡献相等。

家庭成员中男女的最优教育选择由以下方程得出：

$$e_t^{m*} = \frac{1 + \underline{e}^i}{2} \tag{2.18}$$

$$e_t^{f*} = \frac{(1 + \underline{e}^i)}{2} - \frac{\gamma(1 - \underline{e}^i)}{2\theta_t(2 + \gamma)} = e_t^{m*} - \frac{\gamma(1 - \underline{e}^i)}{2\theta_t(2 + \gamma)} \tag{2.19}$$

男性最优教育是固定教育时间成本的函数。单位时间的教育成本较高，则需要更多的教育投入时间。女性最优教育显示教育成本对教育投入时间具有类似的正向影响。除此之外，随着婚姻内女性议价能力的增强，女性将获得更多的最优教育。此外，妻子在家庭中的权力越大，她投入教育的时间就越多。

家庭最优生育率可以表示为：

$$n_t^{i*} = \frac{\gamma(1 - \underline{e}^i)}{\tau(2 + \gamma)} \frac{(w_t^{f,i} h_t^{f,i} + w_t^{m,i} h_t^{m,i})}{w_t^{f,i} h_t^{f,i}} \equiv \frac{\gamma(1 - \underline{e}^i)}{\theta_t \tau(2 + \gamma)} \tag{2.20}$$

对家庭最优生育选择的研究突出了妻子在家庭决策中所发挥的核心作用。随着婚姻内女性议价能力的增强，最优生育率反而降低。婚内女性议价能力（男性养家模式）越弱，子女数量越多；相反地，性别平等（双职工模式）水平越高，子女最优数量越少。此外，可以从式（2.20）中发现子女数量与质量之间存在负相关关系。固定的教育费用对子女最优数量产生负效应。

2.3.2.3　人力资本和生育率的选择

考虑两种类型的人力资本：技能型人力资本和非技能型人力资本，选择哪种类型的人力资本部分取决于工资水平（涉及教育、技术回报等）。借鉴 Galor 和 Moav（2002）以及 Cervellati 和 Sunde（2007）的方法，用 $e_t^{m,s*}$ 和 $e_t^{m,u*}$ 以及 $e_t^{f,s*}$ 和 $e_t^{f,u*}$ 来表示人力资本生产函数，得到以下两性的人力资本水平：

$$h_t^{m,i*}(\ell) = \beta^i \frac{(1 - \underline{e}^i)}{2} h_{t-1}^{f,i} \qquad (2.21)$$

$$h_t^{f,i*}(\ell) = \beta^i \frac{(1 - \underline{e}^i)}{2} \left[1 - \frac{\gamma}{\theta(2 + \gamma)} \right] h_{t-1}^{f,i} \qquad (2.22)$$

对于拥有父母（母亲）人力资本的任何男性和女性 ℓ 而言，存在特定的教育水平，即 $e_t^{m,i*}$ 和 $e_t^{f,i*}$，以及一定的生育率 n_t^{i*}，它们取决于获得的人力资本类型，使效用最大。女性人力资本较高的个体在获得技能型人力资本方面具有比较优势。因此，拥有技能型人力资本的个体数量 ℓ 增加了；相反地，非技能型人力资本不依赖于父母人力资本。父母人力资本有一个特定的门槛 $\widehat{\ell}_t$，它使个体获得技能或非技能型人力资本时无差别，而且与其效用相等：

$$\widehat{\ell}_t = \beta \frac{w_t^u}{w_t^s} \left(\frac{1 - \underline{e}^u}{1 - \underline{e}^s} \right)^{2+\gamma} \qquad (2.23)$$

对于给定的父母人力资本分布 $d(\ell)$[①]，门槛 $\widehat{\ell}$ 决定了选择获得技能型人力资本的个体比例。这个门槛是非技能型人力资本和技能型人力资本相对工资的单调递增函数（w_t^u / w_t^s）：

$$(1 - \Lambda_t) = \int_0^{\widehat{\ell}} d(\ell) \, d\ell = \widehat{\ell} \, \text{和} \, \Lambda_t = \int_{\widehat{\ell}}^1 d(\ell) \, d\ell = (1 - \widehat{\ell}) \qquad (2.24)$$

---

① $d(\ell)$ 表示"文化资本"在特定一代新个体间的分配。

因此，当 $h > \hat{h}$ 时，获得技能型人力资本（人口占比为 Λ_t）；当 $h < \hat{h}$ 时，获得非技能型人力资本（人口占比为 $1-\Lambda_t$）。技能型劳动力工资越高，相对工资越低，获得技能型人力资本的人数占比越大。对于任何水平的父母人力资本，都存在一个最优教育水平和生育水平使效用函数最大化。根据式（2.19）和式（2.20），获得技能型而不是非技能型人力资本会使个体在教育上投入更多的时间（$e_t^{s*} > e_t^{u*}$），并减少子女的数量（$n_t^{s*} < n_t^{u*}$）。不同教育类型所导致的生育率差异是模型中最基本（也许不是最重要）的因素之一。

女性人力资本对教育和生育选择至关重要，而教育和生育选择取决于文化和技术环境。教育投资的决定因素之一是技术进步率。因此，技术变革通过提高女性的议价能力来影响两性关系（使男女更平等）。

人力资本类型和最优生育率选择是个体在教育中花费时间的函数。获得技能型而不是非技能型人力资本会促使个人将更多的时间花费在技能型教育上，并生育较少的孩子；相反地，选择投资于非技能型教育的个体拥有更多的子女。获得技能型人力资本会促使女性用消费效用来替代子女数量的效用，导致生育率的差异。该机制最终促使生育率发生转变。

父母人力资本的门槛水平使个体在获得技能型或非技能型人力资本时并无差别，$\hat{h}_t$ 随性别平等 θ 方面递减。这促使更多的人口以最优方式获得正规教育 Λ_t。获得技能型和非技能型人力资本比例（技能型人口占比 Λ_t）的任何变化都会影响人口的平均生育率。对于任意 $\{A_t, \theta_t, g_t\}$，平均生育率由下列方程决定：

$$n_t^{i*} = (1 - \Lambda_t) n_t^u + \Lambda_t n_t^s \equiv \frac{\gamma}{(2+\gamma)} \frac{[1 - e^u(1 - \Lambda_t) - \Lambda_t e^s]}{\tau \theta_t} \qquad (2.25)$$

其中，$\dfrac{\partial n_t^*}{\partial \theta_t} < 0$。

性别平等是平均生育率的一个关键决定因素。生育率与性别平等水平呈负相关关系。θ 的增加会促使更多的人（特别是女孩）接受教育。因此，提倡两性平权导致生育率普遍下降。性别平等水平越高的特点是生育率越低。性别平等以婚内女性议价能力为表现形式，它通过影响女性对教育时间和人力资本类型的最优选择从而影响生育率。最后，女性人力资本的增加与子女数量减少和素质提高有关。技术进步和性别平等的影响可以共同解释人口结构和经济转型，从而导致生育率下降、教育投资加大和经济持续增长。

2.3.3 劳动类型的分布

每种人力资本的总水平的函数式为：

$$L_t^u = H_t^u(\widehat{k}) = N_t \int_0^{\widehat{k}} h_t^u(\widehat{k}) d(\widehat{k}) d\widehat{k} \tag{2.26}$$

$$L_t^s = H_t^s(\widehat{k}) = N_t \int_{\widehat{k}}^1 h_t^s(\widehat{k}) d(\widehat{k}) d\widehat{k} \tag{2.27}$$

由于存在一个唯一的"文化资本"门槛（源于人力资本中的女性禀赋），它将人口分成技能型劳动力和非技能型劳动力。通过式（2.2）和式（2.3），我们确定了竞争市场上非技能型劳动力与技能型劳动力的工资比率：

$$\frac{w_t^u}{w_t^s} = \frac{1-\alpha_t}{\alpha_t}\left(\frac{L_t^u}{L_t^s}\right)^{\rho-1} \tag{2.28}$$

工资比率取决于非技能型人力资本和技能型人力资本的总水平之比。

2.4 经济的动态演变[①]

2.4.1 关键变量的动态演变

经济演化的特点是人口结构和经济结构转型。具体来说，经济发展的

---

① 动态演变亦有译作动力系统。——译者注

本质就是受教育人数、技术水平和性别平等水平的演变。经济的全局动态用性别平等指标θ_t、获得技能型人力资本人口比例Λ_t和全要素生产率来刻画。我们可以通过分析几代人关键状态变量的演变来研究经济的动态发展。三维非线性一阶模型的演化产生的序列$\{\Lambda_t, \theta_t, \alpha_t\}_{t=0}^{\infty}$可以充分揭示经济的演变过程。

2.4.1.1 技能型人口比例

获得人力资本的人口均衡比例随θ_t是单调增加的。性别平等水平越高，个体在技能型人力资本方面的投资就越多。直观地说，当性别平等水平较低时，技能型人口占比很小。如果人力资本没有积累，则技能教育的投资回报是微不足道的。因此有必要提高性别平等水平，以促使个人投资于技能教育，不断积累人力资本。获得人力资本的人口均衡比例还取决于技术环境——技能型人力资本密集型行业的相对生产率的提高。α_t的劳动力市场均衡条件如下：

$$\Lambda_t = \Lambda(\theta_t, \alpha_t) \tag{2.29}$$

式（2.29）是关于θ_t的递增 S 形函数。

2.4.1.2 性别平等的动态演变

与历史证据一致，我们认为性别平等是配偶的技能型人力资本存量[①]的函数（通过议价能力的分配来测度人力资本），从而性别平等水平随着人力资本的增加而提高。特别地，性别平等与上一代（$t-1$）个体的知识分布（e_{t-1}^s）有关，这一女性技能型人力资本平均存量的函数通过在技能教育中投入的时间体现。性别平等的动态演变可以表示为：

$$\theta_t = \Theta(\theta_{t-1}, \Lambda_{t-1}) \tag{2.30}$$

---

① 人力资本存量是指经资本投资形成的、凝结于劳动者身上的知识、技能和健康等。在一个较为完善的劳动力市场中，人力资本存量可以通过人力价格或人力成本来间接衡量。——译者注

该模型表明性别平等水平是随着个人（在父母一代中）获得技能型人力资本的比例增加而提高的。

2.4.1.3 技术变革过程

技术变革过程取决于技能型人力资本的存量（偏向于技能密集型的生产部门）。一代人 t 的人力资本存量使后代获取人力资本更有利可图。技术变革的动态演变为：

$$g_t = G(\Lambda_{t-1}, A_{t-1}) \tag{2.31}$$

这意味着生产力 A_t 随着现有的技能型人力资本总水平的提高而提高。该技术水平取决于父母一代中技能型人口的比例，也就是在 $t-1$ 时达到的生产力水平。

2.4.2 动态演变系统模型

为了描述经济的动态发展特征，我们研究了三个关键变量在世代更迭中的演变轨迹（见图 2.1）。经济发展的路径完全由序列 $\{\Lambda_t,\ \theta_t,\ \alpha_t\}_{t=0}^{\infty}$ 描述，主要依据的是非线性一阶动态方程组的演变。

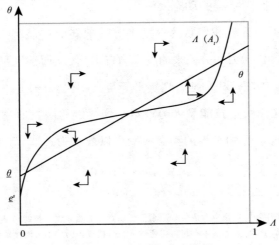

图 2.1 条件动态系统模型

$$\begin{cases} \Lambda_t = \Lambda(\theta_t, \alpha_t) \\ \theta_t = \Theta(\theta_{t-1}, \Lambda_{t-1}) \\ g_t = G(\Lambda_{t-1}, \alpha_{t-1}) \end{cases} \quad (2.32)$$

Λ，θ 和 α 的动态路径描述了在给定初始条件 Λ_0，θ_0 和 α_0 的情况下，每种劳动类型的人口获得技能型人力资本的占比、性别平等和相对生产率占比的联合演变形式。动态路径不依赖于人口的规模（没有规模效应）。我们把重点放在以生产率占比 α_t 为条件的子模型上，以说明发展的动态演变，它是由劳动力市场均衡和性别平等的代际外部性决定的：

$$\begin{cases} \Lambda_t = \Lambda(\theta_t, \alpha_t) \\ \theta_t = \Theta(\theta_{t-1}, \Lambda_{t-1}) \end{cases} \quad (2.33)$$

该模型显示了在给定相对生产率占比 $\alpha > 0$ 的情况下人力资本形成和性别平等的动态变化。任何方程中子系统的稳态都体现了 Λ 和 Θ 的交互作用。

假定 Λ 遵循的是非线性的 S 形轨迹，动态子模型的特征是三个稳态均衡：两个稳定状态和一个不稳定状态。低稳态均衡的特点是两性平等程度低，人口获得技能型人力资本的占比相对较小；高稳态均衡的特点是两性平等程度高，人口获得技能型人力资本的占比相对较大。图 2.1 说明了存在三个稳态均衡模型。生产力的大小影响到技能型人力资本的回报。更高的生产率 A 使技能型人力资本的回报更高、个体均衡比例 Λ 更大。

2.4.3 全局发展的动态演变

经济的演变必须考虑到所有状态变量的演变。我们在这里集中讨论整个发展道路：从停滞到持续增长，经济如何才能从马尔萨斯停滞陷阱（高生育率）转向持续增长（低生育率）的时代？我们强调发展的三个主要阶段：早期发展阶段（"不发达经济"）、过渡阶段（"过渡经济"）和最后发展阶段（"发达经济"）。

2.4.3.1 不发达经济

不发达经济的特点是性别平等程度 θ 低（接近最低值）和生产率 A_0 低（处于初始水平）。根据这些条件，投资于技能型人力资本对大多数人口来说是昂贵的。因此，获得技能型人力资本 Λ 的个体比例很低。相应地，平均生育率反映了获得非技能型人力资本（高生育率）的个体的生育率。

根据图 2.1，轨迹 Θ 和 Λ 的每个交点都代表一个均衡。随着性别平等从初始低水平开始缓慢提升，以及技术进步的缓慢变化，演变模型呈现独特的全局稳态均衡。在不发达经济中，性别平等和技术进步接近最低水平，$\theta_0 \simeq \underline{\theta}$ 和 $A_0 \simeq 0$。条件模型表现出唯一的全局稳态均衡，极少的个体能获得技能型人力资本，且生育率高，为 h^s，$\Lambda_0 \simeq 0$：

$$n \simeq \frac{\gamma}{\underline{\theta}(2+\gamma)} \frac{(1-e^u)}{\tau} \tag{2.34}$$

在这一发展阶段，经济的特点是长期停滞、生活水平低、性别平等程度低、生育率高（见图 2.2）。

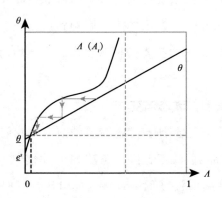

图 2.2 发展过程的早期阶段

2.4.3.2 过渡经济

如前所述，西方国家经历了经济结构和人口结构转型。这种过渡即从人均收入低、教育投资少、生育率高的环境向生活水平高、教育投资多、生育率低的经济模式转型。内生技术导向的技术变革使技能型人力资本对生产的重要性单调增加（吸收新思想、采用新技术）。因此，随着代际相传，生产率的提高使投资于技能教育更有利可图。但是，只要没有达到一定的性别平等水平，就无法积累人力资本。

根据图 2.3，生产率增长增加了曲线 Λ 的凸部分。动态均衡发展 Θ 引发性别平等水平的改善。由于技能型人口比例很低，生育率仍然很高。Λ 缓慢向下移动，经过足够多的世代，Λ 与 Θ 在三处相交，形成多均衡点：两个局部稳定稳态和一个内部不稳定稳态。在没有大冲击的情况下，经济保持在低稳态均衡状态。

在这一发展阶段，经济经历了 θ_t、Λ_t、人均收入（y_t）和技术水平（A_t）的提高。过渡阶段的特点是生活水平提高、性别平等水平低、生育率高（见图 2.3）。

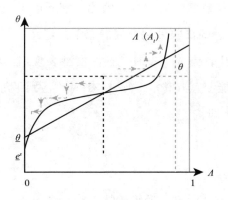

图 2.3 发展过程的过渡阶段

2.4.3.3　发达经济

与发展的早期阶段相比，成熟阶段的特点是技术先进、生活水平高、性别平等程度高（接近其最大值 $\bar{\theta}$）。鉴于这些特点，投资于技能型人力资本相比于投资于不发达经济更划算。因此，绝大多数人口获得了技能型人力资本，个体获得技能型人力资本 Λ 的比例相应提高，平均生育率则反映的是个体获得的非技能型人力资本，而这一数值较低。

换言之，性别平等达到门槛后人力资本积累的过程便开始了。由于单位时间的教育投资增加，对女性而言养育子女的机会成本增加，平均生育率下降。因此，虽然家庭子女较少，但每个家庭都拥有更高质量的父母人力资本，这使子女接受教育的机会增多，使他们更容易获得技能。经过世代更迭，技能型人口比例增加，并产生良性循环，推动技术进步率和生产率提高。最终，经济经历了在性别平等改善驱动下的人口结构和经济结构转型。

根据图 2.4，当 Θ 和 Λ 向下移动时，动态均衡表现出唯一的全局稳态（两条曲线之间仅有的一个交点）。一旦性别平等达到高水平 $\bar{\theta}$，大部分人口会决定获得技能型人力资本。因此，它开启了一个快速发展的时期（生活条件的改变），经济收敛到全局静态下的稳态。

在发达经济体中，当 $A_0 \simeq 1$ 时，条件模型表现出独特的稳态，几乎所有人口都获得了技能型人力资本；当 $\Lambda \simeq 1$ 时，性别平等程度较高，即 $\theta \simeq \bar{\theta}$，而生育率很低，即：

$$n \simeq \frac{\gamma}{\bar{\theta}(2+\gamma)} \frac{(1-e^s)}{\tau} \tag{2.35}$$

在这一成熟的发展阶段，经济的特点是持续发展，生活水平高、性别平等程度高、生育率低（见图 2.4）。

因此，经济发展过程的特点是从停滞时代转变到人口结构转型和现代

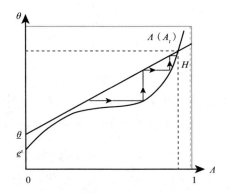

图 2.4　发展过程的后期阶段

增长阶段，直至后马尔萨斯时期（post-Malthusian regime）（Galor and Moav，2002）。我们的模型提供了一种新的方法（对现有统一增长模型特别是 Galor-Weil 模型[1]进行了补充），为经济体如何设法摆脱马尔萨斯陷阱，达到持续增长状态并经历人口结构转型提供了新的机制和方案。在我们的模型中，这一转变的主要驱动力来自性别赋权，如图 2.2、图 2.3 和图 2.4 所示。

　　新技术出现后，工业化进程中技术进步率提高，增加了对人力资本的需求，从而提高了性别平等水平。性别赋权导致性别关系的变化，使女性有更多的机会接受高等教育。因此，对教育的投资增加了生育子女的机会成本，并意味着女性在教育和生育（专业领域与家庭领域）之间面临着权衡。这就是所谓的数量–质量权衡[2]，这一过程最终促使人口结构发生转型。

---

① Galor 和 Weil（1999）曾经提出一种新的划分方法，将经济增长的长期过程划分为马尔萨斯阶段、后马尔萨斯阶段和现代增长阶段。基于上述三阶段划分标准，他们提出了构建统一模型（United Model）的可能性与必要性，亦可参见本书第 3 章第 2 节。——译者注

② Becker（1960）首先探讨了子女数量与子女质量的区别，其次是 Becker 和 Lewis（1973）以及 Willis（1973）。

2.5 结论

本章阐明了女性赋权和家庭组织在促进经济发展中的重要性。我们认为，女性赋权对于促进经济从停滞走向持续增长是必要的。家庭是一种社会组织，在"父权制"时代形成的男性养家模式中性别分工明确，家庭需要最大限度地增加收入和子女数量；而在现代的双职工模式下，男女平等地在劳动力市场上工作，这也是进行人力资本积累和西方国家人口结构实现转型的核心所在。

更具体地说，我们建立了一个统一增长历史计量模型，测度收入、性别平等和生育率的相互作用，它表明了性别赋权是人口结构和经济结构转型的一个关键因素。尤其是技能导向的技术进步加速后，对性别平等水平产生了积极的外部性。工资和性别平等都是个体进行教育决策的关键变量。更具体地说，更高的性别平等水平强化了个体获得技能型人力资本的激励；与此相对应的是，女性对教育投资的时间和对子女质量的选择增加了她们的人力资本禀赋，并对获得技能型教育的下一代产生了积极影响。换句话说，技术进步、性别平等和技能型人力资本提升之间是相辅相成的关系。归根结底，如果人口中技能型人力资本的占比足够大就可以实现经济持续增长。

在发展的早期阶段，由于技术进步率低因此并不能对技能教育投资给予任何激励。因此，技能型人口比例很低，经济仍然陷于马尔萨斯稳态均衡——教育程度低、生活水平低、性别平等程度低。假定技术进步在世代更迭中单调增加，随着技术的持续进步，发生了质的变化，收入效应促进了生育率的短暂提升。经过几代人的努力，由于技术进步的加快，技术教育投资（生产率提升）的回报也相应增加，使投资于技术的教育更加有利可图，从而提高了性别平等水平。因此，包含技能型人力资本和性别平等的动态系统具有多重稳态均衡的特点。当性别平等程度足够高时，大部分人获得了技能型人力资本，这使得经济发展速度加快。由于单位时间教育投入增加，女性生育子女的机会成本增加，导致平均生育率下降，人口结构转型与人力资本积累同时发生。最终，在发展的后期阶段，性别平等和拥有技能型人力资本的人口比例趋于最大，经济也由此实现了现代增长的稳态均衡，即达到生活水平高、性别平等程度高和生育率低的标准。

因此，通过构建统一增长模型，本章强调必须将性别赋权和家庭组织作为考量发展进程的关键要素。特别地，它揭示了经济从停滞到持续增长的机制。

参考文献

Barro, R. J. and Becker, G. S., 1989. "Fertility Choice in a Model of Economic Growth." *Econometrica* 57: 481–501.

Becker, G. S., 1960. *An Economic Analysis of Fertility*. In *Demographic and Economic Change in Developed Countries*, edited by Duesenberry, J. S. and Okun, B., pp. 209–240. New York: Columbia University Press.

Becker, G. S., 1965. "A Theory of the Allocation of Time." *Econ J* 75: 493–517.

Becker, G. S., 1981. *A Treatise on the Family*. Cambridge, MA: Harvard University Press.

Becker, G. S. and Lewis, H. G., 1973. "On the Interaction between the Quantity and Quality of Children." *J Polit Econ* 81: 279–288.

Becker, G. S., Murphy, K. M., and Tamura, R., 1990. "Human Capital, Fertility and Economic Growth." *J Polit Econ* 98: 12–37.

Becker, S. O., Cinnirella, F., and Woessmann, L., 2012. "The Effect of Investment in Children's Education on Fertility in 1816 Prussia." *Cliometrica* 6: 29–44.

Cervellati, M. and Sunde, U. , 2005. "Human Capital Formation. Life Expectancy and the Process of Development." *Am Econ Rev* 95: 1653-1672.

Cervellati, M. and Sunde, U. , 2007. "Human Capital Formation, Mortality and Fertility: A Unified Theory of the Economic and Demographic Transition." *IZA Discussion Paper*. No. 2905.

Cuberes, D. and Teignier-Baqué, M. , 2012. "Gender Inequality and Economic Growth. World Development Report 2012: Gender Equality and Development." *Background Paper*.

Currie, J. and Moretti, E. , 2003. "Mother's Education and the Intergenerational Transmission of Human Capital; Evidence from College Openings." *Q J Econ* 118: 1495-1532.

Dahan, M. and Tsiddon, D. , 1998. "Demographic Transition, Income Distribution and Economic Growth." *J Econ Growth* 3: 29-52.

De La Croix, D. and Vander Donckt, M. , 2010. "Would Empowering Women Initiate the Demographic Transition in Least-Developed Countries?" *J Hum Cap* 4: 85-129.

Diebolt, C. and Perrin, F. , 2017. *Understanding Demographic Transitions. An Overview of French Historical Statistics*. Berlin: Springer Verlag.

Doepke, M. and Tertilt, M. , 2009. "Women's Liberation: What's in It for Men." *Q J Econ* 124: 1541-1591.

Ehrlich, I. and Lui, F. T. , 1991. "Inter-generational Trade, Longevity, and Economic Growth." *J Polit Econ* 99: 1059-1129.

Galor, O. , 2005. *From Stagnation to Growth: Unified Growth Theory*. In *Handbook of Economic Growth*, edited by Aghion, P. and Aghion, S. N. D. , pp. 171-293. Amsterdam: North Holland.

Galor, O. , 2011. *Unified Growth Theory*. Princeton: Princeton University Press.

Galor, O. , 2012. "The Demographic Transition: Causes and Consequences." *Cliometrica* 6: 494-504.

Galor, O. and Moav, O. , 2002. "Natural Selection and the Origin of Economic Growth." *Q J Econ* 117: 1133-1191.

Galor, O. and Weil, D. N. , 1996. "The Gender Gap, Fertility, and Growth." *Am Econ Rev* 86: 374-387.

Galor, O. and Weil, D. N. , 1999. "From Malthusian Stagnation to Modern Growth." *Am Econ Rev* 89: 150-154.

Galor, O. and Weil, D. N. , 2000. "Population, Technology, and Growth: From Malthusian Stagnation to the Demographic Transition and Beyond." *Am Econ Rev* 90: 806-828.

Goldin, C., 2006. "The Quiet Revolution that Transformed Women's Employment, Education, and Family." *National Bureau of Economic Research*, *Working Paper No. 11953*.

Iyigun, M. F., 2000. "Timing of Childbearing and Economic Growth." *J Dev Econ* 61: 255-269.

Iyigun, M. F. and Walsh, R. P., 2007. "Endogenous Gender Power, Household Labor Supply and the Demographic Transition." *J Dev Econ* 82: 138-155.

Klasen, S., 2002. "Low Schooling for Girls, Slower Growth for All? Cross-Country Evidence on the Effect of Gender Inequality in Education and Economic Development." *World Bank Econ Rev* 16: 345-373.

Klemp, M., 2012. "Price, Wages and Fertility in Pre-Industrial England." *Cliometrica* 6: 63-78.

Knowles, S., Lorgelly, P. K., and Owen, P. D., 2002. "Are Educational Gender Gaps a Brake on Economic Development? Some Cross-Country Empirical Evidence." *Oxf Econ Pap* 54: 118-149.

Lagerlöf, N. P., 2003. "Gender Equality and Long-Run Growth." *J Econ Growth* 8: 403-426.

Lucas, R. E., 1988. "On the Mechanics of Economic Development." *J Monet Econ* 22: 3-42.

Mincer, J., 1962. *Labor Force Participation of Married Women: A Study of Labor Supply*. In *Aspects of Labor Economics* edited by Gregg Lewis, H., pp. 63-97. Princeton, NJ: Princeton University Press.

Nerlove, M., 1974. "Toward a New Theory of Population and Economic Growth." *J Polit Econ* 84: 200-216.

Razin, A. and Ben-Zion, U., 1975. "An Intergenerational Model of Population Growth." *Am Econ Rev* 65: 923-933.

Romer, P., 1986. "Increasing Returns and Long-run Growth." *J Polit Econ* 94: 1002-1037.

Romer, P., 1990. "Endogenous Technological Change." *J Polit Econ* 98: S71-S102.

Schultz, T. P., 1995. *Investments in Schooling and Health of Women and Men: Quantities and Returns*. In *Investment in Women's Human Capital*, edited by Schultz, T. P. Chicago, IL: University of Chicago Press.

Soares, R. R. and Falcao, B. L., 2008. "The Demographic Transition and the Sexual Division of Labor." *J Polit Econ* 116 (6): 1058-1104.

Solow, R. M., 1956. "A Contribution to the Theory of Economic Growth." *Q J Econ* 70: 65-94.

Srinivasan, T. N. , 1988. "Population Growth and Economic Development. " *J Policy Model* 10: 7-28.

Tamura, R. , 1994. "Fertility, Human Capital and the Wealth of Families. " *Econ Theory* 4: 593-603.

Willis, R. J. , 1973. "A New Approach to the Economic Theory of Fertility Behavior. " *J Polit Econ* 81: 14-64.

3 婚姻生育率和儿童教育投资

弗朗切斯科·钦尼雷拉（Francesco Cinnirella）

摘　要：本章首先回顾了近年来经济学和经济史领域研究教育投资与生育率之间关系的相关文献，概述了人口转型前和正在经历人口转型的经济体的生育模式。其次重点关注与因果效应有关的实证研究。最后利用新的描述性证据探讨 1864 年普鲁士学前教育投资与生育率之间的关系。

关键词：教育　生育率　数量-质量权衡　幼儿园　学前教育

3.1　引言

由于生育制度的差异被认为是一个经济体经济长期增长的关键因素，所以研究历史上的生育模式近年来受到越来越多的关注。例如，一些研究认为，采用了欧洲婚姻模式（European Marriage Pattern，EMP）——一种以晚婚、高独身率和以核心家庭为主要特征的人口体系——是西欧国家在工业革命前经济实现高速增长的主要原因[①]（Voigtländer and Voth，2013；Foreman-Peck，2011；De Moor and Van Zanden，2010）。

在 19 世纪末人口结构转型的背景下，有关生育率及其决定因素的研究受到了更多的关注。从以高生育率和高死亡率为特征的均衡状态向以低生育率和低死亡率为特征的新均衡状态的过渡，是欧洲摆脱马尔萨斯陷阱并走上现代经济增长之路的关键。近期的研究表明，父母对子女的教育投资是西方经济体发生生育率转变的一个关键因素。因此，增加教育投资以

[①]　见 Dennison 和 Ogilvie（2014）关于 EMP 对经济增长的因果效应研究的批评。

及由此带来的生育率下降，即所谓的数量-质量权衡，是现代经济增长的一个关键决定因素。

本章首先梳理了有关子女教育投资与生育模式的理论。[①] 其次回顾了前工业化时期的婚姻生育控制以及在生育率发生转变期间有关数量-质量权衡理论研究的文献。事实上，运用数量-质量权衡理论展开研究主要涉及两部分内容：一是强调经济变量（如教育）如何解释生育率的下降；二是利用文化因素部分地解释 19 世纪末生育率下降的现象。本章的文献综述将遵循这种二分法。[②]

本章将特别关注为识别数量-质量权衡中的因果关系而采取的实证策略。用来解释生育率下降的数量-质量权衡理论通常假定父母同时在子女数量和子女教育方面做出决定，因此这将引起重要的计量经济学因果关系问题，即教育投资和生育率之间存在双向因果关系。

最后，我们还将提供新的描述性证据，说明学前教育和生育水平之间存在负相关关系。具体而言，我们将 1864 年普鲁士的县级幼儿园入学率数据与 1871 年的儿童-妇女比数据进行匹配。结果显示，幼儿园入学率与生育水平显著负相关。这一结果不受初等教育入学率、公立或私立学校设施供应的影响。虽然尚不能断言入学率与生育水平是否存在因果关系，但采用相关数据得出的结论与采用数量-质量权衡理论得出的结论是一致的，并发现父母对儿童的学前教育投资与生育率负相关。

本章的结构安排如下。第 3.2 节回顾了关于生育率转变的主要理论。第 3.3 节讨论了前工业化社会中有关婚姻生育控制研究的最新文献。第

---

① 在本章中，"教育"和"人力资本"两个词意义相近，可互换。

② 关于对历史上生育率转型进行经济解释的文献，可参考 Guinnane（2011），这是相对较早的文献回顾。

3.4 节讨论了利用数量-质量权衡理论进行研究的文献。我们特别区分了两类运用不同数据解释生育率转变的文献：一类是教育和经济数据；另一类是文化传播数据。第 3.5 节讨论了学前教育与生育率之间的关系。第 3.6 节是结论部分。

3.2 理论背景

研究生育行为的传统理论认为父母收入的增加会提高养育孩子的机会成本，从而降低生育率（Becker，1960）。这一理论假定孩子也是一类普通商品，受到收入和替代效应的影响。具体而言，收入的增加对生育率产生正的收入效应，而养育孩子机会成本的增加又对生育率产生负的替代效应。特别地，Becker 和 Lewis（1973）在之后的研究中进一步阐明，与子女质量有关的收入弹性大于与子女数量有关的收入弹性。运用这一理论预测得到的结果与在生育率转变期间观察到的人力资本投资增加和生育率下降现象相一致。这一传统理论的含义是，在排除文化和其他可观察特征的差异后，生育率转变是由收入增加引起的。然而关于生育率转变决定因素的最新研究并未为该理论提供实证证据。

统一增长理论（Galor，2011）将生育率下降与技术进步带来的人力资本需求上升联系在一起。根据 Galor 和 Weil（1999，2000）提出的理论，第二次工业革命期间技术变革的加速又增加了对技术的需求，从而加速了人力资本的投资。在最初阶段，技术水平的提高和相关收入的提升导致了人口和人力资本的增加。但从长远来看，随着教育回报的增加，家庭将更多的资源投入子女的人力资本上，导致子女数量不断减少。利用数量-质量权衡理论进行分析可知，随着技术的进步，对教育需求的增加是

19 世纪末生育率发生转变的重要基础。[①]

　　基于数量-质量权衡理论，Galor 和 Moav（2002）构建了一个模型。在该模型中，自然选择被假设为有利于子女质量提升，并可以促进人力资本积累、人口结构转型以及从马尔萨斯陷阱到现代经济增长的转变。特别地，作者提出了一个假设：在马尔萨斯陷阱中，自然选择导致了与后代质量相关的特征逐渐明显。这一演变过程对人力资本投资的影响刺激了技术进步，强化了人力资本投资和技术进步之间的联系，引发了人口结构转型，并带来了持续的经济增长。

　　遵循统一增长理论的内涵，一些学者又提出了关于生育率转变的其他系列理论。Doepke（2004）分析了政府政策在解释各国发生人口结构转型的速度和时间方面发挥的作用。特别地，Doepke 分析了教育和童工政策对生育率下降的影响，发现政府的教育政策和童工政策通过影响教育的机会成本传导到生育率上。如果教育成本高昂，而且童工不受限制，那么生育率的转变会发生得更晚、更慢；相反地，如果教育由公共提供，而童工被禁止，那么生育率的下降会发生得更早、更快。

　　与此相关，Doepke 和 Zilibotti（2005）建立了一个模型来解释童工政策法规实施的政治经济学原理。在他们的模型中，非技能型工人在劳动力市场上与童工竞争。在政府决定实施禁用童工政策时，非技能型工人面临着一种权衡：一方面，支持禁用童工，非技能型工人的家庭将损失来自子女的收入；另一方面，支持禁用童工又对非技能型工人的工资产生积极的影响。如果教育回报增加，对童工政策的政治支持会随着时间的推移而增加。因此，在他们的模型中，引入童工政策在进行数量-质量权衡分析中起到关键作用。

---

① 参见 Galor（2012）关于人口结构转型的不同理论及其对待检假设的文献回顾。

最后，基于标准统一增长理论，Diebolt 和 Perrin（2013）构建了一个模型，强调女性对发展的贡献。具体来说，强调教育和包括劳动力参与在内的性别平等是人口结构转型的关键决定因素。该理论模型认为一旦技术进步速度足够快，且性别平等水平达到特定的门槛，女性将从教育的高回报中受益。对教育的更多投资将提高她们在家庭中的议价能力，反过来促使她们进入劳动力市场。增加教育投资将提高女性生育的机会成本，因此会降低生育率。在该模型中，女性的贡献为人口结构转型提供了另一种解释，并可以解释收入和人口增长之间关系的逆转。

前文讨论的用来研究生育选择的数量−质量权衡模型给实证检验带来了实际操作层面的困难。关于子女数量及如何进行人力资本投资的决定通常是同步做出的，因此意味着教育投资和生育率之间存在双向因果关系。综上，对数量−质量权衡理论模型进行严格的实证检验需要考虑生育成本或教育成本的外生变量，从而估计因果效应。在第 3.4 节中，我们将回顾用不同计量估计策略检验父母对子女的教育投资如何影响生育率的研究成果。下文首先回顾近期的研究，这些研究得出的结论为前工业化时期就已经存在婚姻生育控制提供了佐证。

3.3 前工业化时期欧洲的生育控制

20 世纪 60 年代和 70 年代，普林斯顿大学实施了欧洲生育率项目（European Fertility Project，EFP）。该项目旨在探索自 19 世纪末在整个欧洲蔓延的生育率下降现象背后的作用机制。该研究项目得出了两个结论：一是过渡时期前的欧洲以自然生育为主要特征[①]；二是生育控制在 19 世

[①] 自然生育意味着不存在根据已产子女数（parity-dependent）而实行生育控制（Henry，1967）。

纪末之后才开始发挥作用（Coale and Watkins，1986；Knodel，1979）。[①]最近的研究则认为，事实上在生育率发生转变之前，家庭可能已经控制了生育率，这些研究发现了相应的证据。

大多数关于历史人口学的研究都依赖于教区登记册记录的家庭数据。这些记录提供三类重要的人口数据：出生、结婚和死亡。通过教区登记处记录的信息，历史人口学家已经能够重建许多家庭不同世代的生活史。教区登记数据的主要优势是提供了不同国家不同时期基于个体的人口和经济信息，主要的缺点是只提供特定地区的数据，无法了解到个体从某教区移居到另一个教区的情况（Weisdorf，2016）。

最近针对前工业化时期历史人口学的研究得出了一个一致的结论，即更富有的、更有技术优势的家庭往往子女更多。Clark 和 Hamilton（2006）利用英国遗嘱数据揭示了男性立遗嘱人死亡时的财富与后代的数量呈正相关关系，这与前人口转型时期职业收入的增加提高了生育率的观点一致（Boberg-Fazlic et al.，2011）。研究表明，更大的家庭规模是通过缩短生育间隔实现的。Cinnirella 等（2017）分析了 1540~1850 年英格兰家庭数据。他们利用持续时间模型进行的计量分析表明，平均而言，识字的母亲生育间隔较短，且较早停止生育。在研究职业分布时也得到了类似的结果：父亲社会地位较高的家庭往往有相对较短的生育间隔并且较早停止生育。富人中较早停止生育的现象与较富裕家庭可能有目标数量的后代相符合。重要的是，Cinnirella 等（2017）发现了数量控制的证据，这与夫妇在家庭规模达到预期后试图控制生育相符合。

在其他国家和其他时期，人们发现不同社会群体的生育模式也不同。

---

① EFP 认为生育率的转变在于新的文化规范传播使得针对特定年龄段人群实施生育控制可被接受。这一点将在 3.4.2 中详细讨论。

Bengtsson 和 Dribe（2006）研究发现，1766~1864 年，瑞典南部较贫穷者（如无地者）的生育间隔比地主长。在同一时期，Dribe 和 Scalone（2010）研究发现，在德国，经济条件较好的家庭生育间隔明显较短，且他们的生育模式受粮食价格波动的影响较小。由于生育率对粮食价格变化非常敏感，Dribe 和 Scalone（2010）认为生育多少子女是经济条件较好的家庭深思熟虑后的选择。Van Bavel 和 Kok（2010）研究发现，1825~1885 年，荷兰的农民和白领工人的生育间隔大大缩短。

对于前工业化时期已经出现主观生育控制这一假说，需要进行研究予以验证。证据表明，生育控制假说并不是人口结构转型时期的理论创新。相关证据也支持如下观点，即 19 世纪末的生育控制是对新的经济结构、不同的机会成本和不同的激励措施的反应。下节主要回顾近期有关教育在生育率转变中的作用的实证文献。

3.4　生育转变

3.4.1　经济因素的作用

人口结构转型和工业革命是国家发展的转折点，决定了其如何走上现代经济增长之路。数量-质量权衡模型为探讨 19 世纪末大多数西方国家如何实现人口结构转型，即哪些是决定因素，提供了有用的框架，它阐释了生育率下降和子女教育投资增加之间的关系。

相关研究利用 19 世纪普鲁士的数据，对数量-质量权衡理论的实用性和应用范围进行了大量分析。Becker 等（2010）应用 1849 年普鲁士县级截面数据估计了教育和生育率之间的双向关系。本章采用工具变量方法来估计因果效应，即将土地所有权不平等指标作为小学教育投资的外生变量。由于农业生产和人力资本之间的互补性不强，土地不平等和具有经济政治优势的乡绅对正规教育供应的影响为负（Galor et al.，2009；Cinnirella and Hornung，2016b）。Becker 等（2010）提出的识别策略主要基于土地不平等对生育率没有直接影响的假设。虽然工具变量的外生性假设无法通过计量方法进行检验，但 Cinnirella 和 Hornung（2016a）利用一些证据揭示了土地不平等并不影响结婚率，间接证实了土地不平等只能通过教育影响生育率。因为维滕堡（Wittenberg）① 是新教改革的发源地，识字率较高，为了进一步支持因果效应估计，Crinnirella 和 Hornung（2016a）使用小学所在地与维滕堡的距离来测度不同地区教育投资的差异。

Becker 等（2010）利用 1849 年的数据进行研究，并用儿童-妇女比和婚姻生育率来衡量生育率，结果发现小学入学率的提高对该生育率的影响为负。同时，1849 年的教育水平是 1880～1905 年生育率转变幅度较大的预测变量。此外，他们使用工具变量法来检验生育率与教育之间的因果关系，即利用 1849 年成人性别比和 1816 年儿童性别比变化数据检验该年度教育对生育率的影响。Becker 等（2012）利用 1816 年普鲁士的截面数据进行分析后发现，在生育率转变发生前几十年就存在数量-质量权衡，但规模较小。

Fernihough（2017）基于 1911 年爱尔兰数据利用数量-质量权衡理论进行了实证检验。与大多数该主题的经济史研究成果不同，他使用了个人层面的人口普查数据，而不是县级或省级的总体数据。他通过观察 14 岁以上（义务教育年龄）入学儿童的家庭规模来研究数量-质量权衡问题。具体而言，他探讨了在 14～16 岁这个年龄段入学的儿童兄弟姐妹是否较少这一问题。Fernihough（2017）使用一系列无需排他性约束（exclusion

---

① 维滕堡，马丁·路德曾在此贴出《九十五条论纲》，掀起了宗教改革风暴。——译者注

restrictions）的方法来估计平均处理效应，如逆概率加权法（IPW）、最小偏误法（MB）和基于效应的异方差性的工具变量（IV）。[①]

更多的研究关注法国的生育率转变问题。法国是一个有趣的例子，其生育率下降始于 19 世纪初，比西欧其他国家早了约一个世纪。关于法国生育率下降发生较早的确切原因我们仍未彻底了解，除了下文将提到的与教育有关的原因外，学者们还强调财富及分配的作用（Cummins，2013）。

Murphy（2015）利用法国省级固定效应面板数据模型，分析了教育对生育率的影响。研究发现，19 世纪最后 25 年，法国提供基础教育，尤其是女性接受教育是其生育率发生转变的重要原因。Murphy（2015）的研究非常重要：第一，Murphy（2015）区分了收入与其他经济变量对生育率的影响，发现收入与家庭规模正相关，而教育水平与家庭规模负相关；第二，通过引入生育率的空间滞后项，他发现了支持文化传播假说的证据。[②]

Diebolt 等（2016）基于法国 1851 年的截面数据，利用数量-质量权衡理论进行了检验。他们利用三阶段最小二乘法，提出了更有力的证据，并探讨了教育影响生育率的方式。他们认为，教育对生育率的影响之所以尚未被发现，很可能是因为这一现象只发生在 19 世纪下半叶。此外，Diebolt 和 Perrin（2013）还提出了一些支持性别平等促进生育率长期下降这一假设的证据。

Klemp 和 Weisdorf（2018）探讨了生育率与教育之间的因果关系。他们发现结婚时间与生育一孩的间隔越长，夫妻生育能力越低，对后代人力资本的投资也越大。他们使用重建的 17～19 世纪英格兰家庭数据进行分析，

---

① 详情参见 Fernihough（2017）中的第 4 节。
② 为文化传播假说提供证据的研究将在 3.4.2 中讨论。

得出生育率较低的父母其子女更有可能成为文化人，并从事技能型和高收入职业。该结论与使用数量-质量权衡理论进行分析得出的结论一致，因为父母生育能力的下降影响了存活子女的数量，而这又会对人力资本投资产生影响。对生育率与教育之间因果关系的识别基于如下假设：父母的生育能力仅通过存活后代的数量对子女教育产生影响，而婚姻正是有生育意愿的标志。

Galor 和 Klemp（2016）也认为，父母倾向于适度生育以取得长时段繁衍成效。[①] Galor 和 Klemp（2016）检验了 16~18 世纪魁北克近 50 万人的家谱记录，研究后发现，倾向于进行生育控制的夫妇其后代取得了长时段繁衍成效，并弥补了第一代生育率下降的不利影响。此外，解释生育控制如何成为主要生育策略的多数理论也是建立在父母在生育方面进行了数量-质量权衡的假设之上的。Galor 和 Moav（2002）认为生育水平低且人力资本投资回报高的父母，可以通过加大人力资本投资来提高后代的职业收入，从而有助于家庭繁衍。

Becker 等（2013）探讨了父母受教育程度对生育率下降的影响。Becker 等（2013）利用 1816 年、1849 年和 1867 年普鲁士的人口普查数据，估计了母亲受教育程度和生育率之间的关系。通过控制需求和供给因素，包括同时期小学的入学率，他们发现女性所受的小学教育对生育率产生了显著的负面影响。在研究中，他们也利用土地所有权集中度作为女性入学率的外生变量，并通过具有县固定效应的面板模型进行估计时，进一步消除了未观测到的县域特征对估计结果的影响，而实证结果表明女性教育水平提高会显著降低生育率。

统一增长理论中的人口结构转型理论假定技术进步增加了教育回报，

---

① 繁衍成效（reproductive success）是指个体当前和未来繁殖输出的总和。——译者注

从而对教育投资产生激励。该理论预测，如果技术环境发生变化，教育投资的最优水平就会提高，孩子的最优数量也会减少。Cinnirella 和 Streb（2017）将 19 世纪普鲁士的识字率和生育率数据与专利数据相结合，对这一预测进行了检验。具体而言，他们认为，专利数量的提高意味着更多的创新，在专利数量相对较多的县中，教育的回报更大。如果利用统一增长理论中的人口结构转型理论进行预测结果正确的话，那么识字率对生育率的负面影响应随着专利数量的增多而增大。实证分析的结果也证实了这一预测，技术进步通过提高教育的回报率为教育投资提供了更多的激励，扩大了数量-质量权衡理论应用的效果。

关于教育和生育率之间的因果关系，在现代美国的早期也能找到大量的佐证。Bleakley 和 Lange（2009）分析了使人力资本回报增加的政策干预效果。根据数量-质量权衡理论，人力资本回报的增加（或儿童素质提升的成本下降）会导致生育率的下降。Bleakley 和 Lange（2009）将 20 世纪头 10 年发生在美国南部的"根除钩虫病"运动作为影响人力资本回报的重要政策变量，理由如下：首先，钩虫病是一种在 6～14 岁儿童中常见的疾病；其次，它损害了受影响儿童的学习能力；最后，这种疾病很少是致命的。采用双重差分法（difference-in-differences）进行实证分析，就特定地区开展的"根除钩虫病"运动设置了处理组（treatment group，或译干预组）和控制组（control group，或译对照组），原假设是处理组和控制组在开展"根除钩虫病"运动前有相似的生育率趋势，那么控制组的生育率水平代表了没有处理（或干预）情况下的反事实情形。研究表明，实施了政策干预后，在钩虫病感染率较高的地区，人力资本投资的增长幅度更大；与理论预测相符合的是，1910 年在钩虫病感染率较高的地区，生育率下降的幅度也更大。

Hansen 等（2018）研究了美国 1850 年到 20 世纪末期生育率下降

的决定因素。需要注意的是，他们用美国 48 个州的同龄组生育率[①]、受教育年限和收入的面板数据，分别测度教育和收入对长期生育率下降的影响，包含了国家固定效应的面板模型和包括生育率滞后项的动态效应模型。结果表明，学校教育和生育率之间存在稳健的长期负相关关系；相反地，在不同的估计方法下，收入对生育率影响的估计结果并不稳健。Murtin（2013）运用 1870~2000 年大型国家面板数据进行测度得出了类似的结论。他的研究还表明，教育一直是推动人口结构转型的主要社会经济因素。

前文已经提到了实证检验数量-质量权衡理论的困难之处。Aaronson 等（2014）将外延边际[②]——决定不生孩子的情形，纳入数量-质量权衡模型，从而明确观测到子女数量和质量之间的替代效应。这样做主要是因为该拓展模型具有明确的可验证性，可以区分不同的机制。例如，模型允许不生孩子的情形存在，那么降低培养子女（用于提升孩子质量）的成本将会增加夫妇至少生育一个孩子的概率，直白地说至少要有一个孩子才能实施提升子女质量的行为（Aaronson et al.，2014）。因此，数量和质量在外延边际的范畴内是互补的。然而，在标准数量-质量权衡模型中，如果提升子女质量的成本下降，则预示生育率沿着内涵边际下降。养育孩子的成本增加，预示着内涵边际和外延边际的生育率都会下降。

Aaronson 等（2014）利用 Rosenwald 农村学校计划数据估计了教育对外延边际和内涵边际的生育率的因果效应。Rosenwald 农村学校计划在 1913~1932 年为农村黑人建造了约 5000 所新学校，意味着农村黑人

---

① 同龄组生育率（Cohort Fertility），指在人口统计中计算特定群组在某一时间内（或译同一出生队列）生育子女数占该特定群组内总人数的比例。——译者注

② 外延边际（extensive margin）指一些可以生育的女性却决定不生，或决定不生的女性又生了；内涵边际（intensive margin）指已经决定生育子女的女性改变生育决策，与家庭成员一起养育子女这一概念有别。——译者注

母亲提升子女质量的成本下降，因为学校的建设增加了孩子的入学机会。Aaronson 等（2014）在准自然实验（quasi-natural experiment）中将农村白人女性和城市黑人女性作为控制组。他们发现，受 Rosenwald 农村学校计划的影响，女性的生育率沿着内涵边际下降，并提高了农村黑人女性至少生育一个孩子的比例（外延边际）。有趣的是，他们还发现，在实施该计划时处于学龄期的女孩，她们未来在内涵边际和外延边际上的生育率均有所下降。这一现象与以下解释一致：该计划通过增加女性人力资本，改变了女性的时间机会成本，并影响了她们的生育决定。在 Rosenwald 学校学习的女性选择生育更少的孩子，也更少组建更大规模的家庭，而且更可能有一份收入较高的职业。

Bignon 和 Garcia-Peñalosa（2016）的研究表明，保护主义（protectionism）扭转了 19 世纪末法国的教育和生育趋势。他们通过 1892 年对粮食进口征收高额关税的案例说明该关税大大增加了农业的回报。他们假设农业和人力资本具有低互补性，扩展了数量-质量权衡模型，预计农业收入的增加将减少人力资本投资和提高生育率。他们利用 1872~1913 年法国各省生育率和农业就业数据来检验该模型。由于不同省份粮食产量不同，因此关税对不同省份农业收入的影响也不同。结论表明，在粮食产量较高的省份，生育率和出生率上升，而受教育程度下降。应用类似的方式，Ager 等（2016）将美国南部的棉铃象鼻虫灾害（boll weevil）引入模型，以确定收入下降对生育率的影响。棉铃象鼻虫是一种害虫，19 世纪末 20 世纪初对美国南部各县的棉花生产产生了负面影响。Ager 等（2016）发现，在农业领域，潜在收入较低对生育率有负面影响。在探索潜在机制时，Ager 等发现了人力资本发生作用的证据。农业受到负面冲击使生产"转移"到制造业部门，由于"资本—技能"互补性的存在，父母开始投资于其后代的人力资本。事实上，作者发现，棉铃象鼻虫灾害激发了对农村学校的需求，促使棉花产量较高的县儿童入学率提高。

Clark 和 Cummins（2016）认为，就 1780~1869 年的英格兰而言，家庭规模和儿童质量之间存在着微弱的相关关系。他们使用了英格兰和威尔士稀有姓氏家族家谱数据库的数据。与前人的研究相反，因为 Clark 和 Cummins（2016）认为没有证据表明英国存在婚内有意识的生育控制，他们假设家庭规模是外生的，利用标准最小二乘估计法进行估计，结果发现家庭规模和子女教育之间不存在显著的相关关系。他们对这一结果的解释是，在 19 世纪的英国，如何进行子女教育不是由任何约束性预算决定的，而是由父母的态度和子女的先天素质决定的。他们认为，由于英国的生育模式具有晚婚和子女出生间隔较大的特点，因此可以跨越几代人转移资本，这也使子女教育可以不受约束性预算限制。前文论及的大多数研究都是基于人口普查数据，而 Clark 和 Cummins（2016）的分析基于一个特定样本，因此可能会存在样本选择偏误问题。

在下一节中，我们将回顾一些研究，这些研究对生育率转变和数量-质量权衡理论进行了文化解释。

3.4.2　新文化规范的传播

普林斯顿生育率项目（Princeton Fertility Project）得出的一个主要结论是，新的道德和文化规范的传播以及生育控制技术的进步是生育率下降的原因。这也通常被称为生育率转变的扩散解释，与以往关于生育行为须适应不断变化的经济条件的观点截然相反。经济学家和经济史学家强烈反对生育率转变的扩散解释（Brown and Guinnane，2002；Galloway et al.，1994）。一些学者也对欧洲生育率项目研究的方法论提出了疑问，并认为结论不可信（Brown and Guinnane，2007）。

然而，最近的研究正试图调和生育率转变是"新文化规范传播的结果"与"适应新经济和社会条件的结果"之间的对立。De La Croix 和 Perrin（2016）构建了一个"理性选择模型"，它除了涵盖了数量–质量权衡模型应用的性别指标外，还进行了研究方法创新，主要是用结构计量方法测度生育率和教育选择的问题。因此，可以将理性选择模型无法解释的生育率和教育问题与其他决定因素联系起来，如文化和社会互动。为了估计此模型，他们使用了 1806 年以及 1886~1887 年 8 个时间点的法国省级数据。他们发现理性选择模型解释了生育率随时间变化的 38%，解释了男孩和女孩入学率的 83%。关于文化变量贡献的测量结果表明，家庭结构（包括扩展家庭、主干家庭和核心家庭）和语言边界可以大大延迟生育规范的传播。

Spolaore 和 Wacziarg（2014）检验了欧洲生育率下降与法国社会和行为改变的扩散之间存在关联的假设。在这一模型中，在法国大革命时期，其生育行为社会规范成为欧洲的"创新者"，而欧洲其他国家则被认为是"模仿者"。他们认为，历史和文化更接近"创新者"的社会，生育率转变的阻碍较小。Spolaore 和 Wacziarg（2014）根据欧洲地区同源和语言相近的现实展开分析，研究后发现，与法国距离越近，尤其是人口学意义上的文化距离越近，生育率开始转变的时间就越早，而距离增加会阻碍生育控制这一新的社会和行为规范的传播。

Daudin 等（2016）认为，社会互动的增加促进了信息和文化规范的传播，使 19 世纪法国的生育率逐渐趋同。他们推测，移民可能促进了法国内部的文化融合，也促进了生育率逐渐向低水平趋近。换言之，19 世纪下半叶法国生育率的逐步趋同，是由不断传播经济和文化信息的国内迁移所推动的。为了进一步探讨该问题，Daudin 等（2016）构建了一个 1861~1911 年各省人口流动矩阵，并与各省生育率数据相对照。研究发现，人口流入较多的低生育率地区，特别是巴黎，生育率下降幅度尤其大。需要注意的是，该研究对生育率的收敛做出了解释，但没有解释 19 世纪初法国生育率的初始差异。他们的研究基于工具变量法，其中铁路网的建设使人口流动的交通成本变化被用作工具变量（instrumental variable）。原假设是交通成本只通过人口流动来影响生育率的收敛。Daudin 等（2016）的研究结果支持了文化因素可能促进了信息传播这一观点。然而，这并不意味着社会经济因素变得不重要，因为信息的传播也可能包含经济内容。

Goldstein 和 Klüsener（2014）讨论了普鲁士生育率下降的地理集聚问题。他们运用空间计量经济学模型探讨生育率转变的"扩散"和"适应"观点。他们认为即使控制了经济和社会变量，生育率的地理集聚仍然存在。空间估计表明，地区相邻是该地区生育率下降的显著预测变量。作者对其研究结果的解释是，空间自相关与传播行为的存在相一致，这为解释生育率转型的扩散提供了支持。地理上的邻近有利于观念的传播，只要有一些先行者开始进行生育控制，邻近地区对生育控制的接受度也将提升。事实上，在较小的地理范围内，Goldstein 和 Klüsener（2014）研究得出的结论和 Spolaore 和 Wacziarg（2014）类似。在他们的研究范畴内，这些先行者就是法国人。

Brown 和 Guinnane（2002）研究了巴伐利亚的生育率转变现象，德国的这个地区具有浓厚的天主教传统，经济处于半农村化状态。他们使用 1880～1910 年的人口普查数据进行研究，发现天主教对生育率的影响较大，并且影响程度随时间的推移而加深，这一研究结果强调了社会规范对生育率转变的重要影响。他们还发现不同职业以及工资水平对生育率都有显著影响，这一发现有利于解释人口结构转型过程中的"调整"问题。由于缺乏相关数据，Brown 和 Guinnane（2002）没有对教育（或学校教育）进行测度。

3.5 学前教育与生育率

本节提供了新的描述性证据，阐明了 19 世纪普鲁士学前教育和生育率之间的关系。我们利用 1864 年教育普查中幼儿园入学率进行分析，发现学前教育投资与生育水平之间具有显著的负相关关系。我们将证明，这一结果不受初等教育入学率或者公立或私立学校教育机构可得性①的影响。此外，幼儿园入学率与生育率之间的负向关系在引入城市化率、税收水平、农业和工业就业率等控制变量后仍然稳健。该发现佐证了如下观点：有教育偏好的家庭以入幼儿园的形式投资于子女的早期教育，并相应地调整其生育率。

需要注意的是，本节主要进行相关关系研究，不涉及因果关系。在机制上，1864 年普鲁士的父母倾向于送孩子去幼儿园，并以此作为对后代的教育投资。然而，我们也不能排除这样的可能性：孩子入幼儿园提高了家庭中女性的劳动参与率，反过来使家庭收入和生育孩子的机会成本都增加了，导致生育率下降。未来可以对幼儿园教育和生育率之间的因果关系做更细致的分析。

3.5.1 普鲁士的幼儿园

在 19 世纪初的德国，为学龄前儿童提供学前教育的机构被称为 "儿童福利院"（Bewahranstalten），这些机构在教会的赞助下以植根于传统宗教观的理念来监护儿童和提供教学（Allen，1988）。德国教育家弗里德里希·福禄培尔（Friedrich Froebel）彻底改变了学前教育的概念，1839 年

---

① 机构可得性（availability）指是否提供了足够多的机构以供入学，后文用机构数量来测度。——译者注

他在图林根州的一个小镇布兰肯堡建立了德国第一所现代意义上的幼儿园。福禄培尔创造了"幼儿园"（Kindergarten）一词，将学前教育机构设想为"花园"，把孩子们想象成需要培养的"植物"。福禄培尔吸收了卢梭和瑞士教育家裴斯泰洛齐（Johann Heinrich Pestalozzi）的思想，认为儿童是积极的学习者，游戏、音乐、自然和故事是教育儿童必不可少的工具。福禄培尔认为，激发儿童的好奇心，可以使他们获得认知和非认知技能。他认为女性也扮演着重要的角色，她们需要接受适当的培训才能成为幼儿园教师。[①]

由于福禄培尔的思想在当时的人看来过于离经叛道，普鲁士政府担心会引发社会主义革命运动，于1851年关闭了所有幼儿园。幼儿园禁令持续了大约10年，但幼儿园这一新概念却迅速传播到世界其他地方。到19世纪末，许多国家都开始为穷人和中产阶级的孩子开办幼儿园（Bauernschuster and Falck，2015；Allen，1988）。在福禄培尔的追随者比洛夫人（Baroness Bertha von Marenholtz-Bülow）的游说下，普鲁士1862年解除了幼儿园禁令。下文我们将用1864年幼儿园重新开放时的数据进行研究。

值得注意的是，禁令解除后，德国的幼儿园仍然完全是私人化的，并在教会的控制之下。[②] 虽然幼儿园吸收了福禄培尔的一些理念，但德国学前教育在很大程度上仍以家庭传统价值观和儿童需要严格管制的传统观点为基础（Allen，1988）。尽管19世纪德国的幼儿园教育具有私人性和保守性，但用数量-质量权衡理论来探讨学前教育和生育水平之间的关系仍具有重要的意义。

---

① 到1877年，已建立了20所幼儿园教师培训机构（Bauernschuster and Falck，2015）。
② 这与美国的幼儿园运动形成了鲜明的对比，在美国，幼儿园被完全纳入了公立学校系统。到1914年，美国的大多数大城市都有了公立幼儿园系统。

3.5.2 数据和实证证据

1864 年[①]的幼儿园普查提供了有关县级幼儿园及其儿童入学数量的信息。[②] 1864 年,普鲁士各县县级幼儿园数量平均为 1.4 个,各县幼儿园数量从 0 到 37 个不等。[③] 遗憾的是,1864 年的人口普查并没有提供关于人口年龄结构的详细信息。因此,本研究中幼儿园入学率变量为幼儿园数量与 0~14 岁年龄组人数(每千人)的比率。计算结果表明,1864 年普鲁士平均每千人拥有 0.02 个幼儿园(标准差为 0.03),每千名 0~14 岁儿童中有 4.1 人上过幼儿园。值得注意的是,1864 年普鲁士各县的幼儿园入园率存在较大差异,从 0~51 名(每千名 0~14 岁儿童)不等。图 3.1 是依据 1849 年的有效县级边界绘制的 1864 年普鲁士幼儿园入学率的地理分布。

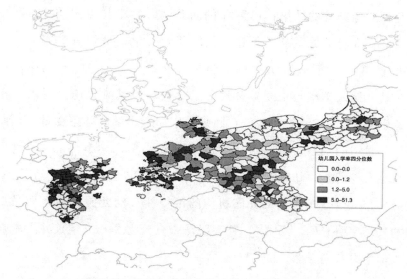

图 3.1　1864 年普鲁士幼儿园入学率地理分布

资料来源:作者统计。

---

① 来自柏林皇家统计局(Königliches Statistisches Bureau)的数据(1867 年)。
② 值得注意的是,在 1864 年的原始资料中,幼儿园仍被称为儿童福利院。幼儿园普查所收集的幼儿园数据可能包含了不同类型的幼儿园,也包括福禄培尔式的幼儿园。
③ 我们使用 1849 年的县级数据,即 335 个县的数据。

　　在回归分析中，因变量是 1871 年的儿童-妇女比，即用 0~4 岁儿童的数量除以 20~49 岁年龄组女性的数量计算得到。为了控制回归分析中潜在的混杂因素，增加以下控制变量：小学入学率、每千人幼儿园入学人数、人均公立和私立学校数量、城市人均税收收入、城市化率、人口密度、工业就业率和农业就业率、土地不平等程度、新教教徒比例以及易北河以东各县的区域控制变量。[1] 我们采用逐步纳入控制变量的方式进行回归分析，以更好地了解主要是哪个变量与幼儿园入学率有关，从而影响生育率。

　　表 3.1 列出了利用普通最小二乘法进行回归分析的结果。为了便于比较，所有的变量都被标准化为零均值和单位标准差。第（1）列显示的是不加任何其他条件的结果：1864 年的幼儿园入学率与 1871 年的儿童-妇女比之间存在显著的负相关关系，且幼儿园入学率平均每增加 1 个标准差，儿童-妇女比下降约 0.37 个标准差。在第（2）~（4）列中，我们检验了幼儿园入学率与正规教育投资或学校教育基础设施可得性的相关性。特别是在第（2）列，我们在回归中增加了小学入学率变量。正如前人利用数量-质量权衡理论研究证明的那样，小学入学率与生育率呈负相关关系。有趣的是，幼儿园入学率的系数仍然高度显著。第（3）列的结果表明，相关效益不是由幼儿园机构的可得性（幼儿园数量）而是由幼儿园的入学率引起的。第（4）列表明是否有公立和私立学校并不影响幼儿园入学率系数的显著性。[2]

　　在第（5）列中，我们加入 1867 年的人均税收收入，发现幼儿园入学率和人均税收收入是正相关的（$\rho = 0.50$），而且与城市化率的相关性也

---

① 有关工业和农业就业率以及人均税收收入的信息指的是 1867 年。本章分析使用的数据来自 ifo 普鲁士经济史数据库（iPEHD）。更多细节见 Becker 等（2014）。

② 注意人均公立学校数量和人均私立学校数量也包括中学数据。

表 3.1 幼儿园入学率与出生率的关系

因变量:儿童-妇女比(1871)	(1)	(2)	(3)	(4)	(5)	(6)	(7)	(8)	(9)	(10)
幼儿园入学率	-0.366*** (0.095)	-0.390*** (0.104)	-0.430** (0.171)	-0.373*** (0.104)	-0.137* (0.071)	-0.212*** (0.061)	-0.379*** (0.095)	-0.345*** (0.099)	-0.377*** (0.090)	-0.350** (0.134)
小学入学率		-0.256** (0.107)	-0.260** (0.110)							-0.235*** (0.102)
幼儿园数量			0.047 (0.128)							0.116 (0.093)
人均公立学校数量				-0.017 (0.080)						-0.004 (0.108)
人均私立学校数量				-0.001 (0.097)						0.006 (0.061)
人均税收收入					-0.457*** (0.087)					-0.389*** (0.082)
城市化率						-0.147* (0.081)				-0.061 (0.100)
人口密度						-0.159*** (0.051)				-0.124** (0.050)

续表

因变量：儿童－妇女比(1871)	(1)	(2)	(3)	(4)	(5)	(6)	(7)	(8)	(9)	(10)
工业就业率(%)							-0.011 (0.175)			0.092 (0.137)
农业就业率(%)							-0.031 (0.132)			-0.147 (0.109)
土地不平等程度								0.156 (0.143)		0.233 (0.176)
新教教徒比例(%)									-0.147 (0.107)	-0.090 (0.103)
易北河以东										-0.365 (0.328)
样本数	335	335	335	335	335	335	335	335	335	335
拟合优度 R^2	0.13	0.20	0.20	0.13	0.29	0.18	0.13	0.16	0.16	0.41

很强（$\rho = 0.67$）。鉴于普鲁士的幼儿园主要由教会赞助，且主要是私立的，这一结果并不令人意外，而且也与幼儿园主要位于相对富裕的城市中心的情况相符。事实上，将人均税收收入［第（5）列］、城市化和人口密度［第（6）列］纳入控制变量，会削弱幼儿入园率和生育率之间的相关性。然而，在一定的人均税收收入和城市化率下，幼儿园入学率仍然与生育水平显著负相关。我进一步加入了工业就业率和农业就业率［第（7）列］、土地不平等程度［第（8）列］和新教教徒比例［第（9）列］等变量。在这些回归分析中，控制变量的系数都不显著，也不影响幼儿园入学率的显著性。最后，在第（10）列中加入所有控制变量，与上文讨论的应用数量-质量权衡理论进行研究的结果一致，即发现小学入学率、收入水平（由人均税收收入代表）和人口密度与生育水平负相关。

本章回归分析得出的最新结果与以下观点一致，愿意以减少子女数量为代价投资于子女教育的父母，他们从子女入园开始时就进行投资。根据历史资料，19 世纪下半叶，幼儿园是有实质教育内容的，尽管这些教育内容仍比较保守。虽然本节的结论，即幼儿园入学率和生育率之间存在有条件的负相关关系是纯描述性的，但这一结果与最近应用数量-质量权衡理论研究的结果相符。

3.6 结论

在本章中，我们利用经济理论讨论了父母对子女的教育投资与生育率之间关系的同时，也提供了最新的实证证据。我们特别关注 19 世纪末西方社会的人口结构转型和数量-质量权衡理论的应用。使用标准的贝克尔模型进行预测，结果显示，发生于人口结构转型期间的生育率下降主要是由收入提高带来的质量替代数量优势。然而，迄今为止的利用数量-质量权衡理论进行研究得到的实证证据更符合统一增长理论的假设：生育率下降是在技术快速进步背景下对教育投资增加的反应。

我们还回顾了一些文献，发现这些文献的结论支持关于人口结构转型的文化解释。控制生育的文化规范通过族群、宗教和语言等传播。这可以部分解释 19 世纪末 20 世纪初欧洲生育率下降的地理扩散。最后，我们提供了新的描述性证据，说明幼儿园入学率和生育率之间存在负相关关系。基于 1864 年普鲁士县级幼儿园数量及入学率数据，实证分析认为 1864 年幼儿园入学率与 1871 年生育率之间存在显著的负相关关系。这一结论虽然只是初步的，而且不涉及任何因果关系，但却与以下观点相一致：愿意投资于子女教育的父母从学前教育就开始进行投资。对生育率相对较低的县进行分析后得出的结论与利用现代数量-质量权衡理论研究得出的结论也如出一辙。

参考文献

Aaronson, D., Lange, F., and Mazudmer, B., 2014. "Fertility Transitions along the Extensive and Intensive Margins." *Am Econ Rev* 104：3701-3724.

Ager, P., Brueckner, M., and Herz, B., 2016. "The Fertility Transition and Structural Change in the American South." *Mimeo*.

Allen, A. T., 1988. "'Let Us Live with Our Children': Kindergarten Movements in Germany and the United States. 1840-1914." *Hist Educ Q* 28：23-48.

Bauernschuster, S. and Falck, O., 2015. "Culture, Spatial Diffusion of Ideas and Their Long-Lasting Imprints—Evidence from Froebel's Kindergarten Movement." *J Econ Geogr* 15：601-630.

Becker, G. S., 1960. *An Economic Analysis of Fertility*. In *Demographic and Economic Change in Developed Countries*, edited by Duesenberry, J. S. and Okun, B.：209-240. New York：Columbia University Press. https：//ideas. repec. org/hZnbr/nberch/2387. html.

Becker, G. S. and Lewis, H. G. , 1973. "On the Interaction between the Quantity and Quality of Children." *J Polit Econ* 81: S279-S288.

Becker, S. O. , Cinnirella, F. , and Woessmann, L. , 2010. "Education versus Fertility: Evidence from before the Demographic Transition." *J Econ Growth* 15 (3): 177-204.

Becker, S. O. , Cinnirella, F. , and Woessmann, L. , 2012. "The Effect of Investment in Children's Education on Fertility in 1816 Prussia." *Cliometrica* 6 (1): 29-44.

Becker, S. O. , Cinnirella, F. , and Woessmann, L. , 2013. "Does Women's Education Affect Fertility? Evidence from Pre-Demographic Transition Prussia." *Eur Rev Econ Hist* 17 (1): 24-44.

Becker, S. O. , Cinnirella, F. , Hornung, E. , and Woessmann, L. , 2014. "IPEHD- the Ifo Prussian Economic History Database." *Hist Methods* 47 (2): 57-66.

Bengtsson, T. and Dribe, M. , 2006. "Deliberate Control in a Natural Fertility Population: Southern Sweden, 1766 - 1864." *Demography* 43 (February): 727 - 746. https://doi. org/10. 1007/s10680-010-9208-8.

Bignon, V. and Garcia-Peñalosa, C. , 2016. "Protectionism and the Education-Fertility Trade-off in Late 19th Century France." *Working Paper 2016 - 04 Aix Marseille School of Economics.*

Bleakley, H. and Lange, F. , 2009. "Chronic Disease Burden and the Interaction of Education, Fertility, and Growth." *Rev Econ Stat* 91: 52-65.

Boberg-Fazlic, N. , Sharp, P. , and Weisdorf, J. , 2011. "Survival of the Richest? Social Status, Fertility and Social Mobility in England 1541-1824." *Eur Rev Econ Hist* 15: 365-392.

Brown, J. C. and Guinnane, T. W. , 2002. "Fertility Transition in a Rural, Catholic Population: Bavaria, 1880-1910." *Popul Stud* 56: 35-49.

Brown, J. C. and Guinnane, T. W. , 2007. "Regions and Lime in the European Fertility Transition: Problems in the Princeton Project's Statistical Methodology." *Econ Hist Rev* 60: 574-595.

Cinnirella, F. and Hornung, E. , 2016a. "Land Inequality, Education, and Marriage: Empirical Evidence from Nineteenth-Century Prussia." *CESifo Working Paper* No. 6072.

Cinnirella, F. and Hornung, E. , 2016b. "Landownership Concentration and the Expansion of Education." *J Dev Econ* 121: 135-152.

Cinnirella, F. and Streb, J. , 2017. "The Role of Human Capital and Innovation in Prussian Economic Development." *J Econ Growth* 22: 192-227.

Cinnirella, F. , Klemp, M. P. , and Weisdorf, J. , 2017. "Malthus in the Bedroom: Birth Spacing as Birth Control in Pre-Modern England." *Demography* 54: 413-436.

Clark, G. and Cummins, N., 2016. "The Child Quality-Quantity Trade-off, England, 1780–1880: A Fundamental Component of the Economic Theory of Growth Is Missing." *CEPR Discussion Paper* No. 11232.

Clark, G. and Hamilton, G., 2006. "Survival of the Richest in Pre-Industrial England." *J Econ Hist* 66: 707–736.

Coale, A. J. and Watkins, S. C., eds., 1986. *The Decline of Fertility in Europe*. Princeton, NJ: Princeton University Press.

Cummins, N., 2013. "Marital Fertility and Wealth during the Fertility Transition: Rural France, 1750–1850." *Econ Hist Rev* 66: 449–476.

Daudin, G., Franck, R., and Rapoport, H., 2016. "The Cultural Diffusion of the Fertility Transition: Evidence from Internal Migration in 19th Century France." *CESifo Working Paper No. 5866.*

De La Croix, D. and Perrin, F., 2016. "French Fertility and Education Transition: Rational Choice vs. Cultural Diffusion." *IRES Discussion Papers No. 2016-7.*

De Moor, T. and Van Zanden, J. L., 2010. "Girlpower—The European Marriage Pattern and Labor Markets in the North Sea Region in the Late Medieval and Early Modern Period." *Econ Hist Rev* 63: 1–33.

Dennison, T. and Ogilvie, S., 2014. "Does the European Marriage Pattern Explain Economic Growth?" *J Econ Hist* 74: 651–693.

Diebolt, C. and Perrin, F., 2013. "From Stagnation to Sustained Growth: The Role of Female Empowerment." *Am Econ Rev Pap Proc* 103: 545–549.

Diebolt, C., Menard, A-R., and Perrin, F., 2016. "Behind the Fertility-Education Nexus: What Triggered the French Development Process?" *BETA Working Paper No. 2016-10.*

Doepke, M., 2004. "Accounting for Fertility Decline during the Transition to Growth." *J Econ Growth* 9: 347–383.

Doepke, M. and Zilibotti, F., 2005. "The Macroeconomics of Child Labor Regulation." *Am Econ Rev* 95: 1492–1524.

Dribe, M. and Scalone, F., 2010. "Detecting Deliberate Fertility Control in Pre-Transitional Populations: Evidence from Six German Villages, 1766–1863." *Eur J Popul* 26 (4): 411–434. https://doi.org/10.1007/s10680-010-9208-8.

Fernihough, A., 2017. "Human Capital and the Quantity-Quality Trade-off during the Demographic Transition." *J Econ Growth* 22: 35–65.

Foreman-Peck, J., 2011. "The Western European Marriage Pattern and Economic Development." *Explor Econ Hist* 48: 292–309.

Galloway, P. R. , Hammel, E. A. , and Lee, R. D. , 1994. "Fertility Decline in Prussia, 1875-1910: A Pooled Crosssection Time Series Analysis. " *Popul Stud* 48 (1): 135-158.

Galor, O. , 2011. *Unified Growth Theory*. Princeton, NJ: Princeton University Press.

Galor, O. , 2012. "The Demographic Transition: Causes and Consequences. " *Cliometrica* 6: 494-504.

Galor, O. and Klemp, M. P. B. , 2016. "The Biocultural Origin of Human Capital Formation. " *Brown University Working Papers No. 2014-6*.

Galor, O. and Moav, O. , 2002. "Natural Selection and the Origin of Economic Growth. " *Q J Econ* 117 (4): 1133-1191. https://doi. org/10. 1162/003355302320935007.

Galor, O. and Weil, D. , 1999. "From Malthusian Stagnation to Modern Growth. " *Am Econ Rev* 89: 150-154.

Galor, O. and Weil, D. , 2000. "Population, Technology, and Growth: From Malthsuian Stagnation to the Demographic Transition and beyond. " *Am Econ Rev* 90: 806-828.

Galor, O. , Moav, O. , and Vollrath, D. , 2009. "Inequality in Land Ownership, the Emergence of Human Capital Promoting Institutions and the Great Divergence. " *Rev Econ Stud* 76 (1): 143-179.

Goldstein, J. R. and Klüsener, S. , 2014. "Spatial Analysis of the Causes of the Fertility Decline in Prussia. " *Popul Dev Rev* 40: 497-525.

Guinnane, T. W. , 2011. "The Historical Fertility Transition: A Guide for Economists. " *J Econ Lit* 49 (3): 589-614. https://doi. org/10. 1257/jel. 49. 3. 589.

Hansen, C. W. , Jensen, P. S. , and Lφnstrup, L. , 2018. "The Fertility Decline in the United States: Schooling and Income. " *Macroecon Dyn* 22 (6): 1584-1612.

Henry, L. 1967. "Manuel de Demographie Historique. " *Droz, Paris*.

Klemp, M. P. B. and Weisdorf, J. L. , 2018. "Fecundity, Fertility and the Formation of Human Capital. " *Econ J.*, https://doi. org/10. 1111/ecoj. 12589.

Knodel, J. , 1979. "From Natural Fertility to Family Limitation: The Onset of Fertility Transition in a Sample of German Villages. " *Demography* 16 (4): 493-521.

Königliches Statistisches Bureau in Berlin, 1867. In *Preussische Statistik*, Vol. 10, edited by Engel, E. Berlin: Ernst Kuehn.

Murphy, T. E. , 2015. "Old Habits Die Hard (Sometimes): Can Département Heterogeneity Tell Us Something about the French Fertility Decline?" *J Econ Growth* 20: 177-222.

Murtin, F. , 2013. "Long-Term Determinants of the Demographic Transition: 1870-2000. " *Rev Econ Stat* 95: 617-631.

Spolaore, E. anf Wacziarg, R. , 2014. "Fertility and Modernity. " *Discussion Papers*

Series No. 0779, Department of Economics, Tufts University.

Van Bavel, J. and Kok, J. , 2010. "A Mixed Effects Model of Birth Spacing for Pre-Transition Populations." *Hist Fam* 15：125-138.

Voigtländer, N. and Voth, H-J. , 2013. "How the West 'Invented' Fertility Restriction." *Am Econ Rev* 103：2227-2264.

Weisdorf, J. , 2016. *Church Book Registry：A Cliometric View*. In *Handbook of Cliometrics*, edited by Diebolt, C. and Haupert, M. , pp. 155-174. Heidelberg：Springer.

4 批判性介绍：以双胞胎胞亲数量做工具变量的文献

斯特凡·奥贝里（Stefan Öberg）

摘　要：有关儿童如何受其兄弟姊妹（胞亲）（sibship）数量影响的研究存在一定的难度，因为胞亲数量在模型中是内生的。当下，解决这一问题的"黄金准则"是将特定胎次的双胞胎用作工具变量。本章的目的有两个：一是介绍常用的工具变量方法；二是重新解释基于双胞胎胞亲数量的工具变量。本章的新观点是：只有部分双胞胎出生会导致子女数量的外生性增加。这一变化不大的新解释凸显了一些以往被忽视的必要假设。最重要的是，它显示了工具变量方法如何与生育偏好产生内在联系，以及如何处理与识别意外怀孕这一重要假设。我们需要假设家庭有一个常规的理想子女数量标准，以及假定无意外怀孕，或者意外生下一孩或双胞胎的父母并无区别。因此，本章的介绍有助于我们批判性地看待用双胞胎代替胞亲数量的工具变量方法。我们需要重新评估目前正在应用的"黄金准则"，并尽可能地用它反思之前研究得出的结论。

关键词：双胞胎　家庭规模　外生变量　因果推断　数量–质量权衡
自然实验

4.1　引言

长期以来，研究人员和政策制定者都对儿童如何受到胞亲数量的影响相当感兴趣，而且近年来这种兴趣并没有减弱。这个问题也越来越受经济史和历史人口学研究的青睐。一个重要原因是，一些研究长期经济增长的宏观经济模型将这一影响纳入模型中，其中最重要的理论是统一增长理论（Galor and Weil, 2000；Galor, 2012；概述与介绍见 Diebolt and Perrin,

2016）。

　　研究儿童如何受其胞亲数量影响面临着严峻挑战，因为胞亲数量在模型中是内生的。存在内生性的一个重要原因是，不同父母在生育子女数量方面存在着不可观测的差异，而之所以有差异也与子女的存活率有关。在这类研究中，可以用于解决内生性问题的最常见方法是引入工具变量（instrumental variables，IVs）。

　　工具变量是指某种影响内生解释变量，又不通过其他形式影响结果变量的变量。要求工具变量既对内生变量产生较大影响，同时又（有条件地）独立于因变量（结果变量），在实践应用中往往很难做到。社会科学领域的研究者（甚至包括经济学家）往往用随机事件或决策进行研究，这些随机事件或决策虽然不是由研究者决定的，但仍然会影响研究结论。在研究胞亲数量对子女表现的影响的文献中，一个常见且众所周知的例子是用双胞胎出生作为工具变量。它有较长的历史，最初始于 Rosenzweig 和 Wolpin（1980a，1980b）的研究，并由 Angrist 和 Evans（1998）以及 Black 等（2005）进一步发展。关于这一研究及与其密切相关的研究的最新概述，见 Behrman（2016）和 Clarke（2018）。[1]

　　在该研究领域，将特定胎次的双胞胎出生作为工具变量被认为是"黄金准则"。基于该研究将双胞胎出生作为一种随机事件，可以说是创造了一种"自然实验"情境。大部分研究者认为将双胞胎出生作为工具变量展开研究是可行的，越来越多的研究者则开始对此进行批判。一些研究对这些工具变量的有效性提出了令人信服的质疑，因为双胞胎出生似乎并未像想象般那样随机（Bhalotra and Clarke，2018a，b；Braakmann and

---

[1]　最近基于双胞胎工具变量的研究包括 Åslund 和 Grönqvist（2010）、Marteleto 和 De Souza（2012）、Holmlund 等（2013）、Kolk（2015）、Silles（2016）、Baranowska-Rataj 等（2016，2017）、de Jong 等（2017）和 Zhang（2017）。

Wildman，2016；Farbmacher et al.，2018；也见 Rosenzweig and Zhang，2009）。[1] 还有人对使用它来进行估计的实际效果提出了严重批评（Braakmann and Wildman，2016；Mogstad and Wiswall，2016；Guo et al.，2017）。这些挑战一针见血，足以让我们重新审视这一研究领域的"黄金准则"。

研究人员在研究儿童如何受其胞亲数量的影响时，总是会遇到内生性问题，无论他们是在研究历史上的人口还是当今的人口。[2] 本章有两个目的：第一个是提供非技术性介绍，以解决用双胞胎作为工具变量遇到的内生性问题（其他非常有用的非技术性介绍可参考 Angrist and Pischke，2009，2015；Morgan and Winship，2015）。本部分主要是非专业领域的介绍，对于读者来说，它有可能是不言自明的，或者非常简单。

本章的介绍在很大程度上依赖于乔舒亚·安格里斯特（Joshua Angrist）和其他合作者的成果（Angrist et al.，1996；Angrist and Krueger，2001；Angrist，2004；Angrist and Pischke，2009，2015）。[3] 虽然我非常关注他们的研究成果，但在用他们的框架来探讨以双胞胎作为工具变量的相关问题时，实际上做了一些修正。因此，本章的第二个目的是讨论如何在使用中完善该方法。

安格里斯特和皮施克（Angrist and Pischke，2009）认为基于双胞胎出生的工具变量是工具变量中的一个例外，即被分配的处理方式相同——父母对双胞胎出生和拥有一个"额外"（extra）的孩子的处理方式是一样的（Angrist and Pischke，2009：160-161；也见 Angrist et al.，

---

① Sianesi（2016）讨论了随机临床试验以及医学文献中如何处理随机产生的潜在偏误。虽然该研究用语不同，但实际上与使用双胞胎作为工具变量的问题紧密相连。最近一些研究认为，使用双胞胎出生作为随机事件，本身就会导致结果有偏。

② 有关该问题及其他质疑的一般性讨论，参见 Öberg（2017）。

③ Rosenzweig 和 Wolpin（1980b，2000）以及 Morgan 和 Winship（2015）的研究也都很重要。

2010：776）。如果这点正确，那么它减少了使用双胞胎出生作为工具变量所需的假设数量，也提高了我将估计效果解释为普遍适用的因果关系的机会。

我认为，不应将双胞胎出生工具变量视为特殊情况，而应当承认，它们和其他大多数工具变量一样也具有"异质性处理效应"（heterogeneous treatment effects）[1]。在实践中，这意味着我们不应把孩子的意外出生视为解决内生性的方法。我们对以双胞胎作为工具变量不感兴趣，不仅是因为他们会使孩子数量增加，更是因为这有时会使随机的和"不想要的"（unintended）[2] 孩子数量增加。因此，我认为应将"不想要的"、"意外"（unwanted）出生的孩子才视为解决内生性的方法，而不是所有的孩子。这与安格里斯特等对工具变量的定义和解释总体上一致，只是在具体解释如何运用双胞胎出生这一工具变量方面有所不同。我认为，可以将"不想要的"孩子作为双胞胎工具变量，从而加深对工具变量方法的理解，同时不断开展估计分析。例如，我的解释提供了一种机制，说明为什么有些家庭被分配到处理组（assigned treatment），而其他家庭则没有，即为什么有些双胞胎的出生会导致孩子数量的外生性增加，而其他家庭则并非如此。[3]

---

[1] 我对将双胞胎出生作为工具变量的解释是回到了 Rosenzweig 和 Wolpin（1980a，1980b）最初提出的解释，即只有部分有双胞胎出生的家庭其孩子数量才有外生性增加。我沿用了 Angrist 等（1996）提出的框架，并进一步丰富了相关解释。Angrist 等（1996）没有具体讨论基于双胞胎出生的工具变量。我认为，Angrist 和 Pischke（2009）以及 Angrist 等（2010）对基于双胞胎出生的工具变量的解释是对 Angrist 等（1996）的框架的错误应用。

[2] 在本章中，我将这些孩子定义为"意外"。这个有点刺耳的术语只是为了使我的表述尽可能清晰。在现实中，孩子们并非在他们的家庭中真的不受欢迎，而只是将双胞胎出生作为工具变量进行分析才能成立。这只是想说明一些父母比他们的预期和计划多生了一个孩子。

[3] 另一种类似的观点是，所有双胞胎的出生都该被分配到孩子数量外生性增加的"处理组"。这种情况也完美遵循了"准则"，因为所有经历过双胞胎出生的家庭都有额外的孩子。但"处理组"却并不完美，所以只有部分家庭因经历过双胎出生而有了孩子数量的外生性增加。

本章的解释还强调了以前被忽视的假设，这些假设对于分析是必要的。最重要的是本章将生育偏好明确地引入研究中，此外还考虑了意外怀孕的可能性。若我对双胞胎工具变量的解释更为合理的话，就要反思以往的估计效果。估计效果看来至少不太具有普遍性，而且可能不符合它们所要反映的效果。

4.2 研究胞亲数量对儿童影响问题的内生性挑战

对于胞亲数量（家庭中子女的数量）如何影响儿童表现的研究在社会科学和公共卫生学领域由来已久。大量研究表明，胞亲数量与子女表现①（如教育和社会流动性）之间存在负相关关系（Blau and Duncan，1978；Blake，1981，1985）。二者之间存在的这种负相关关系后来也在许多高收入国家人群中得到了证实（Park，2008；Xu，2008；Kalmijn and Van De Werfhorst，2016）。研究显示，包括儿童身高在内的一系列其他表现也与胞亲数量存在负相关关系（Öberg，2015，2017）。

厘清上述一系列负相关关系为何将有助于我们分析其他问题。例如，胞亲数量的影响可能是社会优势（或非优势）传播机制的一部分（如 Dribe et al.，2014）。在研究儿童怎样受胞亲数量的影响这一问题的同时，我们也更多地了解了养育儿童的成本，以及在不同的环境和时期家庭会如何控制这些成本。以上的研究对讨论生育率下降、人力资本投资和资源代际转移等问题有重要启示。

---

① 子女表现（outcomes of children），指儿童的素质、天资等。本章统一翻译为子女表现。此外，本章也有较多 outcomes（结果变量）的表述。事实上，这里的子女表现就是结果变量，而中文翻译中，结果变量、被解释变量、因变量含义相同，因此为了区分，本章结果变量（outcomes）统一译为因变量，胞亲数量则译为自变量（解释变量）。——译者注

分析负相关关系问题最常用的理论框架是资源稀释假说（source dilution hypothesis）（Blake，1981，1985；Gibbs et al.，2016）。直观上，人们认为，胞亲数量与子女表现之间存在负相关关系的原因在于父母资源有限，而在多子女家庭中这种资源会更快地被稀释掉。父母的资源既包括物质资源，也包括时间、精力、耐心等。正是由于资源的稀缺性，当父母有许多孩子需要照料时，各方的利益就难以得到平衡。

资源稀释假说也是加里·贝克尔等就家庭如何对子女进行投资的理论模型提出的基本假设之一（Becker and Lewis，1973；Becker，1993；Willis，1973）。该模型认为，父母一般会就生育多少孩子以及在孩子身上投入多少资源之间做出选择。生育更多的孩子，会减少对每个孩子的投入，反之亦然。父母对孩子的投入越多，孩子的"质量"就越高。因此，父母必须在孩子的数量与质量之间做出权衡。如前所述，这种数量与质量的权衡也被纳入研究长期经济增长的宏观经济模型，其中最重要的是统一增长理论（Galor and Weil，2000；Galor，2012）。权衡是内在于这个模型的一个机制，这个机制发挥作用促使生育率下降，从而促进经济增长。

除了资源稀释假说外，对胞亲数量与子女表现之间存在的负相关关系的补充解释是，生育不同数量子女的父母在其他方面也有所不同。子女数量不同的父母之间如果存在差异，会给我们的分析带来阻碍。如果这些差异同时影响到孩子的数量和表现，它们将成为估计胞亲数量和因变量之间相关关系的混杂因素（confounders）（见图4.1）。子女数量不同的父母在很多方面（尤其是可观测方面）有所不同，一个重要例子是在许多人群中，存在着生育率的社会经济梯度（Dribe et al.，2017）。这种梯度的存在可能意味着，子女众多的父母教育程度较低，收入也较低。在该例中，为了研究胞亲数量和子女表现之间的关系，我们必须调整对父母教育和收入指标的估计。

　　子女数量不同的父母也存在一些不可观测的变量，如他们的能力或偏好。那些更有能力照料子女并倾向于在子女身上花更多钱的父母，更有可能拥有较多的子女，子女表现也可能更优秀。这可能使那些对子女"质量"有偏好的父母希望减少子女数量，以便在单个子女身上投入更多。这就是贝克尔的数量-质量权衡理论的前提假设（Becker and Lewis，1973；Becker，1993）。如果这些不可观测的差异混淆了胞亲数量和子女表现之间的关系，则会给分析带来阻碍。这是一个合理的假设，即它们作为混淆因素当然会影响分析结果（见图4.1），因此我们在研究该问题时要考虑这一点。

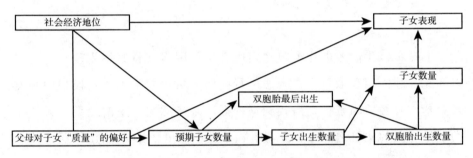

图 4.1　家庭中子女数量与子女表现之间的关系

　　因此，从几个方面可以说明为什么我们不能认为子女数量是独立于子女表现的。笔者将重点关注父母差异对相关关系的干扰，因为一方面这很可能涉及实证研究，另一方面也因为它是被检验的理论框架之一，即数量-质量权衡理论的前提假设。

　　无论分析结果如何，我们总是要首先考虑在研究的案例中，哪些因素是合理的？它们可能以及如何影响相关关系的变化？很多潜在因素都会影响因变量，而我们要找的是那些既可能影响核心自变量又影响因变量的因素。例如在研究胞亲数量对子女表现的影响时，家庭的社会经济地位和父母对子女"质量"的偏好就是这些因素（见图 4.1）[1]。

该模型不应包括任何无关内容，但重要的是实证的回归模型中的残差或误差项需要包括未观测到及不可观测因素。不管是使用工具变量法还是其他方法，该问题都至关重要。为了使结论有效，工具变量要与不可观测因素无关，从而与误差项无关。依照 Rosenzweig 和 Wolpin（2000：830）所提到的：

> 每项研究都必须明确误差项，因此需提供一个合理解释来说明为什么工具变量 Z 与它们不相关。基于此，对误差项进行描述是采用工具变量方法开展研究的关键。

下一步，我们考虑能否观测到所有相关因素并将其纳入模型。若可以如此，才能用普通最小二乘法进行回归分析。如果无法在模型中观测及囊括所有相关因素，则需找到一种方法来考虑这些遗漏变量。只要子女数量不同的父母之间存在差异且没有进行修正，就不能仅仅通过比较子女数量不同的家庭的子女表现来估计自变量与因变量之间的因果关系。

例如，若对子女"质量"有强烈偏好的父母有较少的孩子，同时在每个孩子身上投入更多，这将使子女数量和子女表现之间产生虚假的负相关关系。结果的偏误与遗漏任何其他相关解释变量后得到的偏误类似。因为存在着一个既影响子女数量又影响子女表现的遗漏变量，这会使衡量子女数量的变量与回归的残差项相关。由于该变量与残差相关，则不能将其视为外生因素。因此，"有问题"的变量（如本例中的子女数量）被称为

---

[1] Deuchert 和 Huber（2017）最新研究表明，不要错误地将那些可能影响工具变量分配的控制变量纳入模型，这非常关键。只纳入分配前就已确定的控制变量将避免该问题的产生。

"内生"变量。存在内生变量，就会使应用普通最小二乘法进行回归分析的结果有偏。因此，我们必须找到一种方法来处理内生变量，以便能够正确估计胞亲数量与子女表现之间的实际因果关系。

4.3 工具变量方法简介

为不使估计结果有偏，存在着混杂因素以及内生解释变量时，可采用工具变量法（Angrist and Pischke，2009，2015；Angrist et al.，1996；Angrist and Krueger，2001；Angrist，2004；Murray，2006；Bollen，2012；Pokropek，2016；Moffitt，2005）。工具变量方法可以区分出内生变量的"外生"变化，并用这一"外生"变化分析与结果变量（因变量）的关系。实际上，外生变量中变化的部分只与工具变量相关，而与研究的因变量无关。工具变量本身需与因变量以及导致虚假相关性的其他因素无关。也就是说，工具变量在模型中是外生的，因此"有效"。此外，工具变量还需与内生变量密切相关，这就是工具变量具有"相关性"或"信息性"的原因。

采用工具变量法最难的一点是要满足工具变量不能与因变量相关的条件，即它必须是"外生的"。不言而喻，工具变量不应该对因变量有任何直接影响。因此，它可以而且也应该被排除在模型之外。因此，该方法中的工具变量及其假设的前提条件被称为"排他性约束"（exclusion restriction）。有时，我们可以找到一种对因变量没有任何直接影响的工具变量，但要求它不能与某种可能影响因变量的不可观测因素相关。换句话说，不能有任何不可观测因素来混杂工具变量和因变量之间的关系。如果我们能针对这些可观测因素对模型进行调整，则说明可观测因素可能会对因变量产生混淆；如果我们能针对这些可观测因素完美地对模型进行调整，工具变量将有条件地独立于因变量。工具变量独立于因变量主要依靠的是随机性。如果工具变量所依据的事件是真正随机分配的，就可以相信工具变量独立于因变量的假设在平均和大样本情况下成立。

在实际应用中，我们还要求工具变量对可能"有问题的"内生变量产生影响。如果工具变量不影响内生变量，它就不是"相关"的，而我们可以利用普通最小二乘法对内生变量进行回归来检验这一点。因此有一个经验法则，即工具变量系数的 t 统计量应该大于等于 10[①]，以使工具变量对内生变量产生较大的系统性影响，从而发挥良好的作用（Staiger and Stock，1997）。与内生变量只有微弱相关关系的工具变量被称为弱工具变量，会影响分析结果（如 Stock et al.，2002；Murray，2006）。

4.4　以双胞胎出生作为工具变量的简介

使用双胞胎作为工具变量的想法是，一些有（特定胎次）双胞胎的家庭得到了一个"额外的"孩子，这个孩子并不在计划内。由于按照假定，双胞胎的出生是随机事件，这就是一组随机选择的家庭被分配了一个"额外的"孩子。于是我们就可以认为，双胞胎的出生创造了一个类似实验的情形。[②] 在自然界，这归功于人类的生物属性，所以它被认为是一种"自然实验"（Rosenzweig and Wolpin，2000）。

以双胞胎出生为工具变量的排他性约束条件意味着经历（特定胎次）双胞胎出生本身不会影响家庭中的其他子女。这是一个强有力的前提假设，并且在某些情况下是合理的（Rosenzweig and Zhang，2009；Guo et

---

① 一般认为拒绝弱工具变量检验的经验法则是 F 统计量大于等于 10，而本章主要是考察一元变量的情况，在此情况下 F 统计量与 t 统计量相同，在此特做说明。——译者注

② 显然，在现实中实验设计当然不完全是随机、可控制的，使用工具变量会给隐含行为模型（implied behavoral model）增加另一层前提假设（Rosenzweig and Wolpin，2000）。

al.，2018）。不应该有任何因素同时影响双胞胎出生和子女表现。如果存在同时影响双胞胎出生和因变量的不可观测因素，将有可能导致工具变量只有条件外生性。如果我们不能精确地调整模型，那么具有条件外生性的工具变量将使结果有偏。双胞胎工具变量被认为是独立于因变量的，因为它们被认为是随机事件。某种程度上说，双胞胎出生是随机事件，因此我们可以假设在平均和大样本中是否有（特定胎次）双胞胎出生的父母之间没有系统性差异。例如，我们可以假设，有（特定胎次）双胞胎出生的经历与子女预期数量之间没有关系。这就是为什么我们可以通过以是否经历过（特定胎次）双胞胎出生的家庭中子女的平均表现和胞亲数量来估计二者的非混杂因果关系。

我们以一种方式构建工具变量，以便确实可将双胞胎出生视为一个随机事件。换句话说，双胞胎或非双胞胎的每一次出生都要当作一个随机事件。举例来说，我们不能只把经历过双胞胎出生的家庭作为工具变量的一个指标。当然，这种情况发生的概率随着子女的出生而增加，而且该指标与预期子女数量正相关。

为了确保双胞胎出生工具变量与预期子女数量无关，需要用特定胎次双胞胎出生来构建工具变量（Rosenzweig and Wolpin，1980b；Angrist and Evans，1998；Black et al.，2005），然后在所谓的 $n+$ 样本中使用它们。这意味着，我们以一个特定胎次双胞胎作为工具变量，并将那些有一定数量子女或更多子女的家庭囊括在内。由于双胞胎有一些特殊性（Silventoinen et al.，2013），他们本身就被排除在分析之外。我们也不再计入其他之后出生的孩子，因为他们只存在于规模较大的家庭中。因此，当我们使用双胞胎出生来作为工具变量时，实际上是在研究年龄较大、出生较早的孩子是如何受到胞亲数量外生性增加的影响这一问题。我们对有两个及两个以上胎次的家庭展开分析。例如，如果我们将双胞胎作为第二胎来创建工具变量，则只研究至少有两胎的家庭中的第一胎。①

此外，还需要确保样本中只包括子女数量已经达到或超过预期的家庭。否则，胞亲数量对子女表现影响的估计结果将接近零。我们将在第4.8节进一步展开讨论。

4.5 通过反事实分析了解基于双胞胎出生的工具变量

为了进一步研究将双胞胎出生作为工具变量是否与必要假设相符，使用安格里斯特等（Angrist et al.，1996；Morgan and Winship，2015）提出的反事实框架是有用的。在将双胞胎出生作为工具变量时，安格里斯特等提出的反事实框架有助于强调哪些是必要假设。安格里斯特等（1996）在他们的框架中使用了医学试验的概念。每个分析单位（即家庭）被随机分配为是否接受处理（干预）结果（是否经历双胞胎出生）。处理结果对每个分析单位的影响是不同的。这相当于一些有（特定胎次）双胞胎出生的家庭子女数量有了外生性增加，而其他家庭则没有。

这个反事实框架有助于明确的第一件事是，构建工具变量使用的随机事件（双胞胎出生）与使用工具变量得出的结果（家庭中子女数量外生性增加）之间存在差异（Angrist and Pischke，2015）。因此，将双胞胎出生作为工具变量主要是基于两个基本机制：首先，分配是随机的，即双胞胎出生是随机发生的；其次，家庭对分配的反应，即家庭如何应对双胞胎出生。直到最近，人们还认为双胞胎出生是随机的，相对而言，第一点没有问题。② 但针对第二种机制的研究始终不足。

---

① 这是目前文献中的"黄金准则"方法，但它可能没有我们想象的那么有效（Öberg，2018）。
② 实际上，这种对双胞胎出生随机性的假设正是 Bhalotra 和 Clarke（2018a）、Braakmann 和 Wildman（2016）以及 Farbmacher 等（2018）所质疑的。

双胞胎出生一般会使子女数量意外增加。但有些家庭本就打算再生两个甚至更多的孩子，双胞胎出生只是孩子出生比预期来得快些罢了。因此，对这些家庭来说，双胞胎出生并没有导致子女数量的外生性增加。如Rosenzweig 和 Wolpin（1980b：232）所提到的那样：

> 由于一次生多胎往往是意料之外的，而且孩子不能轻易买卖，因此一些有双胞胎出生的家庭将经历 N（子女数量）的外生性增加，超过了预期 N*（预期子女数量）。

如果假设每个家庭都有一个固定的预期子女数量，那么双胞胎出生将导致"意外"发生，这个假设的限制性虽然太强，但是普遍来说，大多数家庭对子女数量都会有某种预期，因此这就不足为奇。当用双胞胎出生作为工具变量时，我们假设家庭有固定的预期子女数量，所以计划外子女（尤其是双胞胎）的出生会导致"意外"发生。这一假设在研究中讨论得不多，但方法却是行之有效的。例如，Rosenzweig 和 Wolpin（1980b）最初在将双胞胎作为工具变量进行的推导中就应用了这个假设。

基于双胞胎出生的工具变量的两个要素——分配（家庭是否有双胞胎出生）和处理（是否有一个"意外"的孩子）——能产生四类分配和处理的组合（见表 4.1）。对子女数量外生性增加时影响了因变量的估计，主要从下面四种不同的分组中来考虑：依从组（compliers）、从不接受组（never-takers）、始终接受组（always-takers）和拒绝组（defiers）（关于这些术语的进一步讨论，见 Angrist et al.，1996）。进行估计时要求这些组合至少有一个组合不存在（拒绝组）①，并且在其他两个组合（从不接受

---

① 见 De Chaisemartin（2017）最近进行的关于有拒绝组（defiers）存在时如何进行调整的研究。

组和始终接受组）没有系统性差异。我们几乎无法观测到哪些家庭属于哪一组合（Angrist et al.，1996：449）。将假设的、不可观测的组合进行比较仍然有助于我们评估分析所依据的假设。

表 4.1 使用双胞胎出生作为工具变量时分配和处理的四种可能组合

		某个胎次中是否存在双胞胎？	
		否	是
孩子是否"意外"出生？	否	依从组和从不接受组	从不接受组
	是	始终接受组	依从组和始终接受组

首先，我们考察依从组。该组既包括双胞胎出生的家庭其子女数量与预期相符，也包括有双胞胎出生的家庭但出于意外比预期多要了一个孩子的情况。这是工具变量所能发挥作用的组合。

其次，除依从组外，还有三个组合以不同方式偏离了预期模式。从不接受组是指在以双胞胎作为工具变量的情况下，无论是否有双胞胎出生都能得到预期子女数量的家庭。[1] 因此，是否有双胞胎出生就不再是子女表现的有效的预测变量（自变量）。对于这些家庭来说，是否有双胞胎出生都没有本质上的、不可观测的差异。这是使双胞胎工具变量有效的外生性假设。因此，该假设实际上要求预期子女数量不同的家庭之间没有系统性差异（关于该问题的进一步讨论，见 Öberg，2018）。

再次，我们讨论始终接受组，该组是无论是否有特定胎次的双胞胎出生，其子女数量均超预期的家庭。始终接受组的一个子集是家庭在特定胎次双胞胎出生后还想要更多的孩子，而且又有双胞胎出生。后出生的双胞胎使家庭有了一个"意外"孩子。始终接受组的另一个子集是单胎中也

---

[1] 他们是"从不接受"因"意外"的生育因素所受"处理"影响的人。

有因意外怀孕而带来的"意外"孩子。到目前为止，该问题在以双胞胎出生为工具变量的研究中被忽略了。如果在分析中允许意料之外的单胎生育存在，就需要进行额外的假设。对于始终接受组来说，外生性假设要求如下：因双胞胎出生而有"意外"孩子的家庭与因意外怀孕而有"意外"单胎孩子的家庭之间没有任何差异。这要求以上假设真实存在，双胞胎出生工具变量才会有效。不难想象这未必准确，但从经验看，这个假设虽仍有不足，但相对而言已不证自明了。

要使双胞胎出生这一工具变量有效，另一个假设是根本不存在"意外"单胎出生——但这是个更大胆的假设。据 Singh 等（2010）估计，2008 年全世界本来就约有 15% 的孩子是意外出生的（意外的或不想要的），较发达和欠发达地区这一比例相近。2010 年，即使是发达国家，也约有 10% 想中止或推迟生育的女性会避孕失败（Alkema et al.，2013）。

最后一组是拒绝组，在以双胞胎出生作为工具变量的情况下，拒绝组指的是拒绝被分组的家庭（不在上述分类中）。拒绝组不仅包括生下单胎而不是双胞胎后调整了生育意愿的家庭，还包括有双胞胎出生的家庭在预期子女数量和如何对待子女方面根本性地改变了偏好和行为的情形。后一组比前一组更有说服力，但即使存在这种情况，也不普遍。

4.6 如何利用两阶段最小二乘法进行工具变量回归分析[①]

使用工具变量进行回归分析最直观和常用的方法是"两阶段最小二乘法"。为此，构建两个模型：一是"有问题的"内生解释变量对因变量

---

① 本节说明利用两阶段最小二乘法进行回归分析的工作原理。本节的主要目的是在下一节中用第一阶段回归分析得出的结果说明双胞胎工具变量所具有的异质性处理效应（heterogeneous treatment effects）。熟悉两阶段最小二乘法的读者可以跳过本节。

的影响；二是"有问题的"内生解释变量自身的变化。后者就包含工具变量。我们假设特定胎次的双胞胎出生有助于预测一个家庭的子女数量，但不会对子女中较大者的结果有较大的影响。

利用两阶段最小二乘法进行回归分析的第一阶段是基于工具变量对内生变量进行回归分析。[①] 如果结果模型中除了"有问题"变量还有其他自变量，我们也将这些变量纳入第一阶段的回归模型中。[②] 在第二阶段的回归分析中，用第一阶段回归分析得到的预测值替代观测到的子女数量。当使用（特定胎次）双胞胎出生来创建工具变量时，结果自然只有两个：要么家庭有双胞胎出生，要么没有。我将在假设没有其他解释变量的情况下分析该方法的原理，因为这样更容易理解。如果在第一阶段纳入其他解释变量，解释原则也不变。

在第二阶段的回归分析中，我们只使用与二元[③]工具变量有关的子女数量的变化。在实践中，这意味着子女数量的变化也被简化成一个二元变量。[④] 在第一阶段，所有有特定胎次双胞胎出生的家庭都得到相同的预测值。在简化的情况下，预测值等于常数项（样本中的条件平均子女数量）与第一阶段回分析中工具变量的系数之和。第一阶段回归系数的经济学含义是，与没有经历过双胞胎出生的家庭相比，经历

---

① 因此，有问题的内生解释变量是这个模型中的因变量。

② 如前所述，利用第一阶段回归分析得出的结果可以校验工具变量的相关性或者是否为弱工具变量。可以通过观察工具变量的系数大小和它的t统计量来做到这一点。

③ 二元，即只有两个值：有或是为"1"，无或否为"0"。——译者注

④ 在实践中，在使用内生变量进行回归分析的第一阶段模型中也会包含其他自变量。这也将通过估计系数影响预测值。当我们在第一阶段的回归中纳入其他自变量时，预测值是自变量和工具变量的线性组合。这意味着预测值是观测到的变量乘以各自系数的结果。如果将预测值纳入模型，也就是包括工具变量这种自变量，将不会导致多重共线性。预测值产生了不属于其他自变量的变化。这就是为什么工具变量不能是弱工具变量，而要对预测值的变化增加要有实质性贡献的另一个原因。

过（特定胎次）双胞胎出生的家庭子女数量平均多了多少。[1] 没有经历过双胞胎出生的家庭其预测值是常数。我们通过子女数量处于均值水平和有无（特定胎次）双胞胎出生的家庭之间的差异来分析子女数量对子女表现的影响。直观地讲，使用工具变量进行回归分析可以理解为根据两组两个变量的均值差异来估计回归线，即在散点图的两点之间画一条直线。

实践中，双胞胎工具变量可以表示子女数量不同的家庭。子女数量不同的家庭属于异质性群体，在分析中可以将他们与没有特定胎次双胞胎出生但同样有异质性的家庭进行比较。可以用工具变量表示的家庭其异质性与其他样本家庭相比显著降低了。尽管如此，我们仍然能够得到准确的估计，因为"有问题的"自变量（胞亲数量）与因变量差异减少了。只要工具变量是有效的，除了一些家庭因为双胞胎出生而有了"意外"孩子之外，那么不管是否有其他影响因素，家庭间都不会有系统性差异。因此，仍然可以根据散点图中的两点来估计回归线的斜率，因为它们都向待估斜率的那条线倾斜。只要假设成立，估计的斜率应该是准确的，但当各散点比较接近时，估计会有变得不稳定的风险。这就是为什么当工具变量是"弱相关"的，即当它对内生变量没有实质性（和系统性）影响时，工具变量回归就是违反原假设且使之变得更加敏感的原因之一。

可以利用这种方式进行工具变量回归，以使其与我们熟知的和使用过的方法更加类似。这使我们更容易理解两组之间不能存在系统性差异的原因，主要在于如果存在差异可能会混杂观测到的因变量。这也就解释了当

---

[1] 我们使用工具变量回归，而不是根据小组平均值来估计影响（这被称为 Wald 估计），因为除了工具变量之外，几乎总是有相关的可观测因素，因此应该对估计值进行调整。这种扩展并不改变本章所展示的框架。

一些变量——如子女数量的差异较小时，该方法不能很好地发挥作用的原因。如果差异太小，各组的自变量的差异也太小，结果就会变得不那么稳健，就如普通最小二乘法等方法遇到的问题一样。

4.7 通过第一阶段回归系数说明双胞胎出生工具变量对异质性的处理效应

为了说明使用双胞胎出生作为工具变量的几个关键点，本章进行了一些简单的模拟，并将结果列示如下。

4.7.1 模拟数据介绍

首先，构建至少有一个孩子的家庭集合（$N = 1000000$）展开模拟分析。[①] 赋予每个家庭一个固定预期子女数量，且是随机分布的。当然，关于父母预期子女数量的信息很难获取，尤其是历史数据。因此，在模拟的过程中，不得不设定待验证的分布。在进行模拟的过程中也会改变分布以说明结果如何取决于分布，换句话说，结果实际上取决于被调查的人口规模和时期。我们的研究使用了从四项研究中观测到的子女数量分布，这些研究调查了胞亲数量和子女表现之间的关系，更重要的是，这些研究在发表的论文中呈现了子女数量的分布（Black et al.，2005；Åslund and Grönqvist，2010；Roberts and Warren，2017；Stradford et al.，2017）。这些研究虽还远称不上完善，但为确定分布形态奠定了实证基础。

如前所述，参与模拟的人口所有家庭都至少有一次生育，只要子女数量没有达到（或超过）预期，他们就会继续生孩子。暂不考虑任何意外怀孕，

---

① 使用 R（R Core Team 2016）进行模拟的脚本文件可从作者处获得。

因此没有单胎的"意外"孩子。每一胎都有很小的概率是双胞胎（$p = 0.0175$）。为简化起见，也不包括任何其他类型的多胞胎。由于双胞胎的出生，一些家庭的子女数量将超过预期。当然，这些模拟数据是现实的高度简化版本，目的是说明双胞胎工具变量在运行效果良好的情况下能得到什么结果。

模拟中的大部分数值是由假定的分布形态和双胞胎出生的机会决定的。我依照常规进行了多次重复模拟，以观察数值因偶然性而发生多大变化，但事实证明变化不大。限于篇幅，表4.2只列出了模拟的中值。[①]

4.7.2 使用双胞胎出生工具变量时第一阶段回归的说明

第一阶段回归系数是指经历（特定胎次）双胞胎出生时有"意外"出生的概率与未经历（特定胎次）双胞胎出生时有"意外"出生的概率之差（比较 Angrist et al.，2010：785－786；Angrist and Pischke，2015）。因此，第一阶段回归系数的大小相当于那些经历过特定胎次双胞胎出生时想要 n 个孩子却由于双胞胎出生得到 $n+1$ 个孩子的家庭比例，减去没有经历过双胞胎出生而孩子数量比预期多一个（如通过之后出生的双胞胎）的家庭比例。表4.2是模拟结果。由表4.2可知，第一阶段回归系数几乎完全对应于经历了（特定胎次）双胞胎出生而拥有"意外"孩子的人口比例。第一阶段回归略低于特定胎次中导致"意外"孩子的双胞胎比例，因为后来的双胞胎生育导致"意外"孩子的概率很小。表4.2的结果显示，如果双胞胎工具变量有效，说明其某种程度上是符合预期的（正如模拟一样）。[②]

[①] 模拟脚本涉及大量且密集的计算。估计参数具有稳健性说明可以减少重复模拟的次数，以减少检查结果所需的时间。

[②] 表4.2中的结果侧重第一阶段回归系数。因此，第一阶段回归系数与"意外"出生子女比例之间的密切关系并不表明双胞胎工具变量可以回应人们所关心的因果关系问题，即胞亲数量与子女表现之间的因果效应。结果恰恰提示我们应该重点分析第一阶段回归系数。

表 4.2　模拟分析中得出的特定胎次双胞胎出生工具变量基本性质结果

	第一阶段回归系数 b	双胞胎是"意外"出生子女比例	预期子女数为 n 的比例	预期子女数为 $n+2$ 及以上的比例	$n+$ 样本中的人口比例	第一阶段回归拟合优度 R^2	第一阶段回归 t 值
基于 Black 等(2005)的分布							
双胞胎作为第 2 胎	0.494	0.503	0.409	0.146	0.814	0.0042	58.4
双胞胎作为第 3 胎	0.643	0.647	0.266	0.047	0.402	0.0086	59.2
双胞胎作为第 4 胎	0.673	0.676	0.099	0.016	0.141	0.0094	36.5
双胞胎作为第 5 胎	0.659	0.664	0.031	0.006	0.045	0.0083	19.4
基于 Åslund 和 Grönqvist(2010)的分布							
双胞胎作为第 2 胎	0.507	0.516	0.453	0.145	0.876	0.0043	61.8
双胞胎作为第 3 胎	0.660	0.666	0.287	0.048	0.422	0.0084	59.7
双胞胎作为第 4 胎	0.663	0.668	0.097	0.018	0.140	0.0074	32.4
双胞胎作为第 5 胎	0.622	0.627	0.030	0.007	0.046	0.0057	16.2
基于 Stradford 等(2017)的分布							
双胞胎作为第 2 胎	0.390	0.400	0.269	0.233	0.678	0.0009	25.2
双胞胎作为第 3 胎	0.433	0.444	0.181	0.131	0.408	0.0013	22.7
双胞胎作为第 4 胎	0.429	0.442	0.101	0.076	0.227	0.0014	17.7
双胞胎作为第 5 胎	0.422	0.429	0.056	0.044	0.127	0.0016	14.3
基于 Roberts 和 Warren(2017)的分布							
双胞胎作为第 2 胎	0.328	0.340	0.280	0.346	0.840	0.0006	22.3
双胞胎作为第 3 胎	0.383	0.394	0.218	0.203	0.557	0.0009	22.6
双胞胎作为第 4 胎	0.407	0.420	0.143	0.114	0.339	0.0012	19.9
双胞胎作为第 5 胎	0.434	0.442	0.089	0.066	0.197	0.0015	17.3

我们假设家庭不管是否经历过（特定胎次）双胞胎出生都不存在任何系统性差异。因此特别假定，这两类家庭预期子女数量是相同的。我们不应该期望经历过（特定胎次）双胞胎出生的家庭会在生育次序选择方面更优，否则将使这些父母存在系统性差异，并且需纳入与家庭相关的指

标，影响模型结果，从而与排他性约束条件相悖，使工具变量无效。

因为我们假设家庭不管是否有（特定胎次）双胞胎出生都没有系统性差异，所以这两类家庭子女数量差异应该仅由一些外生性增加带来，即只有"意外"孩子的出生才会外生性地增加子女的数量。

自然，"意外"出生的双胞胎比例很大程度上取决于预期子女数量的假设分布。这一分布的均值和形态都会影响不同出生次序中"意外"孩子出生的比例。想要更多孩子的人口其一阶系数会更小，因为想要 $n+1$ 个甚至更多孩子的父母占比也较大（见表 4.2；Angrist et al.，2010）。

即使不同人群的系数不同，在有无双胞胎两类家庭中，子女数量总是有很大差异。因此，一阶回归系数在 0~1 之间波动，且通常为 0.5 或 0.5 以上，t 统计量远高于 10（见表 4.2）。因此，即使双胞胎出生工具变量只部分解释了家庭规模的变化，也不能说这些工具"弱相关"。

在用双胞胎出生这一工具变量来刻画"意外"出生时，我们期望第一阶段回归系数总是在 0 和 1 之间。如果系数超出这个范围，就表明工具也反映了其他的变化。利用当下的人口做模拟，第一阶段回归系数在 0.7 到 0.8 之间（Bhalotra and Clarke，2018b），表明大约这个比例的双胞胎出生会导致子女数量"意外"增加。这个数字很高，但实际上并不令人惊讶。而且，如果考虑到"意外"单胎出生的可能性，这个数字会高得惊人。意料之外的"单胎"出生将减少经历和未经历（特定胎次）双胞胎出生的父母之间最终子女数量的差异，从而使第一阶段回归系数减小。①

如果我们只研究子女数量全部达到（或超过）预期的家庭，则第一

---

① 在模拟中，我假设只有经历过双胞胎出生的家庭才有"意外"孩子。现实生活中，育龄者也会发生双胞胎的"意外"怀孕。这将进一步降低模拟中估计的一阶系数。

阶段回归系将与双胞胎"意外"出生的比例相关。因此，第一阶段回归也将取决于双胞胎出生后再要其他孩子的时间间隔。如果时间不长，那些一直想要更多孩子的父母还来不及考虑这一点。因此，如果双胞胎出生后再要其他孩子的时间间隔较短，那么是否经历过特定胎次双胞胎出生的父母之间的差异会更大（Rosenzweig and Wolpin，1980b：862 - 863；Bronars and Grogger，1994：1151；Jacobsen et al.，1999：456 - 457）。双胞胎出生不仅会导致子女数量的超预期增加，而且会出现最短生育间隔，从而加快生育节奏。这反过来又使与预期子女数量相同但只经历过单胎出生的家庭相比，经历过特定胎次双胞胎出生的家庭在子女数量方面占优。不过只要时间足够的话，只生过单胎子女的父母其子女数量也可以迎头赶上。

第一阶段回归系数可以几乎完美地刻画双胞胎中"意外"出生比例的观点与所有家庭子女数量都达到或超过预期有关。前文有关第一阶段回归系数的概念性思维方式在其他情况下仍然适用，但第一阶段回归系数不与双胞胎中"意外"出生的比例相关。如果将那些子女数量尚未全部达到（或超过）预期的家庭都算在内，受节奏效应（tempo effect）影响，第一阶段回归系数的估计值将过大。这反过来会导致第二阶段回归系数接近 0[①]，对此将在下文进一步讨论。

若是否生过双胞胎的母亲之间受不可观测的差异因素影响，那么第一阶段回归系数也会有偏。例如，Bhalotra 和 Clarke（2018a）认为，生过双胞胎的母亲总体上比其他母亲更健康。如果健康的母亲也比不太健康的母亲平均拥有更多的孩子，这将使第一阶段回归系数增大。Bhalotra 和

---

① Black 等（2005，2010）、Angrist 等（2010）和 Åslund and Grönqvist（2010）的研究看起来都尽可能使用了完整的家庭数据，但并非因为他们想要避免潜在偏误问题，而主要是因为其对出生顺序的影响感兴趣，或仅是考虑了数据的可得性。

Clarke（2018b）另一篇观点不同的文章显示，增加母亲是否健康这一控制变量时，第一阶段回归系数也会增大。研究结果显示，是否经历过（特定胎次）双胞胎出生的母亲之间不可观测的因素差异也会影响第一阶段回归系数的大小。

4.8 使用双胞胎工具变量的估计效果

为使研究结果引起人们的兴趣，我们须将其推广到研究对象之外的领域和时间（Rubin，1974：690）。

4.8.1 估计的局部平均处理效应（LATE）

并非所有的（特定胎次）双胞胎出生都会导致不想要的和意外的外生性子女，子女数量增加不会使工具变量回归的结果产生偏误。它只是强调了前文探讨的问题涉及的必要假设，而将估计结果推广到因果关系方面的做法也应审慎对待。

我们没有对工具变量进行回归，因为我们感兴趣的是有无特定胎次双胞胎出生对子女的影响究竟是好是坏。我们希望能够将估计效果解释成子女数量对子女表现的因果效应。运用不完全符合条件的（imperfect compliance）工具变量，有时可以得到这个结论，但不能一直如此。我们所估计的是指局部平均处理效应（the Local Average Treatment Effect，LATE，Angrist et al.，1996）[1]。LATE 估计的是子女数量增加对因变量的影响

---

[1] 我们估计的是一些家庭由于（特定胎次）双胞胎出生而导致的子女数量的外生性增加对因变量的影响，即"处理效应"（treatment effect）。这种效应属于"局部效应"（local effect），即仅针对部分人口而不是所有家庭或所有经历过双胞胎出生的家庭。估计效应是该部分人口中所有家庭效应的平均值，即"平均效应"（average effect）。

（Angrist and Pischke，2009：154），但其父母的处理状态可以被工具变量改变。在反事实框架下，相当于原本打算生 n 个孩子的家庭由于双胞胎的出生而有了 $n+1$ 个孩子。如果父母一直想要两个孩子，他们会（在没有双胞胎出生的反事实情况下）继续生一个孩子。在这种情况下，他们的"处理"状态就是有一个"意外"孩子，不会因"工具变量"——（特定胎次的）双胞胎出生——而改变。

在使用（特定胎次）双胞胎工具变量的情况下，LATE 研究的是在经历了特定胎次外生性增加（有一个"意外"孩子）的一组家庭中，子女数量增加的效果。当用双胞胎作为第二胎出生的工具变量时，我们估计了在只打算生两个孩子的家庭中，子女数量增加到三个的效果。这与任何家庭的子女数量从两个增加到三个的效果虽有不同，但仍有研究意义。

我们通过比较处理组（compliers），即经历了（特定胎次）双胞胎出生并因此有了一个"意外"孩子的家庭和没有经历（特定胎次）双胞胎也无"意外"孩子的家庭的子女表现和子女数量来估计 LATE。[①] 为了估计 LATE，使用（特定胎次）双胞胎工具变量，首先假设没有控制组存在（如前文所述），其次假设在有无特定胎次双胞胎出生两种情况下，从不接受组和始终接受组之间没有系统性差异，子女表现也不应该有任何系统性差异。因此，这些组别不会对 LATE 的估计结果有任何影响。

> 从某种意义上说，始终接受组和从不接受组的因变量代表了一种被工具变量所忽略的背景噪声。更确切地说，始终接受组和从不接受组的因变量有属于自己的分布，且这些分布在工具变量的值上是平衡的。（Morgan and Winship，2015：308fn26）

---

① 可参见表 4.1 中依从组的情况。——译者注

如果要使用 LATE 来估计平均处理效应（the average treatment effect，ATE），就需要进行额外的假设（Angrist，2004），典型假定是所有样本的处理效应都一样。这是一个强有力的假设，即假定所有组别的效应相同，但这也正是最近 Mogstad 和 Wiswall（2016）以及 Guo 等（2017）质疑的地方（Braakmann and Wildman，2016）。

为支持估计可推广效应所需的假设的一个方法是声明只是在进行所谓的意向处理效应（intention-to-treat effect）估计。意向处理效应是指被分配处理组时得到的因果效应。在我们的例子中，它指的是特定胎次双胞胎出生对子女表现的因果关系，因此不是我们希望得到的估计结果。

4.8.2　违反估计 LATE 所需假设的经验提示

假设无论有无（特定胎次）双胞胎出生，家庭之间都没有系统性差异。正如上文所讨论的，这意味着不应该期待经历（特定胎次）双胞胎出生的家庭会因此有更优的生育次序。因此，根据假设，只有特定胎次双胞胎出生会引起家庭规模的变化。从经验上看，特定胎次双胞胎出生与子女数量的小幅增加以及胎次都相关（例如，Rosenzweig and Wolpin，1980b；Angrist et al.，2010）。

Angrist 等（2010）讨论了特定胎次双胞胎出生工具变量如何识别胎次的影响，但有一个重要的区别，他们说这些工具变量识别的效应"只发生或大部分发生在特定胎次"。他们讨论了为什么（特定胎次）双胞胎出生工具变量与靠后胎次的子女数量也有关系（Angrist et al.，2010：788fn15）。

双胞胎在除了双胞胎外的特定胎次中引起了生育率的小幅变化，这主要是因为多胎引致了更小的生育间隔，从而延长了继续生育的时间窗口期。

这意味着由于节奏效应的存在，利用双胞胎工具变量，一些家庭有机会得到预期的子女数量。例如，我们希望利用该工具变量反映子女数量的"意外"和"不需要"的增加，而与预期子女数量无关。某种程度上说，如果 Angrist 等（2010）的解释成立，就表明它违反了必要假设，因此当使用基于特定胎次双胞胎出生的工具变量时，估计效果会存在来源性偏误。

Rosenzweig 和 Wolpin（1980b）还讨论了家庭如何受到双胞胎出生的影响。他们对（特定胎次）双胞胎工具变量与子女数量较多以及靠后胎次都相关的解释如下（Rosenzweig and Wolpin，1980b：234）。

> 当多胎发生在小于胎次（预期子女数量）N^* 时，保持最初计划的家庭规模所需的额外避孕努力的成本却变成了对生育的部分补贴，导致后来的生育率均值下降到不到一胎。

如果这个解释成立，也说明违反了必要假设。Rosenzweig 和 Wolpin（2000）在发表于 2000 年的论文中讨论了这个问题。在研究生育率对劳动力供给的影响时，将双胞胎出生作为工具变量，"必须假设……双胞胎对生孩子的成本没有影响"。在使用双胞胎工具变量研究儿童如何受胞亲数量影响时，这也是必要的（Rosenzweig and Zhang，2009）。

4.8.3　我们只研究有完整生育史的家庭

重要的是，当使用（特定胎次）双胞胎作为工具变量时，我们的样本中只包括子女数量已经达到或超过预期的家庭。用（特定胎次）双胞胎出生作为子女数量尚未达到或超过预期的家庭的工具变量，将使胞亲数量对因变量估计效应接近 0。如上所述，如果我们研究的是子女数量已经达到或超过预期的父母群体，会高估经历或未经历（特定胎次）双胞胎出生的家庭之间子女数量的差异，也就是说，第一阶段回归系数会过大。相比之下，因变量的差异只体现了经历过"意外"孩子的家庭中子女数量增加的结果。这就是我们在排他性约束中所假设的，即年长的孩子不会因为有两个弟弟（妹妹）而立即受到（正向或负向的）影响，而是会间隔一段时间。因此，接近 0 的估计结果，不仅会高估胞亲数量的差异，而且与更小、更"真实"的因变量相关。① 因此，当研究子女数量尚未达到或超过预期的家庭时，即使工具变量在其他方面有效，也会出现接近 0 的结果。

4.8.4　可推广性的限制

双胞胎工具变量的预期估计效果会因版本和人群而异主要有几方面原因（Ebenstein，2009）。② 在使用基于双胞胎出生的工具变量时，得到的 LATE 只来自（如某些家庭）特定胎次子女数量的外生性增加。正如 Mogstad 和 Wiswall（2016）和 Guo 等（2017）谈及的那样，增加子女数量带来的影响在不同胎次是不同的，这将导致在不同胎次使用双胞胎工具变量时产生不同的结果。

我们正在测算想要 n 个孩子但由于双胞胎出生而有 $n+1$ 个孩子的家庭，其子女数量外生性增加的估计效果。对于我们研究的不同胎次和人群

---

① 估计的因果效应是工具变量对因变量的影响除以工具变量对内生变量的影响。如果后者被高估，商将减小，即估计的因果效应接近 0。

② 使用不同工具变量的估计结果是不相同的，如基于双胞胎出生和头胎性别进行估计的结果显然是不同的，原因在于估计是基于不同的假设针对部分人群进行的（Angrist and Evans，1998；Black et al.，2010；Rosenzweig and Wolpin，2000）。因此，所谓的过度识别检验其逻辑是值得探讨的，因为其结论可信的唯一前提是因果关系对每个人都是一样的。

来讲，这类家庭比较特别（见表4.2）。经历过双胞胎出生的家庭其估计结果可能存在异质性，这主要是因为我们的研究对象具有特殊性。家庭如何受到影响，取决于父母的偏好、资源和能力，以及孩子的脆弱性。这些都会影响家庭的总体生活状况，也会影响对意外事件的反应和处理能力，如双胞胎出生。

4.9 对前人研究发现的讨论：工具变量回归分析得出的负相关但无负效应的结果

来自许多不同领域的学者正在研究胞亲数量与子女表现之间的相关性，特别希望找到的是可观测的负相关关系成立的机制。最近，相关的研究成果不断增多。关于胞亲数量与子女的生存机会之间是否存在因果关系，已有较多讨论。经济学家们进一步探讨了该问题。研究结果大多证实了胞亲数量与子女表现之间存在负相关关系的一般性结论。仅举几个著名的例子，如 Black 等（2005）、Angrist 等（2010）以及 Åslund 和 Grönqvist（2010）都发现，胞亲数量与教育和劳动力市场表现呈负相关关系。

这些研究的重要贡献是进一步探讨了负相关关系是不是因果关系。如前所述，有许多原因导致可观测的相关性可能不是胞亲数量对子女表现的实际因果效应。前文提到的三项研究其共同点是用特定胎次双胞胎出生作为估计胞亲数量的工具变量。

这些研究和许多其他类似的研究结果逐渐实现了模式化。这些研究确实得出了胞亲数量与子女表现之间呈负相关关系，但用双胞胎出生作为工具变量进行估计时，却未发现存在任何因果关系（Black et al.，2005；Angrist et al.，2010；Åslund and Grönqvist，2010）。

大量研究得出的相似结论，让人怀疑胞亲数量与子女表现之间是否真的存在某种因果关系。最近有一些研究对用工具变量进行回归得到的结论提出了疑问。例如，众所周知，Black 等（2005）的研究结论是二者之间没有因果关系，因为该研究取决于假定的线性函数形式。Mogstad 和 Wiswall（2016）使用更灵活的函数形式研究对胞亲数量相同的人群教育的影响时，发现影响确实存在（Brinch et al.，2017）。重要的是，他们发现胞亲数量不同因果关系也不同，在小型家庭中为正，在大型家庭中为负。事实上，由于 Black 等（2005）估计的是不同效应的加权平均值，所以他们并未发现二者之间有任何因果关系。

Guo 等（2017）提出了一个类似的但更为切中要害的相反观点。他们发现在估计胞亲数量的影响时，相关研究中最常用的实证设定是通过调整生育次序和使用双胞胎出生作为工具变量来着重研究头胎子女。这反过来又导致估计结果不一定能与数量–质量理论相适应。Guo 等（2018）讨论了对头胎子女的关注如何使胞亲数量对"子女质量"的影响被低估。头胎子女与子女质量之间没有任何可测度的因果关系，并不意味着后出生的孩子和胞亲中较大的孩子与子女质量之间没有因果关系。

针对该结论有另一个针锋相对的批判意见，即认为以特定胎次双胞胎出生作为工具变量，子女数量与子女表现之间呈现了负相关关系但无因果关系。这源于对这些工具变量有效性的质疑，因为双胞胎出生并非完全随机的。关于双胞胎出生是否为随机的这一争论相关研究已有较多关注（Angrist and Evans，1998：469）。最近，Bhalotra 和 Clarke（2018a，b）和 Farbmacher 等（2018）又将它们再一次带进人们的视野。

Bhalotra 和 Clarke（2018a，b）认为，双胞胎工具变量在许多应用中是无效的，因为它们有条件地独立于因变量。他们非常有力地说明，在所研究的大量人群中，双胞胎出生的概率通常与母亲的一些不可观测的特质有关，如与母亲的教育水平（在未使用人工辅助生殖技术的样本中）、孕期健康指标、行为是否健康、获得医疗设施的机会和身高等正相关，与压力和营养不良负相关。如果我们用双胞胎出生作为工具变量，而不对母亲之间的差异进行调整，工具变量将无效且结果有偏。Bhalotra 和 Clarke（2018a，b）的分析很重要，那他们认为那些使预期工具变量无效的偏误可能部分解释了之前的研究结论。当他们运用Conley 等（2012）提出的方法修正有偏误的结论时，又使胞亲数量与子女表现之间呈现统计意义上的负相关关系。

Farbmacher 等（2018）还研究了双胞胎工具变量是否与排他性约束相悖，即双胞胎出生是否与母亲的一系列特质有关。他们利用瑞典的出生人口登记数据进行研究表明，那些后来生了双胞胎的母亲的初产年龄、教育水平、就业概率、劳动收入和产前两年的住院概率都比较高。尽管如此，他们认为同卵双胞胎的出生仍然可以被认为是随机事件。他们与Bhalotra 和 Clarke（2018a）的不同点在于，尽管后者也承认同卵双胞胎妊娠是随机的，但 Farbmacher 等（2018）认为母亲的一系列特质会影响怀孕足月出生的概率。Farbmacher 等（2018）认为，同卵双胞胎出生是随机事件，或者"至少其与结构误差项的相关性比异卵双胞胎小"，在实际中，至少可以用这些异质性来改进工具变量。有趣的是，他们发现经用新的同卵双胞胎修正后的工具变量进行估计与用特定胎次双胞胎出生这一工具变量相比，统计学意义更加显著。

Rosenzweig 和 Zhang（2009）很早就已经对双胞胎出生的外生性提出了另一个相反的意见。他们认为双胞胎出生违反了排他性约束条件，因为父母对不同孩子的投资往往不同。具体而言，他们发现父母的支持会强化孩子出生时的"质量"差异（出生时的体重）。由于双胎孩子出生时的健康状况往往比单胎差，体重也更轻，在双胎孩子出生后，父母更倾向于重新将投资转向单胎孩子。因此，这就与以下假设相悖，即家庭除了受子女数量增加的影响外不受任何其他影响。不过，Angrist 等（2010）并未发现父母对子女投资进行重新分配的证据。

当然，我们不应该无视使用工具变量进行回归分析得出的结论。我认为我们在本章和其他最近的研究中提出的问题应当引起重视和反思。未来的研究应一以贯之地认真对待胞亲数量和子女表现之间关系的混杂性，并尝试用不同的方法来解决这个问题。到目前为止，使用特定胎次双胞胎出生作为胞亲数量的工具变量仍被认为是这一研究领域的"黄金准则"。最近对这种方法的强调凸显了一个更普遍的结论，即我们甚至需要批判性地再评估"黄金准则"。我们不应该满足于只用一种方法来解决内生性问题。

应用于社会科学领域的许多工具变量"貌似合理"但很可能不具有严格的外生性（Conley et al.，2012）。遗憾的是，基于这种"貌似合理"的外生性来进行估计不足以获得准确的结果。只要与使工具变量有效的前提假设相背离，就会使结果有偏。因此，我们需要认真考虑所使用的工具变量是否真的具有外生性。越来越多的批评意见迫使我们重估用双胞胎出生作为工具变量的有效性。在本章中，我们在使用双胞胎出生作为工具变量时在概念上的一些微调，实际上都是强调了一些以前被忽视的前提假设，并对其有效性进行了进一步讨论（Öberg，2018）。这种观念上的变化至少表明，在用双胞胎出生作为工具变量时需要尽量少地依赖估计可推广性和因果关系。

致谢： 感谢 Jan Wallanders och Tom Hedelius 基金会以 Wallander PostDoc（W2014-0396：1）提供的资金支持，以及 Damian Clarke、Sonia Bhalotra、Malin Nilsson 和三位匿名评委的建设性意见和建议。当然，文责自负。

参考文献

Alkema, L., Kantorova, V., Menozzi, C., and Biddlecom, A., 2013. "National, Regional, and Global Rates and Trends in Contraceptive Prevalence and Unmet Need for Family Planning between 1990 and 2015: A Systematic and Comprehensive Analysis." *Lancet* 381 (9878): 1642–1652. https://doi.org/10.1016/S0140-6736 (12) 62204-I.

Angrist, J. D. 2004. "Treatment Effect Heterogeneity in Theory and Practice." *Econ J* 114 (494, Conference papers): C52–C83.

Angrist, J. D. and Evans, W. N., 1998. "Children and Their Parents' Labor Supply: Evidence from Exogenous Variation in Family Size." *Am Econ Rev* 88 (3): 450–477.

Angrist, J. D. and Krueger, A. B., 2001. "Instrumental Variables and the Search for Identification: From Supply and Demand to Natural Experiments." *J Econ Perspect* I5 (4): 69–85. https://doi.org/10.1257/jep. 15. 4. 69.

Angrist, J. D. and Pischke, J-S., 2009. *Mostly Harmless Econometrics: An Empiricist's Companion.* Princeion, NJ: Princeion University Press.

Angrist, J. D. and Pischke, J-S., 2015. *Mastering Metrics: The Path from Cause to Effect.* Princeton, NJ: Princeton University Press.

Angrist, J. D., Imbens, G. W., and Rubin, D. B., 1996. "Identification of Causal Effects Using Instrumental Variables." *J Am Stat Assoc* 91 (434): 444–455. https://doi.org/10. 2307/2291629.

Angrist, J. D., Lavy, V., and Schlosser, A., 2010. "Multiple Experiments for the Causal Link between the Quantity and Quality of Children." *J Labor Econ* 28 (4): 773–824. https://doi.org/10. 1086/653830.

Åslund, O. and Grönqvist, H., 2010. "Family Size and Child Outcomes: Is There Really No Trade-off?" *Labour Econ* 17 (1): 130–139. https://doi.org/10. 1016/j. labeco. 2009. 05. 003.

Baranowska-Rataj, A., de Luna, X., and Ivarsson, A., 2016. "Does the Number of Siblings Affect Health in Midlife? Evidence from the Swedish Prescribed Drug Register." *Demogr Res* 35 (43): 1259–1302. https://doi.org/10. 4054/DemRes. 2016. 35. 43.

Baranowska-Rataj, A., Barclay, K. J., and Kolk, M., 2017. "The Effect of the Number of Siblings on Adult Mortality: Evidence from Swedish Registers." *Popul Stud* 71

（1）：43-63. https：//doi. org/10. 1080/ 00324728. 2016. 1260755.

Becker, G. S. , 1993. *A Treatise on the Family, Enlarged Edition, REPRINT*. Cambridge, MA: Harvard University Press.

Becker, G. S. and Lewis, H. G. , 1973. "On the Interaction between the Quantity and Quality of Children. " *J Polit Econ* 81 (2, Part 2): S279 – S288. https：//doi. org/ 10. 1086/260166.

Behrman, J. R. , 2016. *Twins Studies in Economics*. In *The Oxford Handbook of Economics and Human Biology*, edited by Komlos, J. and Kelly, I. R. , pp. 385-404. New York, NY: The Oxford University Press, https：//doi. org/10. 1093/oxfordhb/9780199389292. 013. 47.

Bhalotra, S. and Clarke, D. , 2018a. "Twin Birth and Maternal Condition. " *Rev Econ Statistics*. https：//doi. org/10. 1162/rest_a_00789.

Bhalotra, S. R. and Clarke, D. , 2018b. "The Twin Instrument: Fertility and Human Capital Investment. " *IZA Discussion Papers 11878*. https：//www. iza. org/publications/dp/ 11878/the-twin-instrument-fertil ity-and-human-capital-investment.

Black, S. E. , Devereux, P. J. , and Salvanes, K. G. , 2005. "The More the Merrier? The Effect of Family Size and Birth Order on Children's Education. " *Q J Econ* 120 (2): 669-700. https：//doi. org/10. 1093/qje/120. 2. 669.

Black, S. E. , Devereux, P. J. , and Salvanes, K. G. , 2010. "Small Family, Smart Family? Family Size and the IQ Scores of Young Men. " *J Hum Resour* 45 (1): 33 – 58. https：//doi. org/10. 3368/jhr. 45. U33.

Blake, J. , 1981. "Family Size and the Quality of Children. " *Demography* 18 (4): 421-442. https：//doi. org/ 10. 2307/2060941.

Blake, J. , 1985. "Number of Siblings and Educational Mobility. " *Am Sociol Rev* 50 (1): 84-94. https：// doi. org/10. 2307/2095342.

Blau, P. M. and Duncan, O. D. , 1978 [1967]. *American Occupational Structure*, 1st en edn. New York: Free Press.

Bollen, K. A. , 2012. "Instrumental Variables in Sociology and the Social Sciences. " *Ann Rev Sociol* 38: 37-72. https：//doi. org/10. 1146/annurev-soc-081309-150141.

Braakmann, N. and Wildman, J. , 2016. "Reconsidering the Effect of Family Size on Labour Supply: The Twin Problems of the Twin Birth Instrument. " *J R Stat Soc A Stat Soc* 179 (4): 1093-1115. https：//doi. org/10. 1111/rssa. 12160.

Brinch, C. N. , Mogstad, M. , and Wiswall, M. , 2017. "Beyond Late with a Discrete Instrument. *J Polit Econ* 125 (4): 985-1039. https：//doi. org/10. 1086/692712.

Bronars, S. G. and Grogger, J. , 1994. "The Economic Consequences of Unwed Motherhood: Using Twin Births as a Natural Experiment. " *Am Econ Rev* 84 (5): 1141-

1156. http：//www. jstor. org/stable/ 2117765.

Clarke, D. , 2018. "Children and Their Parents: A Review of Fertility and Causality. " *J Econ Surv* 32 （2）: 518-540. https：//doi. org/10. 1111/joes. 12202.

Conley, T. G. , Hansen, C. B. , and Rossi, P. E. , 2012. "Plausibly Exogenous. " *Rev Econ Stat* 94 （1）: 260-272. https：//doi. org/10. 1162/REST_a_00139.

De Chaisemartin, C. , 2017. "Tolerating Defiance? Local Average Treatment Effects without Monotonicity. " *Quant Econ* 8 （2）: 367-396. https：//doi. org/10. 3982/QE601.

De Jong, E. , Smits, J. , and Longwe, A. , 2017. "Estimating the Causal Effect of Fertility on Women's Employment in Africa Using Twins. " *World Dev* 90: 360 – 368. https：//doi. org/10. 1016/j. worlddev. 2016. 10. 012.

Deuchert, E. and Huber, M. , 2017. "A Cautionary Tale about Control Variables in IV Estimation. " *Oxf Bull Econ Stat* 79 （3）: 411 – 425. https：//doi. org/10. 1111/obes. 12177.

Diebolt, C. and Perrin, F. , 2016. *Growth Theories*. In *Handbook of Cliometrics* , edited by Dieboll, C. and Haupert, M. , pp. 177 – 195. Heidelberg: Springer Verlag. https：//doi. org/10. 1007/978-3-642-40406-1_3.

Dribe, M. , Oris, M. , and Pozzi, L. , 2014. "Socioeconomic Status and Fertility before, during and after the Demographic Transition: An Introduction. " *Demogr Res* 31 （7）: 161-182. https：//doi. org/10. 4054/ DemRes. 2014. 31. 7.

Dribe, M. , Breschi, M. , Gagnon, A. , Gauvreau, D. , Hanson, H. A. , Maloney, T. N. , Mazzoni, S. , Molitoris, J. , Pozzi, L. , Smith, K. R. , and Vezina, H. , 2017. "Socio-Economic Status and Ferlily Decline: Insights from Historical Transitions in Europe and North America. " *Popul Stud* 71 （1）: 3-21. https：//doi. org/10. 1080/00324728. 2016. 1253857.

Ebenstein, A. , 2009. "When Is the Local Average Treatment Effect Close to the Average? Evidence from Fertility and Labor Supply. " *J Hum Resour* 44 （4）: 955-975. https：//doi. org/10. 3368/jhr. 44. 4. 955.

Farbmacher, H. , Guber, R. , and Vikström, J. , 2018. "Increasing the Credibility of the Twin Birth Instrument. " *J Appl Econom* 33 （3）: 457 – 472. https：//doi. org/ 10. 1002/jae. 2616.

Galor, O. , 2012. "The Demographic Transition: Causes and Consequences. " *Cliometrica* 6 （1）: 494-504. https：//doi. org/10. 1007/s11698-011-0062-7.

Galor, O. and Weil, D. N. , 2000. "Population, Technology, and Growth: From Malthusian Stagnation to the Demographic Transition and Beyond. " *Am Econ Rev* 90 （4）: 806-828. https：//doi. org/10. 1257/aer. 90. 4. 806.

Gibbs, B. G. , Workman, J. , and Downey, D. B. , 2016. "The （Conditional）

Resource Dilution Model: State-and Community-Level Modifications. " *Demography* 53 （3）: 723-748. https://doi. org/10. 1007/s13524-016-0471-0.

Guo, R. , Yi, J. , and Zhang, J. , 2017. "Family Size, Birth Order, and Tests of the Quantity-Quality Model. " *J Comp Econ* 45 （2）: 219 – 224. https://doi. org/ 10. 1016/j. jce. 2016. 09. 006.

Guo, R. , Li, H. , Yi, J. , and Zhang, J. , 2018. "Fertility, Household Structure, and Parental Labor Supply: Evidence from China. " *J Comp Econ* 46 （1）: 145 – 156. https://doi. org/10. 1016/j. jce. 2017. 10. 005.

Holmlund, H. , Rainer, H. , and Siedler, T. , 2013. "Meet the Parents? Family Size and the Geographic Proximity between Adult Children and Older Mothers in Sweden. " *Demography* 50 （3）: 903-931. https://doi. org/10. 1007/s13524-012-0181-1.

Jacobsen, J. P. , Pearce, J. W. , and Rosenbloom, J. L. , 1999. "The Effects of Childbearing on Married Women's Labor Supply and Earnings: Using Twin Births as a Natural Experiment. " *J Hum Resour* 34 （3）: 449-474. https://doi. org/10. 2307/146376.

Kalmijn, M. , Van De Werfhorst, H. G. , 2016. "Sibship Size and Gendered Resource Dilution in Different Societal Contexts. " *PLoS ONE* 11 （8）: e0160953. https://doi. org/ 10. 1371/journal. pone. 0160953.

Kolk, M. , 2015. "The Causal Effect of an Additional Sibling on Completed Fertility: An Estimation of Intergenerational Fertility Correlations by Looking at Siblings of Twins. " *Demogr Res* 32 （51）: 1409-1420. https://doi. org/10. 4054/DemRes. 2015. 32. 51.

Marteleto, L. J. , De Souza, L. R. , 2012. "The Changing Impact of Family Size on Adolescents' Schooling: Assessing the Exogenous Variation in Fertility Using Twins in Brazil. " *Demography* 49 （4）: 1453 – 1477. https://doi. org/10. 1007/s13524 – 012 – 0118-8.

Moffitt, R. , 2005. "Remarks on the Analysis of Causal Relationships in Population Research. " *Demography* 42 （1）: 91-108. https://doi. org/10. 1353/dem. 2005. 0006.

Mogstad, M. and Wiswall, M. , 2016. "Testing the Quantity-Quality Model of Fertility: Estimation Using Unrestricted Family Size Models. " *Quant Econ* 7 （1）: 157 – 192. https://doi. org/10. 3982/QE322.

Morgan, S. L. and Winship, C. , 2015. *Counterfactuals and Causal Inference, Methods and Principles for Social Research*, 2nd edn. New York: Cambridge University Press.

Murray, M. P. , 2006. "Avoiding Invalid Instruments and Coping with Weak Instruments. " *J Econ Perspect* 20 （4）: 111 – 132. https://doi. org/10. 1257/ 089533006780387373.

Öberg, S. , 2015. "Sibship Size and Height before, during and after the Fertility

Decline. " *Demogr Res* 32 （2）：29-74. https：//doi. Org/10. 4054/DemRes. 2015. 32. 2.

Öberg, S. , 2017. "Too Many Is Not Enough：Studying How Children Are Affected by Their Number of Siblings and Resource Dilution in Families. " *Hist Fam* 22 （2-3）：157-174. https：//doi. org/10. 1080/ 1081602X. 2017. 1302890.

Öberg, S. , 2018. "Instrumental Variables Based on Twin Births Are by Definition Not Valid. " *SocArxiv Papers*. https：//doi. org/10. 17605/OSF. IO/ZUX9S.

Park, H. , 2008. "Public Policy and the Effect of Sibship Size on Educational Achievement：A Comparative Study of 20 Countries. " *Soc Sci Res* 37 （3）：874 - 887. https：//doi. org/10. 1016/j. ssresearch. 2008. 03. 002.

Pokropek, A. , 2016. "Introduction to Instrumental Variables and Their Application to Large-Scale Assessment Data. " *Large Scale Assess Educ* 4：4. https：//doi. org/10. 1186/ s40536-016-0018-2.

R Core Team, 2016. "R：A Language and Environment for Statistical Computing. " R Foundation for Statistical Computing, Vienna, Austria https：//www. R-project. org.

Roberts, E. and Warren, J. R. , 2017. "Family Structure and Childhood Anthropometry in Saini Paul, Minnesota in 1918. " *Hist Fam* 22 （2-3）：258 - 290. https：//doi. org/ 10. 1080/1081602X. 2016. 1224729.

Rosenzweig, M. R. and Wolpin, K. I. , 1980a. "Life-cycle Labor Supply and Fertility：Causal Inferences from Household Models. " *J Polit Econ* 88 （2）：328-348.

Rosenzweig, M. R. and Wolpin, K. I. , 1980b. "Testing the Quantity-Quality Fertility Model：The Use of Twins as a Natural Experiment. " *Econometrica* 48 （1）：227 - 240. https：//doi. org/10. 2307/1912026.

Rosenzweig, M. R. and Wolpin, K. I. 2000. "Natural 'Natural Experiments' in Economics. " *J Econ Lit* 38 （4）：827-874. https：//doi. org/10. 1257/jel. 38. 4. 827.

Rosenzweig, M. R. and Zhang, J. , 2009. "Do Population Control Policies Induce More Human Capital Investment? Twins, Birth Weight and China's 'One-Child' Policy. " *Rev Econ Stud* 76 （3）：1149-1174. https：//doi. org/10. 1111/j. 1467-937X. 2009. 00563. x

Rubin, D. B. , 1974. "Estimating Causal Effects of Treatments in Randomized and Nonrandomized Studies. " *J Educ Psychol* 66 （5）：688 - 701. https：//doi. org/ 10. 1037/h0037350.

Sianesi, B. , 2016. " 'Randomisation Bias' in the Medical Literature：A Review. " *Institute for Fiscal Studies Working Paper W16/2*. https：//www. ifs. org. uk/uploads/ publications/wps/WP201623. pdf.

Silles, M. A. , 2016. "The Impact of Children on Women's Labour Supply and Earnings in the UK：Evidence Using Twin Births. " *Oxf Econ Pap* 68 （1）：197 - 216. https：//

doi. org/10. 1093/oep/gpv055.

Silventoinen, K. , Myrskylä, M. , Tynelius, P. , Yokoyama, Y. , and Rasmussen, F. , 2013. "Social Modifications of the Multiple Birth Effect on IQ and Body Size: A Population-Based Study of Young Adult Males." *Paediatr Perinat Epidemiol* 27 (4): 380 – 387. https://doi. org/10. 1111/ppe. 12054.

Singh, S. , Sedge, G. , and Hussain, R. , 2010. "Unintended Pregnancy: Worldwide Levels, Trends, and Outcomes." *Stud Fam Plann* 41 (4): 241−250. https://doi. org/ 10. 1111/j. 1728−4465. 2010. 00250. x

Staiger, D. and Stock, J. H. , 1997. "Instrumental Variables Regression with Weak Instruments." *Econometrica* 65 (3): 557−586. https://doi. org/10. 2307/2171753.

Stock, J. H. , Wright, J. H. , and Yogo, M. , 2002. "A Survey of Weak Instruments and Weak Identification in Generalized Method of Moments." *J Bus Econ Stat* 20 (4): 518−529. https://doi. org/10. 1198/ 073500102288618658.

Stradford, L. , Van Poppel, F. , and Lumey, L. H. , 2017. "Can Resource Dilution Explain Differences in Height by Birth Order and Family Size? A study of 389287 Male Recruits in Twentieth-Century Netherlands." *Hist Fam* 22 (2−3): 214−235. https:// doi. org/10. 1080/1081602X. 2016. 1230510.

Willis, R. J. , 1973. "A New Approach to the Economic Theory of Fertility Behavior." *J Polit Econ* 81 (2, Part 2): S14−S64. https://doi. org/10. 1086/260152.

Willke, R. J. , Zheng, Z. , Subedi, P. , Althin, R. , and Mullins, C. D. , 2012. "From Concepts, Theory, and Evidence of Heterogeneity of Treatment Effects to Methodological Approaches: A Primer." *BMC Med Res Methodol* 12: 185. https://doi. org/10. 1186/1471−2288−12−185.

Xu, J. , 2008. "Sibship Size and Educational Achievement: The Role of Welfare Regimes Cross-Nationally." *Comp Educ Rev* 52 (3): 413 – 436. https://doi. org/ 10. 1086/588761.

Zhang, J. , 2017. "A Dilemma of Fertility and Female Labor Supply: Identification Using Taiwanese Twins." *China Econ Rev* 43: 47−63. https://doi. org/10. 1016/j. chieco. 2016. 12. 005.

5

欧洲历史上的家庭组织和人力资本不平等：关联性再探

米科瓦伊·索瓦泽克（Mikołaj Szołtysek）

拉多斯拉夫·波尼亚特（Radosław Poniat）

塞巴斯蒂安·克吕泽纳（Sebastian Klüsener）

西格弗里德·格鲁贝尔（Siegfried Gruber）

　　摘　要：家庭制度的变化是不是经济增长、社会发展和人力资本存在差异的一个因素？近年来学界对此越来越感兴趣。新制度经济学研究表明，家庭制度的差异可能会对当今世界上各地区发展不平衡产生重大影响。许多经济史学家认为，欧洲历史上的某些婚姻制度和家庭结构可能比其他地区更有利于经济增长。不过，Denison 和 Ogilvie 最近对这些观点提出了批评，认为家庭对经济增长没有外生效应，不过关于家庭与经济增长潜在关系的争论仍在继续。我们认为这场争论受历史数据不足的限制，无法更全面地探究家庭制度的多样性。迄今为止，研究方法上的缺陷阻碍了学者研究历史上的家庭制度正常运作及其对发展成果的潜在影响。在本章中，我们基于欧洲历史上 115 个人口数据集，使用了最新开发的测度历史上家庭组织的多维指数，即父权指数（Patriachy Index，PI），并使用了具有空间敏感性的多元统计分析方法，考察了它与人力资本水平（用算术能力作为代理变量）的关系。我们发现，父权指数和地区算术能力之间存在强烈的负相关关系，即使在控制了一系列其他重要因素之后，这种负相关关系仍然显著。同时，从指数中可看出基于家庭因素呈现了年龄和性别不平等，这些现象与过去的基本算术能力的变化有关。这表明，家庭组织和人力资本积累之间确实存在重要关系，值得进一步研究。

　　关键词：家庭组织　人力资本　不平等　欧洲

5.1　引言

　　人们对家庭制度作为差异性增长和人类发展的潜在决定因素越来越感

兴趣。家庭制度可能对更广泛的社会表现产生影响，这一假设的提出，扭转了学者关于社会表现与家庭制度存在因果关系的主流看法，即过去认为是经济的增长改变了世界各地的主流家庭制度（Goode，1963）。事实上，关于家庭制度可以影响社会发展及其在多大程度上产生影响并非新观点，但前人并未重视。韦伯指出，强大的家庭价值观不允许个体创业的存在，而个体创业又是资本主义社会形成的基础（Weber，1904）。20世纪60年代，尼姆科夫（Nimkoff）在他的跨文化研究中指出，家庭结构对社会秩序并非没有影响。一方面，家庭结构和婚姻类型的某些变化与经济激励、个人流动性、就业模式存在着联系；另一方面，也与政治平等及政治参与度有联系（Nimkoff，1965，61ff）。

最近，托德在《意识形态解释》（*The Explanation of Ideology*，1985）和《进步的原因》（*The Cause of Progress*，1987）中试图用家庭制度来解释更多的社会现象。在后一本书中，他假设受教育程度主要是由赋予女性的亲权（parental authority）所决定的。具体来说，女性拥有的权力越大，下一代的受教育程度就会越高。因此，他将家庭结构的特点与19世纪和20世纪全球经济和社会历史的关键发展节点联系了起来。

甚至在最近，新制度经济学家认为，家庭结构可以通过影响女性地位、人力资本投资、特定文化规范和价值观传承、劳动关系和企业机构完善等，对区域不平等产生重大影响（如Alesina and Giuliano，2010；Duranton et al.，2009；Greif，2006；Carmichael et al.，2016b）。自2009年以来，Alesina和Giuliano（2014）一直在使用"家庭关系"的测量标准，这个标准是基于1981~2010年开展的六次世界价值观调查中收集到的一系列数据制定的。一系列回归模型显示了牢固的家庭关系与普遍信任之间呈负相关关系，这种关系也与更多的家庭生产和女性、年轻人以及老年人更低的劳动参与率有关。他们还发现，更牢固的家庭关系也与家庭成员对政治活动的兴趣和参与度较低相关。此外，这种关系意味着劳动力市场监管和福利制度是以家庭为基础的，而不是以市场或政府为基础的。

在历史人口统计学和经济史文献中也可以找到类似的观点。20世纪80年代，Peter Laslett 研究表明，核心家庭结构早在任何工业发展之前（1574~1821年）（Laslett，1965）已经成为英国的主导家庭类型。一些学者（包括 Laslett 本人）认为，占主导地位的核心家庭是现代化和工业化发展的必要前提之一（Laslett，1983；Macfarlane，1987）。最近，一些经济史学家认为，相较于其他制度，特定的婚姻制度和独身主义思想、个人生活轨迹、家庭结构和模式更有利于经济增长（De Moor and Van Zanden，2010；Foreman-Peck，2011；Greif，2006；Duranton et al.，2009）。特别地，这些学者认为历史上的西欧和北欧的婚姻和家庭模式〔晚婚、新居制（neolocality），以及高比例的女性终身单身，此种模式被称为欧洲婚姻模式〕不仅是西欧和北欧的经济相对于南欧和东欧成功的关键因素，也是欧洲和世界其他地区之间实现"大分流"的关键因素。在这些论述中，家庭与经济增长的关系往往与性别角色的转变联系在一起；也就是说，人们认为两代人之间和两性之间的权力平衡的变化导致了家庭成员（主要是女性）人力资本（主要是女性人力资本）的改善，整体上提高了人力资本水平，这反过来又刺激了长期经济增长（De Moor and Van Zanden，2010；Foreman-Peck，2011；Diebolt and Perrin，2013）。

Dennison 和 Ogilvie（2014，2016）最近对历史家庭制度（特别是欧洲婚姻模式及与其相关的女性人力资本）在现代化早期经济增长中发挥作用的理论和实证研究进行了批评。她们认为家庭组织与非家庭组织更宽泛的框架错综复杂地交织在一起，任何组织对增长的影响都受到它所处的体系制约。此外，她们构建了一个包含39个国家历史婚姻和家庭模式的大型数据库，发现没有经验证据表明欧洲婚姻模式为西欧与北欧的经济成功奠定了基础。总之，她们对欧洲婚姻模式的外生性提出了疑问，指出产权和要素市场等非家庭组织元素对跨国经济增长的影响远大于家庭组织元素。然而，对这些问题的讨论仍在继续。Carmichael 等（2016a：200）最近的贡献在于，他们认为对欧洲婚姻模式的影响进行批评为时过早，应该使用最近增补的公共历史人口数据库中的最新数据（包括 Mosaic、NAPP以及 IPUMS），重新进行检验。

虽然我们不能在本研究中涉及上述话题的方方面面，但仍然能对该讨论做出两个重要贡献：一是可以证明使用更精准的数据的重要性；二是通过正确处理数据来研究家庭制度及其与人力资本形成的关系。所有试图研究该问题的学者都遇到了同样的问题，那就是缺乏合适的、可靠的历史数据。为了全面分析家庭制度与经济增长之间的关系，研究人员不仅需要获取足够详细的数据（可以描述家庭组织的具体特征），而且需要数据涵盖更广泛的地理区域（反映整个欧洲的区域差异）。在以往的研究中，经济发展数据与家族制度联系在一起，并且进行了粗略的分类，而这些分类的空间性和多维性只是有选择性地受到关注。尽管可能与经济表现和人力资本形成有关的家庭组织元素各式各样，但大部分研究只集中于婚姻、独身以及核心家庭的普及情况等少数几种（De Moor and Van Zanden，2010；Dennison and Ogilvie，2014；Bertocchi and Bozzano，2015；Baten et al.，2017）。此外，这些研究大多是基于行政级别较高的区域或国家层面数据进行的（Rijpma and Carmichael，2016），并且偏向于北大西洋沿岸发展水平较高的经济体（De Moor and Van Zanden，2010；Bertocchi and Bozzano，2015，有关意大利的研究案例较少）。

本章主要利用 Mosaic 数据库中的数据来突破这些瓶颈，Mosaic 是历史人口统计学和家庭社会学领域最大的基础数据项目（www.censusmosaic.org）之一。Mosaic 数据库提供了从加泰罗尼亚到俄罗斯中部的 115 个欧洲地区统一普查样本数据及与普查类似的微观数据。Mosaic 数据库覆盖范围广，包含的信息可以使我们改变关于家庭作用的看法，从而厘清欧洲大陆上各种各样的家庭模式，并分析跨越欧洲主要人口断层线的家庭模式。同时，我们利用最新开发的历史家庭组织测度方法对 Mosaic 数据库的数据进行了分析（Gruber and Szołtysek，2017）。这种多维度测度方法使用了父权指数，涵盖了一系列与家庭行为相关的变量，包括婚姻状况、结婚年龄、居住方式、婚后居住形式、家庭内部权力关系、老年人地位和子女性别等。总体看，此方法比以前的评估方法更全面，主要在于以前的评估方法只考虑了家庭制度较原始的变量。此外，利用父权指数可以探索不同家庭制度内家庭层面的代际和性别关系结构，以及确定个人层面影响经济行为的渠道。此外，根据文献的理论预测（Diebolt and Perrin，2013），我们将讨论的重点从经济增长转移到实现经济增长所依赖的基本动力之一人力资本上，具体来说，即运用较为成熟的年龄堆积（age-heaping）方法①基于历史数据对人力资本水平进行近似估计。

我们的成果为研究家庭组织和人力资本积累之间的关系做出了一定的贡献。据知，在欧洲范围内，我们是最先使用全面的、具有空间敏感性的家庭人口统计数据对家庭组织和人力资本积累之间的关系进行实证检验。②利用横截面数据进行回归分析，结果支持由父权指数所反映的家庭组织结构与算术能力之间正相关的结论。即使在控制了许多其他相关协变量之后，该结论仍然不变。根据本章的分析，尚不能排除双向因果或循环论证

① 年龄堆积（age-heaping），指人口统计中年龄以 0 和 5 结尾的人数比例，在经济史中可用于统计算术能力。年龄堆积率越高，算术能力越低。其背后的逻辑是理论上年龄以 0 和 5 结尾的人口占总人口的比例大约为 20%，而算术能力低的人往往不确定自己的准确年龄，通常会报一个整数（以 0 结尾）或者中间数（以 5 结尾）。——译者注
② Baten 等（2017）用一系列预测变量对历史时期的算术能力进行建模，主要涵盖了欧洲中东部地区和东欧地区的家庭行为模式。他们认为这可以指代女性自主权，即女性婚姻模式。

存在的可能性，也不能排除家庭制度和算术能力之间存在密切联系可能是由更深层的潜在因素决定的。然而，我们的识别策略发现了影响人力资本积累的潜在因素，这一因素并非历史上的父权制。此外，对于家庭组织可能发挥的外生作用，又有许多理论解释。总的来说，利用父权指数所识别的由家庭驱动的与年龄和性别相关的不平等，与历史上人口基本算术能力的差异有关。可见，家庭组织与人力资本积累之间确实存在重要的联系，值得进一步研究。

本章的安排如下：首先，从理论上分析如何利用微观经济、文化和行为模式将家庭组织和算术能力直接或间接地联系起来；其次，讨论如何将数据用于家庭组织测度；再次，介绍父权指数 PI 在欧洲 115 个地区历史数据中的应用，构建反映算术能力的相关指标，并解释该指标可能存在的一些潜在偏差；复次，对算术能力与一系列重要协变量进行空间敏感性回归，包括 PI 和其他变量，这些变量解释了整个社会经济、制度和环境状况存在的诸多差异；最后，总结本章的主要发现。

5.2 背景：家族父权与算术能力的关系

可以说，人力资本是经济增长最重要的决定因素之一（Galor and Weil，2000；Hanuschek，2013；Goldin，2016；Ogilvie and Küpker，2015）[①]。人力资本积累需要父母、社会和个人为此付出很大的努力。作为人力资本的一个组成部分，算术能力可以由家庭（尤其是父母）、政府（官僚机构）、社区、教育机构、其他社会服务机构以及具有人力资本的个体这些代理人

---

① 广义上说，可以将人力资本定义为个人所具备的知识、技能、属性，这些知识、技能和属性有助于提高其"生产力"，或者更广泛地说，有助于创造个人、社会和经济福祉（见 Goldin，2016）。

"共同生产"（Folbre，2012：283；Acemoglu，2002）。直觉上，在培养算术能力的过程中，家庭很可能是主要的推动者，特别是在缺乏广泛的学校教育和正规教育机构的社会中。家庭不仅是前工业化时代经济和社会运作的重要组成部分（Szołtysek，2015a），也对构建亲族关系、实现个人社会化、传递价值观（包括权力、平等、正义、性别关系、年龄层次、个人与政府之间的关系等）至关重要（Kok，2017；Carmichael et al.，2016b；Folbre，1986；Malhotra et al.，2002）。鉴于家庭在积累人力资本的过程中发挥着核心作用，我们必须了解整个欧洲历史上家庭行为的变化，以解决我们感兴趣的问题。

我们可以从多个角度来分析家庭制度，许多学者提出了跨时间和空间的家庭制度衡量方法。但是，大多数方法都倾向于从结构的角度来研究家庭制度，如家庭结构或婚姻模式，而忽略了其他方面（有关讨论请参阅Gruber and Szołtysek，2017；Szołtysek，2015a）。从令人启发的视角来看家庭制度，尤其是从整体视角来看，不同的家庭制度，对妇女、老人和年轻人的地位有不同的影响。因此，家庭制度可以系统地增强或削弱特定家庭成员的影响力（Kok，2017），我们可以认为家庭制度对家庭成员获得人力资本投资的机会产生影响（Acemoglu，2002）。在这种情况下，将家庭父权制定义为在家庭背景下与性别和年龄有关的社会不平等程度（Gruber and Szołtysek，2017；Szołtysek et al.，2017），并以之作为家庭组织与算术能力（及更广泛的人力资本）之间存在普遍联系的理论基础，这似乎尤为有用。[1]

---

[1] 继 Therborn 等人之后，相关领域普遍认为父权制有两个基本的内在维度："父制"和"夫制"（Therborn，2004：13-14；Halpern et al.，1996；Gruber and Szołtysek，2017）。因此，父权制指的是代际和夫妻家庭关系，或者更明确地说，指的是代际和性别关系，从而既包括社会成就方面的性别分层，也包括基于资历原则的男性之间的权力分配。

父权制可以通过多种渠道对包括算术能力在内的人力资本积累产生消极影响。首先，父权制可能阻碍人力资本的形成，因为年长的男性家庭成员对年轻的女性家庭成员的决定发挥内在干预作用。换句话说，父权制可以对个人施加强大的限制。在以男性和成人为中心的父权等级社会中，家庭压力（Chow and Zhao，1996）或其他家庭成员的偏好可能会阻碍年轻人和女性家庭成员获取人力资本。然而，也不排除在父权制家庭中父亲和长辈可能倾向于投资继承人的教育和技能，从而提高其自己家庭或家族的繁衍能力（Todd，1987；Le Bris，2016）。同时，年长的男性似乎不太可能投资于家庭中女性的教育，而这反过来又影响了女性向后代提供信息、教育和认知技术的能力（Kambhampati and Rajan，2008；Grogan，2007），对投资于教育和培训缺乏兴趣是父权制家庭的一个更普遍的准则。

父权制社会中的老一辈家长通常也是家庭资源的"净使用者"，他们对向后代（通常是孙子或侄子）分配教育资源缺乏动机，因为当这些人力资本投资获得回报时，老一辈大概率已经离世。此外，他们可能不太愿意优先考虑投资于年轻一代的人力资本，相比于作为父亲，他们与更年轻一代的亲缘关系比较疏远，对于培养更年轻一代的经济能力的责任更小，而这些小孩的父亲一代在家族中的议价能力可能较弱（Grogan，2007：687）。

从更广泛的视角看，年轻人，特别是女性受教育和人力资本的形成，有可能被认为对父母或配偶的权威构成威胁，因此往往受到制约或反对。Dildar（2015）利用土耳其最近的人口和健康调查数据发现父权制（根据女性对各种情况的陈述记录，以及通过将父权制规范内在化来测度）与受教育年限之间存在显著的负相关关系。Dildar 以家庭保守主义量表中未成年社会化水平为父权制规范的测度工具，测度结果支持父权制与受教育年限之间存在因果关系的观点。此外，传统的以家庭和亲属关系为基础的农业经济的证据表明，父权制权威结构往往受到刻意维护，包括在儿童成长过程中父权通过反对培养子女的竞争力和主观能动性来维持其权威（Caldwell，1981：15）。

因为在大多数父权社会中，孩子往往是财富的"净生产者"（而不是消费者），所以孩子（尤其是儿子）的流动性可能受到禁止或严格限制（Caldwell，1982）。除了土地本身以外，儿子是父权社会的基本资源。如果父亲的目的是鼓励儿子留在父系农场（而且出于经济原因，需要儿子早婚），那么父亲可能会阻止儿子通过培训或学徒制获得知识或技能，而这些知识或技能能够使他们在公共就业市场找到工作或签订劳动合同（通常可获得工资）（参见 Caldwell，1982；Kwon，2009）。

在大多数父权社会中，父母害怕女儿会受到外界的影响，这也部分地解释了父母缺乏投资于女儿教育的动机的原因（Gruber and Szołtysek，2016）。因此，女孩获得教育、就业或培训的机会非常有限；相反地，她们被鼓励熟练地操持家务（Kambhampati and Rajan，2008；Grogan，2007）。受到早婚的间接影响，女性获得人力资本的机会进一步受限。在许多父权社会中，家庭荣誉取决于女性的贞洁，而女孩往往很年轻就结婚，这又进一步限制了女性在家庭之外的活动（Gruber and Szołtysek，2017；Caldwell，1981：10–11；Feldman，2001：1099；Szołtysek，2015b）。

父权家庭制度的特点是共同为最大化生育率服务（如 Dyson and Moore，1983），女性被鼓励保持从属地位，作为交换，她们能在抚养子女方面得到支持。因此，女性议价能力相对较弱。女性在成年前被社会灌输了其应成为贤妻良母的观念（Caldwell，1981；Dildar，2015；Xiao，1999；De Baca et al.，2014），这反过来又抑制了女性在家庭领域之外获取人力资本。① 因此，女性在生育、养育和家务工作方面变得"太过专业"，往往是以牺牲了积累其他形式的人力资本为代价。女性缺乏更广泛的知识进一步阻碍了对子女教育的投资（Galor and Klemp，2014）。

父权制的另一个重要影响是它有可能限制家庭与公共领域之间的互动。由于过于强调对家庭、血统和亲属的忠诚（家族主义），父权制家庭并不鼓励家庭成员与非亲属形成合作关系，从而抑制了潜在的刺激人力资本获取的"同伴效应"（peer group effects）的发挥。由于父权制家庭和社会高度重视家庭忠诚、孝道和敬祖（集体主义心态），其成员不被鼓励从事促进现代社会事业成功的活动，如创业、与非亲属合作、冒险和其他创新类活动（Whyte，1996：4；Xiao，1999：642；Triandis，2001；Sinha，2014）。

当然，必须考虑家庭之外的因素对算术能力以及人力资本的潜在影响。尽管在历史背景下仍缺乏对算术能力的潜在决定因素的研究，但学者们已经确定了几种因素，可以用基本的量化方法解释在整个欧洲和其他地区所观察到的区域差异。这些潜在因素包括宗教、正规教育水平、土地不平等程度（如地主反对小学教育的政治经济学）、市场一体化程度、自然地理条件，甚至是营养优势（Tollnek and Baten，2016；Crayen and Baten，2010）。然而，在现有的关于该主题的经济史分析中，只有少数研究在建立关于算术能力的模型时考虑了家庭制度的因素（最近的一个例子见 Baten et al.，2017）。

---

① 例如，跨文化研究（De Baca et al.，2014）已表明，童年时期存在父系亲属对以后生活中父系价值观的形成有正向影响。Dildar（2015）发现，在土耳其"拥有传统父权观念的女性更不重视教育，更喜欢组建家庭，而不是创立个人事业"。

5.3 数据

为构建衡量父权制家庭和算术能力的指标，我们使用的是 Mosaic 数据库的人口普查和类似人口普查的微观数据。这些数据的优势在于：它们涵盖了丰富的欧洲历史数据，并以机器可读取和微观数据的形式存在，处理起来很容易（Szołtysek and Gruber，2016）。表 5.6（附录 1）和图 5.1 显示了 Mosaic 数据库中的数据在欧洲的空间分布情况，可以发现，其涵盖了从加泰罗尼亚到俄罗斯中部欧洲大陆的数据。除了完整的全国人口普查数据，它还包括类似于人口普查的历史资料（如教会教民名单、税收清单、房产清单、人口普查的部分内容），这些资料可以追溯到 1700 年甚至更早的时期。Mosaic 数据库中微观数据的各个样本在结构、组织和信息类型方面非常相似。数据库中的每个样本都包含了该地区的所有个人的特征信息，同时，这些个人被分为家户（共同居住的生活单位），从中也能了解他们之间的关系。数据库中的核心变量包括个人与户主的关系以及每个居民的年龄、性别和婚姻状况等。由于所有的变量都是采用一流的人口普查微观数据计划，如 IPUMS-International 和北大西洋人口项目（NAPP）[①] 所建立的国际标准，这些标准可以对变量进行跨时空的统一调整，因此可以在多个地点生成空间敏感性数据集，并包含历史上该地区的性别和代际指标（Gruber and Szołtysek，2017；Szołtysek and Gruber，2016）。由于 Mosaic 数据库中的数据都带有地理坐标，因此可以与一系列 GIS（地理信息系统）生成的协变量相关联。

---

① https：//www. ipums. org/index. shtml；https：//www. nappdata. org/napp/.

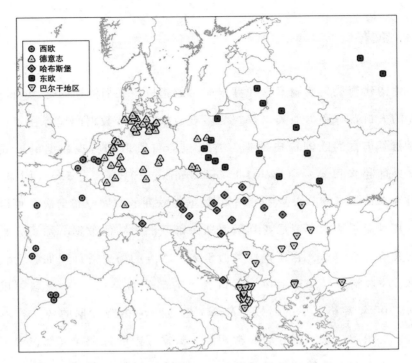

图 5.1　Mosaic 数据库中欧洲地区数据的空间分布

资料来源：Mosaic 数据库（Gruber and Szołtysek，2017）。

　　由于我们是从中观层次来进行分析的，所以分析的单位是"地区"。这些"地区"要么是指在人口普查中使用的行政单位，要么是在无合适行政单位时使用的地理集群。作为一个粗略的研究方案，一个"地区"至少有 2000 名居民，并且只包括城市和农村居民点的居民。这些"地区"被划分为五个较大的欧洲地理集群，旨在揭示近代欧洲社会不同的制度和社会经济特征，具体如下：德意志（哈布斯堡领土以外由日耳曼人主导的地区）、西欧（德意志的西部和西南部）、哈布斯堡、东欧（东欧—中欧和东欧，包括前波兰立陶宛联邦和俄罗斯），以及巴尔干地区（克罗地亚和匈牙利的南部及东部地区），共有 115 个地区（见附录 1、

表 5.6）。

绝大部分欧洲大陆涵盖在内，而且跨越了许多（虽然不是全部）[①] 欧洲家庭地理上的重要断层线（Szołtysek，2015a）。此外，从数据库中可以检索到各种变量信息，如地理特征、人口、文化和社会经济地理特征（平原、山区和沿海地区），自耕农和非自耕农，种族和宗教，以及近代和现代时期产生的各种区域经济增长模式。115 个地区，即 115 个数据子集，2/5 包括 1850 年后的数据，41.7% 包括 20 世纪初的数据，40.9% 涵盖了 1800 ~ 1850 年的数据，而 17.4% 包括 1800 年之前的数据。此外，该数据集涵盖了农村和城市地区，但农村地区的数据明显占主导地位。

5.4 父权指数

为了说明历史上的家庭差异，我们采用了 Gruber 和 Szołtysek（2017）以及 Szołtysek 等（2017）开发的父权指数（PI）。该指数整合了一系列家庭行为变量，如婚姻模式、婚后居住和主导地位，以及居住方式和后代性别。表 5.1 提供了变量列表，展示了它们是如何被定义和测量的，并表明了它们与家庭父权水平预期关系的方向（+/-）（更多信息请参见 Gruber and Szołtysek，2017）。

选择这些变量是为了体现父权家庭四个主要方面：男性对女性的支配（男性主导）、老一代对年轻一代的支配（世代主导）、从父居和男孩偏好，同时考虑现有的数据限制（Szołtysek et al.，2017；Therborn，2004：

---

① Mosaic 数据库不包括伊比利亚和地中海地区的主要国家，如葡萄牙、西班牙（加泰罗尼亚除外）、意大利和希腊。这些国家的数据来源于 Reher（1998），可以用来描述欧洲家庭制度的南北划分。

13-14）。指标的大多数成分变量直接反映了家庭一级的各种形式的性别和代际偏误。其他变量，如父系血统，被用来代表无法直接从数据中得出的行为模式（在这种情况下采用现有文献的做法）。我们更倾向于应用个人层面而非家庭层面的特定年龄计量方法，因为前者会极大地减少人口变化对家庭制度的影响（Ruggles，2012）。例如，这就是在代际支配部分，我们选择户主的代际模式、特定年龄人口的家庭形成和老年人的居住模式指标，而不用三代同居家庭比例的原因。① 因此，不考虑与已婚儿子生活在一起的老人的比例（这也是一个常见的人口统计方式），因为如果不确定户主身份，它就不能成为衡量家庭群体中是否存在父权行为的一个很好的标准。

表 5.1　父权指数变量构成

定义范围	变量	变量缩写	定义/测度	与父权制的关系	标准化处理
男性主导	女性户主比例	*Female heads*	所有女性户主（20岁以上）在所有成年户主中所占的比例	负相关	按年龄标准化
	早婚比例	*Young brides*	15~19岁年龄段中已婚女性的比例	正相关	—
	比丈夫年龄大的妻子的比例	*Older wives*	在已知配偶双方年龄的所有夫妇中,妻子年龄比丈夫大的比例	负相关	按年龄标准化
	年轻非亲属女性比例	*Female non-kin*	20~34岁的非亲属,通常作为房客或仆人的女性的比例	负相关	按年龄标准化

---

① 将前述变量纳入指数不会提高其可用性，因为它与该指标的其他成分高度相关。

定义范围	变量	变量缩写	定义/测度	与父权制的关系	标准化处理
世代主导	老年男性与年轻户主同住的比例	*Younger household head*	年龄在 65 岁以上的男性居住在由年轻一代的男性户主主导的家庭中的比例	负相关	仅家庭住户；老年男性一定是户主的亲属
	年轻男性中新户主比例	*Neolocal*	在 20~29 岁的已婚男性中除配偶/子女外没有任何亲属的男性户主比例	负相关	仅家庭住户；按年龄标准化
从父居	与亲属同住的老年人比例	*Lateral*	65 岁以上与至少一名亲属同住的老年人比例	正相关	仅家庭住户
	与已婚女儿同住的老年人比例	*Married daughter*	65 岁以上与至少一名已婚女儿同住的老年人比例	负相关	仅家庭住户
男孩偏好	最后一个孩子是男孩的比例	*Boy as last child*	最后一个孩子是男孩的比例（最后一个孩子是一组男女双胞胎中的一个的情况不在讨论范围内）	正相关	仅户主为儿童（10~14 岁）；家庭住户
	最小年龄组的性别比例	*Sex ratio*	最小年龄组（0~4 岁）的性别比（男女性别比×100）	正相关	仅家庭住户

资料来源：Szołtysek 等（2017）。

综合来看，我们的变量旨在反映女性、老年人和年轻人在家庭中获得某些有社会价值的资源（身份或地位）的程度，从而作为社会层面性别和年龄不平等的绝对（而非相对）测度标准（Szołtysek et al.，2017）。根据其他文献所使用的方法（Gruber and Szołtysek，2017），这些变量被组合成一个复合指标，用来比较跨时空的父权"强度"。不同区域的父权模式是社会差异的象征，表明家庭成员的权力、能力、威望和自主权在不同程度上随性别和年龄而变化（参见 Niraula and Morgan，1996）。父权指数在空间上的分布可以用两种方式表示。图 5.2 显示了父权指数随地区和时期的完整分布，而图 5.3 则是按地理分布绘制的。

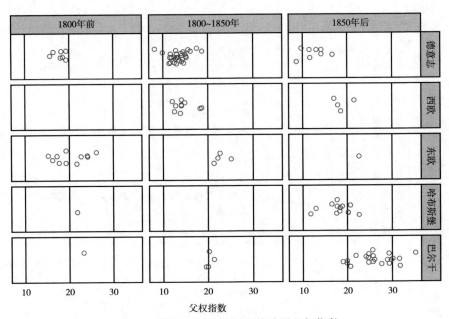

图 5.2 按地区和时期划分的欧洲父权指数

资料来源：Mosaic 数据库（Gruber amd Szołtysek，2017）。

父权指数的观测范围为 8~35。基于我们的数据，可以观察到所有地区都至少具有某些父权特征，但没有一个地区可以被定义为是完全父权型的（父权指数达到最高的 40）。从数值上看，父权指数按从非常低到非常高的规律分布，表现出相当的平稳性和连续性。从结论上看，地区排名与历史人口统计学和社会学文献研究的结果基本一致，并且证实了东西部存在差异（Therborn，2004；Hajnal，1965）。多瑙河经过了维也纳，其东部与南部

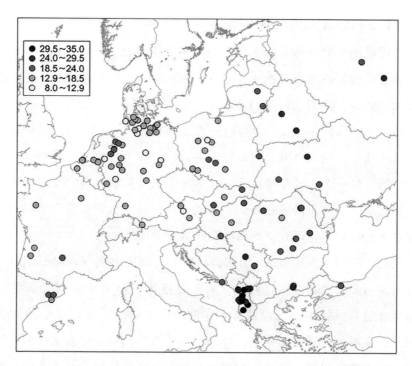

图 5.3　基于 Mosaic 数据库绘制的 115 个地区父权指数的空间分布

注：该图采用以平均值 18.5 为中心的标准差分类法绘制。

资料来源：Mosaic 数据库（Gruber amd Szołtysek，2017）。

地区父权特征比欧洲大陆其他任何地方都明显，尤其是在西巴尔干半岛和波兰的布格河以东地区（更详细的讨论请参见 Szołtysek et al.，2017）。

5.5　基于年龄堆积的人力资本指标

测度人力资本的时候会用到代理变量，我们遵循既定的做法，即通过年龄堆积方法来近似测度人力资本。长期以来，Baten 及其团队将年龄处理为以 5 或 0 结尾的数以近似表示个体的计数和计算能力（基本算术能力）。因此，可以利用年龄堆积方法对历史时期的人力资本进行衡量

（Tollnek and Baten，2016；A'Hearn et al.，2009）[①]。基于 Mosaic 数据库的数据，可以用年龄堆积方法来分析 1680~1918 年欧洲 115 个地区 50 万名男性和女性的算术能力。然而，与 Baten 和其他学者不同的是，在评估年龄堆积模式时，我们采用了 Spoorenberg 开发的修正 Whipple's 总指数（以下简称 W_{tot}）（Spoorenberg，2007），而不是使用比较流行的 Whipple's 指数或其线性变换后的 ABCC 指数（A'Hearn et al.，2009）[②]。选择 W_{tot} 的原因是，与仅将一个人的年龄以 5 或 0 结尾来测度算术能力的方法相比，它能检测出更广泛的年龄堆积模式。因此，我们的方法非常适合于用 Mosaic 数据库来进行跨文化研究（Szołtysek et al.，2018）[③]。

此外，我们未采用 Baten 团队提出的队列研究方法（cohort approach）（A'Hearn et al.，2009），他们将算术能力指标按照出生队列（或见前译同龄生育组）进行拆分，以估算十年期代际趋势。不采用他们的方法的原因是，在我们的研究背景下，这种方法要求我们对相应的父权模式的稳定性做出谨慎的假设。此外，利用同一时间点的数据得出的算术能力和家庭变量似乎更适合进行横截面回归。我们假设 W_{tot} 是被研究人口的集体人力资本指标。在历史上，人力资本水平可能因性别差异而显著不同，我们分别计算了男性和女性的 W_{tot}。

[①] 算术能力即定量推理的基本能力，即计数、记录（自己的计数）和计算的能力（Emigh，2002：653；A'Hearn et al.，2009：785）。一些学者声称，有关年龄堆积的证据不仅提供了一个额外的人力资本指标，而且鉴于年龄堆积和识字之间强相关，它有可能将我们对人力资本的了解扩展到罕有的识字数据的全新层面（A'Hearn et al.，2009：805-806）。对早期一些学校教育的历史社会学研究显示，学校在教授算术的同时也教授写作技能（见 Ogilvie and Küpker，2015：8）。

[②] 像其他年龄堆积指标一样，W_{tot} 测度的是 23~62 岁的年龄区间，以规避在某个特定时段可能影响年龄意识的虚假效应。如果没有年龄偏好，则 $W_{tot}=0$。该指标的理论最大值是 16，表明存在大规模的堆积。当所有人都报告他们的年龄具有一个相似的给定年龄尾数时，如所有年龄以 4 结尾（24、34、44 等），就会产生这样的值。

[③] 我们的一些数据集（如来自德意志的数据集）的计算偏好不同于以往，这导致我们转向使用更敏感的测量工具。总的来说，当计算所有 115 个地区时，这两个值高度相关（负相关）（$r=-0.975, p<0.01$）。

　　图 5.4 和图 5.5 分别列出了欧洲地区按时期划分的男性和女性算术能力（基于 Mosaic 数据库的数据）。在 115 个地区中，男性的平均 W_{tot} 为 3.09，女性为 3.65，表明女性的算术能力弱于男性（见表 5.2）。总体而言，男性和女性的算术能力模式高度相关（$r = 0.891$，$p = 0.000$）。当我们超越这些一般模式时，发现国家内部和宏观意义上的欧洲地区（包括我们所定义的地区）之间有相当大的差异。从最一般的层次说，这些规律让人想起早期研究中建立的算术能力模式（参见 Hippe and Baten，2012）[1]，但重要的是要记住数据在不同时空下的不均等分布。我们观察

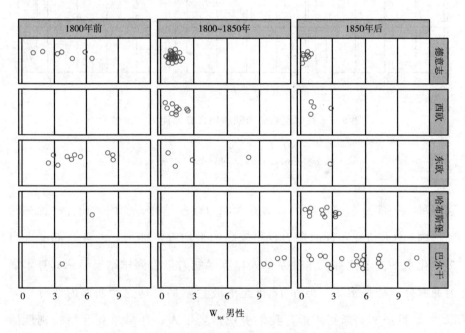

图 5.4　按时期划分的欧洲地区算术能力（男性）

注：高 W_{tot} 意味着低算术能力。

资料来源：Mosaic 数据库（Gruber amd Szołtysek，2017）。

---

[1]　Hippe 和 Baten（2012）使用了 1790~1880 年欧洲 550 个地区的数据。利用这一数据，算术能力 ABCC 在 25~100 之间波动。而使用 115 个地区的数据时，ABCC 则为 22~100。

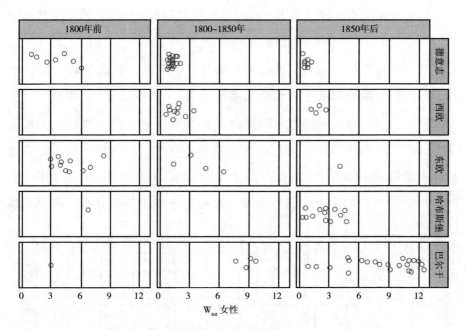

图 5.5　按时期划分的欧洲地区算术能力（女性）

注：高 W_{tot} 意味着低算术能力。

资料来源：Mosaic 数据库（Gruber amd Szołtysek，2017）。

到西部、中部及东部地区人口的算术能力存在差异，德国、荷兰—比利时和法国[①]的人口在不同时期表现出较高的平均算术能力。欧洲东部的人口多样化水平高于西部。虽然东部人口算术能力量表测试结果显示其算术能力通常处于较低水平，但在 18 世纪的波兰东部、乌克兰北部的部分地区以及 19 世纪的莫斯科附近，我们也观察到了人口年龄堆积水平特别低的现象（高算术能力）。年龄堆积程度最高的热点地区位于当今的白俄罗斯、罗马尼亚南部和阿尔巴尼亚。同样，这些模式通常与之前研究中显示的广义空间模式相一致（Hippe and Baten，2012）。

————————————

① 尤其是法国北部。

表 5.2　各变量的描述性统计

变量	样本数	平均值	中值	标准差	最小值	最大值
W_{tot}女性	115	3.65	2.14	3.33	0.37	12.54
W_{tot}男性	115	3.09	1.93	2.74	0.29	11.33
父权指数(PI)	115	18.45	18	5.54	8	35
儿童-妇女比	115	0.50	0.49	0.13	0.26	0.92
老年人口	115	4.52	4.77	1.81	0.58	11.81
农村(虚拟变量)	115	0.77	1	0.42	0	1
农奴制(虚拟变量)	115	0.16	0	0.36	0	1
地形崎岖度	115	24.44	9.50	35.30	0.15	219.88
人口潜力	115	1653000	1315000	1040959	317900	4607000
区域:德意志(虚拟变量)	115	0.38	0	0.49	0	1
区域:西欧(虚拟变量)	115	0.12	0	0.33	0	1
区域:东欧(虚拟变量)	115	0.14	0	0.35	0	1
区域:哈布斯堡(虚拟变量)	115	0.12	0	0.33	0	1
区域:巴尔干(虚拟变量)	115	0.23	0	0.43	0	1
时期:1800 年前(虚拟变量)	115	0.17	0	0.38	0	1
时期:1800~1850 年(虚拟变量)	115	0.41	0	0.49	0	1
时期:1850 年后(虚拟变量)	115	0.42	0	0.50	0	1

　　资料来源：Mosaic 数据（Gruber amd Szołtysek，2017）；"地形崎岖度"（terrain ruggedness）数据集来自 GTOPO30 数据集（USGS 2016）；"人口潜力"来自全球环境历史数据库（HYDE），3.2 版（NEEA 2016）。

　　大多数算术能力的研究试图解决的一个问题是，从资料中发现的以年龄堆积方式显示的年龄数据是否真实反映了被调查者本人或其他家庭成员的算术能力，抑或只是源于统计员的勤奋工作（如 Tollnek and Baten，2016：136；Szołtysek，2015c）[1]。尽管相关年龄组的年龄数据通常是由被

----

① 值得注意的是，其他一些使用类似 Mosaic 数据库的数据进行的研究得出了令人信服的结论，即他们的数据为估算算术能力提供了可靠的基础（Tollnek and Baten，2016）。不过由于 Mosaic 数据库的数据相对较新，我们决定独立进行一些稳健性检验。

调查者本人报告的，仍可能存在相当大的偏差。[①]

为了探究这些问题，我们按照文献中的建议进行了几项检验（Manzel et al.，2012；Tollnek and Baten，2016）。首先，我们将户主的算术能力与其他核心家庭成员的算术能力进行比较（Manzel et al.，2012），发现差异可忽略不计（巴尔干地区的一些人口除外）（见图 5.6）。其次，比较女性户主和男性户主妻子的算术能力时（Földvári et al.，2012），发现在 Mosaic 数据库涉及的全部地区，女性户主和男性户主妻子以大致类似的方式报告了她们的年龄（见图 5.7）。

最后，使用 logistic 回归估计了 23 岁及以上个体报告年龄尾数为 0 或 5 的概率（见表 5.7、附录 2）[②]。在回归中，我们使用了混合效应模型，将年龄、性别、婚姻状况和与户主的关系作为自变量，同时控制个人所属地区人口随机效应。这些模型显示，尾数倾向性与年龄强相关，而且配偶、子女和其他亲属（除父母一代外）与户主没有区别。此外，我们发现从小型家庭到大型家庭，其年龄堆积倾向呈明显下降趋势。这一趋势与社会分层的基本模式吻合，至少在农村社会中，较大的家庭规模通常反映了较高的社会经济地位。

这些发现表明，即便我们对户主报告所有家庭成员年龄一事存疑，也仅限于一小部分地区（主要在巴尔干）。因此，利用我们所掌握的数据进行一般算术能力模式分析是可信的。总的来说，对算术能力的估计表明特定人群具备基本的量化推理能力，这足以满足我们的目标要求。

---

① 值得注意的是，统计员的勤奋程度以及问卷设计的细节在不同的时空下肯定不同，尤其是在现代化早期；而这些因素可能造成算术能力估计的虚假变化。但正如 A'Hearn 等（2009：794-795）所指明的："这种批评同样适用于其他人力资本指标，尤其是对签名的识字率估计。在某些时间和地点，一些神职人员坚持要求夫妻在婚姻登记处签名，而其他神职人员则未必，而且这种选择本身可能就不随机。"

② 在这个回归设定中，为了方便起见，我们忽略了其他类型的数字倾向性，只关注最主要的模式。

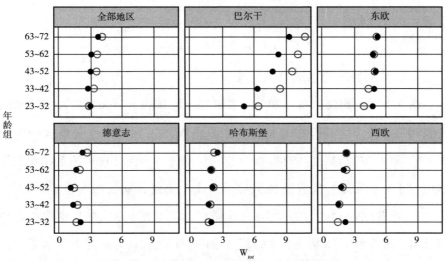

图 5.6　户主与其他家庭成员的年龄堆积模式

注：较高的 W_{tot} 表示较低的算术能力。

资料来源：Mosaic 数据库 （Gruber and Szołtysek，2017）。

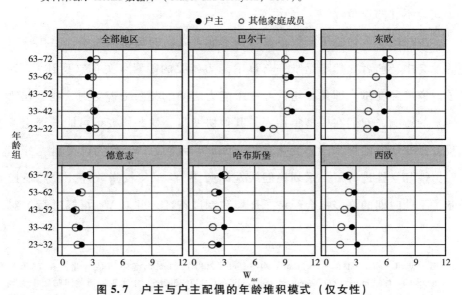

图 5.7　户主与户主配偶的年龄堆积模式 （仅女性）

注：较高的 W_{tot} 表示较低的算术能力。

资料来源：Mosaic 数据库 （Gruber and Szołtysek，2017）。

5.6 研究结果

5.6.1 父权-算术能力相关性

图 5.8 显示出父权指数和 W_{tot} 之间存在较强的正相关关系，说明家庭组织和算术能力之间存在负相关关系：在 Mosaic 数据库涉及地区的人群中，较高的父权指数往往对应着较低的算术能力，而且这种关系在女性样本中似乎更加明显。父权指数平均每升高 1 个点，女性的 W_{tot} 提高 13%，男性的 W_{tot} 提高 11%。在男性与女性样本中，离群点最大的样本往往出现在巴尔干或东欧，如罗马尼亚的部分地区，其父权指数处于中等水平，但年龄堆积水平非常高，而在阿尔巴尼亚和保加利亚的一些地方，较高的算术能力也伴随着较强的父权特征。此外，在巴尔干，与男性相比，女性处于尤为不利的地位。

虽然图 5.8 描绘了父权指数与算术能力之间的负相关关系，但在特定的社会中，前者显然不是唯一与算术能力相关的因素（见前文所述）。为了研究遗漏变量，即父权指数和算术能力之间的关系是否受到其他可观测因素的影响，我们在模型中加入了其他协变量，这些协变量可能与理论考量或经验研究的算术能力变化有关。因此，我们以 W_{tot} 作为因变量，分别对男性和女性进行了一系列稳健线性回归。[1] 除了父权指数外，我们还控制了不同时期的许多社会经济、环境和制度特征，并对 W_{tot} 指标进行了对

---

[1] 我们使用 Yohai（1987）与 Koller 和 Stahel（2011）的 MM 型回归估计量，在 R 语言 robustbase 库（http://projecteuclid.org/euclid.aos/1176350366）中实现。稳健回归较少受到违反线性回归假设的影响，如异常值。如果异常值被忽视，单纯的线性回归可能会产生误导性的结果。即使是单一的个案也会对回归拟合结果产生重大影响；而稳健回归结果基本不受这些因素影响。

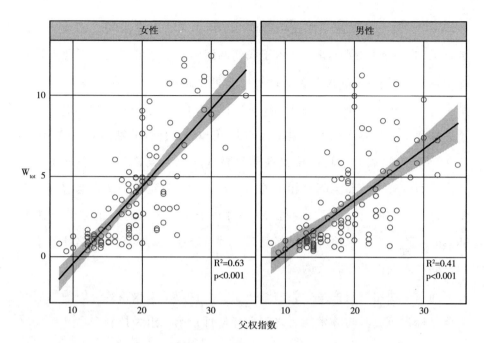

图 5.8 父权指数与年龄增长（W_{tot}）之间的关系

注：较高的 W_{tot} 表示较低的算术能力。

资料来源：Mosaic 数据库（Gruber amd Szołtysek，2017）。

数转换。在所有的情况下，采用具有区域权重[①]的回归，有助于减少代表人群人数过多对回归结果的影响。

　　由于这些模型使用了空间数据，估计值可能会因空间自相关而有偏（Anselin，1988）。线性回归模型的一个基本假设是，样本由独立抽取的观测值组成。区域数据的空间分析经常违背这一假设，因为邻近的空间单元可能有许多相似之处。[②] 然而，标准回归模型将这些相邻的观测结果视为独立的，这可能会导致参数估计及对应的显著性水平产生偏误（Bivand

---

① 数据库中每个地区的人数除以研究涵盖的族群数量（如用"德意志"的族群数量除以 115）。

② 即空间单元之间可能存在相关性。——译者注

et al.，2013）。为了评估因变量和模型结果中是否存在空间自相关，我们进行了 Moran's I 指数检验。[①] 由于我们的回归包括区域加权，因此不计算因变量的 Moran's I 指数，而是计算一个涵盖因变量、截距和加权权重的基本模型。对于基本模型的残差，我们计算了残差的 Moran's I 指数。对于男性和女性的算术能力，模型残差的 Moran's I 指数分别为 0.56 和 0.70（$p=0.000$），这表明空间自相关性非常高（尤其是女性）。这一发现证实了在模型设置中控制空间自相关的重要性。为了确定模型是否能解释因变量中存在的空间自相关性，我们决定对每个模型无法解释的残差项进行 Moran's I 检验。如果检验结果不显著，就可以保证具体的模型估计值不会因空间自相关而产生较大的偏误。

回归中使用的自变量分为两组：第一组仅包括父权指数，因为我们的主要目标是研究其与算术能力之间的稳健性；第二组为控制变量，旨在反映历史生活、社会经济、制度框架以及地形特征的差异。将这些变量囊括在模型中不是为了提高模型的拟合优度，而是要检验控制了其他变量时父权指数估计值如何变化。

儿童-妇女比（CWR）（见 Willigan and Lynch，1982：102-104）是一种净生育率测度标准，用于说明人力资本投资中可能出现的"数量-质量权衡"，并表明家庭中的性别分工对女性流动的制约。该指标采用 5 岁以下儿童人数与 15~49 岁女性人数之比来衡量。[②] 我们假设 CWR 与年龄堆积强度正相关（与算术能力负相关），每个地区中老年人（65 岁以上）的比例被选

---

① Moran's I 指数与 Pearson 的积矩相关系数（Pearson product moment correlation coefficient）非常相似，只是它并非评估每个区域 i 中两个变量 x 和 y 之间的相关性，而是测量每个区域 i 中的变量 x 的值与其相邻区域 j 中同一变量 x 的加权平均值之间的相关性。作为 Mosaic 数据的区域坐标，我们使用了 1692 个人口加权坐标。Moran's I 指数的值从-1（强负空间自相关）到 0（无空间自相关）到 1（强正空间自相关）。
② 在儿童-妇女比（CWR）中，孩子的数量与潜在母亲数量之间的关系通常乘以 1000。但是为了避免回归结果中系数过小，我们决定使用这个比例而不采用这样的乘法。

作生活水平的近似值（Rosset，1964：209-210，231）。因此，预计该指标与因变量负相关。为了控制与城市工业生活相关的潜在"去父权化"因素，每个地区被指定为城市或农村地区，并根据普查日期进一步区分。根据之前的研究，我们预计城市和小城镇的年龄堆积水平较低。此外，我们还对受到或未受到农奴制限制的地区进行了区分。这使我们可以考虑可能阻碍人力资本形成的各种因素。①

最近的经济地理学研究建议纳入两个空间控制变量，即不利的地理位置可能代表了一种负面因素，抑制人力资本投资（Diebolt and Hippe，2016；Lopez-Rodriguez and Faina，2007）。第一个协变量是地形崎岖度（Wilson et al.，2007）。② 崎岖的地形限制了人口从事农业活动的机会，而农业活动又为人类发展提供动力，如生产谷物和其他可供出售的作物。生活在崎岖之地的人口也可能难以得到正规教育。此外，地形崎岖也反映了某地交通基础设施相对落后。这个问题在 1850~1950 年具有特别的意义，当时铁路是最主要的交通运输工具，区域性的铁路路线是某地发展前景的重要决定因素。地形崎岖也可能因聚集、交流和互动受限而使该地区保持文化独立，但却会限制人力资本和技能投资（参见 Jimenez-Ayora and

---

① 第二个农奴制假设在经济史文献中通常被认为是发展缓慢的决定因素（如 Kula，1976）。大地主阻止用税收收入建立公立学校，因为他们认为没有必要在用富人税收建立的学校中对农奴进行教育（因为这样一来农奴可能会学到如何谋求政治权利）。直到 19 世纪，大地主对东中欧政府的影响使国家教育处于相对较低的水平。因此，农奴很少有动力或机会获得基础教育，因此很难掌握本章中提到的算术能力。最后，由于以农奴为基础的经济严重依赖役畜或劳役（corvée）的强迫劳动，导致女性劳动力急剧贬值，这反过来又对女性的地位和能动性产生负面影响（见 Alesina et al.，2013）。

② 地形崎岖度来自 GTOPO30 数据集的高程数据，该数据集是全球数字高程模型（DEM），水平网格间距为 30 角秒（2016 年 8 月 30 日和 31 日从 http：//earthexplorer.usgs.gov/下载；文件：gt30e020n40、gt30e020n90、gt30w020n40、gt30w020n90、gt30w060n90）。我们采用 Wilson 等（2007）应用的地形崎岖度指数，采用 R 软件包中栅格（raster）的焦点函数（focal function）（公式在栅格软件包的"terrain"帮助函数中提供），计算了构成 115 个 Mosaic 数据地区人群的 1692 个地点。在每个地点周围，用以该地点坐标为中心的直径为 7.5 公里的所有栅格点来得到崎岖度。基于 1692 个地点的数据，再得出 115 个地区人口的加权值。

Ulubaşoğlu，2015）。地形崎岖还可使早期的居民获得了实现简单工业化的机会，如能较容易地获得水、矿藏资源等，促进了人类发展（Medick，1976）。然而，在泛欧洲样本中，我们更期望发现地形崎岖和年龄堆积之间存在正相关关系的证据。

第二个地理变量是人口潜力（见 Stewart，1942），它通过一个地区附近的人口规模来说明该地区的中心性和可达性。为了计算这个变量，我们使用了空间权重，使居住在给定地区附近的人口比居住在更远地区的人口权重更大。[①] 在观察样本期间内，运输成本仍然是市场准入的重要决定因素，因此很可能影响远离重要人口中心的边缘地区的经济增长潜力（Redding and Schott，2003）。此外，在前现代化时期，由于信息和创新思想更容易地在人口稠密的地区传播（Goldin，2016：59），居住在人口中心附近有助于知识和技能的传承。虽然我们可以用地形崎岖度来控制山区这一因素，但在分析中，还有一些地区由于其他原因也地处偏远地带，如白俄罗斯南部的沼泽地带。因此，我们认为，人口潜力的衡量标准可以作为山区和非山区中心性的代表。我们预测人口潜力变量与年龄堆积程度之间存在负相关关系。

---

① 为了计算人口潜力，我们使用了来自全球环境历史数据库（HYDE）3.2 版的人口数据（NEAA，2016）。这些数据从 1700 年到 2000 年每 10 年为 1 个单位，我们采用了 1800 年的数据：http：//themasites. pbl. nl/tridion/en/themasites/hyde/index. html。在获得人口潜力数据时，地区限制在西经 60° 到东经 60° 以及南纬 20° 到北纬 80° 之间。我们使用 R 库 Spatial Position 中的 stewart-command 计算人口潜力，设置如下：span = 100000；b = 2；typefct = exponential。该操作是针对构成 115 个 Mosaic 区域的 1692 个位置的坐标进行的。我们从这些数据中得到了 115 个 Mosaic 区域的人口加权值。重要的是注意 HYDE 的人口数据是基于国家和次区域的历史人口估计和官方人口统计、城市和建成区的信息以及与历史城市密度发展相关的估计（Goldewijk et al.，2010）。基于 HYDE 1910 年的数据与欧洲 5000 多个地区和地点的多边形数据库（该数据库详见 Klüsener et al.，2014）的数据进行一致性检验。HYDE 数据集尚存在一些问题，特别是在中欧和东欧部分。不过，利用这些数据足以让我们在欧洲范围内进行大致估计，即确定一个 Mosaic 区域人口是位于重要的人口中心还是在边缘地区。

最后，加入时间和地区虚拟变量，以控制无法直接测度的其他特征。为说明 115 个地区的数据是在不同时间点收集的，对一个地区人口的所有或大部分数据的时间进行控制。考虑以下时期：1800 年前、1800 ~ 1850 年，以及 1850 年后。假设年龄堆积程度会随着时间的推移而下降（Hippe and Baten，2012）。此外，应用一组宏观区域虚拟变量衡量官僚机构效率、劳动力市场和法律制度等指标的影响，涉及德意志、西欧、东欧、哈布斯堡和巴尔干。变量的描述性统计如表 5.2 所示。

表 5.3 显示，一些控制变量仍然与主要的核心变量（PI）有中等到显著的相关性，某些情况下甚至与因变量（算术能力）有更强的相关性。然而，得到这一结果并不奇怪，因为设计 PI 的目的就是反映一个多维的现象，它可能表明许多候选控制变量本身就是潜在内生的。多重共线性问题会给估计父权指数-算术能力带来挑战。然而，正如结果所显示的，回归结果似乎并未受到实质性影响。

表 5.3　模型中变量的相关矩阵

变量	父权指数（PI）	W_{tot} 女性	W_{tot} 男性
W_{tot} 女性		0.79 ***	0.65 ***
W_{tot} 男性	0.62 ***		0.89 ***
父权指数（PI）	0.65 ***	0.89 ***	
儿童-妇女比	0.38 ***	0.49 ***	0.60 ***
老年人口	−0.19 *	−0.15	−0.15
农村（虚拟变量）	0.08	0.00	0.13
农奴制（虚拟变量）	0.11	0.03	0.16
地形崎岖度	0.44 ***	0.35 ***	0.21 *
人口潜力	−0.56 ***	−0.47 ***	−0.36 ***
区域:德意志（虚拟变量）	−0.61 ***	−0.52 ***	−0.45 ***
区域:西欧（虚拟变量）	−0.18	−0.21 *	−0.22 *

变量	父权指数（PI）	W_{tot} 女性	W_{tot} 男性
区域：东欧（虚拟变量）	0.19 *	0.11	0.22 *
区域：哈布斯堡（虚拟变量）	−0.01	−0.09	−0.10
区域：巴尔干（虚拟变量）	0.69 ***	0.74 ***	0.58 ***
时段：1800 年前（虚拟变量）	0.10	0.10	0.28 **
时段：1800~1850 年（虚拟变量）	−0.49 ***	−0.37 ***	−0.27 **
时段：1850 年后（虚拟变量）	0.41 ***	0.29 ***	0.05

资料来源："地形崎岖度"来自 GTOPO30 数据库（USGS 2016）；"人口潜力"来自全球环境历史数据库（HYDE）3.2 版（NEEA 2016）。

5.6.2　回归结果

表 5.4 和表 5.5 分别列出了女性和男性样本的回归结果。最重要的发现是，在以逐步回归的方式将协变量纳入模型时，核心变量 PI 与年龄堆积程度不论男女均显著相关。β 的估计值为正，符合预期，并随着纳入协变量数量的逐渐增加而减小（女性从 0.13 降至 0.08，男性从 0.11 降至 0.08）。这些结果支持了 PI 和年龄堆积程度高度相关的观点：在区域层面，家庭组织中的"父权偏误"越大，算术能力和人力资本水平就越低。

加入其他协变量之后得出的结果不是我们要分析的重点，但仍可简要论及。在控制了社会人口变量后，儿童-妇女比在所有的模型中都是显著的，这间接地为"数量-质量权衡"假说提供了经验证据。唯一意外也是重要结果的是农奴制变量，即在女性样本模型中得出了在 5%的水平上显著为负的相关结论。为了进一步探讨该问题，我们进行敏感性检验，从女性样本的完整模型中剔除了农奴制虚拟变量，在新的回归结果中，PI 没有减小，仍然高度显著。因为其他一些协变量同时发生了显著变化，包

表 5.4 回归结果（女性）

	模型 1 β	s.e.	p	模型 2 β	s.e.	p	模型 3 β	s.e.	p	模型 4 β	s.e.	p	模型 5 β	s.e.	p	VIF
截距	−1.60	0.20	0.000	−1.90	0.32	0.000	−1.46	0.34	0.000	0.07	1.63	0.964	0.52	1.54	0.732	
父权指数（PI）	0.13	0.01	0.000	0.12	0.01	0.000	0.12	0.01	0.000	0.12	0.01	0.000	0.08	0.01	0.000	3.84
儿童–妇女比				1.84	0.44	0.000	1.98	0.43	0.000	1.98	0.44	0.000	1.19	0.43	0.006	1.75
老年人口				−0.01	0.03	0.678	−0.05	0.03	0.073	−0.06	0.03	0.054	−0.07	0.03	0.027	2.04
农村							−0.22	0.11	0.065	−0.20	0.12	0.085	−0.10	0.11	0.352	1.40
农奴制							−0.35	0.16	0.035	−0.42	0.17	0.019	−0.41	0.19	0.034	3.72
地形崎岖度										0.00	0.04	0.997	0.00	0.03	0.884	1.84
人口潜力										−0.09	0.10	0.340	0.08	0.09	0.416	2.42
区域：德意志													0.25	0.13	0.061	1.62
区域：西欧													0.42	0.21	0.052	4.44
区域：东欧													0.50	0.16	0.002	2.42
区域：哈布斯堡													0.92	0.21	0.000	4.38
区域：巴尔干																
时段：1800 年前																
时段：1800~1850 年				−0.31	0.14	0.025	−0.46	0.14	0.001	−0.47	0.14	0.001	−0.49	0.14	0.000	3.21
时段：1850 年后				−0.49	0.13	0.000	−0.78	0.16	0.000	−0.82	0.17	0.000	−0.96	0.17	0.000	4.81
样本数	115			115			115			115			115			
调整拟合优度	0.64			0.72			0.75			0.75			0.80			
基准回归的 Moran's I 残差	0.70		0.000	0.70		0.000	0.70		0.000	0.70		0.000	0.70		0.000	
Moran's I 残差	0.14		0.000	0.01		0.1468	−0.04		0.551	−0.04		0.470	−0.01		0.076	

资料来源："地形崎岖度"来自 GTOPO30 数据库（USGS 2016）；"人口潜力"来自全球环境历史数据库（HYDE）3.2 版（NEEA 2016）。

表 5.5　回归结果（男性）

	模型6 β	s.e.	p	模型7 β	s.e.	p	模型8 β	s.e.	p	模型9 β	s.e.	p	模型10 β	s.e.	p	VIF
截距	-1.34	0.22	0.000	-1.78	0.30	0.000	-1.58	0.33	0.000	-2.54	1.58	0.111	-2.41	1.49	0.109	
父权指数（PI）	0.11	0.01	0.000	0.09	0.01	0.000	0.09	0.01	0.000	0.10	0.01	0.000	0.08	0.01	0.000	3.73
儿童-妇女比				2.53	0.41	0.000	2.66	0.41	0.000	2.62	0.42	0.000	2.02	0.41	0.000	1.73
老年人口				0.02	0.02	0.438	0.00	0.03	0.853	0.01	0.03	0.837	0.00	0.03	0.848	2.05
农村							-0.17	0.11	0.116	-0.18	0.11	0.105	-0.13	0.11	0.247	1.40
农奴制							-0.11	0.16	0.473	-0.07	0.17	0.669	-0.05	0.19	0.781	3.74
地形崎岖度										0.02	0.04	0.518	0.00	0.03	0.915	1.78
人口潜力										0.06	0.09	0.520	0.09	0.09	0.326	2.39
区域：德意志																
区域：西欧													0.10	0.13	0.412	1.60
区域：东欧													0.30	0.20	0.153	4.45
区域：哈布斯堡													0.52	0.15	0.000	2.42
区域：巴尔干													0.79	0.20	0.000	4.21
时段：1800年前																
时段：1800~1850年				-0.59	0.13	0.000	-0.65	0.14	0.000	-0.64	0.14	0.000	-0.64	0.14	0.000	3.25
时段：1850年后				-0.82	0.12	0.000	-0.95	0.15	0.000	-0.95	0.17	0.000	-1.11	0.17	0.000	4.85
样本数	115			115			115			115			115			
调整拟合优度	0.50			0.72			0.72			0.72			0.77			
基准回归的 Moran's I 残差	0.56		0.000	0.56		0.000	0.56		0.000	0.56		0.000	0.56		0.000	
Moran's I 残差	0.16		0.000	-0.04		0.595	-0.06		0.713	-0.06		0.643	-0.04		0.219	

资料来源："地形崎岖度"来自 GTOPO30 数据库（USGS 2016）；"人口潜力"来自全球环境历史数据库（HYDE）3.2 版（NEEA 2016）。

括 CWR 和老年人比例，我们认为多重共线性可能影响了农奴制变量的估计结果。区域虚拟变量表明，在其他条件相同的情况下，巴尔干和哈布斯堡的男性和女性的算术能力要比德意志的男性低得多。最后，与预期相符的是，1800 年后的年龄堆积程度明显低于 1800 年前（参见附录分类）。

如果使用 VIF 值①来研究由多重共线性导致的潜在偏差，那么似乎只需对农奴制和 PI 的估计做进一步检验。但这两个变量的 VIF 值升高似乎主要是由区域虚拟变量造成的，因为在不包括区域虚拟变量的模型 4（女性样本）和模型 9（男性样本）中，VIF 值大幅降低（数值远低于 3）。对残差的 Moran's I 检验的结果表明，仅控制 PI 的模型（女性的模型 1 和男性的模型 6）的估计可能由于正空间自相关而有偏，因为 Moran's I 检验的结果在这些情况下显著正相关。但对于所有其他模型，结果都不显著。② 这些发现说明其他模型结果受空间自相关影响不大。

5.7 结论

新制度经济学及其"姊妹"学科新制度经济史的最新进展，使学者们越发对以家庭作为经济发展的潜在驱动因素感兴趣。但迄今为止，对家庭组织和经济增长之间的联系，或者对支撑这种联系的力量（如人力资本的形成）对整个前现代欧洲社会的影响的研究相对较少，而且现有的一些结论也并非无懈可击。本章对这些研究的进展做出了贡献，通过从覆盖欧洲广大地区的历史微观数据中得到的家庭组织的新多维度测度标准（父权指

---

① 方差膨胀因子（Variance Inflation Factor，VIF）用来衡量多元线性回归模型中多重共线性的严重程度，值越大说明自变量之间存在共线性的可能性越大。——译者注

② 如果考虑到 0.1 级别的显著性水平，模型 5 残差的 Moran's I 是显著的。但由于模型 5 的 Moran's I 显示出负的空间自相关，这一结果就不太令人信服了，因为负的空间自相关往往会降低所获得的显著性水平。

数），用年龄堆积方法检验了家庭模式和人力资本形成之间的联系。

我们最重要的发现是父权指数和地区年龄堆积之间呈显著的正相关关系。即使在多元回归中考虑了其他因素后，这种相关性仍具统计学意义。这一结果表明，在地区一级的家庭组织中，"父权偏误"越大，算术能力就越低，因此，人力资本水平也越低。[1] 我们还提供了支持这种关系可能是外生观点的理论考量，因为父权制家庭制度可能通过对个人，特别是对女性的人生决策和性行为施加限制，以及通过维系父权和夫权来影响人力资本的形成。

然而，一旦我们承认家庭行为与人力资本形成之间具有相互作用，就必须承认因果链条方向可能不仅是从家庭制度指向算术能力水平和人力资本，也可能是从人力资本积累指向家庭行为，而且算术能力和父权制都可能受到一些潜在因素的影响。

首先，我们认为，人力资本水平越高，就越有可能降低父权制水平。因为不管男女，只要是受过良好教育并且技术娴熟一定会受到父亲和配偶以外的人的影响，并接触到有别于原有的父权观念的新思想。事实上，来自建立在亲属关系之上的农业经济社会的证据表明，在父权制社会中引入学校教育，会削弱长辈们在家庭和公共领域的权威（Caldwell，1981：12），并对家庭关系产生影响。

同样地，家庭制度和算术能力也可能是更深层次问题的反映，如对社会发展总水平的影响。根据发展理论，一个不发达社会的特点是父权指数高且人力资本水平（包括算术能力）低。随着社会的发展，父权指数下降，而人力资本水平则随着教育投资增多而提高。最后，这个社会形成高水平人力资本和低父权指数，即传统意义上而言的"现代西方社会"理想模式。

---

[1] 另有证据表明，父权制与人力资本形成之间的负相关性在女性中体现得更强。

因为可能存在双向因果关系，或者家庭组织和算术能力都只是更深层次潜在影响因素的结果，我们的回归估计可视为证明了相关性，而不涉及家庭组织对算术能力的"因果关系"。现阶段，我们的模型虽然无法完全解决内生性问题，但提供了理论思考，表明因果关系确实存在。[1] 如果这一推论成立的话，明确了主次关系后，需要利用更详细的数据进行进一步分析和检验，同时关注地区内部和跨地区差异，以及父权指数或算术能力变化较大的过渡地区。这都是未来的研究方向。

然而，即使目前不能对因果关系做出有力证明，我们的分析仍表明，在对现代早期欧洲人力资本水平的解释中，家庭组织都是一个重要的影响因素。因此，我们的研究结论深化了对家庭组织和经济发展之间关系的理解。

致谢： 感谢 Jan Luiten van Zanden、Auke Rijpma、Jan Kok 和一位匿名审稿人对本章早期版本的意见。所有的纰漏均由作者负责。

---

[1] 这方面的一个主要挑战是，在构建适当的工具变量时，在核心解释变量中引入了变异的外部数据，因此可能会被质疑由因变量（算术能力）带来的影响而产生外生性问题。

附录 1

表 5.6　Mosaic 数据分析表

人口普查	地区	样本量（人口）
阿尔巴尼亚,1918 年人口普查	8 个农村地区,6 个城市	140611
奥匈帝国,1869 年人口普查	匈牙利、罗马尼亚、斯洛伐克的 9 个农村地区	31406
奥匈帝国,1910 年人口普查	奥地利的 3 个农村地区和 1 个城市	20036
比利时,1814 年人口普查	西佛兰德斯的 1 个农村地区	13666
保加利亚,1877~1947 年户口登记	罗多彼地区的 1 个农村地区和 1 个城市	8373
杜布罗夫尼克,1674 年人口状况	达尔马提亚 1 个农村地区	188
丹麦,1803 年人口普查	石勒苏益格和荷尔斯泰因的 9 个农村地区和 2 个城市地区	107861
法国,1846 年人口普查	3 个农村地区	16967
法国,1831~1901 年人口普查	法国西南部 1 个农村地区	5109
法国,1846~1856 年人口普查	法国西南部 1 个城市	5669
德国海关联盟,1846 年人口普查	10 个农村地区和 4 个城市地区	3676
德国海关联盟,1858 年人口普查	东部 1 个农村地区	3468
德国海关联盟,1861 年人口普查	西南地区 1 个农村地区	6541
德国海关联盟,1867 年人口普查	梅克伦堡的 4 个农村地区和 1 个城市什未林	66938
德国,1900 年人口普查	1 个城市	55705
梅克伦堡-什未林,1819 年人口普查	3 个农村地区和城市	37.332
明斯特,1700 年左右的现状	德国西北部的 3 个农村地区	2301
明斯特,1749 年人口状况	德国西北部的 3 个农村地区	34169
荷兰,1810~1811 年人口普查	南部 2 个农村地区和 3 个城市	40037
波兰-立陶宛,1768 年、1804 年列表	12 个农村地区	155818
摩尔达维亚,1781~1879 年	2 个农村地区	5291
瓦拉几亚,1838 年人口普查	4 个农村地区	21546
俄罗斯,1795 年修订名单	乌克兰的 1 个农村地区	805
俄罗斯,1814 年私人查点	俄罗斯中部的 1 个地区	2955
俄罗斯,1847 年查点	立陶宛和白俄罗斯的 2 个农村地区	19917
俄罗斯,1897 年人口普查	莫斯科周边 1 个农村地区	11559
塞尔维亚,1863 年人口普查	1 个农村地区和 1 个城市	9746
塞尔维亚,1884 年人口普查	1 个农村地区	9434
西班牙,1880~1890 年地方人口普查	加泰罗尼亚的 1 个农村和 2 个城市地区	23997
奥斯曼帝国,1885 年人口普查	伊斯坦布尔	3408
奥斯曼帝国,1907 年人口普查	伊斯坦布尔	4946
Mosaic 总数据	115 个地区（89 个农村和 26 个城市）	932205

附录 2

表 5.7　Mosaic 数据中年龄以 0 或 5 为尾数数概率的逻辑回归

	模型 1					模型 2					
	β	s.e.	Wald	p	exp(β)	β	s.e.	Wald	p	exp(β)	组
截距	-1.207	0.068	-17.84	0.0000	0.299	-1.335	0.069	-19.21	0.0000	0.263	固定
男性											
女性	0.166	0.011	15.31	0.0000	1.181	0.193	0.013	15.17	0.0000	1.213	固定
23~34 岁											
35~44 岁	0.380	0.009	41.27	0.0000	1.463	0.386	0.011	34.09	0.0000	1.472	固定
45~54 岁	0.519	0.010	50.63	0.0000	1.681	0.498	0.013	37.24	0.0000	1.645	固定
55~64 岁	0.595	0.012	50.23	0.0000	1.813	0.571	0.016	35.44	0.0000	1.769	固定
65~74 岁	0.749	0.015	49.43	0.0000	2.115	0.697	0.021	33.03	0.0000	2.008	固定
有配偶											
无配偶	0.031	0.011	2.97	0.0030	1.032	0.125	0.015	8.53	0.0000	1.133	固定
户主年龄乘以 5						0.356	0.010	37.28	0.0000	1.427	固定
相关:户主	0.008	0.01	0.57	0.5656	1.008						
相关:配偶											

续表

	模型 1					模型 2					组
	β	s. e.	Wald	p	exp(β)	β	s. e.	Wald	p	exp(β)	
相关:子女	0.008	0.02	0.53	0.5965	1.008	-0.08	0.02	-0.399	0.0001	0.922	固定
相关:父母	0.279	0.02	13.48	0	1.322	0.204	0.02	8.39	0	1.227	固定
相关:其他	0.011	0.01	0.79	0.4307	1.011	-0.08	0.02	-5.04	0	0.92	固定
相关:非亲属	0.184	0.02	12.43	0	1.203	0.134	0.02	6.81	0	1.144	固定
HHsize:[a]1-4(ref.)											
HHsize:5-6	-0.07	0.01	-5.65	0	0.937	-0.06	0.01	-4.37	0	0.944	固定
HHsize:7-8	-0.11	0.02	-5.08	0	0.898	-0.12	0.02	-5.07	0	0.89	固定
HHsize:9+	-0.18	0.02	-7.4	0	0.834	-0.2	0.03	-7.62	0	0.819	固定
区域(截距)Sd	0.786				2.194	0.735				2.086	区域
	Sigma	logLik	AIC	BIC	df. residual	Sigma	logLik	AIC	BIC	df. residual	
	1	-254939.9	509911.90	5100882	449057	1	-156847.3	313726.60	313895.20	278077	

注：a. HHsize: 1 户中的人口数。——译者注

资料来源：同图 5.1。

数据来源

Gruber, S. and Szołtysek, M. 2017. Mosaic Combined Datafile, version 2017. 1.

NEAA [Netherlands Environmental Assessment Agency] 2016. HYDE [History database of the global environment], version 3. 2. (beta). Bilthoven: NEAA. ftp: //ftp. pbl. n1/hyde/hyde3. 2/2016_beta_re1ease/zip/ (files: 1800AD_pop. zip, 1800AD_1u. zip). Accessed 11 Sept 2016.

USGS [U. S. Geological Survey Center for Earth Resources Observation and Science] 2016. GTOPO30 global 30 arc-second elevation. Sioux Falls SD: USGS. http: // earthexplorer. usgs. gov/ (files: gt30e020n40, gt30e020n90, gt30w020n40, gt30w020n90, gt30w060n90). Accessed 31 Aug 2016.

参考文献

A'Hearn, B. , Crayen, D. , and Baten, J. , 2009. "Quantifying Quantitative Literacy: Age Heaping and the History of Human Capital." *J Econ Hist* 69: 783-808.

Acemoglu, D. , 2002. "The Theory of Human Capital Investments." Lecture Notes for Graduate Labor Economics, 14. 662, Part 1, Chapter 1, MIT.

Alesina, A. and Giuliano, P. , 2010. "The Power of the Family." *J Econ Growth* 15: 93-125.

Alesina, A. and Giuliano, P. , 2014. *Chapter 4: Family Ties*. In *Handbook of Economic Growth*, Vol. 2, edited by Aghion, P. and Durlauf, S. N. , pp. 177 - 215. Amsterdam: Elsevier.

Alesina, A. , Giuliano, P. , and Nunn, N. , 2013. "On the Origins of Gender Roles: Women and the Plough." *Q J Econ* 128 (2): 469-530.

Anselin, L. 1988. *Spatial Econometrics: Methods and Models*. Kluwer Academic Publications, Dordrecht et al. , 284.

Baten, J. , Szołtysek, M. , and Campestrini, M. , 2017 " 'Girl Power' in Eastern

Europe? The Human Capital Development of Central Eastern and Eastern Europe in the Seventeenth to Nineteenth Centuries and Its Determinants. " *Eur Rev Econ Hist* 21 (1): 29-63.

Bertocchi, G. and Bozzano, M. , 2015. "Family Structure and the Education Gender Gap: Evidence from Italian Provinces. " *CESifo Econ Stud* 61 (11: 263-300.

Bivand, R. S. , Pebesma, E. , and Gomez-Rubio, V. , 2013. *Applied Spatial Data Analysis with R*, 2nd edn. New York: Springer.

Caldwell, J. C. , 1981. "The Mechanisms of Demographic Change in Historical Perspective. " *Popul Stud* 35 (1): 5-27.

Caldwell, J. C. , 1982. *Theory of Fertility Decline*. London: Academic Press.

Carmichael, S. G. , De Pleijt, A. , Van Zanden, J. , and De Moor, T. , 2016a. "The European Marriage Pattern and Its Measurement. " *J Econ Hist* 76 (1): 196 204. https://doi. org/10. 1017/S0022050716000474.

Carmichael, S. G. , Dilli, S. , and Van Zanden, J. L. , 2016b. "Introduction: Family Systems and Economic Development. " *Econ Hist Dev Reg* 31 (1): 1 9. https://doi. org/10. 1080/207803s89. 2015. 1132625.

Chow, E - L. and Zhao, S. M. , 1996. "The One-Child Policy and Parent-Child Relationships: A Comparison of One-Child with Multiple-Child Families in China. " *Int J Sociol Soc Policy* 16: 35-62.

Crayen, D. and Baten, J. , 2010. "Global Trends in Numeracy 1820 - 1949 and Its Implications for Long-Term Growth. " *Explor Econ Hist* 47: 82-99.

De Baca, T. C. , Sotomayor-Peterson, M. , Smith-Castro, V. , and Figueredo, A. J. , 2014. "Contributions of Matrilineal and Patrilineal Kin Alloparental Effort to the Development of Life History Strategies and Patriarchal Values: A Cross-Cultural Life History Approach. *J Cross Cult Psychol* 45: 534-554. https://doi. org/10. 1177/0022022113513068.

De Moor, T. , and Van Zanden, J. L. , 2010. "Girl Power: The European Marriage Pattern and Labour Markets in the North Sea Region in the Late Medieval and Early Modern Period. " *The Econ Hist Rev* 63: 1-33.

Dennison, T. and Ogilvie, S. , 2014. "Does the European Marriage Pattern Explain Economic Growth?" *J Econ Hist* 74: 651-693.

Dennison, T. and Ogilvie, S. , 2016. "Institutions, Demography, and Economic Growth. " *J Econ Hist* 76 (1): 205-217. https://doi. org/10. 1017/S0022050716000486.

Diebolt, C. and Hippe, R. , 2016. "Remoteness Equals Backwardness? Human Capital and Market Access in the European Regions: Insights from the Long Run. " *Working Papers of BETA 2016-32*, Bureau d'Economie Théorique et Appliquée, UDS, Strasbourg.

Diebolt, C. and Perrin, F., 2013. "From Stagnation to Sustained Growth: The Role of Female Empowerment. *Am Econ Rev* 103 (3): 545-549.

Dildar, Y., 2015. "Patriarchal Norms, Religion, and Female Labor Supply: Evidence from Turkey." *World Dev* 76: 40-61.

Duranton, G., Rodriguez-Pose, A., and Sandall, R., 2009. "Family Types and the Persistence of Regional Disparities in Europe." *Econ Geogr* 85 (1): 23-47.

Dyson, T. and Moore, M., 1983. "On Kinship Structure, Female Autonomy, and Demographic Behavior in India." *Popul Dev Rev* 9 (1): 35-60.

Emigh, R. J., 2002. "Numeracy or Enumeration? The Uses of Numbers by States and Society." *Soc Sci Hist* 26 (2002): 653-698.

Feldman, S., 2001. "Exploring Theories of Patriarchy: A Perspective from Contemporary Bangladesh." *Signs* 26 (4): 1097-1127.

Folbre, N., 1986. "Cleaning House: New Perspectives on Households and Economic Development." *J Dev Econ* 22 (1): 5-40.

Folbre, N., 2012. "The Political Economy of Human Capital." *Rev Radical Polit Econ* 44 (3): 281-292. https://doi.org/10.1177/0486613412440240.

Földvári, P., Van Leeuwen, B., and Van Leeuwen-Li, J., 2012. "How Did Women Count? A Note on Gender Specific Age Heaping Differences in the 16th-19th Century." *Econ Hist Rev* 65: 304-313.

Foreman-Peck, J., 2011. "The Western European Marriage Pattern and Economic Development." *Explor Econ Hist* 48 (2): 292-309.

Galor, O. and Klemp, M., 2014. "The Biocultural Origins of Human Capital Formation." *NBER Working Paper* No. 20474, September 2014.

Galor, O. and Weil, D. N., 2000. "Population, Technology and Growth: From the Malthusian Regime to the Demographic Transition." *Am Econ Rev* 90 (2000): 806-828.

Goldewijk, K. K., Beusen, A., and Janssen, P., 2010. "Long-Term Dynamic Modeling of Global Population and Built-up Area in a Spatially Explicit Way: HYDE 3.1." *Holocene* 20 (4): 565-573.

Goldin, C., 2016. *Human Capital*. In *Handbook of Cliometrics*, pp. 55-86. Heidelberg: Springer Verlag.

Goode, W. J., 1963. *World Revolution and Family Patterns*. New York: Free Press.

Greif, A., 2006. "Family Structure, Institutions, and Growth: The Origins and Implications of Western Corporations." *Am Econ Rev* 96 (2): 308-312.

Grogan, L. A., 2007. "Patrilocality and Human Capital Accumulation: Evidence from Central Asia." *Econ Transit* 15 (4): 685-705.

Gruber, S. and Szołtysek, M., 2017. "The Patriarchy Index: A Comparative Study of Power Relations across Historical Europe." *Hist Fam* 21 (2): 133–174. https://doi.org/10.1080/1081602X.2014.1001769.

Hajnal, J., 1965. *European Marriage Patterns in Perspective*. In *Population in History Essays in Historical Demography*, edited by Glass, D.V. and Eversley, D.E.C., pp. 101–143. London: Edward Arnold.

Halpern, J.M., Kaser, K., and Wagner, R.A., 1996. "Patriarchy in the Balkans: Temporal and Cross-Cultural Approaches." *Hist Fam* 1 (4): 425–442.

Hanuschek, E.A., 2013. "Economic growth in developing countries: the role of human capital." *Econ Educ Rev* 37 (2013): 204–212.

Hippe, R. and Baten, J., 2012. "Regional Inequality in Human Capital Formation in Europe 1790–1880." *Scand Econ Hist Rev* 60: 254–289.

Jimenez-Ayora, P., and Ulubaşoğlu, M.A., 2015. "What Underlies Weak States? The Role of Terrain Ruggedness." *Eur J Polit Econ* 39: 167–183.

Kambhampati, U. and Rajan, R., 2008. "The 'Nowhere' Children: Patriarchy and the Role of Girls in India's Rural Economy." *J Dev Slud* 44 (9): 1309–1341.

Kick, E., Davis, B., Lehtinen, M., and Wang, L., 2000. "Family and Economic Growth: A World-System Approach and a Cross-National Analysis." *Int J Comp Sociol* 41: 225–244.

Klüsener, S., Devos, I., Ekamper, P., Gregory, I., Gruber, S., Martí-Henneberg, J., Van Poppel, F., da Silveira, L.E., and Solli, A., 2014. "Spatial Inequalities in Infam Survival at an Early Stage of the Longevity Revolution: A Pan-European View across 5000+ Regions and Localities in 1910." *Demogr Res* 30: 1849–1864.

Kok, J., 2017. *Women's Agency in Historical Family Systems*. In *Agency, Gender, and Economic Development in the World Economy 1850–2000: Testing the Sen Hypothesis*, edited by Van Zanden, J.L., Rijpma, A., and Kok, J., pp. 10–50. London: Routledge.

Koller, M. and Stahel, W.A., 2011. "Sharpening Wald-Type Inference in Robust Regression for Small Samples." *Comput Stat Data Anal* 55 (8): 2504–2515.

Kula, W., 1976. *An Economic Theory of the Feudal System. Towards a Model of the Polish Economy, 1500–1800* (trans: Lawrence Garner). London: NLB.

Kwon, D-B., 2009. "Human Capital and Its Measurement." Paper Presented at the 3rd OECD World Forum on "Statistics, Knowledge and Policy" Charting Progress, Building Visions, Improving Life." Korea: Busan, 27–30 October 2009.

Laslett, P., 1965. *The World We Have Lost*, 1st edn. London: Methuen.

Laslett, P., 1983. *Family and Household as Work Group and Kin Group: Areas of*

Traditional Europe Compared. In *Family Forms in Historic Europe*, edited by Wall, R. and Robin, J., p. 513, p. 563. Cambridge: Cambridge University Press.

Le Bris, D., 2016. "Family Characteristics and Economic Development." Paper Presented at the Utrecht Economic History Seminar, May 2016.

Lopez-Rodriguez, J. and Faina, J. "Human Capital Accumulation and Geography: Empirical Evidence from the European Union." *Reg Stud* 41 (2): 217–234.

Macfarlane, A., 1987. *Marriage and Love in England: Modes of Reproduction 1300– 1840.* London: Basis Blackwell.

Malhotra, A., Schuler, S. R., and Boender, C., 2002. "Measuring Women's Empowerment as a Variable in International Development. International Center for Research on Women and the Gender and Development Group of the World Bank." Washington, DC: The World Bank.

Manzel, K., Baten, J., and Stolz, Y., 2012. "Convergence and Divergence of Numeracy: The Development of Age Heaping in Latin America from the Seventeenth to the Twentieth Century." *Econ Hist Rev* 65: 932–960.

Medick, H., 1976. "The Proto-Industrial Family Economy: The Structural Function of Household and Family during the Transition from Peasant Society to Industrial Capitalism." *Soc Hist* 1: 291–315.

Nimkoff, M. F, ed., 1965. *Comparative Family Systems.* Boston, MA: Houghton & Mifiin.

Niraula, B. and Morgan, S. P., 1996. "Marriage Formation, Post-Marital Contact with Natal Kin and the Autonomy of Women: Evidence from Two Nepali Settings." *Popul Stud* 50 (1): 35–50.

Ogilvie, S. and Küpker, M., 2015. "Human Capital Investment in a Late-Developing Economy: Evidence from Württemberg, c. 1600 c. 1900." *Cambridge Working Papers in Economics 1528.*

Redding, S. and Schott, P. K., 2003. "Distance, Skill Deepening and Development: Will Peripheral Countries ever Get Rich?" *J Dev Econ* 72 (2): 515–541.

Reher, D. S., 1998. "Family Ties in Western Europe: Persistent Contrasts." *Popul Dev Rev* 4 (2): 203–234.

Rijpma, A., and Carmichael, S. G., 2016. "Testing Todd and Matching Murdock: Global Data on Historical' Family Characteristics." *Econ Hist Dev Reg* 31 (1): 10–46. https://doi.org/10.1080/20780389.2015.1114415.

Rosset, E., 1964. *Aging Process of Population.* New York: The Macmillan Company.

Ruggles, S., 2012. "The Future of Historical Family Demography." *Ann Rev Sociol*

38: 423-441.

Sinha, J. B. P. , 2014. *Psycho-Social Analysis of the Indian Mindset*. New Delhi: Springer-India.

Spoorenberg, T. , 2007. "Quality of Age Reporting: Extension and Application of the Modified Whipple's Index." *Population-E* 62 (4): 729-742.

Stewart, J. Q. , 1942. "A Measure of the Influence of a Population at a Distance." *Sociometry* 5 (1): 63-71.

Szołtysek, M. , 2015a. *Households and Family Systems in Early Modern Europe*. In *The Oxford Handbook of Early Modern European History*, edited by Scott, H. , 1350-1750, Volume 1: Peoples and Place, pp. 313-341. Oxford: Oxford University Press.

Szołtysek, M. , 2015b. "Rethinking East-Central Europe: Family Systems and Co-Residence in the Polish-Lithuanian Commonwealth", vol. 2. Bern: Peter Lang.

Szołtysek, M. , 2015c. "Age Heaping and Digit Preference in Eighteenth-Century Poland-Lithuania: Who Was Rounding off Their Age, and Why?" In "Studies on Family and Household in Preindustrial Poland." *Bialystok*, edited by Guzowski, P. and Kuklo, C. , pp. 163-195. *Institute for Research of European Cultural Heritage*.

Szołtysek, M. and Gruber, S. 2016. "Mosaic: Recovering Surviving Census Records and Reconstructing the Familial History of Europe." *Hist Fam* 21 (1): 38-60.

Szołtysek, M. , Kluesener, S. , Gruber, S. , and Poniat, R. , 2017. "The Patriarchy Index: A New Measure of Gender and Generational Inequalities in the Past." *Cross-Cultural Research* 51 (3): 228-262.

Szołtysek, M. , Poniat, R. , and Gruber, S. , 2018. "Age Heaping Patterns in Mosaic Data." *Hist Methods* 51 (1): 13-38.

Therborn, G. , 2004. *Between Sex and Power: Family in the World, 1900-2000*. London: Routledge.

Todd, E. , 1987. *The Causes of Progress: Culture, Authority and Change* (trans: Richard Boulin). New York: Basil.

Tollnek, F. and Baten, J. , 2016. *Age-Heaping-Based Human Capital Estimates*. In *Handbook of Cliometrics*, edited by Diebolt, C. and Haupert, M. , pp. 1-20. Springer. https://doi.org/10.1007/978-3-642-40406-1_24.

Triandis, H. C. , 2001. "Individualism-Collectivism and Personality." *J Pers* 69: 907-924. https://doi.org/10.1111/1467-6494.696169.

Weber, M. , 1904. *The Protestant Ethic and the Spirit of Capitalism*. New York: Scribner's Press.

Whyte, M. K. , 1996. "The Chinese Family and Economic Development: Obstacle or

Engine. " *Econ Dev Cult Chang* 45 （1）: 1-30.

Willigan, J. D. and Lynch, K. A. , 1982. *Sources and Methods of Historical Demography*. New York: Academic Press.

Wilson, M. F. J. , O'Connell, B. , Brown, C. , Guinan, J. C. , and Grehan, A. J. , 2007. "Multiscale Terrain Analysis of Multibeam Bathymetry Data for Habitat Mapping on the Continental Slope. " *Mar Geod* 30: 3-35.

Xiao, H. , 1999. "Independence and Obedience: An Analysis of Child Socialization Values in the United States and China. " *J Comp Fam Stud* 30 （4）: 641-657.

Yohai, V. J. , 1987. "High Breakdown-Point and High Efficiency Robust Estimates for Regression. " *Ann Statist* 15 （2）: 642-656. https: //doi. org/10. 1214/aos/1176350366.

6 历史视域下的意大利各省家庭结构的起源与影响

格拉齐耶拉·贝尔托基（Graziella Bertocchi）

莫妮卡·博扎诺（Monica Bozzano）

　　摘　要：本章从历史角度重点梳理了意大利各省家庭结构的根源及其影响的相关文献。此外，利用新收集的历史统计数据，研究了家庭结构涉及的三个主要特征：女性平均结婚年龄、女性独身率和非婚生子比例。数据主要是意大利 1871 年的省级数据。基于这些数据，本章对意大利全国各地家庭模式之间的地理差异进行了量化分析。此外，我们还揭示了从短期、中期和长期来看家庭结构与一系列社会经济表现之间的联系。

　　关键词：家庭结构　意大利各省　组织　文化　发展

6.1　引言

　　家庭作为社会经济的核心单元和社会化的主要表现方式，承担着传递行为模式和价值观的重要作用。近年来，越来越多的研究强调文化因素与经济表现的相关性，而家庭分析则成为焦点（Bisin and Verdier, 2000; Guiso et al. , 2006）。计量经济史研究不断尝试寻找新的数据源和计量方法，以便从历史角度衡量家庭的作用。在这一广泛的研究领域内，本章利用新收集的历史统计数据从理论角度考察了从中世纪到当下意大利的各政治实体的家庭结构及其根源与影响。

　　本节回顾了经济、人口和社会学领域关于家庭结构及其起源的最新研究成果，尤其侧重对意大利的分析，这些研究全面且脉络清晰。首先，回顾了 Hajnal（1965，1982）的研究，其描述了欧洲婚姻模式（European Marriage Pattern, EMP）的特征；其次，介绍 Todd（1990）的研究成果如何拓展了家庭类型；最后，总结近年来对这些研究范式构成挑战的研究成果，尤其是关于意大利的研究。

Hajnal（1965，1982）的早期研究确定了 EMP 的关键作用，EMP 至少从 16 世纪起就出现在的里雅斯特（Trieste）[①] 至圣彼得堡以西的北欧。根据 Hajnal 的说法，EMP 的特征在于核心家庭居住模式、晚婚（尤其是女性相对晚婚且女性长期独身现象的普遍存在）。在 Hajnal（1965，1982）的分析中，这些特征是紧密相关的，只有在复杂家庭模式下才可能有早婚的存在。因为在核心家庭模式下，经济状况差的家庭不能支撑年轻男女过早结婚。[②] EMP 还有家庭雇用更多的仆人以及夫妻年龄差距较小的特点（Laslett，1977）。根据 Hajnal（1965，1982）的说法，南欧流行的是早婚和复杂家庭模式，与 EMP 的特征完全不符。

Todd（1990）从两个维度分析了中世纪以来欧洲的家庭结构。第一个维度反映了由居住习惯决定的胞亲关系类型：自由型（liberal）和专制型（authoritarian）。具体而言，以核心家庭模式（nuclear model）为基础且子女在婚后建立独立的家庭，这种情况称为自由型；以扩展家庭模式（extended pattern）[③] 为基础，不同世代生活在一起，这种情况称为专制型。第二个维度侧重根据继承原则来反映胞亲关系类型：平等型（equal）和不平等型（unequal）。两个维度组合在一起产生了四种家庭类型：绝对核心家庭（absolute nuclear family）（自由和不平等）、平等核心家庭（egalitarian nuclear family）（自由和平等）、主干家庭（stem family）（专

---

① 的里雅斯特（Trieste），意大利东北部边境港口城市。——译者注
② 在人口学文献中，延迟结婚和独身主义也被称为对生育率的"马尔萨斯式预防性抑制"，即旨在有意识或无意识地控制生育行为，这与"积极抑制"，即饥荒、战争或疾病造成的死亡不同（Malthus，1798），"预防性抑制"意味着可能出现高非婚生育率。
③ Extended family，也译作大家庭，指在核心家庭基础上还包括其他成员的家庭模式。本书根据 2019 年公布的《计划生育名词》，译作扩展家庭。——译者注

制和不平等）和集体家庭（communitarian family）（专制和平等）。①

尽管托德（Todd）没有使用结婚年龄进行分类，但他质疑 Hajnal 提出的共同居住模式和晚婚之间有相关性的论点，他认为二者之间的关系并不紧密。例如，南欧地区同时存在核心家庭中女性早婚和复杂家庭中女性晚婚的情况。Dennison 和 Ogilvie（2014）开展的元研究（meta-study）证实，EMP 在欧洲并不普遍存在，其两个核心特征并不总是同时呈现。②

在有关家庭模式的研究中，意大利的情况尤其复杂，上述分类方法并不完全适用。与欧洲西北部地区相比，意大利和南欧地区的其他国家盛行的家庭模式是早婚和复杂家庭。Laslett 和 Wall（1972）很早就提出，在整个南欧存在一种"地中海"式扩展家庭模式。Herlihy 和 Klapisch-Zuber（1978）基于托斯卡纳地区的赋税登记册数据进行的研究支持了该观点，表明该地区扩展家庭普遍存在，表现是女性早婚、女性独身率低而且家庭中基本没有仆人。这种家庭模式在该地区是主流，这可以利用佃租分成制度（sharecropping system）、女性贞洁文化、"超道德家庭主义"（Banfield，1958）等非经济因素来解释。Hajnal（1982）和 Laslett（1983）后来也承认了"地中海"模式的存在。

然而，针对托斯卡纳地区的研究结论被泛化到整个半岛，而随后的研究，尤其是利用不同地区新数据展开的研究则得出了不一致的结论（Viazzo，2003；Curtis，2014）。例如，Silverman（1968，1975）确定了核心家庭模式在意大利南部的扩散，其特点是简单的夫妻家庭、

---

① 托德利用 Bloch（1949）的"回归法"来进行分类。他从历史数据中寻找证据，使用的是西欧 20 世纪 50 年代和 60 年代的人口普查数据。通过比较，Todd 确定了所观察到的家庭类型在中世纪就普遍存在。在欧洲以外的地区，他探讨了另外三种家庭类型，即内婚型家庭（endogamous）、失范型家庭（anomic）和非洲型家庭（African）。
② 参考 Dennison 和 Ogilvie（2014）的研究，可以了解更多的细节。

早婚（尤其是女性）。Barbagli（1987，1991）和 Del Panta 等（1996）也得出了类似的结论。同时，Kertzer 和 Brettell（1987）以及 Kertzer 和 Hogan（1991）揭示了意大利北部和中部地区女性晚婚和扩展家庭模式普遍存在。以上提及的与 EMP 的特征相悖的两种情况为补充分析意大利的相关情况提供了新的依据，即可以采用新方法进行研究。与试图构建统一的解释家庭模式的方法不同，新方法考虑了异质性和多样性，能够解释意大利北部和中部地区存在晚婚、复杂家庭，以及南部地区存在早婚、核心家庭的原因。除此之外，意大利其他地区还存在例外情况。例如，撒丁岛与南部其他地区不同，具有新婚新居制及晚婚的特点，而北部的阿尔卑斯山附近则呈现混合特征（Viazzo，2003）。Barbagli（1987）还强调要考虑异质性的更多维度，如城市地区与农村地区存在差异，农村地区复杂家庭更为普遍；又如不同的社会阶层之间也存在差异，父系模式在富裕阶层中更为常见。而从时间维度来探讨，家庭模式的演变路径则更为清晰。

经济学家、历史学家、社会学家和人类学家普遍认为，最好使用区域或次区域方法来研究意大利的相关情况。不过，数据收集工作最初集中在个别区域，分布较为零散。目前，可以利用尚未使用过的意大利全国人口普查数据，以及省级数据库作为其他数据来源，系统地分析家庭结构的多种特征。本章的主要目的是利用省级数据库的数据，并且将 Bertocchi 和 Bozzano（2015）提供的信息与省级数据相结合，从而分析 EMP 的三个特征，即女性平均结婚年龄、女性独身率和非婚生子率。虽然基于这些数据的全面实证分析超出了本章的范围，但分析家庭结构与经济社会指标（既涵盖意大利统一后第一个十年的指标，也包括当下意大利的指标）的相关性，可为总结家庭结构特征提供初步论据。

本章的其余部分内容如下。第二部分是核心，在 Bertocchi 和 Bozzano

（2015）研究的基础上，分析与家庭结构关键指标相关的省级层面的新证据。第三部分分析了第二部分所揭示的家庭结构的多种特征在短期、中期和长期与经济发展、人力资本积累、性别表现（gender outcome）和生育率的相关性。第四部分和第五部分总结研究结论，并提出进一步研究的思路。

6.2 意大利的家庭模式：省级层面的数据库

本节的主要贡献是进行了关于意大利家庭结构和婚姻模式的讨论，首先构建了一个覆盖全国的省级数据库，在此基础上进一步分析早期文献所强调的多维差异。

第一，总结了 Todd（1990）及 Bertocchi 和 Bozzano（2015）进行的意大利省级家庭类型分析。第二，利用新数据从三个维度对托德等提出的几种指标加以扩充，包括女性平均结婚年龄、女性独身率和非婚生子率，这些指标对分析家庭结构与 EMP 模式的扩散至关重要。本部分主要基于 1871 年意大利 69 个省份的数据展开分析。1871 年也是意大利实现国家统一的一年，相比 1861 年，1871 年意大利王国新增了罗马、曼图亚（Mantua）和威内托大区辖省（Veneto）① 几个地区。新数据来自意大利 1871 年的人口普查数据（MAIC，1872）。

6.2.1 家庭类型

我们采用两个变量来描述意大利各省的家庭结构，第一个变量描述了核

---

① 威内托大区辖省包括贝卢诺（Belluno）、帕多瓦（Padova）、罗维戈（Rovigo）、特雷维索（Treviso）、乌迪内（Udine）、威尼斯（Venezia）、维罗纳（Verona）和维琴察（Vicenza）。

心家庭而不是复杂家庭的扩散。第二个变量定义了多种类型的家庭结构，不仅考虑新婚新居（neolocality）的存在，还考虑其他特征，如继承规则和女性结婚年龄。

第一个变量基于 Todd（1990）提出的居住习惯分类，这一分类区分了核心家庭（婚后有新的居住地）和复杂家庭（或主干家庭、扩展家庭和集体家庭）。这种分类旨在反映父母和子女之间的关系。在这个分类的基础上，子女在婚后离开核心家庭被视为自由型家庭，不同世代共同生活的复杂家庭被视为专制型家庭。按照 Duranton 等（2009）的做法，可将 Todd（1990）的数据与意大利 69 个省级地理单元数据相匹配，这些省份基本按照 1871 年的标准划分。Bertocchi 和 Bozzano（2015）使用一个虚拟变量来测度核心家庭模式是否在某省盛行，是则取值为 1，否则取值为 0。结果表明，核心家庭模式在近 54% 的省份盛行，如附表 6.1 所示。

图 6.1 展示了核心家庭和复杂家庭的各省分布情况。各省以现行省名缩写来标识。[①] 图 6.1 显示，核心家庭在西北部和南部居多，而复杂家庭则主要分布于东北部和中部。

第二个变量基于 Todd（1990）的四维分类法，该分类法将居住习惯的第一维度与反映继承规则的第二维度相结合。第二维度反映了通过继承规则来体现的胞亲关系。根据前文的分析，家庭财富可以按平等或不平等的方式分配。在所有子女之间均分家庭财富的继承方式代表平等型，而长子继承、单子继承或自行决定的情况则被定义为无正式的家庭财产分配规则，代表非平等型。与各省份居住习惯差异较大相比，意大利各省份继承规则的差异不大，具体而言，以长子继承形式为代表的不平等继承方式仅仅在威内托大区盛行，这种模式只覆盖了意大利 13% 的省份。

---

① 不包括北部（North）与特伦蒂诺（Trentino）相对应的地区，特伦蒂诺在 1871 年还不是意大利王国的一部分，是后来并入的。变量的定义和来源见附录。

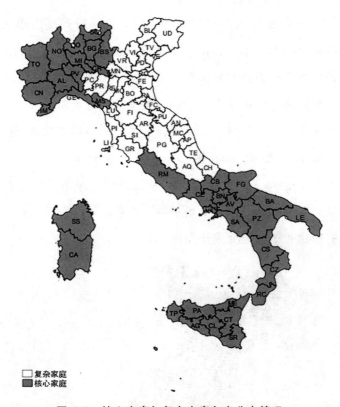

图 6.1　核心家庭与复杂家庭各省分布情况

注：各省份以今省名缩写为标识，资料来源见附录。

　　基于居住习惯和继承规则的组合产生了四种家庭类型：绝对核心家庭（不存在正式的继承规则）、平等核心家庭、主干家庭和集体家庭。此外，托德还认为有第五种家庭类型，即不完整主干家庭，这类家庭尽管遵循法律上的均分继承规则，但实际上，这类家庭的财产继承是专制且不平等的。这类家庭在位于国界附近的地区尤为常见。①

---

① Todd（1984）还提出了另一种分类标准，即以女权程度来衡量夫妻之间的关系，在母系制下，女权程度最高；在父权制下，女权程度最低；其余情况则处于中间水平。如果一个家庭系统赋予妻子及其亲属以突出的社会地位，那么它就被认为是母系制的。

Bertocchi 和 Bozzano（2015）将托德的分类进行调整后用于分析意大利各省份的家庭结构。第一，由于绝对核心家庭并未在意大利出现，只有三种托德提出的家庭类型与意大利有关。第二，他们证明了意大利的主干家庭只以不完整的形式出现在意大利与奥地利的边界。此外，他们根据女性结婚时段进一步对平等核心家庭进行了区分，拓展了其分类。表现出这两种趋势的地区的数据来自 Del Panta 等（1996）。因此，Bertocchi 和 Bozzano（2015）总结了意大利的四种家庭类型：晚婚平等核心家庭、不完整主干家庭、集体家庭以及早婚平等核心家庭。这种分类产生了 4 个虚拟变量，根据这 4 个虚拟变量绘制图 6.2。

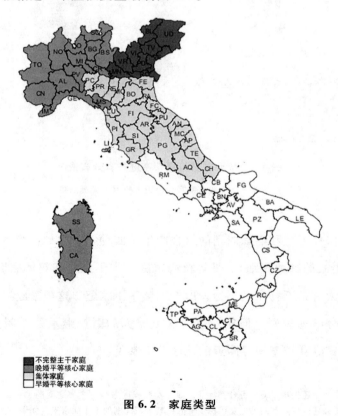

图 6.2　家庭类型

注：各省份以目前的省名缩写为标识，资料来源见附录。

图 6.2 展示了前文提及的四类家庭在意大利的地理分布，即 Bertocchi 和 Bozzano（2015）根据 Todd（1990）的分类法提出的四种家庭类型。可以发现，晚婚平等核心家庭在意大利西北部和撒丁岛盛行，不完整主干家庭则主要分布于意大利东北部，集体家庭主要分布于意大利中部地区，早婚平等核心家庭分布于意大利南部其他地区。总的来说，图 6.2 显示了家庭结构在省级层面存在较大的差异，但同时也可以确定家庭结构相对单一的区域，值得强调的是，除了普遍存在的家庭模式，每个省份仍然可能存在例外。[①]

6.2.2 女性结婚年龄

1871 年的人口普查数据记录了当年各省份男女的结婚年龄（MAIC，1872）。每对夫妻的年龄按如下类别进行分类：20 岁以下、20~24 岁、25~29 岁、30~44 岁、45~59 岁和 60 岁及以上。原始数据显示，每个省份的女性平均结婚年龄相对较大，均超过 23 岁——这个门槛年龄被 Hajnal（1965，1982）用于界定晚婚。[②] 但由于原始数据包括二次婚姻的数据，我们关注数据库的另一个指标，即不考虑结婚年龄超过 45 岁的情况，以排除寡妇再婚的数据。附表 6.1 列出了描述性统计结果，我们对数据进行整理后有两个发现。一方面，女性结婚年龄在 22 岁到 28 岁，西西里岛的平均结婚年龄最小，约为 22 岁，且西西里岛的锡拉库萨（Siracusa）、卡尔塔尼塞塔（Caltanissetta）和吉尔琴蒂省（Girgenti）三个省的结婚年龄更小。[③] 这与南

---

① 在跨国比较中，意大利也表现出家庭类型的丰富多样性。例如，西班牙只表现出两种家庭类型：北部的不完整主干家庭和南部的平等主义核心家庭，而英国在东部有平等主义核心家庭，在西部则有不完整主干家庭。

② 文献中对晚婚年龄的门槛并没有唯一的定义。例如，Carmichael 等（2011）将其定为女性 24 岁、男性 27 岁，而 Dennison 和 Ogilvie（2014）则将女性 23 岁或 24 岁结定义为晚婚。

③ 吉尔琴蒂（Girgenti）现为阿格里真托（Agrigento）。——译者注

部女性平均结婚年龄较小的调查结果一致。另一方面，中部一些省份女性结婚都特别晚，超过 26 岁。这些省份包括阿斯科利-皮切诺（Ascoli Piceno）、泰拉莫（Teramo）、撒丁岛（Sardinia）、卡利亚里（Cagliari），这一发现与 Viazzo（2003）的研究结果一致。①

图 6.3 展示了 1871 年女性平均结婚年龄的地理分布，女性平均结婚年龄按照均值的四分位数进行划分，省份的阴影越深表明女性的平均结婚年龄越大。正如预期的那样，如图 6.3 所示，各省份女性的平均结婚年龄存在较大差异，女性平均结婚年龄最大的均值四分位点分组在中部更常见，也存在于北部（Sondrio 和乌迪内 Udine）和南部（Lecce）的一些边缘省份。最低的四分位点分组包括西西里岛的大部分地区，其他南部省份如波坦察（Potenza）、福贾（Foggia）和坎波巴索（Campobasso），以及由库内奥（Cuneo）、亚历山德里亚（Alessandria）、帕维亚（Pavia）和热那亚（Genoa）构成的西北部地区省份群。

从另一个角度看，也可以从 20 岁以下女性早婚的比例（20 岁以下结婚的女性人数占总结婚人数的比例）中发现更多的信息，这一比例从中部马切拉塔省（Macerata）的 2% 到西西里岛的吉尔琴蒂省（Girgenti）的 40% 不等。在女性平均结婚年龄较小的南部地区，这一比例通常较高，而在中部和北部地区则较低，但亚历山德里亚是一个明显的例外，几乎达到 30%。

图 6.4 展示了 1871 年 20 岁以下女性早婚比例的地理分布，根据比例的四分位点进行划区，阴影越深，说明该省份这一比例越低。由于这个比例变量与女性的平均结婚年龄高度相关，图 6.4 显示出与图 6.3 非常相似

---

① 男性平均结婚年龄数据（修订后排除结婚年龄超过 45 岁女性的情况）显示，男性平均结婚年龄为 27～32 岁，男性和女性的结婚年龄差不大，从 2 岁到 5 岁不等。

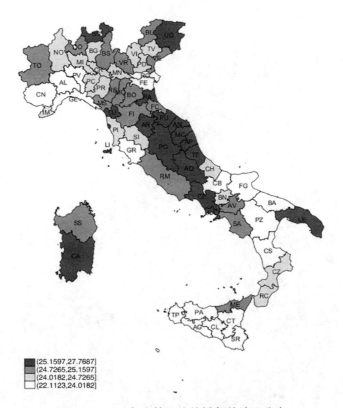

图 6.3 1871 年女性平均结婚年龄地理分布

注：阴影越深，该省份的女性平均结婚年龄越大，各省份
以目前的省名缩写为标识，资料来源见附录。

的模式，即位于中心地带的大片地区女性早婚比例较小的特征。①

　　总的来说，女性平均结婚年龄数据表明，就全国而言，很难发现一个
放之四海而皆准的模式。尽管相邻地区间也存在较大的差异，但总体而言
大多数中部省份女性结婚年龄都偏大。

---

① 为了说明女性的结婚年龄，Bertocchi 和 Bozzano（2015）的代用方案是根据 Barbagli（1987）
关于 1872~1875 年 15 岁以下女性结婚比例的数据。原始资料来源于 DIRSTAT（1877），但只
有地区一级的数据可用。变量结论也相一致，平均只有 3% 的地区的女性在 15 岁之前结婚，
尽管在西西里岛这一数字高达 13%。

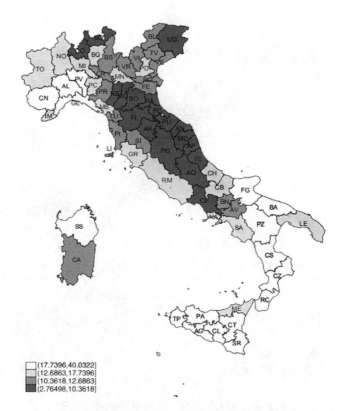

图 6.4　1871 年 20 岁以下女性早婚比例地理分布

注：阴影越深，该省份 20 岁以下女性早婚比例就越低，
各省以目前的省名缩写为标识，资料来源见附录。

6.2.3　女性独身主义

　　由于高独身率是 EMP 的特征之一，为了说明意大利在这方面的表现，
我们也报告了各省份独身的数据，特别是女性独身的数据。与人口学文献
的做法一致，我们将女性独身率定义为 50 岁以上女性中从未结婚的比例，
这一分类方法能够将寡妇排除在外。1871 年的人口普查（MAIC，1872）
数据中有各年龄组按年份分列的信息。变量由所有 50 岁以上独身女性的

总和除以 50 岁以上的女性人口计算得到。由于人口普查数据中没有女性再婚的信息，因此尽管女性 50 岁以后初婚的概率非常低，按我们的定义仍然难以准确获取独身主义者的数据。[①]

根据 Hajnal（1965，1982）的研究，独身率在 10% 以上时可被视为高独身率。[②] 附表 6.1 的数据表明，在意大利各省份，女性独身率从大约 4%（罗维戈）到 17%（那不勒斯、雷焦卡拉布里亚）不等。需要注意的是，大多数地区，特别是波河谷和位于托斯卡纳地区（Tuscany）的那些省份，无论流行哪种家庭结构，女性独身率都很低。事实上，虽然高独身率应该与较高的经济发展水平和人口转型的高级阶段有关，但在许多北部省份，无论是东部省份（罗维戈、特雷维索、帕多瓦）和西部省份（帕维亚、亚历山德里亚、曼图亚），独身率仍然不高。

图 6.5 展示了 1871 年 50 岁以上女性独身率的地理分布。省份阴影越深，表明该省份女性独身率越高。图 6.5 再次显示了各省份之间的巨大差异，北部和南部一些省份女性独身率较高，波河谷和撒丁岛周围女性独身率较低。新数据表明，1871 年，位于波河谷的省份出现了分布广泛的低独身率区域，根据 Livi Bacci（1980）的研究，这些省份的结婚率也较高。对整个意大利来说并没有出现一致的情况，即使在较低的加总水平（地区一级）上，也没有发现普遍一致的模式。

6.2.4 非婚生子率

衡量家庭模式的第三个重要指标是非婚生子率。事实上，除了晚婚和

---

① Livi Bacci（1980）采用 50~54 岁女性的独身率作为替代。

② 最近，Voigtländer 和 Voth（2013）指明由于时间和地点的不同，可以将 10%~30% 的独身率界定为高独身率。

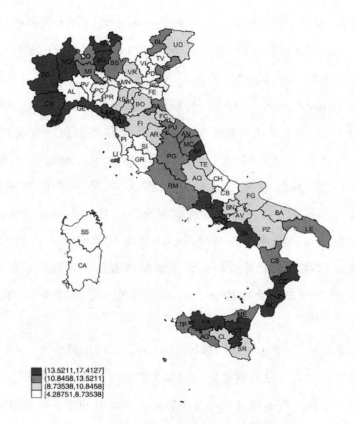

图 6.5　1871 年 50 岁以上女性独身率的地理分布

注：阴影越深，该省份的女性独身率就越高，各省以目前
的省名缩写为标识，资料来源见附录。

特殊婚姻外，EMP 内含的假设意味着对生育率的巨大限制，这也意味着
非婚生子率非常低。然而，在实践中，由于存在较高的女性独身率，EMP
也可能与高非婚生子率有关。为了考察意大利非婚生子率的情况，我们从
1871 年的统计记录（MAIC，1874）中获得了关于非婚生子率的数据。由
于罗马没有 1871 年的数据[①]，对于该省，我们采用 1872 年的数据

––––––––––––––

① 罗马于 1871 年被意大利王国统一，但 MAIC（1874）中缺少这一年的数据。

（MAIC，1875）替代。计算非婚生子率时，将非婚生子女和弃婴都考虑在内，因为他们都被归类为非婚生子女，被统计在该年的总出生人数中。

总体而言，1871 年意大利平均每 100 个新生儿中约有 7 个是非婚生的，且在不同的省份差异很大，从东北部的特雷维索（Treviso）的 1.5 个到中部的佩萨罗-乌尔比诺（Pesaro-Urbino）的 17 个以上（见表 6.1）。如果以 8%～10% 的比例为基准，可以发现有几个地区在意大利统一时的非婚生子率较高。

图 6.6 显示了 1871 年非婚生子比例四分位点的地理分布。省份阴影越深，比例就越低。图 6.6 显示，一方面，意大利的大部分地区，包括北部的部分地区和半岛南部大陆的几个省份（特别是阿韦利诺、贝内文托和坎波巴索），非婚生子的比例非常低；另一方面，非法移民水平较高的省份集中在中部和南部。

因为非婚生子率和家庭类型与 EMP 的其他特征不同，数据也没有显示与前文一致。人们虽期望在晚婚和复杂家庭盛行的省份观察到较高的非婚生子率，但实际上这仅发生在意大利中部的几个省份。此外，在南部省份也发现较高的非婚生子率，如前所述，这些省份的主要特点是早婚以及核心家庭模式，有很大比例的女性在十几岁就结婚了。

6.2.5　意大利家庭模式的多样性

虽然新数据已经帮助我们从多个维度加深了对意大利各省家庭结构的理解，但通过检验指标间的相关性（见表 6.1），可以更深入地了解这种关系。

女性平均结婚年龄与 20 岁以下早婚的比例明显呈负相关。更有

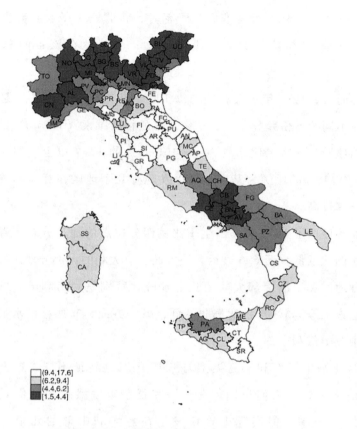

图 6.6　1871 年非婚生子率四分位点的地理分布

注：阴影越深，说明该省份的非婚生子率越低，各省以目前的省名缩写为标识，资料来源见附录。

趣的是，女性结婚年龄与核心家庭存在负相关关系，这是由后者在南部的流行所造成的，但也与个别北部省份有关。为了简单起见，表6.1 没有报告可识别托德家庭类型的四个虚拟变量，但结婚年龄与早婚平等核心家庭存在负相关关系，与集体家庭存在正相关关系。而 20岁以下结婚女性比例与家庭类型的相关系数的符号与上述模式相反。

表 6.1 家庭组织指标相关性

	女性结婚年龄	20 岁以下结婚女性比例	女性独身率	非婚生子率	核心家庭
女性结婚年龄	1				
20 岁以下结婚女性比例	− 0.833 *	1			
女性独身率	0.216	0.073	1		
非婚生子率	0.256 *	− 0.111	0.124	1	
核心家庭	− 0.411 *	0.595 *	0.382 *	− 0.314 *	1

注：*表示在 5%水平下的显著性。

女性独身率只与核心家庭呈正相关关系，而非婚生子率则与女性平均结婚年龄正相关，与核心家庭负相关。此外，女性独身率与集体家庭正相关，与不完全主干家庭负相关。总而言之，核心家庭几乎与所有其他维度相关，即核心家庭与较低的女性结婚年龄、较高的 20 岁以下结婚女性比例、较高的独身率和较低的非婚生子率显著相关。

正如前文揭示的和上一节所预期的那样，基于省级数据，我们发现 EMP 的前提假设值得怀疑。事实上，论及 EMP 的主要特征（女性结婚年龄大、女性独身率高、非婚生子率低），1871 年的意大利各省份均无法同时与之相符。利用 EMP 的特征只能笼统地概括意大利人口和婚姻模式的特殊性，实际上，意大利的家庭具有明显的复杂家庭特征。我们的分析证实了核心家庭的特征能够反映家庭结构的不同方面。

6.3 家庭结构的短期和长期影响

本章的第三部分尝试补充家庭结构对经济社会产生影响的实证文献，主要侧重于衡量和估计历史上的家庭结构和机制对经济、政治和社会发展的持续影响，剖析当代意大利的案例。我们对性别问题特别感兴趣，但并不仅限于此。

已有研究越来越关注 EMP 的长期影响。De Moor 和 Van Zanden（2010）研究了 EMP 对女性在家庭中地位的影响，认为与 EMP 相关的婚姻自主的做法促生了性别平等文化，对女性参与劳动和促进经济发展产生了积极的影响。Foreman-Peck（2011）强调了晚婚对人力资本投资，特别是对女性的影响，而 Voigtländer 和 Voth（2013）研究了 EMP 和黑死病之间的关系，认为黑死病通过改善畜牧业部门女性的就业前景，推动婚姻模式向 EMP 转变。Dennison 和 Ogilvie（2014）关注 EMP 在决定经济成功方面发挥的作用，并质疑因果关系的存在，而 Carmichael 等（2016）的回应是，EMP 通过人力资本的积累强化女性地位，从而抑制了人口增长。从更一般的角度看，Greif（2006）分别研究了家庭结构的持久遗产①问题及复杂家庭与核心家庭之间的二分法，目的是为欧洲家庭模式的起源和与其相关的经济增长激励提供理论解释。Greif 和 Tabellini（2017）研究了中国与欧洲发展模式的差异。

Todd（1990）提出的家庭结构分类也被应用于分析实际问题。Duranton 等（2009）发现，在以平等核心家庭而不是绝对核心家庭为特征的欧洲地区，女性劳动参与水平更低。在 Todd（1985）研究的基础上，Dilli（2016）发现，家庭结构模式，特别是共同居住模式，可以解释不同国家之间民主制度持续存在的差异，长期来看，核心家庭与较高的民主水平有关。Dilli 等（2015）应用了托德的分类，强调其对性别平等的影响。Tur-Prats（2018）在分析西班牙的家庭暴力时采用了托德家庭结构分类方法。Alesina 和 Giuliano（2010，2014）根据从调查数据中获得的主观变量

---

① "家庭结构的持久遗产"指的是家庭结构在历史上的演变和传承。这意味着，一个社会中的家庭结构可能会受到历史上的家庭结构模式的影响，并且这种影响可能会持续很长时间。——译者注

来衡量家庭关系，并且引入了另一种家庭结构分类方法。他们发现，根据 Galasso 和 Profeta（2018）的研究，这个变量与托德的变量一致，较低的女性劳动参与率与女性传统观念较强有关。此外，Galasso 和 Profeta（2018）研究表明，可以利用家庭关系解释养老金制度的差异。

越来越多的文献强调了家庭模式、文化特征及其代际传承之间的联系（Bisin and Verdier, 2000；Guiso et al., 2006）。特别是 Guiso 等（2006）、Fernández 和 Fogli（2009）研究了文化因素与女性表现的相关性，而 Alesina 和 Giuliano（2010）则关注家庭文化特征之一家庭关系强度的作用。

Bertocchi 和 Bozzano（2015）利用意大利的数据实证研究了 1861~1901 年家庭类型对教育的性别差距的影响，在同时考虑经济、制度、宗教和文化等协变量的情况下，他们发现，小学高年级①"女生-男生入学比率"较高与核心家庭居住模式有关。Bertocchi 和 Bozzano（2016）探讨了家庭文化与中世纪商业发展之间的联系，这也与不同性别的人力资本积累有关，并在中世纪商业与晚婚平等主义家庭的扩散间建立了显著的正向联系。Bozzano（2017）研究了家庭文化对当今意大利各省份女性赋权的影响，发现家庭文化（如 20 世纪初的生育模式）的传承对女性赋权具有强大而持久的影响，并与托德的家庭类型有明显的关联。事实上，历史上生育率较高的省份，意味着女性更多地处于从属地位，并负责养育子女。当下，虽然高管职位的性别平等程度仍不高，但对女性的政治表现没有影响。此外，集体家庭与较高的性别平等水平有关，而早婚平等主义核心家庭是性别最不平等的。

本节通过明确新的家庭结构指标与一些社会经济变量之间的重要关

---

① 意大利早期法律规定儿童自 6 岁起接受义务教育，包括 2 年低年级义务小学教育（1877 年后延长至 3 年），及 2 年高年级非义务小学教育。——译者注

联，为家庭结构研究做出新的贡献。虽然基于现有数据进行全面实证分析超出了本章的范围，但我们的目的是通过初步工作来研究家庭结构对意大利统一后第一个十年和当今的影响。

在表 6.2 中，我们通过报告 1871 年和 1881 年家庭结构的五个主要维度与选定指标之间的显著相关性作为总结。变量的定义和来源详见附录。首先，我们研究了代理变量与经济发展之间的关系。这主要源于很多研究结论强调 EMP 对经济发展的积极影响（关于该争论见 Dennison and Ogilvie，2014，2016；Carmichael et al.，2016）。由于无法获得收入或财富数据，我们采用 A'Hearn 和 Vecchi（2011）提供的身高数据作为衡量发展程度和生活水平的指标。不管是 1871 年还是 10 年后的 1881 年，身高都与 20 岁以下结婚女性比例以及核心家庭负相关。其次，我们用 Ciccarelli 和 Fenoaltea（2013）提出的一个指数来衡量工业化与女性独身率的正相关性，且在 1871 年的样本中显著。为了检验与人力资本积累的联系及其性别对应关系，我们收集了每个省份 20 岁及以上的成年人口（MAIC，1872，1883）的识字水平和性别数据。可以用一般识字率和女性－男性识字比来衡量人力资本积累中的性别平等水平。① 我们发现，1871 年和 1881 年，前者与非婚生子率负相关，而后者则与 20 岁以下结婚女性比例负相关。该结果表明，女性处于从属地位这一现象与其早婚有关，这种关系也被一些研究所证实。② 最后，我们在分析中加入了对生育率的衡量，并且计算粗出生率（crude birth rate），即 1000 名居民中的存活子女数（MAIC，1874，1882；MAIC for Rome，1875）。1871 年的粗出生率与女性平

---

① Campa 等（2011）采用了 1911 年识字率性别差距作为测度性别文化的工具变量，证明了性别文化会影响就业的性别差距。

② 在有关性别不平等的文献中，女孩的早婚年龄被广泛认为是衡量女性能动性和社会地位的一个很好的标准。配偶年龄差距和男性结婚年龄提供了额外的信息。根据我们的数据，男性结婚年龄与女性结婚年龄高度相关（70%），而与配偶年龄差距的相关性较弱（30%）。

均结婚年龄负相关，与 20 岁以下结婚女性比例正相关。同样的相关关系也存在于 1881 年，且 1881 年的粗出生率与核心家庭也存在正相关关系。[①]

表 6.2　家庭组的短期和中期影响

	1871 年					1881 年				
	身高	工业化	识字率	女性-男性识字比	粗出生率	身高	工业化	识字率	女性-男性识字比	粗出生率
女性结婚年龄					−					−
20 岁以下结婚女性比例	−			−	+	−			−	+
女性独身率		+								
非婚生子率			−						−	
核心家庭	−					−				+

注：只显示了在 5% 水平下的显著性指标，资料来源见附录。

　　总的来说，结果表明，EMP 的不同特征与经济发展、人力资本积累及女性赋权的相关性很弱。首先，根据数据，EMP 的不同特征与身高不存在相关关系。此外，至少直到 1871 年，较高的女性平均结婚年龄并不像早先研究（Foreman-Peck，2011）所认为的与较高识字率所反映的教育程度有关。此外，如果用识字率中的女性-男性识字比作为衡量教育机会中的性别平等水平的指标，能够发现 EMP 的假设甚至与女性赋权无关（De Moor and Van Zanden，2010；Carmichael et al.，2016）。生育率与女性结婚年龄成反比，这一结果与预期相符，因为年轻女性生育能力往往更强；与预期相反

[①]　家庭类型中身高水平与有早婚平等主义核心家庭负相关，与不完全主干家庭正相关。识字率与早婚平等主义核心家庭负相关，与晚婚的平等主义核心家庭正相关。女性-男性的识字比与早婚平等主义核心家庭负相关。1871 年的粗出生率与不完全主干家庭正相关，与集体家庭负相关，而 1881 年的同一变量则与早婚平等主义核心家庭正相关，与集体家庭负相关。为简洁起见，表 6.2 中没有报告这些相关关系。

的是，生育率与 EMP 的其他两个特征不相关。总而言之，这些发现使人怀疑 EMP 分类在解释整个意大利的人口现实方面的效力，因为高度差异化的历史和地理因素决定了意大利人口具有高度异质性。

其次，利用 2001 年的数据展开分析，主要通过观察家庭结构涉及的各个维度与 2001 年经济发展、劳动力市场性别表现、教育和生育率等指标之间的长期相关性来进行实证检验。值得注意的是，不同于研究 1871 年和 1881 年的情况，研究当下的问题，必须选择与当代意大利真正相关的指标。例如，将身高和识字率作为收入和学校成绩的代理变量，表 6.3 汇总了分析结果。[①] 首先，为了检验家庭结构的各个维度与 2001 年经济发展水平之间的潜在长期关系，我们用各省份的人均收入（Istituto Guglielmo Tagliacarne，2011）来衡量发展水平，发现各省份的人均收入与 20 岁以下结婚女性比例、核心家庭分别呈负相关关系。

再次，纳入反映劳动力市场中性别平等水平的变量，特别是劳动参与率和高层管理职位中的女性-男性比（ISTAT，2009）。这两个变量取值范围都是 0~1，变量数值越大，说明性别平等程度越高。结果表明，劳动参与率与女性平均结婚年龄正相关，与 20 岁以下结婚女性比例和核心家庭负相关。同样，以经济地位衡量的领导层中的性别平等程度（高层管理职位中的女性-男性比）提升时，女性平均结婚年龄和非婚生子率均提升，而早婚比例则下降。

最后，再次探讨人力资本积累的测量指标，这个指标也是从性别层面进行定义的。我们选取了两个变量，第一个变量是女性-男性中等教育比（secondary attainment ratio），即 19 岁以上人口中拥有高中及以上学历的女性与男性的比。第二个变量与第一个变量类似，是从高等教育层面定义

---

① 关于本章研究中包括的变量来源和进一步的细节分析，请参考附录。

的，即女性-男性高等教育比（tertiary attainment ratio），用拥有大学及以上学历的人数占 19 岁以上人口的比例来衡量（ISTAT，2009）。我们发现前者与任何家庭结构维度之间都不存在相关性，而后者与女性结婚年龄和非婚生子率正相关。

表 6.3　家庭结构的长期影响

	收入	女性-男性劳动力参与比	女性-男性领导层比	女性-男性中等教育比	女性-男性高等教育比	生育率
2001						
女性结婚年龄		+	+		+	
20 岁以下结婚女性比例	−		−			+
女性独身率						
非婚生子率			+		+	
核心家庭	−		−			+

注：只显示了在 5% 水平下的显著性指标，资料来源见附录。

我们将生育率指标作为最后一个指标，用 2001 年每个女性生育子女的数量衡量（ISTAT，2009），可以发现，生育率与 20 岁以下结婚女性比例、女性独身率和核心家庭呈正相关关系。与 19 世纪的情况一样，核心家庭再次成为影响社会经济发展的重要因素。

总而言之，与 Bozzano（2017）提出的证据一致，我们对意大利各省份历史上主流的婚姻模式进行研究后发现，这些婚姻模式产生长期影响与促进性别平等的文化规范的传承息息相关。事实上，性别角色是由历史决定的，可能通过文化的代际传承使当今女性产生路径依赖，并与历史遗产和传统有关（Bisin and Verdier，2000；Guiso et al.，2006）。总体看，历史上女性早婚的地区，尤其是 20 岁之前结婚比例较大的区域，女性至今仍在劳动力市场、经济地位和受教育程度等方面处于劣势，这往往与性别不平等程度较高高度相关。

6.4 结论

经济学家、历史学家、社会学家和人类学家一致认为，对整个意大利家庭结构的分析最好置于区域或省份的维度中，如 Viazzo（2003）认为区域或省份维度分析法也适用于南欧其他地区。之前的实证分析都是基于特定区域和案例进行研究，本章首次利用省级层面数据，从女性结婚年龄、女性独身率和非婚生子率三个维度分析家庭结构。我们主要利用 1871 年意大利各省份数据，量化分析了普遍存在的地域多样性，从而证实了之前基于地方数据的设想。最后，本章还说明了基于省级数据呈现的家庭结构特征与一系列社会经济指标之间具有显著相关性，这些指标包括经济发展、人力资本积累、性别差异和生育率等，同时参考了意大利统一后的十年和当今的数据。

后续研究至少可以在三个相互关联的方向上展开。第一，全面实证分析家庭结构的影响，并考虑其他相关因素和反向因果关系对结果的影响。第二，虽然数据证实了意大利各省份家庭模式存在多样性，但导致其多样性的经济、文化和制度因素还未得到深入和系统的研究与证实。第三，从 19 世纪统一到今天，意大利家庭结构的演变及其最近趋于较弱异质性模式现象的也需进一步探讨。

致谢： 感谢三位审稿人的意见和建议。衷心感谢摩德纳银行（Fondazione Cassa Risparmio di Modena）和意大利大学部的慷慨资助。

附　录

附表 6.1　描述性统计

变量	观测值	平均值	标准差	最小值	最大值
女性平均结婚年龄	69	24.694	0.989	22.112(吉尔琴蒂)	27.769(阿斯科利 - 皮诺切)
20 岁以下结婚女性比例	69	14.934	7.668	2.765(马切拉塔)	40.032(吉尔琴蒂)
50 岁以上女性独身率	69	10.982	3.044	4.28(罗维戈)	17.41(那不勒斯)
非婚生子率	69	7.183	3.85	1.5(特雷维索)	17.6(佩萨罗 - 乌尔比诺)
核心家庭	69	0.536	0.502	0	1
早婚平等主义核心家庭	69	0.304	0.464	0	1
晚婚平等主义核心家庭	69	0.232	0.425	0	1
不完整主干家族	69	0.130	0.339	0	1
集体家庭	69	0.333	0.475	0	1

变量描述

（A）家庭结构数据

女性平均结婚年龄。我们从 MAIC（1872：Vol. 2）收集 1871 年结婚的所有女性的年龄数据。按年龄组提供的数据如下：20 岁以下、20~24 岁、25~29 岁、30~44 岁、45~59 岁和 60 岁及以上。

20 岁以下结婚女性比例：计算 20 岁以下结婚女性占 1871 年结婚总人数的比例。数据来自 MAIC（1872：Vol. 2）。

女性独身率（50 岁以上）：1871 年人口普查提供了按性别和年龄划分的人口婚姻状况的详细信息。对于每个省份，我们收集了按年龄划分的婚姻状况数据，并将指标设置为 50 岁以上独身女性人数与同一年龄段女性总人数之比。资料来源于 MAIC（1872：Vol. 2）。

非婚生子率：该指标根据 1871 年的人口出生统计数据计算（1872，Vol. 2）。出生数据分为合法的和非合法的（弃婴）两类。计算非婚生子女率时将非婚生子女和弃婴都考虑在内，即两类的年总出生数。罗马（Comarca）的数据来源于 1872 年（MAIC，1875）。

核心家庭：我们定义了一个虚拟变量，如果该省份以核心家庭为主，则取值为 1；如果以复杂家庭为主，则取值为 0。资料来源于 Todd（1990）。

家庭类型：该指标来自 Bertocchi 和 Bozzano（2015），他们根据 Hajnal（1982）、Barbagli（1987）和 Del Panta 等（1996）的观点，将意大利特定的区域差异按 Todd（1990）的分类法进行整理。各省份根据一组 4 个虚拟变量进行编码，每个家庭类型为一个，即晚婚平等主义核心家庭、不完整主干家庭、集体家庭和早婚平等主义核心家庭。

（B）1871 年和 1881 年数据

身高：由于无法获取关于意大利各省份收入或财富的历史数据，我们采用身高作为代理变量。身高数据参考 20 岁应征入伍者的平均身高，数据来自 A'Hearn 和 Vecchi（2011）。我们采用的是 1871 年和 1881 年的数据。

工业化：省级的工业化数据来自 Ciccarelli 和 Fenoaltea（2013）。该指标是一个省级工业化指数，根据人口普查数据计算，即工业增加值（不包括建筑业）在 15 岁以上男性人口中的份额。我们采用的是 1871 年和 1881 年的数据。

人力资本：我们从人口普查数据（MAIC，1872，1883）中收集了 1871 年和 1881 年 20 岁以上人口的识字率、女性识字率和男性识字率的数据。我们还获得了一个衡量人力资本积累平等性的指标，即 1871 年和 1881 年识字率的女性与男性之比：这个指标在 0（完全不平等）和 1（完全平等）之间，因此代表性别平等程度的数值从小到大递增。

粗出生率：生育率指标是标准化指标。我们收集了各省份 1871 年和 1881 年的总出生率数据，并计算粗出生率，即每 1000 名居民的存活子女数（合法的、非合法的和弃婴）。数据来源于 MAIC（1874，1875，1882）。

（C）2001 年数据

收入：使用 2001 年人均总附加值的自然对数（意大利里拉按不变价格，基准年份：2000 年）。

劳动力市场：采用 Bozzano（2017）构建的两个变量。第一个是指劳动参与的女性与男性比，定义为女性劳动参与率除以男性劳动参与率。第二个是企业高层中的女性-男性比，定义为企业负责人或担任高管女性数量除以担任相同职位的男性数量。这两个变量都是根据 2001 年的人口普查数据得到的，取值在 0（完全不平等）和 1（完全平等）之间，数值递增则说明性别平等程度提高。

教育：采用 Bertocchi 和 Bozzano（2015）构建的变量，他们从人口普查数据（ISTAT，2009）中收集了 2001 年女性和男性的中学和大学学历数据，并计算了女性和男性的比例。两个变量都是按 19 岁以上女性和男性人口加权计算的。第一个变量被定义为至少拥有高中学历的女性与 19 岁以上女性人口的比除以至少拥有高中学历的男性与 19 岁以上男性人口的比。同样，第二个变量是 19 岁以上女性人口中拥有大学学历的女性比除以 19 岁以上男性人口中拥有大学学历的男性的比。

生育率：这个变量衡量的是 15~49 岁女性的平均生育子女数（即去除移民生育率的总和生育率），测度时间为 2001 年（ISTAT，2009）。

参考文献

A'Hearn, B. and Vecchi, G., 2011. *Statu*   In *In ricchezza e in povertà*：*il benessere degli italiani dall'unità a oggie*dited by Vecchi,   , pp. 37−72. Bologna：Il Mulino.

Alesina, A. F. and Giuliano, P., 2010.   he Power of the Family." *J Econ Growth* 15：93−125.

Alesina, A. F. and Giuliano, P., 2014. *F   ily Lies*. In *Handbook of Economic Growth*, vol 2., edited by Aghion, P. and Durlauf, S.,   ). 177−215. Oxford：North Holland.

Banfield, E., 1958. *The Moral Basis of c   ackward Society*. New York：Free.

Barbagli, M., 1987. "Sistemi di Forma;   e della Famiglia in Italia." *Bollettino di Demografia Storica* 2：80−127.

Barbagli, M., 1991. *Three Household Fo   ation Systems in Eighteenth and Nineteenth-Century Italy*. In *The Family in Italy from the   iquity to the Present*, edited by Kertzer, D. and Saller, R. New Haven：New Yale Univer   Press.

Bertocchi, G. and Bozzano, M., 2015.   amily Structure and the Education Gender Gap: Evidence from Italian Provinces." *CESi   con Stud* 61：263−300.

Bertocchi, G. and Bozzano, M., 201   "Women, Medieval Commerce, and the Education Gender Gap." *J Comp Econ* 44：4   -521.

Bisin, A. and Verdier, T., 2000. "F   nd the Melting Pot：Cultural Transmission, Marriage, and the Evolution of Ethnic and R   jious Traits." *Q J Econ* 115：955−988.

Bloch, M., 1949. *Apologie pour l'Histoire ou Métier d'Historien*. Paris：Librairie Armand Colin.

Bozzano, M., 2017. "On the Historical Roots of Women's Empowerment across Italian Provinces：Religion or Family Culture?" *Eur J Polit Econ* 49：24−46.

Campa, P., Casarico, A., and Profeta, P., 2011. "Gender Culture and Gender Gap in Employment." *CESifo Econ Stud* 57（1）：156−182.

Carmichael, S., De Moor, T., and Van Zanden, J. L., 2011. "Introduction." *Hist Fam* 16：309−311.

Carmichael, S. G., De Pleijt, A., Van Zanden, J. L., and De Moor, T., 2016. "The European Marriage Pattern and Its Measurement." *J Econ Hist* 76：196−204.

Ciccarelli, C. and Fenoaltea, S., 2013. "Through the Magnifying Glass：Provincial Aspects of Industrial Growth in Post-Unification Italy." *Econ Hist Rev* 66：57−85.

Curtis, D. R., 2014. *The EMP in Pre-industrial Italy：Some Notes*. Mimeo, Leiden University.

Del Panta, L. , Livi Bacci, M. , Pinto, G. , and Sonnino, E. , 1996. *La Popolazione Italiana dal Medioevo a Oggi*. Rome: Laterza.

De Moor, T. and Van Zanden, J. L. , 2010. "Girl Power: The European Marriage Pattern and Labour Markets in the North Sea Region in the Late Medieval and Early Modern Period. " *The Econ Hist Rev* 63: 1 33.

Dennison, T. and Ogilvie, S. , 2014. "Does the European Marriage Pattern Explain Economic Growth?" *J Econ Hist* 74: 651–693.

Dennison, T. and Ogilvie, S. , 2016. "Institutions, Demography, and Economic Growth. " *J Econ Hist* 76 (1): 205–217.

Dilli, S. , 2016. "Family Systems and the Historical Roots of Global Gaps in Democracy. " *Econ Hist Develop Regions* 31: 82–135.

Dilli, S. , Rijpma, A. , and Carmichael, S. , 2015. "Achieving Gender Equality: Development versus Historical Legacies. " *CESifo Econ Stud* 61: 301–334.

DIRSTAT, 1877. *Popolazione. Movimento dello Stato Civile. Anno 1875*. Rome: Tipografia Cenniniana.

Duranton, G. , Rodriguez-Pose, A. , and Sandall, R. , 2009. "Family Types and the Persistence of Regional Disparities in Europe. " *Econ Geogr* 85: 23–47.

Fernández, R. and Fogli, A. , 2009. "Culture: An Empirical Investigation of Beliefs, Work, and Fertility. " *Am Econ J Macroecon* 1 (1): 146–177.

Foreman-Peck, J. , 2011. "The Western European Marriage Pattern and Economic Development. " *Explor Econ Hist* 48 (2): 292–309.

Galasso, V. and Profeta, P. , 2018. "When the State Mirrors the Family: The Design of Pension Systems. " *J Eur Econ Assoc* 16: 1712–1763.

Greif, A. , 2006. "Family Structure, Institutions, and Growth: The Origins and Implications of Western Corporations. " *Am Econ Rev* 96 (2): 308–312.

Greif, A. and Tabellini, G. , 2017. "The Clan and the Corporation: Sustaining Cooperation in China and Europe. " *J Comp Econ* 45: 1–35.

Guiso, L. , Sapienza, P. , and Zingales, L. , 2006. "Does Culture Affect Economic Outcomes?" *J Econ Perspect* 20: 23–48.

Hajnal, J. , 1965. *European Marriage Patterns in Perspective*. In *Population in HistoryEssays in Historical Demography*, edited by Glass, D. V. and Eversley, D. E. C. , pp 101–143. London: Edward Arnold.

Hajnal, J. , 1982. "Two Kinds of Preindustrial Household Formation System. " *Popul Dev Rev* 8: 449–494.

Herlihy, D. and Klapisch-Zuber, C. , 1978. *Les Toscans et Leurs Familles. Une Etude du Catasto Florentin de 1427*. Paris：Editions de l'Ecole des Hautes Etudes en Sciences Sociales.

ISTAT, 2009. *Atlante Statistico dei Comuni. Settore Ambiente e Territorio*, Rome：Istituto Nazionale di Statistica.

Istituto Guglielmo Tagliacarne, 2011. *Reddito e Occupazione nelle Province Italiane dal 1861 ad Oggi*. Rome：Istituto Guglielmo Tagliacarne.

Kertzer, D. and Brettell, C., 1987. "Advances in Italian and Iberian Family History." *J Fam Hist* 12：87-120.

Kertzer, D. and Hogan, D., 1991. "Reflections on the European Marriage Pattern：Sharecropping and Proletarianisation in Casalecchio, Italy, 1861-1921." *J Fam Hist* 16：31-45.

Laslett, P., 1977. *Family Life and Illicit Love in Earlier Generations*. Cambridge：Cambridge University Press.

Laslett, P., 1983. *Family and Household as Work Group and Kin Group：Areas of Traditional Europe Compared*. In *Family forms in historic Europe* edited by Wall, R. and Robin, J., pp. 513-563. Cambridge：Cambridge University Press.

Laslett, P. and Wall, R., 1972. *Household and Family in Past Time*. Cambridge：Cambridge University Press.

Livi Bacci, M., 1980. *Donna, Fecondità e Figli*. Bologna：Il Mulino.

MAIC, 1872. *Censimento della Popolazione del Regno d'Italia al 31 Dicembre 1871*. Rome：Stamperia Reale.

MAIC, 1874. *Statistica del Regno d'Italia. Popolazione. Movimento dello Stato Civile nell'Anno* (2) Florence：Stamperia Reale.

MAIC, 1875. *Statistica del Regno d'Italia. Popolazione. Movimento dello Stato Civile nell'Anno* (3) Rome：Stamperia Reale.

MAIC, 1882. *Statistica del Regno d'Italia. Popolazione. Movimento dello Stato Civile. Anno XX-1881*. Rome：Tipografia Bodoniana.

MAIC, 1883. *Censimento della Popolazione del Regno d'Italia al 31 Dicembre 1881*. Rome：Tipografia Bodoniana.

Malthus, T. R., 1798. *An Essay on the Principle of Population*. London：J Johnson.

Silverman, S. F., 1968. "Agricultural Organization, Social Structure, and Values in Italy：Amoral Familism Reconsidered." *Am Anthropol* 70：1-20.

Silverman, S. F., 1975. *Three Bells of Civilization：The Life of an Italian Hill Town*. New York：Columbia University Press.

Todd, E., 1984. *L'Enfance du Monde, Structures Familiales et Developpement*. Paris：

Seuil.

Todd, E. , 1985. *The Explanation of Ideology：Family Structures and Social System.* Oxford：Basil Blackwell.

Todd, E. , 1990. *L'Invention de l'Europe.* Paris：Seuil.

Tur-Prats, A. , 2018. "Family Types and Intimate-Partner Violence：A Historical Perspective." *Rev Econ Stat.* (forthcoming)

Viazzo, P. P. , 2003. "What's So Special about the Mediterranean? Thirty Years of Research on Household and Family in Italy." *Continuity Change* 18：111–137.

Voigtländer, N. and Voth, H-J. , 2013. "How the West 'Invented' Fertility Restriction." *Am Econ Rev* 103：2227–2264.

7 性别关系和经济发展：欧亚大陆命运逆转假说

亚历山德拉·M. 德·普雷特

（Alexandra M.de Pleijt）

扬·卢滕·范赞登（Jan Luiten van Zanden）

萨拉·卡米歇尔（Sarah Carmichael）

摘　要： 本章针对欧亚大陆的性别关系、家庭制度和经济发展的联系提出了一套相互关联的假说。第一，综述近期文献中关于性别关系和经济发展之间联系的一些观点。第二，提出通过对历史家庭制度进行分类和测度从而构建一个具有历史意义的性别关系测量方法，并建立一套有关婚姻、继承和家庭形成的制度图谱，以探讨女性的微观能动性（agency）。第三，探讨了关于欧亚家庭制度和性别关系模式起源的相关说法，即它们是一万年前新石器时代革命后农业技术推广和国家形成过程的副产品。第四，将家庭制度和女性发挥能动性的模式与 1500 年以后的经济增长联系起来。我们通过实证分析证明了 1800~2000 年女性较高的能动性与人均 GDP 之间存在相关性。1000~2000 年，欧亚大陆发生了"命运逆转"，即中东、印度和中国这些古代文明高度发达的地区和国家及与之相应的城市化中心一度被大陆边缘地区（西欧、日本、韩国）所取代。在我们看来，这可能与性别关系和家庭制度的空间分布模式有关。

关键词： 性别关系　经济发展　欧亚大陆

7.1　引言

本章回应了经济学和经济史领域关于世界经济长期发展道路决定因素的一些争论。新制度经济学（New Institutional Economics，NIE）为这些争论注入了活力，它将政体作为"博弈"的"终极"来源，并认为代议制机构对掌权者的制约是经济发展的必要条件（North，1981；Acemoglu and Robinson，2012）。在本章中，我们认为，微观层面上男女之间的权力失衡可能同样重要。本章的灵感来源于阿马蒂亚·森（Sen，1999），他认为能动性，尤其是女性能动性，是经济发展的一个重要决定因素。

要将此假设作为对"大分流"（Great Divergence）或"命运逆转"（Reversal of Fortune）（或经济史上类似的大争论）的解释，首先需要合理地量化女性能动性。大多数性别不平等指数都聚焦"结果"（outcome）变量，如两性工资差距或议会中女性占比，需要关注的是，这些变量会随时间的推移而变化，并受经济和社会政治变迁的影响。在本章中，我们提出了一种可替代方案，主要讨论家户和家庭的运作规则，尤其侧重于讨论女性在家庭中的能动性。基于 Murdock（1969）和 Todd（1985，1987）的研究，本章构建了一个数据库，从五个维度估计女性在家庭中的地位，从而在微观层面上量化女性能动性。这些数据基本上符合工业化和城市化之前的情况，但其空间分布模式却源远流长。Todd（2011）认为欧亚大陆的父权家庭制度是约一万年前新石器时代革命后古代国家形成的副产品。此外，本章研究还表明，在欧亚大陆的部分地区，家庭制度在 1500~1900 年并未发生实质性变化。本章的最后部分使用定量数据实证分析了女性能动性如何影响了 1500~2000 年欧亚大陆的经济增长。

本章的研究成果有助于厘清几个争论。首先是关于长期经济增长驱动力的争论。研究结果表明，1500~2000 年发生在欧亚大陆的"命运逆转"不仅与殖民制度有关（见 Acemoglu et al.，2002），而且与新石器时代革命后古代国家形成时产生的等级制度的长期影响有关（Olsson and Paik，2013，2015）。除此之外，性别因素也对长期经济增长产生影响，1500 年以后的经济增长主要发生在那些女性地位较高的地区，尤其是欧亚大陆。微观层面的两性平衡关系可能与国家层面的权力更"平等"相关（如托德 1985 年和 1987 年提出），但我们也认为可以找到更直接的方式——如通过人力资本形成——将女性赋能与经济变迁联系起来（见下节讨论）。

第二个相关争论是有关家庭制度的起源和持续性问题。我们有理由相信，家庭制度的空间分布模式可以追溯到数千年前。此外，它还受移民迁徙、文化变迁、经济发展和宗教兴衰的影响，尽管如此，家庭结构仍具有持续的一致性。考古学和历史证据表明，在欧亚大陆的核心地区，父权家庭制度在农业兴起和高度不平等的等级制度产生后不久就出现了。我们检验了该假设，并发现了一些支持假设成立的证据，但该证据不涉及家庭制度究竟是起源于犁的使用（Alesina et al.，2013），还是农业的兴起及两性之间显著的劳动分工（Hansen et al.，2015），或者是等级制度的出现（Olsson and Paik，2013）。该争议的话题主要指在新石器时代革命最初发生的中心地区（中东、印度北部和中国）存在父权家庭制度，这可能并非巧合，它对一些地区的影响至今仍较大。

本章研究的区域是欧亚大陆，不包括撒哈拉以南非洲、美洲和澳大利亚。归根结底，由于国家的形成和两性关系的变化，世界自新石器时代革命以来经历了漫长的发展才有了如今的格局。非洲农业的发展历程完全不同于其他地区，它未经历与欧亚大陆相似的城市化和国家形成过程（因此在我们看来，两性关系也未有实质性改变）。同样，巴布亚新几内亚农业的独立也未对社会发展产生长期影响，所以本章的讨论范围不包括爪哇以东的社会。某种程度上，欧亚大陆是作为一个综合体发展起来的，有一个特定的中心（从黎凡特地区到中国的长江三角洲区域）和外围。本章将分析这个区域（包括北非）的动态变化。

本章主要关注 1500 年以后的 GDP 增长，因此基于麦迪逊数据集（Maddison dataset）创建了一个新的数据集（见 Bolt and Van Zanden，2014）。本章的研究对象是 20 世纪 GDP 增长估计数据可得的民族国家。

我们同时在数据集中加入了含有家庭特征的数据，并利用这些数据对印度或中国等国家的女性能动性进行了估计。很显然，平均值往往掩盖了许多地区差异。

7.2 将女性能动性与发展联系起来的假说

当下，在发展研究领域公认的研究成果（受阿玛蒂亚·森启发）认为提高女性能动性有利于经济增长和制度建设（Klasen，2002；Klasen and Lamanna，2009；FAO，2011；Teignier and Cuberes，2014）。世界银行（2011）的报告《性别、平等与发展》总结了相关的研究成果，并认为提高女性的自主权属于"智慧经济学"（smart economics）的范畴。在本章中，我们将能动性定义为可以在特定环境中做出决定并采取行动从而实现预期的能力。2014年，世界银行的另一份报告《声音和能动性——为女性和女孩赋权共享繁荣》强调，尽管男女之间在许多方面差距已经缩小，但仍存在系统性差异，可归结为能动性差异（World Bank，2014、2015）。

长期以来，人们一直认为性别不平等会抑制经济增长和发展（Klasen，2002；Klasen and Lamanna，2009；FAO，2011）。过去20年，发展经济学的一个观点逐渐被大众接受，即女性是经济发展的推动者。这一观点可追溯到埃斯特·博塞拉普（Ester Boserup）1970年的文章。1992年，这一观点得到了世界银行首席经济学家劳伦斯·萨默斯（Lawrence Summers）的进一步支持。他认为，在发展中国家，对女童的教育投资可能是回报率最高的投资类型（Summers，1992）。许多定量研究基于此实证分析了性别不平等与经济增长和发展之间的关系（Klasen，1999；Teignier and Cuberes，2014）。这些研究表明，性别不平等确实不利于经济增长。例如，Teignier和Cuberes（2014）构建了一个模型，在该模型中女性被禁止以各种方式参与劳动，最后发现中东和北非国家的人均收入隐性损失达27%，而欧洲则损失10%。这一研究结果具有显著的经济学意义。

性别不平等除了影响经济增长，还具有其他经济效应。已有研究发现，提高女性地位对很多发展指标都会产生积极影响，如可以提高儿童受教育程度（Currie and Moretti，2003；King et al.，1986；Schultz，1988；Strauss and Thomas，1995）；提升政府治理质量，特别是减少腐败（Dollar et al.，2001）；降低婴儿死亡率（Dollar and Gatti，1999）；提高家庭组织效率（King and Hill，1997）以及降低生育率（Rosenzweig and Schultz，1982）。

遗憾的是，这些观点在关于国家和地区长期发展轨迹的论争中没有发挥重要作用，而这也成为经济学家和经济史学家最近研究的重点。后者的一个主要灵感来源是新制度经济学（NIE）的发展，其中North（1981）、North 等（2009）以及 Acemoglu 和 Robinson（2012）获得的开创性成果功不可没。诺思强调了限制执政者行为的重要性。只有限制行政部门的权力，才能确保公民财产权受到保护，从而为投资提供正向激励。在他看来，制度应该创造一个公平的竞争环境，保证统治者和被统治者之间实现某种权力平衡。这一基本观点在新制度经济学中非常流行。例如，Acemoglu 和 Robinson（2012）就提出了构建"包容性"（inclusive）与"汲取性"（extractive）制度的核心思想。同样地，North 等（2009）认为针对精英阶层实施"法治"治理是构建"开放准入制度"（open access regime）的第一步。在这方面，很多研究者分析了从古至今民主制度对经济发展的重要性（Barro，1996；Rodrik，1999；Przeworski et al.，2000）。

不过，新制度经济学主要关注政治权力，对其他形式的权力，如父权制的关注则稍显不足，而性别不平等在破坏女性的"公平竞争环境"方面效力可能是类似的。性别不平等严重抑制了"半边天"的能动性，使女性无法自由地工作、投资和创新。父权制抑制了女性的财产权和投资动机，如同不受约束的权力可能会抑制（男性）企业家的创新和投资动机一样。例如，女性财产权的不明晰抑制了撒哈拉以南非洲农业生产效率的提高（见 Doepke et al. , 2012）。

因此，本章提出了"诺思性别假说"（gendered North hypothesis），认为从微观层面上对权力拥有者加以限制，包括对家长或父母权力的限制，将为女性（和年轻男性）提供更多的激励，并保障其财产权，从而改善女性决策的结果。这方面的一个特例与贝克尔（Becker）等提出的对后代的投资从"数量"转向"质量"有关（Becker, 1960; Becker and Lewis, 1973; Becker and Tomes, 1976; Schultz, 1961）。数量-质量权衡理论的核心是父母面临时间和金钱的约束，因此必须在子女数量与其可以投入子女身上的时间和资源之间做出选择。如果少生孩子，父母则可以加大对子女的人力资本投资。数量-质量权衡是由女性养育子女的机会成本驱动的，因为她们承担了生养子女的大部分成本。因此，从女性的生产力和时间机会成本的角度考虑，女性受教育水平越高，其生育更多子女的成本也越大（Becker, 1965）。女性在家庭中的议价能力越强，就越能影响家庭决策。贝克尔在性别假说中指出，提高女性的议价能力将促进后代从数量向质量转变，提高下一代人的人力资本积累水平，从而推动经济增长。

第三个假说将女性能动性与民主化和发展进程联系起来。Todd（1985，1987）的许多研究关注家庭制度与政治制度和意识形态之间存在的广泛的全球性差异。他的基本观点是，儿童在家庭中习得的对待权力的方式将对他们长大后在多大程度上使用政治权力产生重要影响。与所有人都有发言权的平等型家庭相比，父权制家庭会向子女传递其他价值观。托德的假设有助于解释为什么某些社会在经济发展过程中经历了平稳的民主转型，而其他地方的转型往往困难重重和不完全。

　　本章将通过研究欧亚大陆自新石器时代革命到当下的发展道路来检验这些观点。我们重点关注女性能动性和经济增长之间的关系，目的是解释1000~2000年欧亚大陆发生的"命运逆转"。贾雷德·戴蒙德（Jared Diamond）在研究新石器时代革命因果的开创性著作《枪炮、病菌与钢铁：人类社会的命运》（*Guns，Germs，and Steel：The Fates of Human Societies*）中讨论了技术变革的累积性和自我强化问题。他探讨了人口最多的欧亚大陆在新石器时代革命后之所以主导了技术变革的主要原因。欧亚大陆是第一个转向定居农业的地区，首先形成了复杂的社会、城市和国家，与撒哈拉以南非洲、美洲和澳大利亚相比，获得了先机。此外，地理分布上的东西走向使整个大陆的沟通更为便利，辅之技术变革的累积性，这些都促使欧亚大陆一度成为世界经济中心（当下，中国崛起、美国技术领先，欧亚大陆正在试图重新成为中心）。

　　有很多证据证实了技术和经济变革存在路径依赖性和累积性（Comin et al.，2010）。1000年，欧亚大陆的核心地区与新石器革命时代的"旧"中心是一致的，这些地区是中东（曾一度繁荣）、中国（宋朝时期是世界上经济最发达的地区）和印度北部（笈多王朝①至莫卧儿帝国②时期）。自古以来，欧亚大陆的经济中心和重要城市主要分布在地中海东岸（包括希腊和埃及）和中国大河流域之间的地带，它们将中东（新月沃土）、印度河流域和黄河流域这三个新石器时代革命的早期中心与长距离贸易（如著名的丝绸之路）联系起来。即使到了1500年（也有人认为是1750

---

①　笈多王朝（Gupta Dynasty，约320-约540），是中世纪统一印度的第一个封建王朝。——译者注

②　莫卧儿帝国（Mughal Empire，1526-1857），是蒙古人帖木儿的后裔巴布尔在印度建立的封建专制王朝。——译者注

年），这也是欧亚经济和城市体系的基本模式。

欧亚大陆用其经济版图证实了贾雷德·戴蒙德的说法：新石器革命时代的中心由于起步较早，到了1000年（也有人说是1500年）也基本保持领先地位。至此，世界经济形势发生了根本性的变化：工业革命不是起源于巴格达或开封，第一个迎头赶上的国家不是位于印度河流域最古老的文明中心哈拉巴（Harappa）[1]，而是日本。正是欧亚大陆的边缘地区，即西北欧和日本，1800年以后开创了工业化时代，完全改写了该大陆的经济版图。目前，除了中东地区的石油生产国，欧亚大陆的"旧"中心国家收入基本低于世界平均水平，而中东地区石油生产国的发展并不能真正归功于技术和制度的内生性优势（Olsson and Paik，2013，2015）。虽然1950年前从西方的埃及和土耳其到东方的中国人均GDP均较低，但中国和印度的追赶正在改写世界经济格局。正如Olsson和Paik（2013）所揭示的那样，1500~2000年欧亚大陆发生了"命运逆转"，欧亚"边缘"地区迅速赶超，而核心地区却停滞不前。这与Acemoglu等（2002）在分析欧洲殖民政策对全球不平等的影响时提出的著名的"命运逆转"一说不同：他们主要探讨的是1500年后欧洲实现扩张的制度性因素。我们则重点关注公元前3500年至元年古代国家形成期间的制度性因素。

为什么欧亚大陆的经济活动中心会一度从埃及和中国之间的中心地带转移到西欧和日本？我们的研究以恩格斯提出的假设为基础，即定居型复杂社会的兴起，特别是约公元前3500年开始的"城市革命"导致了性别关系的根本改变。在新石器时代革命之前，在狩猎-采集社会中，性别关系相对平等，这一假设被近期研究所证实（Hansen et al.，2015）。新石器

---

[1] 哈拉巴（Harappa），位于巴基斯坦旁遮普省，也是发现最早的印度河流域古文明遗址，于1920~1921年被发现。——译者注

时代革命之后，城市、国家和等级社会的发展促进了等级家庭制度的逐渐确立和传播，等级国家结构得以巩固。给予女性更大自主权的家庭制度只在欧亚大陆的边缘地区存在，与新石器时代早期中心和发生"城市革命"的地区相距甚远（Todd，2011）。这是 Olsson 和 Paik（2013，2015）假说的与性别研究有关的版本，他们发现"农业转型的年限与当前收入水平"之间存在较强的负相关关系。他们将其归因于古代社会出现的等级价值观和结构的长期影响，专制国家也由此产生。

在本章中，我们首先通过量化女性在欧亚大陆家庭制度中的地位（或相反，量化父权水平）来检验 Olsson 和 Paik 的假说（以托德和默多克的研究为基础）。对历史家庭制度的重建证实了 Hansen 等（2015）和 Todd（2011）的观点，即在新石器革命时代的中心附近，出现了父权家庭（父权相对较强，女性被赋予较少的能动性），但在离中心更远的地区，家庭制度（正如 19~20 世纪的人类学家所分析的那样）的"女性友好"指数则较高。①

其次，我们重点关注女性能动性和经济增长之间的关系，从而定量分析"小分流"（1500~1800 年）和"大分流"（1820 年和 1913~1950 年）。欧亚家庭制度模式和女性能动性于几千年前的新石器革命时代结束后就已出现，因此可以将它们作为解释 1500 年后经济增长的变量，而不必过于担心存在反向因果关系。回归分析表明，女性能动性和人均 GDP 之间存在显著的相关性，这也证实了女性能动性与 1500 年后的经济发展有关。

---

① 我们应该在此明确指出，当论及女性地位或能动性时，无法用现代的性别平等测度方法（即基于劳动参与率、预期寿命和政治赋权等数据）来解释。我们转向制度测度方法，以反映女性在整个欧亚大陆家庭中的地位。

7.3 衡量家庭中女性的能动性

　　为了研究 1500 年后女性能动性和经济增长之间的联系，需要一个能够测度新石器时代革命后出现的家庭制度中女性能动性的代理变量。在一篇相关的论文《欧洲婚姻模式的民族志解释》（Towards an Ethnographic Understanding of the European Marriage Pattern）中，Carmichael 和 van Zanden（2015）使用民族志资料（默多克数据库和托德的研究成果）对欧亚大陆社会进行了分类，重点关注欧亚大陆社会家庭制度的基础，即五类制度性因素：女性继承、婚后住所（在男方或女方父母家附近居住）、一夫一妻制与多配偶制、内婚制（近亲结婚）、核心家庭与扩展家庭。本章的重点是在更广泛的欧亚大陆视角下探究欧洲婚姻模式，既分析了欧亚大陆女性能动性空间结构分布产生的深刻根源，也分析了它对经济发展的影响。

　　这五个制度性因素中的每一个都有与性别平等和/或女性能动性相关性或强或弱的变量。研究能动性问题涉及三个主要变量，分别是相对权力、资源和规划能力（Kok，2017），本章选择三个制度性因素来分析上述三个变量。首先探讨的是继承制度，不分性别的平等继承使兄弟姐妹处于更平等的地位，从性别视角来看，它比将女性排除在外的父系继承更为重要。平等继承使女性有机会获得资源，这也是能动性的一个不可或缺的组成部分（Agarwal，1997）。[1] 婚后住所，即新婚夫妇的住所，通常涉及三类，即父系的、母系的或新居。前两类，即新婚夫妇在男方或女方父母家附近居住，会使权力失衡，偏向于住得近的男方父母或女方父母。在这种情况下，配偶中的一方不仅会失去朋友和家人的支持，还必须应对与另

---

[1]　尽管女性要求获得一定的财产份额可能取决于其他因素（Agarwal，1997）。

一方家人共同生活的复杂关系（Warner et al.，1986）。而第三类：新居，即夫妻双方离开父母独立居住，更有利于建立平等关系。一夫一妻制是以一对夫妇为中心的制度，而多配偶制尽管也可能发挥积极作用，如多个妻子之间能建立联系，但更多的是不利于性别平等（Tertilt，2006；Bove and Valeggia，2009）。[1] 最后，近亲结婚限制了个体选择未来伴侣的自由。[2] 例如，Carmichael（2011）发现，近亲结婚降低了女性的结婚年龄，增加了配偶间的年龄差距，而这些指标本身就可以反映女性能动性。

表 7.1 "女性友好指数"评分

变量	最低分	中位数	最高分
家庭制度	扩展家庭：0	主干家庭：0.5	核心家庭：1
近亲结婚	族内婚姻：0		族外婚姻：1
夫妻制度	多配偶制：0		一夫一妻：1
婚后住所	住男方家：0	随叔舅居：0.25 随父随母都可：0.5 新居：0.75	住女方家：1
继承制度	父系继承：0	女儿有一定继承权：0.5	子女平等：1 其他母系继承情况：1

注：给扩展家庭和内婚制（族内婚姻）打分比较复杂。因为在某些情况下，生活在这两种家庭中对女性是有益的，因为她们的亲戚就在身边，可以提供一些不时之需。当然也有一种折中方案就是二者各打 0.5 分。但为了简便起见，本章没有采用（或者说这种方案对于欧亚模式的分布情况仅有一些边际效益）。

资料来源：见正文。

---

[1] 关于这些方面如何影响女性地位的详细讨论，见 Kok（2017）与 Carmichael 和 Van Zanden（2015）。

[2] Weinreb（2008）对近亲结婚与出生缺陷和免疫力下降关系的讨论尽管已成定论，但近亲结婚在婚姻市场上仍是一个有诱惑力的选择。他的结论是，有效的解释之一是在女性能动性有限的情况下，族内婚姻可以使她们掌控家庭关系，与族外婚姻相比，她们反而得到了一定程度的能动性。Leach（1951）详细描述了包办婚姻的组织性，如近亲婚姻；这类婚姻几乎总是由一群男性家长决定谁该嫁给谁，而不是由个体选择其伴侣。

为了将不同的实证研究结合起来，本章用一个指标来测度家庭特征。具体而言，我们首先构建了一个简单的指数对家庭制度涉及的五个维度进行赋分（见表7.1）。该指数对家庭制度的五个维度都进行赋分，因此也是一种对社会进行分类的简单方法。具体而言，一夫一妻制社会1分，多配偶制社会0分。同时，对女性继承、族外婚姻、母系继承和家庭制度等利用同样的方法赋分（Carmichael and Van Zanden，2015）。随后，应用因子分析法探讨这些变量是否在单潜变量上载荷，并提供了测算女性能动性五维度的加权情况。[①] 每个变量的因子载荷如表7.2所示。似乎有一个潜在因素作用于女性能动性的五个维度，而且它们高度相关。同时，潜变量反映了五个维度的共同点，可以作为测度女性赋权的代理变量。

表 7.2　因子载荷

变量	载荷量
家庭制度	0.819
近亲结婚	0.357
夫妻制度	0.482
婚后住所	0.642
继承制度	0.440

构建女性友好指数所使用原始数据来源如下：最重要的是默多克的《民族志地图》（*Ethnographic Atlas*）（1969）（1962~1980年陆续在《人种学》杂志上发表，1969年汇编成书），提供了1267个社会的各类特征

---

① 我们还用一个简单指数"女性友好指数"对欧亚大陆家庭制度的稳健性进行了检验。分值为0~5分，得分越高，说明这个国家的制度越有助于激发女性能动性。使用这个简单版本的女性友好指数对其他国家进行测度可以得到相似的结果（数据备索）。

数据。每一个案例中的数据都反映了民族志学家对社会最早的观察（一些经济学家因此将这些数据界定为前工业化时代的数据）。Jutta Bolt 基于《世界民族地图集》（*Atlas Narodov Mira*）（Bolt，2012）的数据将指标转化为国家层面的指标，Rijpma 和 Carmichael（2016）对其进行了进一步的修正。本章使用的数据集主要来自默多克数据集，并在比较他与 Todd（1985，1987）的分类后进行了修正。①

结果表明，女性友好指数（FFI）得分在 −1.11～2.43 之间波动。一个国家的制度越有利于提升女性能动性，该指数就越高。FFI 如图 7.1 所示，从图 7.1 中可以看出，哈伊纳尔线（Hajnal line）以西的欧洲 FFI 明显较高，东南亚地区也具有较高的 FFI。Carmichael 和 Van Zanden（2015）用定性方法证实了该模式的存在。更进一步研究表明欧亚大陆的其他边缘地区，如斯里兰卡、日本、蒙古国和印度南部，婚姻制度也对女性能动性产生了影响。在欧洲，除了罗马尼亚和希腊外，其他国家的模式与哈伊纳尔线以西非常相似，波兰、捷克共和国和奥地利处于中位数水平，而英国、荷兰、意大利和西班牙 FFI 最高。

Gruber 和 Szołtyzek（2015）构建了一个类似于 FFI 的"父权指数"（Patriarchy Index，PI），他们同样关注女性能动性，但关注点和研究方法与我们截然不同。具体而言，他们基于人口行为的大型微观数据构建了涵盖结婚率、结婚年龄、居住方式、婚后居所等家庭行为、家庭内部权力关系、长者地位以及后代性别等 14 个方面的指标。然而，由于其研究数据只覆盖 12 个国家，因此不能进行与我们类似的回归分

---

① 做出这些修正是因为两个数据集具有各自的比较优势。默多克的数据收录了非洲和亚洲部分地区的大量数据，而托德的数据则记录了欧洲的详细数据。Rijpma 和 Carmichael（2016）进行了检验并分析了数据来源，从而构建了一个关于婚姻制度（内婚制、外婚制）、家庭制度、继承的平等制度（与性别无关）的混合数据集。

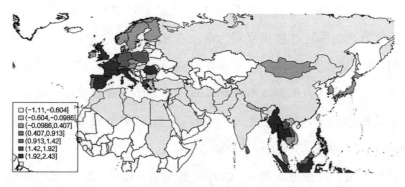

图 7.1　欧亚大陆的 FFI 地图

注：根据因子分析的结果，深色表示的是实行女性友好家庭制度的国家。
白色表示的是该地区/国家数据缺失。

资料来源：见正文。

析，但仍得到了与我们重建 FFI 相似的结论，即父权具有自西向东梯度
分布的特点。他们测度的国家层面的 PI 平均值与我们所构建的 FFI 密
切相关，但明显呈负相关关系（$R^2 = 0.53$）。本章还检验了 FFI 与当今
的性别不平等之间的相关性，即使用 Dilli 等（2018）和 Carmichael 等
（2014）开发的历史性别平等指数（Historical Gender Index）进行检验，
在预期寿命、劳动参与率、婴儿死亡率、教育程度、结婚年龄和政治
参与等方面呈现了明显的性别差异。可以发现，FFI 与当代的性别不平
等相关，但是相关性并不强（$R^2 = 0.33$）。例如，虽然瑞典当前的性别
平等水平世界领先，但其 FFI 并不高。2000 年，一个常用的反映女性
社会地位（以价值观和行为方式表征）的指数是女性劳动参与率。此
外，我们还发现女性能动性与女性赋权之间存在显著的正相关关系
（见图 7.2）。

　　从图 7.2 中可以看出，异常值（给定 FFI 情况下，女性劳动参与率高
于预期）来自欧亚大陆边缘的国家（中国除外）。例如，尼泊尔多山的地

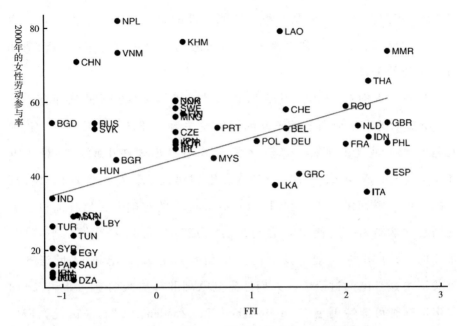

图 7.2　2000 年 FFI 和女性劳动参与率之间的相关性

资料来源：女性劳动参与率数据来自 Alesina 等（2013）；FFI 见正文。

理环境将其与欧亚大陆其他国家隔离开来，因此发展情况别具一格。越南、柬埔寨、老挝、缅甸和泰国均处于欧亚大陆外围，却都有较高的女性劳动参与率。

7.4　女性能动性的欧亚模式演变

　　综上，本章基于默多克和托德的数据测度家庭内的女性能动性，反映了 19 世纪晚期到 20 世纪急剧变化之前的社会状况，实际情况说明社会变化与女性能动性密切相关。这表明该模式并未因时而废，而是持续存在。本节旨在讨论这一模式的演变，实际上它源远流长，甚至可以追溯到一万年前新石器革命时代。我们分两步展开分析，首先回顾 1500 年前后关于家庭制度和女性能动性的研究，以确定当时是否存在类似的模式；其次，研究新石器革命的起源和扩散与家庭结构空间分布之间的关系。

当下，人们对 1500 年前后的家庭模式了解多少？就欧洲而言，图 7.1 所显示的区域分布与关于欧洲婚姻模式起源研究的结果相符，正如其他区域所呈现的那样，欧洲婚姻模式最早出现在中世纪晚期（De Moor and Van Zanden，2010）。在欧洲婚姻模式下，女性具有相对较高的能动性，婚姻建立在"共识"（consensus）的基础上，只有征得女方的同意才能结婚，这使得女方与男方（或其父母）的地位是平等的。重要的是，EMP 还有更深层次的历史渊源，在 12 世纪和 13 世纪神学家关于婚姻基础的讨论中，人们注意到欧洲北部更倾向于"共识"，而在南部这种可能性更小（De Moor and Van Zanden，2010）。因此，EMP 出现在欧亚大陆边缘地区的西北欧而不是地中海。一些逸闻轶事还在口口相传，比如在十字军东征期间来到圣地的法兰克人的婚姻习俗与当地人（通常是穆斯林）截然不同。后者对法兰克男女之间的自由交往以及女性在社会上拥有独立地位倍感惊讶，这表明西欧和中东在中世纪盛时的价值观念[①]已存在巨大差异（Lewis，1982：285-287）。目前关于中东地区女性地位的历史演变存在较大的争议，主要探讨其形成弱势地位的原因。

再看东方，1500 年之前的日本几乎未受大陆国家形成进程和等级制度的影响。中国最初记录显示日本男女平等且文明程度较低（Silva-Grondin，2010）。值得注意的是，有人认为镰仓时代（1185~1333）前的日本应被视为母系社会（Lebra et al.，1976）。这种情况在 14 世纪后逐渐改变，但即使

---

① 中世纪盛时（High Middle Ages）是欧洲历史上 1000~1300 年的一段较为和平的时期。——译者注

在德川时期，日本女性在家庭中的地位也相对强势，如果她们愿意留在父母身边侍奉，甚至可以拒婚（Sugano，2003：187-188）。

因此，我们似乎可以确认在欧亚大陆两端女性具有特殊地位。探究欧亚大陆性别不平等的空间分布模式出现的时间及其成因的另一种方法是进行历史和考古学研究，资料显示古代社会女性地位在逐渐减弱。Wright（2007）在分析公元前6000年至前2000年美索不达米亚第一批城市的社会性别关系演变时，证实了这样一个假设：城市社会4000年的发展催生了父权制，而女性地位在国家形成的过程中逐渐被削弱。最新对古代文明的比较分析提供了不平等的证据：

> 在早期文明中……不平等被视为一种正常情况，不公正被视为个人的不幸……差别化的权力结构普遍存在。每个孩子一出生就被框定在按国家需要所划分的等级制家庭中，并经由家庭走向社会。子女从属于父母，妻子不同程度地从属于丈夫，这些都不容置疑……年轻人应该尊重长者，特别是男性长者。"父亲"、"国王"和"神"往往是权力的同义词和隐喻……如果有人意识到早期文明中有平等的社会组织存在的话，那它们通常也是微不足道且备受轻视的。（Trigger，2003：142）

这两项研究都表明，城市化和国家形成对女性地位的变化影响巨大。这是关于新石器革命长期影响的更广泛讨论的一部分。鉴于狩猎采集社会具有相对平等的性别关系，各类研究成果主要可归纳出三个机制。① 农业

---

① Dyble等（2015）将在狩猎采集者之间实现的性别平等视为一种适应性策略，他们的目标是最大限度地进行合作，并认为这是"从黑猩猩和倭黑猩猩建立的典型雄性等级制度向雌性的回归（philopatry）"。

的扩散很可能导致两性之间的劳动分工发生了根本性变化：男性养家糊口，女性则繁衍后代（Hansen et al.，2015）。此外，正如 Boserup（1970）所说的那样，犁的普及推动了男女之间专业化分工的进一步深入，导致两性之间不平等加剧。Alesina 等（2013）对 Boserup（1970）的假说进行了细致的检验，发现早期犁的使用与当时对女性的态度，尤其是女性劳动参与率之间有很强的相关性。新石器革命影响女性地位的第二个机制是：随着革命的蔓延，城市和国家中出现了形式复杂的社会不平等，这对女性地位影响深远（Trigger，2003）。将两者联系起来的第三个机制是：不符合新建国家的意识形态的个人或团体逐渐被驱逐，就新石器革命而言，这意味着不接受专制体制的个人主义者将离开中心迁居到边缘地区（Olsson and Paik，2015）。

家庭组织形成之初是对女性友好的，随着私有财产的出现，以男性为中心的制度形成，女性地位逐渐被取代，这一观点可以追溯到摩根和恩格斯的著作（Morgan，1877/2013；Engels，1884/2010）。人类学家 Todd（2011）在其最新的对欧亚大陆家庭制度长期发展的分析中进一步证实了这种观点。他指出，父权家庭制度在地理上集中于欧亚大陆的中心地带，而在其边缘地区，如西欧、斯里兰卡、日本、蒙古国和东南亚国家，存在着对女性更友好的家庭制度。托德认为国家产生之后，父系等级制度也随之产生，从根本上打破了早期狩猎采集者核心家庭中男女之间原有的权力平衡。父系、集体家庭制度很适合四处征伐的帝国，但新石器时代革命之后早期国家的形成却催生出了限制女性能动性的家庭制度。只有在欧亚大陆的边缘地区，即远离新石器革命中心的地方，女性友好型家庭制度才得以存续下来。

Olsson 和 Paik（2013，2015）对同时代价值体系的空间结构进行了类似的分析，他们发现"农业转型年限与同时代收入水平"之间存在显著的负相关关系。他们认为之所以存在这种关系主要受古代社会的等级价值观和空间结构的长期影响，专制国家即基于这些价值观和结构而诞生。简言之，历史和考古资料以及人类学证据表明，新石器革命后古代国家的形成和抑制女性能动性的家庭制度的出现之间存在着某种联系。

我们提出了两种方法来检验关于女性能动性的欧亚模式起源的假说（Hansen et al.，2015）。首先，确定这些国家的首都与新石器革命三个中心的距离，即与中东、印度河流域和黄河流域的距离。其次，基于现有的文献从地理学角度选择三个城市代表这三个地区向农业的过渡，包括伊拉克的摩苏尔、巴基斯坦的哈拉巴和中国的西安。我们假设，一个国家离最近的中心越远，家庭制度对女性越友好。我们利用55个国家的数据进行了证明（见图 7.3）。

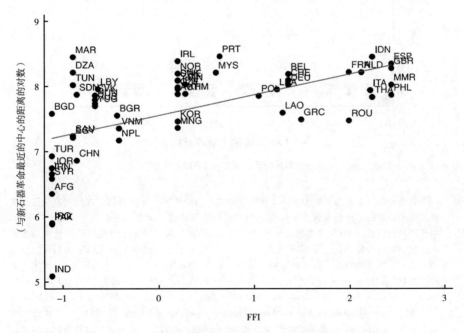

图 7.3　与新石器革命最近的中心的距离与 FFI 的相关性

资料来源：见正文。

虽然相关性并不显著，但可以发现，FFI 最低的国家都分布在与新石器革命最近的中心 1000 公里以内的地区。如上所述，另一个将新石器革命和 FFI 联系起来的机制是古代国家的形成及其对等级结构的影响。图 7.4 展示了 FFI 与国家古老程度之间的关系[①]，均显示具有相似的强相关关系。采用因子分析法分析的结果显示，越晚形成的国家其 FFI 越高，这表明晚近形成的国家从家庭层面来说更注重性别平等。

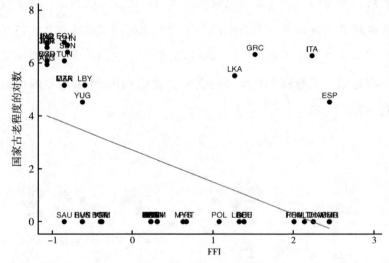

图 7.4　FFI 与国家古老程度的相关性

资料来源：国家古老程度指数，见正文；FFI，见正文。

---

① 这个指数衡量了新石器革命和公元 1 年之间国家形成的情况。众所周知，古代国家最先出现在美索不达米亚，随后是埃及、印度北部和中国北部，然后逐渐扩散到邻近地区。GeaCron 制作的 "公元前 3000 年以来的世界历史图集和时间轴" 展示了每个世纪这些古代国家边界的变化。我们为每个在公元 3000 年前至公元 1 年其领土上已经存在古代国家的当代国家重建了其古代国家的情况，并在此基础上采用与 Putterman 和 Bockstette（3.1 版本）"国家古老程度指数" 相同的方法构建了一个 "古代国家指数"，该指数涵盖了 1～1950 年的数据（http：//devecondata. blogspot. nl/2007/03/state‐antiquity‐index. html 和 http：//www. brown. edu/Departments/Economics/Faculty/Louis_Putterman/antiquity%20index）。对每一个世纪（公元前 1500 年之前的间隔是每 500 年）国家的存在情况进行打分，这些分数以每世纪 10% 的折率相加。拥有古老渊源的国家，如伊拉克、埃及、印度、巴基斯坦和中国，得分都很高（接近满分），而诸如斯堪的纳维亚、东南亚国家和日本等在公元 1 年后才出现的国家，得分为零。

我们用以下回归方程来检验欧亚大陆家庭制度的地理分布与新石器革命的相关关系。

$$F_i = \alpha + \gamma_1 Z_i + NR_i \beta_1 + SA_i \beta_2 + \varepsilon_i \qquad (7.1)$$

其中，F_i 表示 i 国的 FFI，NR_i 和 SA_i 分别表示与新石器革命最近的中心的距离的对数和国家古老程度的对数，其系数大小表明这些因素对女性能动性的影响程度。Z_i 是控制变量，ε_i 是误差项。此外，根据人口规模对研究样本中的国家进行了加权，举例而言，这意味着中国对结果的影响大于比利时。

表 7.3 的第（1）列表明，与新石器革命最近的中心的距离与女性能动性之间存在显著的相关关系。同样，FFI 和古代国家形成之间存在显著的负相关关系。为了控制混杂因素，我们首先采集了样本国家的地理特征，这些特征可能与农业发展有关，因此也与女性能动性有关。地理特征包括绝对纬度（用到赤道的距离衡量）和土壤肥沃程度（土壤肥力、土层深度、化肥使用以及排水特性或储水能力等指标）（Nunn and Puga，2012）。为了控制可能对性别关系产生负面影响的种族分异因素，我们在回归中加入了 ELF1（Desmet et al.，2012），这个变量反映了一国居民在语言和种族方面的差异。此外，我们也用这个变量的其他形式进行了检验，发现结果几乎是相同的。表 7.3 的第（2）列表明，即使控制了这些因素，回归结果也是稳健的。

我们基于默多克和托德的民族志数据进行研究发现，在工业化之前的时代，欧亚女性能动性的地理分布与不同的变量相关。这些变量反映了新石器革命的开始和传播以及大约公元前 8000 年至公元 1 年之间国家形成的过程。这是一个重要的结论，在过去的 2000 年里，潜在的价值观和规范随着时间的推移传承下来，并且在空间上保持基本的稳定性。我们在相关的研究成果中也能观察到类似的持久性：Alesina 等（2013）和 Hansen 等（2015）探讨了性别问题存在的"深层根源"，而 Olsson 和 Paik

（2013，2015）认为新石器革命后出现的等级制度与当今的信仰之间存在一定的联系。这些空间模式出现于我们感兴趣的"现代经济增长"大规模发生之前，这一事实排除了与反向因果关系有关的问题，即1500年后的经济增长不可能从根本上改变基于人类学证据重建的女性能动性模式。

表 7.3　对欧亚大陆女性能动性的解释

	（1）	（2）
	被解释变量为 FFI	
与新石器革命最近的中心的距离的对数（Log distance NR）	0.360 **	0.537 **
	（2.20）	（2.56）
国家古老程度的对数（Log SA）	−0.202 ***	−0.133 *
	（−2.95）	（−1.95）
纬度		−0.0183 **
		（−2.44）
土壤肥沃程度		0.0202 ***
		（2.88）
种族分异程度		−0.37
		（−0.39）
截距项	−1.789	−3.413 *
	（−1.33）	（−1.78）
R^2	0.609	0.733
N	53	53

注：括号内为 t 统计量。*、** 和 *** 分别表示在 10%、5% 和 1% 的水平上显著。使用了稳健标准误，以控制受不可观测因素影响的序列相关。

7.5 "命运逆转"发生的原因

到目前为止，我们已经证明，在欧亚大陆出现的特殊与家庭和性别关系相关的制度的空间分布模式，实际上是新石器革命和国家形成的副产

品。本节的主要假设是，这种与性别相关的制度的空间分布变化对 1500
年后的经济增长模式产生了重要的影响，并且有助于解释 1500～2000 年
经济增长的一个主要特征"命运逆转"是如何发生的。

我们将 FFI 与人均 GDP 估计值相联系，探索其是否有助于解释发生
于 1500～2000 年的"命运逆转"。为此，利用 FFI 对样本中每个国家不同
时点（1500 年、1800 年、1870 年、1910 年、1950 年和 2000 年）的人均
GDP 进行回归。

$$\ln Y_{it} = \alpha + \gamma_1 Z_i + F_i \beta + \varepsilon_i \qquad (7.2)$$

其中，$\ln Y_{it}$ 表示 i 国在 t 年的人均 GDP 的对数，F_i 是 i 国的 FFI，Z_{it}
是上一节介绍过的控制变量，ε_i 是误差项。我们用线性回归分析（OLS）
实证检验这一假设。

人均 GDP 估计值来自 Maddison（2001）以及 Bolt 和 Van Zanden
（2014）最近对该数据集进行的修订。1500 年的数据集提供了中国、日
本、奥斯曼帝国、印度，以及波兰、瑞典、西班牙和其他欧洲国家的人均
GDP。由于印度的人均 GDP 估计值数据最早从 1600 年才开始采集，因此
回归中印度 1500 年的人均 GDP 用 1600 年的数据代替。1500 年和 1800 年
这两个年份，欧亚大陆虽有新的数据，但仍然以欧洲的数据为主。因此，
为了进行稳健性检验，我们对 1500 年有 GDP 数据的国家进行了回归分
析。回归结果与本节报告的结果一致。

我们在回归中加入了与新石器革命最近的中心的距离的对数和国家古
老程度指数的对数作为一组额外的控制变量，因为这两者均与女性能动性
密切相关（见表 7.3）。在解释 2000 年人均 GDP 差异的回归分析中，我
们还加入了一个虚拟变量石油，以控制石油生产国在第二次世界大战后经
历不同的经济发展轨迹的可能影响。主要石油生产国的发展轨迹也可能与

FFI 相关，因为这些国家女性能动性一般较低。

表 7.4 的回归结果表明，同样国家的数据按人口加权后，1820~
1950 年 FFI 与 GDP 之间存在一致的正相关关系，而 1500 年则不存在这
种关系。1500 年，西欧的人均 GDP 整体并不高于阿拉伯国家或中国，
只有个别国家略高。FFI 在 2000 年仍然为正，但不再显著，这可能与
"亚洲奇迹"和石油生产国的崛起有关（相悖的是，我们发现一个石油
虚拟变量的回归系数为负）。这些回归大致证实了这样一个假设，即
1500~1950 年的经济增长与欧亚大陆家庭制度中的女性能动性正
相关。

表 7.4 对"命运逆转"的解释

	(1)	(2)	(3)	(4)	(5)	(6)
	1500	1820	1870	1910	1950	2000
被解释变量为人均 GDP 的对数						
FFI	0.11	0.199***	0.232***	0.217***	0.188**	0.263
	(1.33)	(3.98)	(3.88)	(3.35)	(2.01)	(1.57)
纬度	0.0246**	0.0162***	0.0224***	0.0235***	0.0332***	0.0386***
	(2.53)	(5.21)	(7.19)	(8.12)	(10.68)	(5.63)
土壤肥沃程度	−0.00443	0.00293	0.00709**	0.0107***	0.0100**	−0.000135
	(−0.78)	(1.32)	(2.65)	(3.04)	(2.11)	(−0.02)
与新石器革命最近的中心的距离的对数（Log distance NR）	0.0448	0.00353	0.0379	0.0627	0.217	0.239
	(0.21)	(0.05)	(0.40)	(0.54)	(1.34)	(1.35)
国家古老程度的对数（Log SA）	0.0818**	0.0407*	0.0163	−0.0271	−0.0596	−0.0155
	(2.84)	(1.82)	(0.75)	(−1.11)	(−1.58)	(−0.27)
种族分异程度	0.306	0.378	0.526	0.805	1.872**	1.209
	(0.22)	(0.96)	(0.97)	(1.21)	(2.05)	(1.12)
石油生产国						−0.715*
						(−1.69)

	（1）	（2）	（3）	（4）	（5）	（6）
	1500	1820	1870	1910	1950	2000
	被解释变量为人均 GDP 的对数					
截距项	5.363***	5.602***	5.140***	5.220***	3.883***	5.361***
	（3.27）	（8.95）	（6.26）	（5.12）	（2.74）	（3.79）
R^2	0.696	0.721	0.826	0.838	0.813	0.665
N	25	42	46	46	52	52

注：括号内为 t 统计量。*、** 和 *** 分别表示在 10%、5% 和 1% 的水平上显著。回归采用稳健标准误，以控制受不可观测因素影响的序列相关。

7.6 结论

本章讨论了这样一个假设，即源于家庭制度的女性能动性对长期经济增长有利。具体而言，我们提出并检验了"诺思性别假说"，即从微观层面上说，约束权力拥有者（男性、家长）会改善女性的激励和产权，从而有助于微观决策。换句话说，这有利于提升人均 GDP 水平，促使欧亚大陆发生"命运逆转"——西欧国家和日本领先于欧亚大陆其他地区开始发展。我们还认为，在前工业化国家，微观层面的女性能动性是家庭制度差异化变迁的结果，这种变迁可以追溯到新石器革命以及随之兴起的城市和产生的国家等级制度。相较于在新石器革命时代形成的第一批城市中心，以及围绕这些城市中心诞生的古代国家，越是处于边缘的国家和地区在 1500 年后越是生机勃勃。

本章也为分析欧亚大陆长期经济增长的特质提供了新的视角，提出了两个不同的发展阶段。其一是"古代"经济和政治发展阶段；其二是"现代"经济增长和制度完善阶段。第一阶段集中发生在新石器革命中心和附近，发展的结果是国家层面和微观层面等级制度的构建，使发展和不平等并存。因此，直到大约 1500 年，欧亚大陆经济的特征是强大国家群体、高度的城市化和相对密集的国际贸易，具有这些特征的国家从地中海一直绵延到长江三角洲。这构成了本章讨论的家庭制度和性别关系的空间分布图。

1500 年后的经济增长与之前存在根本的不同：这一时期的增长始于欧亚大陆的边缘地区，并且发展迅猛。这些地区父权水平也相对较低，如西欧和日本。1500 年后经济增长的动力并非来自严密的等级制度对劳动人口的控制（"汲取性制度"），而是基于"自下而上"的市场参与和家庭对人力资本的投资，而这需要截然不同的"包容性制度"。因为存在了几千年的等级制度未渗透到欧亚大陆的边缘地区，所以它们在第二阶段的增长中处于更有利的地位。我们在这一地区发现了鲜明的前工业增长形式（北海地区），紧随其后的是工业革命和"大分流"。我们结合诺思性别假说和贝克尔假说对"命运逆转"进行了解释。遗憾的是，基于当前的分析，我们只能证明女性友好型制度对 1500 年后欧亚大陆的长期经济增长产生了有利的影响，但不能说明具体是哪些制度能将女性能动性转化为增长的动力。

我们还认为，欧亚大陆的家庭制度和性别关系存在地区差异，这主要源于经济发展的第一阶段的不同影响。此外，家庭制度在欧亚大陆中心地带的持续存在，可能在很长一段时期内阻碍了其经济实现现代化。然而，我们并不能全面地解释这些与性别有关的制度何以长期存在。它可能与宗教有关，因为具有特定家庭价值观的宗教集中在某些地区（本章未涉及）。例如，无论古今，在某些教派活跃的地区性别不平等现象相对严重，而基督教和佛教盛行的地区则对女性更友好。这表明，宗教和家庭价值观或许有某种共同的演化趋势，并强化和巩固了这些价值观和规范。深入研究这些由来已久的问题超出了本章的范围（见 Kok，2017）。发生在欧亚大陆内部"命运逆转"最终可由地理和制度因素的相互作用来解释。其中一些因素，如与新石器革命中心的距离，在核心地区和欧亚大陆边缘地区出现的制度，前文已经进行了阐释，但它们究竟如何相互发生作用仍有待进一步探讨。

参考文献

Acemoglu, D. and Robinson, J. A., 2012. *Why Nations Fail: The Origins of Power, Prosperity and Poverty*. New York: Crown Business.

Acemoglu, D., Johnson, S., and Robinson, J., 2002. "Reversal of Fortune: Geography and Institutions in the Making of the Modern World Income Distribution." *Q J Econ* 117 (4): 1231-1294.

Acemoglu, D., Johnson, S., and Robinson, J., 2005. "The Rise of Europe: Atlantic Trade, Institutional Change, and Economic Growth." *Am Econ Rev* 95 (3): 546-579.

Agarwal, B., 1997. "Bargaining and Gender Relations: Within and beyond the Household." *Fem Econ* 3 (1): 1-51.

Alesina, A., Giuliano, P., and Nunn, N., 2013. "On the Origins of Gender Roles: Women and the Plough." *Q J Econ* 128 (2): 469 530.

Barro, R. J., 1996. "Democracy and Growth." *J Econ Growth* 1 (1): 1-27.

Becker, G. S., 1960. *An Economic Analysis of Fertility*. In Demographic and Economic Change in Developed Countries, edited by Duesenberry, J. S. and Okun, B., pp. 209-240. New York: Columbia University Press.

Becker, G. S., 1965. "A Theory of the Allocation of Time." *Econ J* 75: 493-517.

Becker, G. S. and Lewis, H. G., 1973. "On the Interaction between the Quantity and Quality of Children." *J Polit Econ* 8: S279-S288.

Becker, G. S. and Tomes, N., 1976. "Child Endowments, and the Quantity and Quality of Children." *J Polit Econ* 85 (4, Part 2): S143-S162.

Becker, S. O., Cinnirella, F., and Woessmann, L., 2010. "The Trade-off between Fertility and Education: Evidence from before the Demographic Transition." *J Econ Growth*

15 (3)：177-204.

Bolt, J., 2012. "A New Database on the Origins of Institutional Development." University of Groningen, Working Paper.

Bolt, J. and Van Zanden, J. L., 2014. "The Maddison Project：Collaborative Research on Historical National Accounts." *Econ Hist Rev* 67：627-651. https：//doi. org/10. 1111/ 1468-0289. 12032.

Boserup, E., 1970. *Woman's Role in Economic Development*. New York：St. Martins Press.

Bove, R. and Valeggia, C., 2009. "Polygyny and Women's Health in Sub-Saharan Africa." *Soc Sci Med* 68：21-29.

Carmichael, S., 2011. "Marriage and Power：Age at First Marriage and Spousal Age Gap in Lesser Developed Countries." *Hist Fam* 16 (4)：416-436.

Carmichael, S. and Rijpma, A., 2017. *Measuring Agency*. In *Agency*, *Gender and Development in the World Economy：Testing the Sen Hypothesis*, edited by Van Zanden, J. L., Rijpma, A., and Kok, J. Routledge, London.

Carmichael, S. and Van Zanden, J. L., 2015. "Towards an Ethnographic Understanding of the European Marriage Pattern：Global Correlates and Links with Female Status." To be published in Richard Smith (ed) Population Histories in Context (forthcoming). Currently online available as CGEH Working Paper no. 67, 2015. http：//www. cgeh. nl/sites/default/ files/WorkingPapers/cgehwp67_carmichaelvanzanden. pdf.

Carmichael, S., De Moor, T. and Van Zanden, J. L., 2011. "Introduction." *Hist Fam* 16 (4)：309-311.

Carmichael, S., Dilli, S., and Rijpma, A., 2014. *Gender Inequality since 1820*. In *How Was Life? Global Well-being since 1820*, edited by Van Zanden, J. L., Baten, J., D'Ercole, M. M., Rijpma, A., Smith, C., and Timmer, M. OECD Publishing, Paris.

Comin, D., Eastery, W., and Gong, E., 2010. "Was the Wealth of Nations Determined in 1000 BC?" *Am Econ J Macroecon* 2 (July 2010)：65-97.

Currie, J. and Moretti, E., 2003. "Mother's Education and the Intergenerational Transmission of Human Capital：Evidence from College Openings." *Q J Econ* 118 (4)： 1495-1532.

De Moor, T. and Van Zanden, J. L., 2010. "Girlpower. The European Marriage Pattern (EMP) and Labour Markets in the North Sea Region in the Late Medieval and Early Modern Period." *Econ Hist Rev* 63 (1)：1-33.

Dennison, T. and Ogilvie, S., 2014. "Does the European Marriage Pattern Explain Economic Growth?" *J Econ Hist* 74：651-693.

Desmet, K., Ortuño-Ortín, I., and Wacziarg, R., 2012. "The Political Economy of Linguistic Cleavages." *J Dev Econ* 97: 322-336.

Diamond, J., 1997. *Guns, Germs and Steel. The Fate of Human Societies.* New York: Norton.

Dilli, S., Carmichael, S. G., and Rijpma, A., 2018. "Introducing the Historical Gender Equality Index." *Fem Econ.* https: //doi. org/10. 1080/13545701. 2018. 1442582.

Doepke, M., Tertilt, M., and Voena, A., 2012. "The Economics and Politics of Women's Rights." *Ann Rev Econ* 4 (1): 339-372.

Dollar, D. and Gatti, R., 1999. "Gender Inequality, Income, and Growth: Are Good Times Good for Women?" Mimeographed, The World Bank.

Dollar, D., Fishman, R., and Gatti, R., 2001. "Are Women Really the 'Fairer' Sex? Corruption and Women in Government." *J Econ Behav Organ* 46 (4): 423-429.

Dyble, M., Salali, G. D., Chaudhary, N., Page, A., Smith, D., Thompson, J., Vinicius, L., Mace, R., and Migliano, A. B., 2015. "Sex Equality Can Explain the Unique Social Structure of Hunter-Gatherer Bands." *Science* 348: 796-798.

Engels, F., 1884/2010. "The Origin of the Family, Private Property and the State." *Penguin Classics.* Eswaran, M. 2014. *Why Gender Matters in Economics.* Princeton, NJ: Princeton University Press.

FAO (Food and Agriculture Organization of the United Nations), 2011. "The State of Food and Agriculture 2010-2011-Women in Agriculture."

Gruber, S. and Szołtysek, M., 2015. "The Patriarchy Index: A Comparative Study of Power Relations across Historical Europe." *Hist Fam.* https: //doi. org/10. 1080/ 1081602X. 2014. 1001769.

Hansen, C. W., Jensen, P. S., and Skovsgaard, C. V., 2015. "Modern Gender Roles and Agricultural History: The Neolithic Inheritance." *J Econ Growth* 20 (4): 365-404.

Keddie, N. R., 2012. *Women in the Middle East: Past and Present.* Princeton, NJ: Princeton University Press.

King, E. M. and Hill, M. A., 1997. *Women's Education in Developing Countries: An Overview.* In *Women's Education in Developing Countries: Barriers, Benefits, and Policiesedited* by King, E. M. and Hill, M. A., pp. 1-50. London: World Bank Publications.

King, E. M., Peterson, J., Adioetomo, S. M., Domingo, L. J., and Syed, S. H. 1986. *Change in the Status of Women across Generations in Asia.* Santa Monica, CA: Rand Corporation.

Klasen, S., 1999. *Does Gender Inequality Reduce Growth and Development: Evidence from Crosscountry Regressions (English).* Policy Research Report on Gender and Development Working

Paper Series; No. 7. Washington, D. C., The World Bank. http: //documents. worldbank. org/curated/en/612001468741378860/Doesgender-inequality-reduce-growth-and-development-evidence-from-crosscountry-regressions.

Klasen, S., 2002. "Low Schooling for Girls, Slower Growth for All? Cross-Country Evidence on the Effect of Gender Inequality in Education and Economic Development." *World Bank Econ Rev* 16: 345-373.

Klasen, S. and Lamanna, F., 2009. "The Impact of Gender Inequality in Education and Employment on Economic Growth: New Evidence for a Panel of Countries." *Fem Econ* 15 (3): 91-132.

Kok, J., 2017. *Women's Agency in Historical Family Systems*. In *Agency, Gender, and Economic Development in the World Economy 1850-2000: Testing the Sen Hypothesis* edited by van Zanden, J. L., Rijpma, A., and Kok, J., pp. 10-50. London: Routledge.

Leach, E., 1951. "The Structural Implications of Matrilateral Cross - Cousin Marriage." *J R Anthropol Inst G B Irel* 81 (1/2): 23-55.

Lebra, J., Paulson, J., and Powers, E., eds., 1976. *Women in Changing Japan*. Boulder: Westview Press.

Lewis, B., 1982. *The Muslim Discovery of Europe*. London: Phoenix.

Maddison, A., 2001. *The World Economy: A Millennial Perspective*. Paris: OECD Publishing.

Morgan, L. H., 1877/2013. *Ancient Society*. Cambridge: Belknap Press.

Murdock, G. P., 1969. *Ethnographic Atlas*. 2nd print, University of Pittsburgh Press.

North, D. C., 1981. *Structure and Change in Economic History*. New York: Norton.

North, D. C., Wallis, J. J., and Weingast, B. R., 2009. Violence and Social Orders: A Conceptual Framework for Interpreting Recorded Human History. Cambridge: Cambridge University Press.

Nunn, N. and Puga, D., 2012. "Ruggedness: The Blessing of Bad Geography in Africa." *Rev Econ Stat* 94 (1): 20-36.

Olsson, O. and Paik, C., 2013. "A Western Reversal Since the Neolithic? The Long-Run Impact of Early Agriculture." *Working Papers in Economics 552*. University of Gothenburg. Department of Economics.

Olsson, O. and Paik, C., 2015. "Long-Run Cultural Divergence: Evidence from the Neolithic Revolution." *Working Papers in Economics 620*. University of Gothenburg. Department of Economics.

Przeworski, A., Alvarez, M. E., Jos'e Antonio, C., and Limongi, F., 2000. *Democracy and Development: Political Institutions and Well-Being in the World, 1950-1990*.

New York：Cambridge University Press.

Putterman, L. , 2008. "Agriculture, Diffusion and Development：Ripple Effects of the Neolithic Revolution." *Economica LSE* 75 （300）：729-748.

Rijpma, A. and Carmichael, S. , 2016. "Testing Todd and Matching Murdock：Global Data on Familycharacteristics." *Econ Hist Dev Reg* 30 （1）：10-46.

Riley, S. J. , DeGloria, S. D. , and Elliot, R. , 1999. "A Terrain Ruggedness Index that Quantifies Topographic Heterogeneity." *Int J Sci* 5 （1-4）：1999.

Rodrik, D. , 1999. "Democracies Pay Higher Wages." *Q J Econ* 114 （3）：707-738.

Rosenzweig, M. R. and Schultz, T. P. , 1982. "Market Opportunities, Genetic Endowments, and Intrafamily Resource Distribution：Child Survival in Rural India." *Am Econ Rev* 72 （4）：803-815.

Schultz, T. W. , 1961. "Investment in Human Capital." *Am Econ Rev* 51：1-17.

Schultz, T. P. , 1988. "Education Investments and Returns." *Handb Dev Econ* 1 （1）：543-630.

Sen, A. , 1999. *Development as Freedom.* Oxford：Oxford University Press.

Silva-Grondin, M. A. , 2010. "Women in Ancient Japan：From Matriarchal Antiquity to Acquiescent Confinement." *Inq J Stud Pulse* 2 （09）. Retrieved from http：// www. inquiriesjournal. com/a? id=286.

Strauss, J. and Thomas, D. , 1995. Chapter 34：*Human Resources：Empirical Modeling of Household and Family Decisions. In Handbook of Development Economics*, Vol. 3, Part A, Elsevier, pp 1883-2023.

Sugano, N. , 2003. *State Indoctrination of Filial Piety in Tokugawa Japan：Sons and Daughters in the Official Records of Filial Piety. In Women and Confucian Cultures in Premodern China, Korea, and Japanedited* by Ko, D. , Haboush, J. K. , Piggott, J. R. , pp. 170-189. Berkeley：University of California Press.

Summers, L. H. , 1992. "Investing in All the People." *Pak Dev Rev Pak Inst Dev Econ* 31 （4）：367-404.

Teignier, M. and Cuberes, D. , 2014. "Aggregate Costs of Gender Gaps in the Labor Market：A Quantitative Estimate." *UB Economics Working Paper* no. E14/308. http：// ssrn. com/abstract=2405006.

Tertilt, M. , 2006. "Polygyny, Women's Rights, and Development." *J Eur Econ Assoc* 4：523-530.

The World Bank, 2011. "World Development Report 2012：Gender Equality and Development." http：//econ. worldbank. org/WBSITE/EXTERNAL/EXTDEC/EXTRESEARCH/ EXTWDRS/EXTWDR2012/0, contentMDK：22999750~pagePK：64167689~piPK：64167673~

theSitePK：777806.3，00. html.

Todd，E.，1985. *The Explanation of Ideology：Family Structures and Social System.* Oxford：Basil Blackwell.

Todd，E.，1987. *The Causes of Progress：Culture，Authority and Change* （trans：Richard Boulin）. New York：Basil.

Todd，E.，2011. L'origine des systèmes familiaux, Tome 1. L'Eurasie. Gallimard, Paris.

Trigger，B. G.，2003. *Understanding Early Civilizations：A Comparative Study.* Cambridge：Cambridge University Press.

Warner，R. L.，Lee，G. R.，and Lee，J. 1986. "Social Organization，Spousal Resources，and Marital Power：A Cross-Cultural Study." *J Marriage Fam* 48 （February 1986）：121-128.

Weinreb，A. A.，2008. "Characteristics of Women in Consanguineous Marriages in Egypt，1988-2000." *Eur J Popul* 24：185-210.

World Bank，2014/2015. "Voice and Agency，Empowering Women and Girls for Shared Prosperity. " http：//www. worldbank. org/content/dam/Worldbank/document/Gender/Voice _ and_agency_LOWRES. pdf.

Wright，K. I.，2007. *Women and the Emergence of Urban Society in Mesopotamia. Archeology and Women. Ancient and Modern Issues*，pp. 199-246. Walnut Creek，CA：Left Coast Press.

8

布宜诺斯艾利斯精英家族网络的政治权力（1776~1810年）

劳拉·C. 德尔巴利（Laura C.del Vall）

胡安·M. C. 拉罗萨（Juan M.C.Larrosa）

摘　要：本章旨在探讨 1776~1810 年布宜诺斯艾利斯市议会席位提名与议员及其家族网络地位的关系。为此，我们检验了精英及其家族网络与在议会中的政治地位之间关系的假说。结果显示，联系度较高的行动者（actor）① 和家族往往会在议会中拥有更重要的地位，即他们拥有更高的政治权力。具体而言，更密切的联系有助于个人获取更高的职位，对家族来说，更密集的交叉联结结构也可以确保家族中的更多成员在议会中位居高职。

关键词：精英家族　婚姻网络　政治权力　卡比尔多

8.1　绪论

历史社会网络揭示了个体如何利用其网络关系来提高社会地位（Lin，2001）。本章研究了殖民地时期的布宜诺斯艾利斯及其卡比尔多（Cabildo）②，时间是从 1776 年拉普拉塔总督辖区（the River Plate

---

① 社会网络分析术语，"行动者"（actor）与"能动者"（agent）不同，前者指一般意义上的网络节点，关注节点的基本属性；后者强调作为网络节点的行动者不是被动反应者，具有"主观能动性"，有关能动者的内容见 8.3.2。由于该术语中文译法较多，本章与社会网络分析（SNA）有关的术语主要参照约翰·斯科特（John Scott）著《社会网络分析法》（第三版）（重庆大学出版社，刘军译，2020 年版）一书的译法。——译者注

② 卡比尔多（Cabildo）是西班牙殖民地的行政机构，位于布宜诺斯艾利斯市。最初于 1580 年用泥土和茅草建造，现在的建筑是在 18 世纪后半叶建造的，见证了 1810 年阿根廷革命，是阿根廷独立后第一个世纪内的行政建筑。——译者注

Viceroyalty）创建到 1810 年五月革命独立运动爆发。①卡比尔多是拉普拉塔总督辖区的议会所在地，统治着殖民地的广阔领土。卡比尔多议会由一系列选举产生的席位组成。为了获得席位和得到任命，每位候选人需在每年 1 月 1 日举行的任命投票中获得提名。大量对此问题进行深入研究的历史著述将殖民地的政治权力与当地精英联系起来。但大多数都依赖于事件讨论（Bertrand，2000）或家谱，有代表性的研究来自 Nicoletti（1987）和 Socolow（1991）。本章运用社会网络分析（Social Network Analysis，SNA）方法探讨精英的社会经济结构与政治权力之间的关系。

为了实现这一目标，我们重建了 1776～1810 年布宜诺斯艾利斯精英行动者的社会网络。我们的研究关注以下问题：布宜诺斯艾利斯精英的社会网络有什么结构特征？社会网络在家族和个人获得卡比尔多议会提名方面发挥了什么作用？成为某特定家族的成员是否会提高被提名为议员的可能性？值得一提的是，个人代表家族，而家族通过联姻实现联结，从而控制进入议会的途径。在殖民地时期后期布宜诺斯艾利斯所谓的旧政权社会中（Guerra，1993：88-90），"每一个卡比尔多精英得到的社会认可都直接源于其家族"（Del Valle，2014：59）。他们认为自己属于一个庞大的交叉群体，具有自己的职能和特权，并因此决定了与其他群体与政府的关系。个人会因为出身、婚姻或教亲关系（compadrazgo）而属于某个群体，因此不可能独善其身。行动者间的纽带不可分割，也不取决于个人意志。从更实际的角度看，社会更多地依靠群体而非个人维持运作，因为家族存续的时间超越了个人存

---

① 拉普拉塔总督辖区（西班牙语：Virreinato del Río de la Plata）是西班牙帝国在南美洲建立的总督辖区。1776 年从原秘鲁总督区中析置，领土覆盖拉普拉塔平原大部分，包括今天的阿根廷、玻利维亚、巴拉圭和乌拉圭等国。1806～1807 年，英国两次试图吞并拉普拉塔，但没有成功。1810 年，布宜诺斯艾利斯爆发了五月革命，拉普拉塔总督被废黜。1814 年，蒙得维的亚陷落，拉普拉塔总督辖区不复存在。——译者注

在的时间，这同时也取决于生育策略的实施情况。

卡比尔多精英是一个基于交叉和复杂关系网络的群体。这个群体的形成有赖于其成员之间强大且错综复杂的关系。牢固的关系是这种社会结构的支柱。每一种关系或纽带都允许个人和家族进行直接或间接的交流，这些交流覆盖了所有个人及其相关家族。进入网络就意味着获得了进入圈子的门票、象征和物质资本，如社会声望、金融支持或政治权力。有些人利用婚姻和教亲关系等直接或间接攫取资本。这种关系网络发挥着基础性作用，也是精英赖以生存的纽带结构。Moutoukias（1995）认为联结本身就是观察社会系统动态变化的工具，也开辟了使纽带结构得以维持的空间。这些观点也适用于分析卡比尔多的精英网络。

为了描述网络、收集指标和验证相关假设，我们使用了由 Del Valle（2014）创建的数据库。其中最大的一个指标涵盖分析期间约为殖民地布宜诺斯艾利斯总人口 4% 的数据。基于最初的关系数据集，我们构建了一个由单个精英行动者组成的网络，然后将他们划入第二家族网络中。我们检验了以下假设：社会网络中的个人或家族的地位与地方议会中更高的政治权力相关。我们发现，联系紧密的个人和家族所获得的基本权力与在更高的行政职位上获得的权力相关，这甚至比个人的工作经验还重要。

本章结构如下：第 8.2 节讨论了殖民地政治和网络，第 8.3 节介绍了网络特征，第 8.4 节得出结论。

8.2 殖民地政治和网络

社会网络是由特定的行动者群体构建的一系列联系体，具有特殊属性，并且可以从总体上解释相关人员的社会行为（Mitchell，1969）。本章运用社会网络分析法探析了卡比尔多精英家族在追求政治权力的过程中是如何建立联系的。运用这种分析方法，我们可以基于社会网络成员（行动者）之间的关系和运作模式，分析家族及其成员作为社会参与者的行为（Mitchell，1969：2）。

我们认为权力依赖于家族网络，与之相关，可应用社会网络分析法来展开研究（Wasserman and Faust，1994）。虽然纽带以及物质和象征物在网络中实现了分配，但分配存在明显的不平等，从议会提名的角度来看，这将导致某些家族的权力比其他家族更加集中。

运用社会网络分析法进行历史研究的成果建立在 Padgett（1994）以及 Padgett 和 McLean（2006）对文艺复兴时期佛罗伦萨家族研究的基础上。也有一些个案研究将社会网络分析法应用于殖民地研究。利用社会网络分析法对盎格鲁－撒克逊殖民地国家集体行动进行探讨的包括 Gould（1996），他研究了威士忌叛乱。① 而对此做出巨大贡献的是 Han（2009），他强调保罗·列维尔②和约瑟·瓦伦③在引发了美国独立战争的抵抗夜袭中发挥了具有中介性质的重大作用。Hillmann（2003）虽未使用社会网络分析法，但他研究了美国独立战争期间佛蒙特州革命分支团体成员政治身份的广泛影响。值得一提的是，Johns 和 Ville（2012）对地理上稍远的英属殖民地城市悉尼的商人网络和互动关系进行了研究，认为这一网络结构降低了正在建设中的殖民地经济的不确定性。

---

① 威士忌叛乱，是发生于 1791~1794 年美国宾夕法尼亚州西部的抗税运动。——译者注
② 保罗·列维尔（Paul Revere，1734 年 12 月 21 日-1818 年 5 月 10 日），美国银匠、早期实业家，也是美国独立战争时期的一名爱国者。他最著名的事迹是在列克星敦和康科德战役前夜警告殖民地民兵英军即将来袭。——译者注
③ 约瑟·瓦伦（Joseph Warren，1741 年 6 月 11 日-1775 年 6 月 17 日），医生，美国独立战争初期马萨诸塞州叛军重要领袖。——译者注

应用社会网络分析法对拉丁美洲殖民地城市墨西哥城、瓜达拉哈拉[①]（Ibarra，2006）和普埃布拉[②]（Morales，2006）的社会网络（Granados，2006）和牧场主（Sánchez Santiró，2007）进行的一般性研究也值得一提。这些研究关注殖民地社会经济的不同方面。Berbesí（2007）关注殖民地时期马拉开波（委内瑞拉）[③] 的精英社会网络，而 Alcántara Valverde 等（2002）关注殖民地时期危地马拉的精英社会网络，揭示了社会网络与殖民权力的关系，深入分析了危地马拉精英的历史和婚姻策略及其与经济和政治权力的关系。

在拉普拉塔河的案例中，Conti 和 Gutiérrez（2009）、Senor（2005）和 Ferreiro（2010）研究了特定的殖民地商人家族，分析其商业路线、婚姻网络和商业网络。Ferreiro（2010）还专门使用社会网络分析法来识别阿根廷西北部的胡胡伊地区[④]精英家族中的重要群体和核心个体。Salinas（2010）对阿根廷东北部的商人和精英人士进行了类似的分析。Aramendi（2011：9）应用科尔多瓦市的社会网络分析了卡比尔多议会选举中的一个特定事件。这些社会网络分析基本上是采用文字描述的形式，仅使用单一图表，并未加入其他指标。而 Borucki（2011）描述了同一时空网络，讨论了许多相似的个案。虽然他关注奴隶贸易及其作为殖民贸易网络一部分的经济意义，但并未涉及殖民政治权力的形成，而只是提供了不同行动者发挥其经济价值的背景资料。总的来说，有关殖民制度的研究很少使用社会网络分析方法。

[①] 瓜达拉哈拉（Guadalajara），是墨西哥哈利斯科州首府，也是瓜达拉哈拉大都市区的首府、墨西哥第二大城市。——译者注
[②] 普埃布拉（Puebla），墨西哥历史名城，位于墨西哥中部的普埃布拉州。——译者注
[③] 马拉开波（Maracaibo），委内瑞拉第二大城市，苏利亚州首府。——译者注
[④] 胡胡伊地区（Jujuy），阿根廷的一个省，位于阿根廷西北部，西邻智利，北接玻利维亚。——译者注

本章主要回顾 Ponce Leiva 和 Amadori（2008）的研究结论，他们认为从方法论角度看，用社会网络分析法探讨处于西班牙殖民统治下的美洲的独立进程困难重重。目前的研究主要利用描述性文字分析特定地区的重要家族，或利用传记学方法聚焦于某个历史族群的共同特征（Jumar，2001）。这些研究一定程度上落入窠臼，限制了研究者通过某一特定案例来讨论整个社会生活（Amadori，2008）。根据 Ponce Leiva 和 Amadori（2008）的说法，虽然利用社会网络分析法似乎可以突破前人研究的条条框框，但也面临新的困难，有以下两方面：一是未能很好地区分家族、群体（group）和网络（network）的概念；二是实际应用的问题，比如，如何分析行动者的选择、实际分析时纳入部分网络还是整体网络、如何界定纽带等。接下来，我们会分析用于检验研究假说的框架，即社会网络与布宜诺斯艾利斯议会的提名有何关系，尝试解决方法论问题。创建一个只由个人组成的网络，然后将行动者分组，并分配到每个家族，并对行动者和家族进行描述，再基于重建的关系型数据挑选出相关行动者。同时，检验每个网络指标与政治权力之间的统计关系。我们通过这种方式来检验一个历史学观点，即可将殖民地晚期的卡比尔多议会成员视为旧制度下的集体行动者。换句话说，权力属于家族而非个人，这一点可以通过社会网络分析来证实。我们的研究将为探讨两者之间的关系提供证据。

8.3 网络特征

8.3.1 结构指标

研究数据主要来源于布宜诺斯艾利斯不同历史时期教堂记录的出生、婚姻和死亡信息。这些信息由 Del Valle（2014）收集和整理。有 1215 名行动者（男性和女性均有）被选中参与初始的社会网络分析。殖民地时期布宜诺斯艾利斯的平均人口为 32000 人（Besio Moreno，1939；Comadrán Ruiz，1963；Johnson，1973；Johnson et al.，1980），所以初始样本人口约占总人口的3.8%，而可分析网络占当时城市总人口的1.5%。

利用不同来源的数据，我们确定了初始群组中的各种关系，连接标识两个行动者关系的数据叫作关系型数据。根据关系型数据，我们创建了第一个包含550个行动者的样本，我们称之为个体关系网络。关系型数据由行动者构建，属于以下关系类型之一：

婚姻关系（第一次、第二次和第三次婚姻）

血缘关系（亲子、胞亲）

证婚人、伴郎、伴娘

教父、教母

葬礼见证人

商业伙伴

我们将每位具有一种或多种关系的行动者添加到关系网络中，并在他们之间建立联系。确定了行动者及其相互关系后，就能够确定家族群体。我们对家族群体的定义是：行动者间有婚姻关系、血缘关系或者教亲关系。[1] 此外，我们还将一些存在商业联系的成员归为一个家族群体。[2] 已划分好的家族群体形成了家族网络的第二个网络，包含114个行动者。

鉴于婚姻关系的性质，婚姻关系网从结构上说是松散的（Newman，2005；White，2004，2005）。当然，也有人认为婚姻关系是牢固的，如频

---

[1] 按照西班牙家族的传统，第一个姓氏来自父系家族，第二个姓氏来自母系家族。

[2] 另一个特例是多次丧偶（或离异）的行动者，他们被划归于最后一次缔结婚姻关系的家族。

繁的互动联系、直接的情感支持和其他资源支持，使婚姻关系并不像Granovetter（1973）所假设的那样是弱联结的。在我们的研究中，个别网络确实较松散（低密度），虽然如此，仍可以用其获取支持。

我们运用 Node XL（Smith et al.，2010）和 Gephi（Bastian et al.，2009）的研究成果进行数据关系分析和可视化研究。图 8.1 提供了个体关系网络。

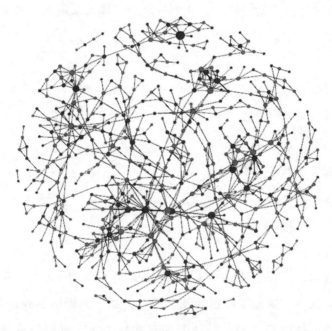

**图 8.1　个体关系网络（浅色代表女性，深色代表男性，
节点大小与中心度成正比）**

资料来源：作者自制。

在图 8.2 中，家族群体中每加入一个成员，就会重新创建节点。连接的宽度表示一种关系在每个家族中重复的次数。这是家族规模以及家族内部和家族间关系强度的衡量指标。

**图 8.2 家族关系网络（连接的宽度表示友情和
亲缘关系的多样性）**

资料来源：作者自制。

关系网络本质上是无向的，个体之间表现出对称关系。然而许多关系本身并不是对称的（如证婚人）。成员之间的亲缘关系或仪式联系被认为从属于家族关系。这描述了两个网络的拓扑属性，更重要的节点测度（如中心性）问题将在下节详述。

表 8.1 是对两个网络的描述性统计。个体关系网络包含 550 个行动者，记录了他们之间的 889 个连接关系。相比于个体关系网络，家族关系网络规模更小、节点更少，包含 114 个家族和 175 个可识别的连接。家族关系网络中出现自环（self-loop）的原因是同一家族中的成员可能在他们之间建立了仪式联系，如一个行动者可能既是另一个行动者的兄弟，也是其证婚人。另一个重要的问题是关系网络中的连通分量。所谓连通分量（connected components）是指两个节点之间至少有一个连接，而这些节点与其他连通分量中的节点没有连接。个体关系网络中有 13 个连通分量。

较大的连通组覆盖了 87% 的节点和 90% 的连接，被称为网络巨片（giant component）。一旦划定了家族网络，连通分量的数量就会减少到 6 个，最大的巨片则包含了 90% 的节点和 95% 的连接。考虑到中心性和其他指标，这些信息显得非常重要。在个体关系网络向家族关系网络转变的过程中，最大（直径）和平均测地距离（geodesic distance）减少了 2/3 以上。如前所述，网络密度很低（网络是稀疏的），而且直径很长，这就意味着连接更远的节点至少需要 35 步，这些信息刻画了两个网络的拓扑特征。

表 8.1　对网络的描述性统计

指标	个体关系网络	家族关系网络
节点	550	114
总连接数	889	175
自环数	0	18
连通分量	13	6
连通分量的最大节点数	478	102
连通分量的最大连接数	803	155
最大测地距离（直径）	35	9
平均最大测地距离	13.86	4.35
密度	0.006	0.024

资料来源：作者自制。

　　另一个相关的描述性指标是度分布。[1] 图 8.3 是两个图合并在一起形成的。大图代表的是个体（左轴）和家族（右轴）网络的度分布频率。对同一数据进行双对数（log-log）变换后得出调整后的线性回归线，以及经调整的估计方程。估计结果并未清晰地呈现大部分值的幂律。[2] 然而，

---

[1]　图结构中与某节点相连接的边的数目为该节点的度，而图中各个节点度的分布情况就是度分布。——译者注

[2]　幂律表示的是两个量之间的函数关系，其中一个量的相对变化会导致另一个量的相应幂次比例的变化。——译者注

经过双对数变换后，个体网络分布尾部的某些点的调整值要优于家族关系网络。在这种情况下，在个体行动者关系网络中，当斜率最大（虚线）时进行双对数估计，结果显示回归系数超过 3 ［图 8.3 小图的回归（2）］，也就是说回归结果存在幂律。特征网络的幂律分布度是一个强有力的指标，表明网络具有良好的沟通扩散性，通过少数几个节点就可以有效地与节点较少的较大群组实现连接。

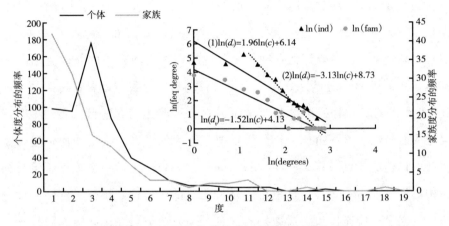

图 8.3　两个网络的度分布（进行双对数处理）

资料来源：作者自制。

小图中为度（degrees）和度分布频率（feq. degree）的双对数变换，其中 ind 为个体、fam 为家族）。——译者注

8.3.2　中心性

在对个体关系网络的分析中，我们确定了网络结构中行动者的重要性。中心性是一种度量指标，它根据某种标准识别出网络中的哪个成员或节点的相关性更强。每种类型的中心性都为网络中的个体分配一个值，根据相关标准，这些值依据其排序为网络中的每个节点提供了一个层级位置。评估标准取决于理解网络能动者重要性的不同角度。例如，度中心性（degree）是对中心性的直接衡量，它还考虑了个体所拥有的

连接数。在我们的研究中，若建模后节点的关系是对称的，则度中心性就是一项专门测度行动者重要性的指标。随着越来越多的连接的建立，那些能够收集和传播信息或拥有其他流通资源的行动者也越来越重要。在紧密联系的群体中，度中心性越大，情感支持力度也越大。第二个可用的指标是接近中心性（closeness），它主要依据连接到网络上最远节点的中间连接的数量，寻找一个距所有行动者都较近的节点。一个具有高接近中心性的节点位于所有节点的"中间"（midway），因此扮演的是信息传递器的角色。第三个与中心性相关的概念是中间性（betweenness）[1]，主要评估在网络中分散的群体之间充当中介的大多数行动者。中间性可以通过计算网络中一对行动者经过某行动者最短路径的占比[2]获得。对于这样一个行动者来说，它有可能充当其他行动者的中介或经纪人。经纪人这一角色变得尤为重要，因为他们可以决定如何传输信息以及向谁传输信息（Wasserman and Faust，1994）。最后一个概念是特征向量中心性（eigenvector），这也可能是最正式的中心性。特征向量中心性分析所有来自直接连接和间接连接的信息，是为在全局连接结构方面找到连接性最强的能动者（Bonacich，2007）。也就是说，特征向量中心性赋予连接性强的能动者更大的值，以与其连接性同样强的能动者实现连接。

本章首先描述了卡比尔多精英的个体特征。[3] 我们对关系网络中每一位行动者的中心性都进行了估计，包括度、中间性、接近性和特征向量中心性四类。以 Juan de Lezica y Torrezuri（见图 8.4 中的编号 243）为例，其度中心性与关系网络中的其他家族领袖相同，但其中间性却是最大的。

---

[1] 也可以译为中介性。——译者注

[2] 即"中间性比例"：经过点 X 和 Z 存在多条捷径，其中一条经过 Y，那么经过 Y 并且连接这两点的捷径数与 X 和 Z 之间的捷径总数之比即为该比例。参见刘军《整体网分析》（第三版），格致出版社，2021，第 142 页。——译者注

[3] 我们将名字按某种编码方式进行编号。

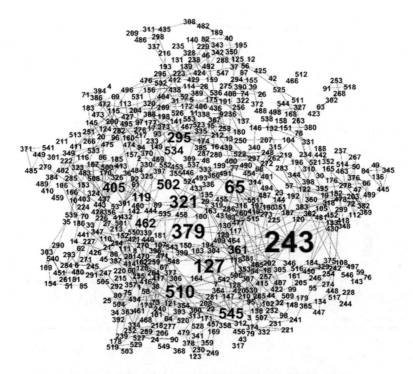

图 8.4 编码个体（编码序号大小反映中间性的大小）

资料来源：作者自制。

表 8.2 以降序排列的方式罗列了中间性最高的 14 个个体。他们彼此之间以及与其他人之间建立联系，成为卡比尔多议会中联系更紧密的家族领袖，并且塑造了我们将要描述的社会网络。

以中间性最强的 Juan de Lezica y Torrezuri 为例，我们发现，他是组成 Lezica y Torrezuri 家族的三个家族的领袖之一。他在关系网络中地位显赫，不仅是因为他很早就为儿子谋得议会议员资格，并让女儿与前途光明的候选人结婚，这些候选人在结婚后也会加入议会。在布宜诺斯艾利斯市政府系统中，另一个社会声望高、经济实力强、政治影响力大的家族是 Riglos 家族，这两个家族通过 1773 年和 1783 年的两次联姻强化了其关系网络。

表 8.2　中间性最大的成员及其特征

编号	姓名	性别	度	中间性	家族
243	Juan de Lezica y Torrezuri	男	15	44037.51	Lezica y Torrezuri
379	Maria Ignacia Javiera de Riglos	女	7	31465.6	Riglos
127	Francisco Ignacio de Ugarte	男	15	29299.25	Basavilbaso
65	Cristóbal de Aguirre	男	12	28107.68	Gómez Cueli/Basavilbaso
510	Rosa de Basavilbaso	女	13	27765.89	Basavilbaso
321	Marcos José de Riglos	男	9	27026.61	Riglos
545	Vicente de Azcuénaga	男	12	22521.39	Azcuénaga
295	Manuel Antonio Warnes	男	14	21559.51	Warnes
502	Prudencio de Zavaleta	男	3	21086.48	Zavaleta
405	Maria Magdalena de las Carreras	女	12	20097.82	Alzaga
462	Miguel Fermín de Riglos	男	5	18118.93	Riglos
361	Maria Elena de Alquiza	女	11	17065.59	Lezica y Torrezuri
119	Francisco de las Carreras	男	5	16509.46	Alzaga
534	Tomasa Warnes	女	3	16317.55	Warnes

资料来源：作者自制。

Juan de Lezica y Torrezuri 及其妻子 Maria Elena de Alquiza 在中间性排序中位列第 12。他们通过宗教和亲属关系将自己与其他家族联系起来。他们也与 Sarasa 和 Basavilbaso 等家族成员进行了同样的联结。正是运用这些策略他们与网络中的其他家族建立了联系，也获得了象征物和物质资本，如社会声望、经济支持和政治权力。这些社会、经济和政治再生产策略是家中每个成员扮演中介角色的潜在证明。从这些例子中可以看出，紧密的联系在殖民政治生活中是司空见惯的。

值得一提的是，当这些家族群组创建时，很多成员实际上与群组中的其他成员有联系，尤其是姻亲关系，而且这种关系往往还会通过仪式得到强化，如某位成员见证自己家族或政治家族其他成员的洗礼仪式或成为其教父或教母。这些策略不仅加强了家族之间的联系，而且意味着一个行动者在丧偶和再婚的情况下可以声称自己仍属于该政治家族，这也是"家族"节点呈现自环特征的原因。传统的社会网络分析法在运用中心性指标时一般不考虑自环提示的是自我关系，主要是因为自环对分析网络中的多数个体用处不大。不过，本章的案例研究还是需要考虑自环，因为其有助于我们理解在布宜诺斯艾利斯卡尔比多精英社会网络中每个家族的重要性。因此，近期的一些研究（Newman，2005）提出了一些中心性指标，并将自环纳入计算范围内。根据以上研究成果，我们计算了基于随机游走（random walks）规律的中介中心性和中心性（分别称为随机游走中间性和随机游走中心性），这就是我们认为只有三个指标可以用来对样本的中心性进行测量的原因，这三个指标分别是度、随机游走中间性和随机游走中心性。表 8.3 列出了中心度最高的十个家族。Lezica y Torrezuri 家族（由 Lezica 和 Lezica y Torrezuri 两个家族群组组成）的度最高。可以注意到 Arana 家族紧随 Lezica y Torrezuri 家族之后，最重要的是，他们都通过宗教和亲属关系建立联系。

表 8.3 度、随机游走中间性和随机游走中心性排名
（前十大家族）

排名	家族	度	随机游走中间性	随机游走中心性
1	Lezica y Torrezuri	37	0.006	1.21
2	Arana	33	0.022	4.56
3	Sarasa	18	0.011	2.52
4	Basavilbaso	15	0.013	2.84
5	Gonzalez y Noriega	15	0.014	2.94
6	Balbastro	14	0.008	1.65
7	Martinez de Tirado	14	0.004	0.96
8	Belaustegui	13	0.019	4.24
9	Warnes	12	0.010	2.14
10	Alzaga	11	0.016	3.27

资料来源：作者自制。

图 8.5 是表 8.3 的图像画展示，其与表 8.3 的关系网络是一致的，但现在每个家族类型的标签大小与其度中心性成正比。利用这种方法，可以很清晰地识别最重要的十个家族。

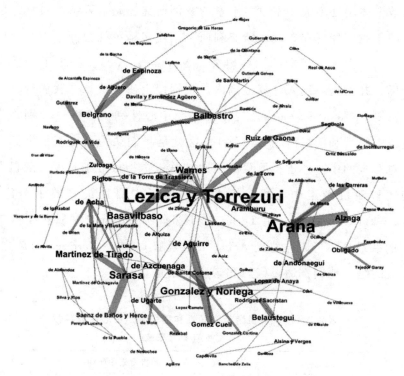

图 8.5　用标签（其大小表示度的大小）表示的家族关系网络

资料来源：作者自制。

8.3.3　关系网络的测度和政治

8.3.3.1　个体行动者和权力

第一个需要检验的假设是行动者在关系网络中的相对位置是否有利于他们在议会中得到更高级别的职位。从这个角度来说，Del Valle（2014）收集的数据有助于我们加深对政治权力、获取不同职位的机会以及资历的理解。Lin（2001）按社会资本运行的不同机制区分了影响力、信息、社会信用及扶持。我们推测，社会资本一直被用于获取权力。该变量由与布宜诺斯艾利斯市议会运行结构直接相关的每次任命的相对重要性表示。因此，我们选出9类官员作为代表，分别是首轮票选市长（alcalde）、二轮票选市长、第一至第六行政司法总长（regidor）和检察总长（syndic procurator）。将代表官员进行排序，并将一组连续的值按排名分配给每一个代表，1~9表示重要性从低（检察总长）到高（首轮票选市长）。这一变量反映了政治权力的两个方面：一方面，通过获取卡比尔多议会中的提名席位来确保政治权力；另一方面，尽可能获取议会中的更高职位。这一变量用权力指数（Index of Power，IP）来表示。

表8.4列出权力指数的大小。只有7个行动者（占总样本的1.28%）处于卡比尔多议会的最高层，在议会中处于第2~5位（第一至第四行政司法总长）的个体数量约占总样本的14%。

表8.4　权力指数变量

权力指数(IP)	频率	百分比（%）	累积百分比（%）
0	439	80.40	80.40
1	4	0.73	81.14
2	23	4.21	85.35
3	22	4.03	89.38
4	18	3.30	92.67
5	13	2.38	95.05
6	8	1.47	96.52
7	5	0.92	97.44
8	7	1.28	98.72
9	7	1.28	100.00
总计	546	100.00	

资料来源：作者自制。

　　网络解释变量包括度中心性、中间性、接近性中心性、特征向量中心性等，同时考虑如下相关的解释变量[①]：

　　·JoinNet 指的是卡比尔多家族成员联姻的年份。这个年份也被视为加入关系网络的年份，因为大多数情况下，非议会家族直系后代可在与议会成员联姻后获得任命。这方面的例子有 Martin de Alzaga、Gaspar de Santa Coloma 和 Vicente de Azcuénaga 家族。

　　·JoinCab 指的是在议会中获得首次提名任职的年份，它也代表获得政治权力的年份。

　　·Positions 指的是行动者获得议会提名席位的次数。

　　为了估计政治权力变量（用一系列值表示议会内部政治权力的提升）与其决定因素之间的相关关系，我们采用了一种适用性较强的计量模型，即有序 Logit 模型（Hardin and Hilbe，2007）。该模型将表示个人政治权力的一系列值（IP）与个人在关系网络中的位置（中心性）进行关联，同时考虑其他相关变量，如时间和被提名到某职位的次数。表 8.5 列出估计结果的优势比[②]。表中列出了五个模型，并且给出了回归系数和标准误；星号代表基于 z 统计量的 p 值（二者在表格中并未呈现）。可以发现，度中心性（较低的特征向量中心性）、JoinCab 和 Positions 的估计结果显著，JoinNet 则不显著。将 JoinNet 和 JoinCab 分开进行回归分析时，则二者都很显著，但是当将它们放在一起进行回归分析时，只有 JoinCab 显著。[③]

---

① 遗憾的是，我们无法收集包含其他社会经济控制变量的信息。

② odds ratio，即发生比率之比，它表达的是某一群体相对于另一群体"成功"经历某事件的概率。——译者注

③ JoinNet 和 JoinCab 的相关系数为 0.39。

表 8.5 利用有序 Logit 模型估计的获取卡比尔多议会更高职位的优势比

权力指数（IP）	（1）	（2）	（3）	（4）	（5）
中间性	0.00003	0.00004			
标准误	0.31	0.00004			
接近性	-1.994		-2.431		
标准误	2.48		2.549		
特征向量	-32.34			-12.1	
标准误	8.76***			6.42*	
度	0.181				1.148
标准误	0.074**				0.074**
JoinNet	0.0002	0.0002	0.0002	0.0002	1.00
标准误	0.0002	0.0002	0.0002	0.0002	0.0002
JoinCab	0.0781	0.0094	0.0092	0.0092	1.01
标准误	0.0072***	0.0006***	0.0005***	0.0005***	0.0006***
Positions	-0.369	-0.286	-0.286	-0.286	-0.718
标准误	0.101***	0.094***	0.093***	0.093***	0.0692***
观测样本	546	546	546	546	546
Wald chi^2	321.38	269.67	388.80	346.38	264.86
Pseudo R^2	0.572	0.563	0.563	0.562	0.566

注：*** $p<0.01$，** $p<0.05$，* $p<0.1$。

加入卡比尔多议会（JoinCab）的年限每增加 1 年，获得更高职位的概率将增大。结果还显示了当假设其他变量保持不变，IP 如何随着联系增加而发生正向变动。特征向量变量也表现出显著的负相关关系，即同时具有较高度中心性和较低特征向量中心性的行动者往往会进入高层。从结构的角度看，这意味着这些行动者是星型网络的中心①，它们有许多连接（度中心性高），而它们之间的连接以及与关系网络其余部分的连接较少（特征向量中心性低）。中心在这些拓扑中积累连接并集中信息。最后，

———————————
① 星型网络是一种图形拓扑，它以一个节点为中心，许多其他节点与中心连接，此外没有其他连接。

在其他所有变量保持不变的情况下，针对卡比尔多议会（职位）的每一个增项都会使获取更高职位的优势比降低 0.72。而且，有无工作经验与在卡比尔多议会中是否晋升无关。总而言之，我们注意到在分析的时段内，那些与连接较少的行动者（加入议会较晚、被提名任某职位的次数较少）联系紧密的人在议会中越受到重用。这显示了在社交圈中，候选人的联系度至少与教育背景和工作经验（人力资本）同等重要。此外，那些一直留任的人倾向于原地踏步或止步于低层级职位。我们观察了一些自 18 世纪 90 年代末进入议会的个体的案例，如 Pedro Gonzalez Cortina 1798 年任第六行政司法总长，1801 年任第二行政司法总长；Manuel Ortiz Basualdo 1802 年和 1803 年任第六行政司法总长，又于 1807 年任第二行政司法总长；Gabriel Real de Azúa 1804 年任第六行政司法总长，1809 年任第二行政司法总长；诸如此类。

进一步处理可使结果更直观。图 8.6（a）和图 8.6（b）是基于表 8.5 的估计值制作的。图 8.6（a）中的曲线表示随着度中心性增加（样本度中心性的值随职位升高从 1~15 依次增加），低权力类型如何变化（IP 从 1~5 依次增加）。图 8.6（b）中的曲线表示获取较高权力的可能性如何变化。如图 8.6 所示，度中心性越大，其在议会中进入高层的可能性就越大，被提名到低级职位的可能性就越小；反之，如果行动者的度中心性较小，则不太可能被提名到高级职位，而被提名到低级职位的可能性则变大。

在进行网络分析的时候，还可以检验个体关系网络中对其他行动者影响巨大的家族领袖这类特定行动者的不同中心性。然而，关系网络内的权力主要来自特定家族的成员，这也是家族政治影响力的一部分。从这个视角出发，为了验证政治权力是否与个人或家族或者与两者相关联，我们对家族网络进行了划分，验证分组后的家族群组（及群组中的个体）之间是否存在一定的关联。有趣的是，我们发现，家族建立关系网络和凝聚力

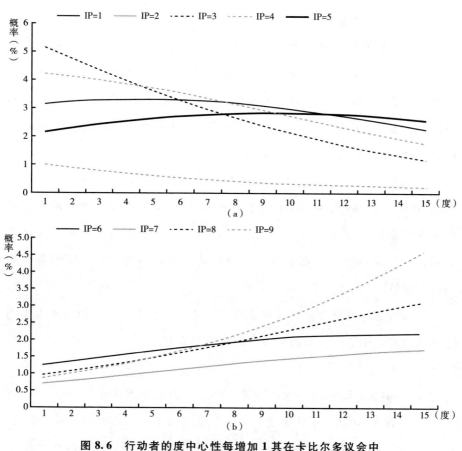

图8.6　行动者的度中心性每增加1其在卡比尔多议会中 获得更高任命的概率变化

资料来源：作者自制。

源于其力图确保长期行使经济权力、社会权力，尤其是政治权力，从而维持家族长盛不衰的内驱力。关系网络导致再生产策略的目的变成维护、巩固和强化相关家族的权力，因此可以在此基础上理解合议制政府卡比尔多议会不同职位的提名。这些家族建立了复杂而强大的关系网络，兼具社会组织和公共政策的特征。从殖民时代到独立时期这一过渡阶段，这些家族是典型代表（Del Valle，2014：50）。

8.3.3.2 家族与权力

这项研究的第二个假设是政治权力来自卡比尔多互相关联的精英家族核心圈层，之所以如此，主要在于旧政权世界的政治活动往往具有群体性特征。家族联姻的目的是为个人或亲朋好友在议会中谋取权力与职位，特别是那些可以产生更大利益、更高社会影响力或更体面的职位（Guerra，1993：116-117）。

我们引入了一个变量，即平均政治权力指数（index of average political power，AvgIP），表示每个卡比尔多家族成员个人政治权力指数的平均值。这一指标根据某一家族成员获得议会席位的比例来衡量该家族的相对政治重要性。鉴于本分析的目的，我们将 AvgIP 视作结果变量或因变量。

关系网络的解释变量是这些家族的中心性：度中心性、随机游走中间性和随机游走中心性，其他相关的解释变量包括：

> AvgJoinNet：每个家族成员一婚或二婚的平均年份
> AvgJoinCab：卡比尔多家族成员获得议会中首个职位的平均年份
> TotPositions：同一家族的成员在卡比尔多议会中任职的总次数

在构建这些新变量时，我们发现大多数观测值被截断为 0。为解决该问题，使用 Tobit 模型进行估计（McDonald and Moffitt，1980），在每个家族的 AvgIP 与其他相关变量间建立统计关系。解释 Tobit 回归系数的方式与解释 OLS 回归系数类似，不同的是线性效应作用于非截尾（uncensored）的潜变量，而非观测结果。潜变量表示的是家族的平均政治权力，当可观测变量为 0 时，表示家族中无成员在卡比尔多议会任职；当权力指数大于0 时，潜变量与可观测变量重合。

由于存在共线性问题，因此剔除变量 AvgJoinCab。表 8.6 列出了 5 个调整后的模型的回归结果，包括每个变量的回归系数、标准误、统计显著性、Sigma、调整后的 R^2 以及每个估计方程的总体显著性的似然比（LR chi^2）。

在表 8.6 的列（4）和列（5）中，度中心性和特征向量中心性在统计上是显著的。这种情况下，在卡比尔多议会中占据较多席位的家族与其他也有良好连接的家族之间的关系良好。与个体的情况相比，当家族网络的度中心性和特征向量中心性为正星型网络并且成为高位者的显著特征时，将意味着存在更多的重叠交互拓扑。在这种情况下，在议会中占据更多席位的家族普遍与其他社会关系网络丰富的家族联系更多。而且，AvgJoinNet 在每个回归中都显著，即进入某特定家族关系网络的平均年份与每个家族在卡比尔多议会席位提名中获得的更大的平均权力是正相关的。这意味着，平均而言，在殖民地后期越是能继续接纳成员进入的家族，身居高位者越多。我们推测，鉴于在旧政权中家族发挥着比个人更重要的作用，进入市议会的机会可能留给那些较晚进入家族的成员，他们代表家族获得提名。正如前文所讨论的，这一推测得到了事实的支持，即年资几乎不是个人攀升权力阶梯所必需的条件。

表 8.6　家族平均政治权力的 Tobit 估计

平均政治权力指数（AvgIP）	（1）	（2）	（3）	（4）	（5）
随机游走中间性	−0.954	0.306			
标准误	2.814	0.259			
随机游走中心性	266.3		93.72		
标准误	640.8		66.55		
特征向量中心性	−1.45			70.90	
标准误	36.73			34.53 **	
度中心性	0.212				0.230

续表

平均政治权力指数（AvgIP）	（1）	（2）	（3）	（4）	（5）
标准误	0.091 **				0.069 ***
TotPositions	−0.004	0.280	0.278	0.005	−0.029
标准误	0.164	0.186	0.179	0.205	0.151
AvgJoinNet	0.004	0.004	0.004	0.005	0.004
标准误	0.001 ***	0.001 ***	0.001 ***	0..002 ***	0.001 ***
固定值	−6.178	−6.72	−6.91	−6.26	−5.876
标准误	1.82 ***	2.13 ***	2.19 ***	1.88 ***	1.675 ***
观测样本	113	113	113	113	113
Sigma	2.246	3.11	3.065	2.850	2.291
	0.543	0.78	0.769	0.711	0.557
调整的 R^2	0.506	0.407	0.412	0.433	0.499
LR chi^2	62.80 ***	50.49 ***	51.12 ***	53.68 ***	62.23 ***

注：*** $p<0.01$，** $p<0.05$，* $p<0.1$；LR chi^2（6）适用于列（1），LR chi^2（3）适用于列（2）~（5）。

以度中心性为例，家族中每增加一个连接，其获得卡比尔多议会高层职位的 AvgIP 就增加 0.20。因此，家族关系网络分析表明，以获得议会提名来积累政治权力与其他政治网络以及在殖民地后期接纳新成员进入的家族建立的关系的数量之间存在统计学上的显著性。值得注意的是，举例来说，四大议会家族（Lezica y Torrezuri、Riglos、Aoiz 和 Alzaga）获得了约占总样本的度中心性 50% 的市长提名，而剩余的 50% 则在其他的 114 个家族中分配（Del Valle，2014：171-172）。1776~1810 年，Lezica 家族的 16 人（包括子女、孙子和继孙）中有 14 人获得提名，其中获得市长任命的 5 人中，3 人首轮投票即获选市长，2 人是二轮投票获选市长。另有 19 人被提名为第一、第二和第三行政司法总长。家族成员还获得了第四、五、六共计十个行政司法总长席位，另有六位辩护律师（defensoría）和一位清算会计（sindicatura）。

最后，我们观察了个体政治权力（正在形成星型网络），但他们之间的连接不是很好（低特征向量中心性）。家族连接可能比个体本身的连接更好。这两个发现表明家族和个体都很重要，但很显然，家族是个体得以发展的基础。本章研究是对大多数文献中描述性解释的补充。

8.4 结论

本章应用社会网络关系分析法，研究了1776~1810年每年1月1日布宜诺斯艾利斯卡比尔多议会的任命提名与个人和家族在议会中的相应地位间的关系。为此，我们解决了Ponce Leiva和Amadori（2008）在研究中出现的概念区分不明显（家族、群体和关系网络）和行动者选择问题，厘清了独立前的拉美社会问题。本章定义了行动者、家族及将其联系起来的社会网络。我们建立了两类社会网络，即个体和家庭，并针对这两个网络展开了结构性描述，计算了中心性，检验了相关假说。

鉴于度中心性分布遵循幂律，我们发现关系网络在结构上表现出良好的信息传播特性。一方面，对政治任命和中心性指标的统计分析表明某行动者占据战略地位（强联系纽带）的重要性；另一方面，根据我们的界定，充当其他不连接的子群体的中介或位于网络中间则与政治权力获取无关。同样，个体政治权力与社会联系不密切的行动者之间的更多联系强相关。这种情况下，应该注意到，个体之间的联系大多源自那些本就有联系的家族。卡比尔多议会家族通过联姻让本不属于某个家族的个体进入家族关系网络。一旦如此，卡比尔多议会席位的提名就对他们开放。所有情况都显示，个体代表了家族，而家族则按个体在家族网络中的相应位置与提名重要性安排其在议会中任职。

同样，在殖民地后期获得卡比尔多提名任命与测度后得到的政治权力指数正相关。已经在多个岗位任职的行动者例外。此类行动者与政治权力指数负相关，这可能表明领导力与人脉更相关，而不在于有何种经验。

据我们所知，本研究是运用社会网络分析法在特定历史背景下展开分析的第一文。这为对拉普拉塔河地区和美洲其他地区进行相似主题和过程的量化分析做出了一定贡献。未来，需要更多地关注布宜诺斯艾利斯卡比尔多议会关系网络的动态演变过程。我们推测，关系网络的形成方式与各种网络对制度结构的形塑以及各种政治事件最终导致 1810 年"五月革命"等政治事件爆发。

致谢：感谢 Fernando Delbianco 对本章初稿提出的意见和建议，同时感谢两位匿名审稿人的点评和建议。

参考文献

Alcántara Valverde, N., Casasola Vargas, S., and While, D. R., 2002. "The Marriage Core of the Elite Network of Colonial Guatemala." White, D. R. Personal site. http://eclectic. ss. uci. edu/~drwhite/pub/core11Casasola. pdf. Accessed 2 Jan 2015.

Amadori, A., 2008. "Los análisis de redes Sociales y el ejercicio del Poder: América Hispana." *Épocas*: 35 - 59. http://p3. usal. edu. ar/index. php/epocas/article/view/562/667.

Aramendi, B. M., 2011. "Poder Local versus Poder Real? Conflictos Entre el Cabildo de Córdoba y el Gobernador don Joaquín Espinosa y Dávalos." *Andes* 22 (1). http://www. scielo. org. ar/scielo. php? script = sci_ arttext&pid = S1668-80902011000100003&lng = es&nrm = iso.

Balmori, D., Voss, S. F., and Wortman, M. L., 1990. "Las alianzas de familias y la formación del país en América Latina." *Fondo de Cultura Económica*, México.

Bastian, M., Heymann, S., and Jacomy, M., 2009. "Gephi: An Open Source Software for Exploring and Manipulating Networks." International AAAI conference on weblogs and social media.

Berbesí, L. , 2007. "Redes Sociales y Poder Político. " Maracaibo, 1787 – 1812. *Revista de Artes y Humanidades UNICA* 8 (19): 178–204.

Bertrand, M. , 2000. "Los modos relacionales de las élites hispanoamericanas coloniales: Enfoques y posturas. " *Anuario del IEHS* 15: 61–81. http://anuarioiehs. unicen. edu. ar/Files / 2000/Los%20modos%20relacionales%20de%20las%20%C3%A9lites%20hispanoamericanas%20coloniales%20enfoques%20y%20posturas. pdf.

Besio Moreno, N. , 1939. "Buenos Aires, puerto del RÍo de la Plata, Capital de la Argentina. Estudio de su población (1536–1810). " Talleres Gráficos, Buenos Aires.

Bonacich, P. , 2007. "Some Unique Properties of Eigenvector Centrality. " *Soc Networks* 29 (4): 555–564. https://doi. org/10. 1016/j. socnet. 2007. 04. 002.

Borucki, A. , 2011. "The Slave Trade to the Río de la Plata, 1777 – 1812: Trans-Imperial Networks and Atlantic Warfare. " *Colon Lat Am Rev* 20 (1): 81–107. https:// doi. org/10. 1080/10609164. 2011. 552550.

Comadrán Ruiz, J. , 1963. "Evolución demográfica argentina durante el período hispano (1536–1810). " *Eudeba*, Buenos Aires.

Conti, V. , and Gutiérrez, M. , 2009. "Empresarios de los Andes de la Colonia a la Independencia. " *Dos estudios de casos de Jujuy. América Latina en la Historia Económica* 32: 137 – 163 http://www. scielo. org. mx/scielo. php? script = sci _ arttext&pid = S1405 – 22532009000200007&lng = es& nrm = iso.

Del Valle, L. C. , ed. , 2014. "Los hijos del poder. De la élite capitular a la Revolución de Mayo: Buenos Aires 1776–1810. " *Prometeo Libros*, Buenos Aires.

Ferreiro, J. P. 2010. "Aproximación analítico-estructural a los habitus nupciales, parentales y políticos de Jujuy durante el siglo XVII. " *Prohal Monográfico*. http:// www. filo. uba. ar/contenidos/investigacion/institutos/ravignani/prohal/mono. html. Accessed 29 Dec 2013.

Gould, R. V. , 1996. "Patron-client Ties, State Centralization, and the WhiskeyRebellion. " *Am J Soc* 102 (2): 400–429.

Granados, A. , 2006. "Las contratas en la ciudad de México. Redes sociales y negocios: El caso de Manuel Barrera (1800 – 1845)." *Política y Cultura* 26: 263 – 266 http://www. redalyc. org/articulo. oa? id = 26702613.

Granovetter, M. S. , 1973. "The Strength of the Weak Ties. " *Am J Soc* 78 (6): 1360–1380 http://www. jstor. org/stable/2776392.

Guerra, F-X. , 1993. "Modernidad e independencias. Ensayos sobre las revoluciones hispánicas. " *Fondo de Cultura Económica*, México.

Han, S-K., 2009. "The Other Ride of Paul Revere: The Brokerage Role in The Making of The American Rvolution." *Mobilization* 14 (2): 143-162 http://www.sscnet.ucla.edu/polisci/faculty/chwe/ps269/han.pdf.

Hardin, J. and Hilbe, J., 2007. "Generalized Linear Models and Extensions." 2nd edn. Stata Press, College Station, TX.

Hillmann, H., 2003. "Factional Politics and Credit Networks in Revolutionary Vermont." ISERP Working Paper. http://hdl.handle.uet/10022/AC: P: 9709.

Ibarra, A., 2006. "Redes de circulación y redes de negociantes en el mercado interno novohispano: los mercaderes del Consulado de Guadalajara, 1791 - 1803." Universidad Nacional Autónoma de México, México. http://www.helsinki.fi/iehc2006/papers1/Ibarra.pdf.

Johns, L. and Ville, S., 2012. "Banking Records, Business and Networks in Colonial Sydney, 1817 - 24." *Aust Econ Hist Rev* 52 (2): 167 - 190 http://ro.uow.edu.au/commpapers/2777.

Johnson, L., 1973. "Estimaciones sobre la población de Buenos Aires en 1744, 1778 y 1810." *Desarrollo Económico* 19 (73): 107-119. https://doi.org/10.2307/3466498.

Johnson, L., Migden Socolow, S., and Seibert, S. 1980. "Población y espacio en el Buenos Aires del siglo XVIII." *Desarrollo Económico* 20 (79): 329-349.

Jumar, F., 2001. "Negocios en Red." Los Basavilbaso. Río de la Plata, mediados del siglo XVIII, VIII Jornadas Interescuelas/Departamentos de Historia, Salta. http://www.fuentesmemoria.fahce.unlp.edu.ar/trab_eventos/ev.716/ev.716.pdf.

Lin, N., 2001. *Social Aapital: A Theory of Social Structure and Action.* Cambridge University Press, Cambridge, MA.

McDonald, J.F. and Moffitt, R.A., 1980. "The Uses of Tobit Analysis." *Rev Econ Stat* 62 (2): 318-321.

Mitchell, J.C., 1969. *Social Networks in Urban Situations.* Manchester University Press, Manchester.

Morales, L.M., 2006. "Redes y Negocios en Puebla." *Fortuna y mentalidad nobiliaria.* Historia Caribe 11: 73-85.

Moutoukias, Z., 1995. "Narración y análisis en la observación de vínculos y dinámicas sociales: el concepto de red personal en la historia social y económica." *In Inmigración y redes sociales en la argentina moderna,* edited by Bjerg, M., Otero, H. (Comp.), Tandil, Cemla-IEHS, pp 221-241.

Newman, M.E.J., 2005. "A Measure of Betweenness Centrality Based on Random Walks." *Soc Networks* 27 (1): 39-54.

Nicoletti, M.A., 1987. "El Cabildo de Buenos Aires: Las bases para la confrontación de una mentalidad." *Quinto Centenario* 13: 97-127.

Padgett, J. F. , 1994. "Marriage and Elite Structure in Renaissance Florence, 1282-1500." Conference Paper for Social Science History Association Annual Meeting. Saint Louis, Missouri.

Padgett, J. F. and McLean, P. D. , 2006. "Organizational Invention and Elite Transformation: The Birth of Partnership Systems in Renaissance Florence." *Am J Soc* 111 (5): 1463-1568.

Ponce Leiva, P. , and Amadori, A. , 2008. "Redes sociales y ejercicio del poder en la América Hispana: consideraciones teóricas y propuestas de análisis." *Revista Complutense de Historia de América* 34: 15-42.

Salinas, M. L. , 2010. "Élites, encomenderos y encomiendas en el Nordeste Argentino." *La ciudad de Corrientes a mediados del Siglo XVII*. Bibliographica Americana 6: 1-22

Sánchez Santiró, E. , 2007. "Las incertidumbres del cambio: Redes sociales y mercantiles de los hacendados-comerciantes azucareros del centro de México (1800-1834)." *Hist Mex LVI* (3): 919-968.

Senor, M. S. , 2005. "El azar y la necesidad. Elite y elecciones matrimoniales en Buenos Aires 1776-1820." *Las familias Azcuénaga y Andonaegui. Andes* 16: 1-18.

Smith, M. , Ceni, A. , Milic-Frayling, N. , Shneiderman, B. , Mendes Rodrigues, E. , Leskovec, J. , and Dunne, C. 2010. "Node XL: A Free and Open Network Overview, Discovery and Exploration Add-In for Excel 2007/2010/2013/2016." http: //nodexl. codeplex. com/ from the Social Media Research Foundation. http: //www. smrfoundation. org.

Socolow, S. , 1991. "Los mercaderes del Buenos Aires Virreinal: familia y comercio." Ediciones de la Flor, Buenos Aires.

Wasserman, S. and Faust, K. , 1994. *Social Network Analysis*. Cambridge University Press, Cambridge, MA.

White, D. R. , 2004. "Ring Cohesion Theory in Marriage and Social Networks." *Math Soc Sci* 42 (168): 59-82 http: //msh. revues. org/2940.

White, D. R. , 2005. "Teoría de la Cohesión Circular en el Matrimonio y las Redes Sociales." *Empiria* 10: 37 - 69. http: //revistas. uned. es/index. php/empiria/article/download/ 1043/959.

9

区域经济发展模式：工业化时期对法国各省的类型学分析

福斯廷·佩林（Faustine Perrin）

米卡尔·贝奈姆（Mickaël Benaim）

摘　要： 本章利用 19 世纪中期法国约 70 个变量的经济数据，描述和解释了法国区域经济发展模式。法国各地的发展过程和发展速度迥异，并且均有特殊性。本章基于三分法对各省①的发展特征进行分类：（1）生产结构；（2）城乡人口受教育结构；（3）婚姻结构。大多数富裕的省呈现工业动态水平高、性别平等程度高、教育程度高、婚内生育控制以及低生育率等特征；落后省份的特征则是：严重依赖农业、性别不平等、受教育程度低、低结婚率以及高生育率。这一分析结论对我们理解发展过程（产出增长、人力资本积累、生育率转变）的起源和影响具有较大的启示意义。本章主要有三大贡献：第一，解释法国不同区域的发展轨迹；第二，明晰发展优势出现或劣势持续存在的原因；第三，解释经济实现持续增长的时间和速度的变化。

关键词： 经济发展　性别　家庭　生育率　工业化　19 世纪　法国

9.1　引言

在持续发展的过程中，西方国家经历了巨大的人口、社会经济、文化和制度的变迁。其他实现持续经济增长的国家也殊途同归。尽管如此，仍可以发现某些地区的发展速度快于其他地区，且同一国家内部的不同地区发展水平也存在差异。

在统一增长理论框架下，技术进步率与人口结构和规模之间的相互作

---

① 本章中 county 对应译为法国的省而非县，department 则译为大区。——译者注

用既促进了经济的持续增长，也导致了生育率的显著下降（见 Galor and Weil, 2000；Galor, 2011）。持续的经济增长使各经济体能够加速人力资本形成和提高人均收入。在最新的研究中，性别平等和家庭组织已被认为是经济发展的关键要素（Diebolt and Perrin, 2013）。然而，对发展过程某些方面的解释仍然不全面，留下了悬而未决的问题。虽然宏观模型能够提供很多有用的信息，但仍需要通过深入研究以揭示经济发展的性质、原因和因素的多样性。尽管研究者长期以来一直致力于研究促进发展的潜在机制，但对人口、社会经济和文化等变量之间的相互关系知之甚少。识别经济发展模式，可能有助于解释经济从停滞向现代增长过渡的原因与机制。然而，目前学术界还未针对区域发展的多样性进行全面的评估或研究。

本章旨在描述和解释法国各省在发展过程中的异同。亚历山大·格申克龙（Alexander Gerschenkron）将欧洲工业化视为一个完整的体系，认为只有通过比较分析才能窥其全貌（Harley, 2002）。本章认同格申克龙的观点，根据区域的落后及先进程度，对区域差异化发展的模式分类（Gerschenkron, 1962）。我们尤其注重考察区域的关键特征，从而探究造成差异并最终推动经济实现持续增长的关键因素。为此，本章研究了法国的发展过程，尤其是区域发展的多样性。

法国是一个特别值得研究的国家，因为其各区域表现出强烈的异质性，不同区域发展情况不同。因此，对法国进行全国层面研究可能得出误导性结论，这主要是因为法国在许多方面都具有较大的多样性，如经济、社会、文化或制度等。毫无疑问，发展是一个区域性过程，且各地区基础设施、文化和社会特征的差异会进一步强化这一过程。

我们利用现有可得的大量省级层面的量化调查数据研究了法国工业化期间区域经济发展的时空多样化特性。具体而言，我们基于 19 世纪 50 年代法国大城市数据探讨了区域发展模式，并收集了经济、人口、社会、文化、制度和地理特征数据。为此，我们采用主成分分析法和层次聚类分析法展开分析。这两种方法的优点是可以广泛收集定量信息（其中一些的重要性已被现有文献证实，而另一些的价值则尚未被发现）。这方便了我们根据发展特征对法国各省进行分类。

我们发现，根据法国的社会经济特征可以将其省份划分为六类。可以从三个维度〔分别是生产结构（部门专业化程度）、城乡教育结构和婚姻结构〕进行分类。某些区域的特定条件有助于解释这些区域的不同发展轨迹和发展速度，以及经济发展过程的时空变化。

我们认为建立一个涵盖发展过程并反映区域多样性的体系非常重要。同时，还要通过考虑不同发展阶段的共存情况来解释和分析经济发展过程。本章的研究对此做出了一定的贡献，具体而言，我们解释了 19 世纪法国经济向持续经济增长过渡期间总体的空间人口、社会经济和文化特征。

本章其余部分安排如下：第 9.2 节介绍了法国发展简史特征；第 9.3 节介绍了识别区域发展模式的方法和数据；第 9.4 节介绍了主成分分析法和层次聚类分析法；第 9.5 节分析了法国经济发展的区域类型；第 9.6 节强调了性别平等和法国各省份定位之间的关系；第 9.7 节得出了研究结论，并就未来的研究方向展开讨论。

9.2　法国发展简史

本节描述了法国发展过程中出现的一些主要特征，以便将本研究置于探究长期发展的背景之下。我们简要地讨论了经济、人口、教育和文化的演变情况（Perrin，2013，对第 9.2 节所涉及的不同方面进行了更详细的描述）。

法国在发展过程中发生了许多重大变化，其特点在于其经济的某些方面转变迅速。人口-经济"悖论"表明，尽管拥有更多的资源便可以养育更多的后代，但生育率仍然不可避免地下滑。尽管各国经济和人口结构发生转变的时间和速度都存在差异，但发达国家有相似的变化趋势，法国也不例外（见图9.1）。在法国，许多变化与经济发展和人口结构转变相伴相生。

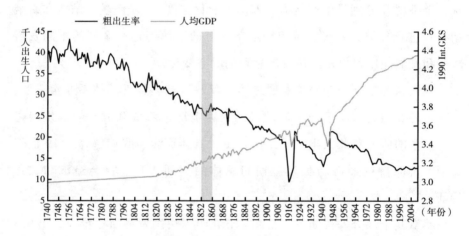

图 9.1　1740~2008 年法国的粗出生率和人均 GDP

注：利用线性插值法计算缺失数据。灰色区域是 19 世纪 50 年代，即本研究所分析的时期。

资料来源：Chesnais（1992）和 INSEE（2007）。深灰色——粗出生率（右轴）来自 Chesnais（1992）和 INSEE（2007）；浅灰色——人均 GDP（右轴）来自 Maddison（2008）。

9.2.1　经济

9.2.1.1　从农业到工业

19 世纪的法国经济仍然以农业和农村为主。1820~1870 年，农产品的年均增长率约为 1.2%。1860 年，农业附加值占全国附加值的比重为 44%，而制造业和服务业的占比分别为 31% 和 25%（Combes et al.，2011）。20 世纪初，仍然有 40% 的人口在农业部门工作。某些创新促进了农业的发展，如脱粒机和收割机的发明。创新提高了家庭的购买力，从而刺激了消费品行业发展。人们认为，农业革命促进了经济繁荣，并成为工业腾飞的先决条件（Bairoch，1989）。

法国是世界上最早开始工业化的国家之一，在时间上仅次于英国。18世纪，法国的动态工业体系（dynamic industries）已粗具雏形，如采矿业、冶金业和纺织业。但受限于资本稀缺，工业仅在某些城市有所发展。相对而言，小型企业在城市的发展势头旺盛。① 工业和贸易的发展与城市的扩张相辅相成。尽管纺织业和棉织业面临英国的竞争，但在18世纪最后十年，随着机械化的引入和工厂的建立，法国的工业仍持续发展。与其他国家相反，这一时期法国的工业化发展和扩散主要发生在农村地区。工厂的发展使工业化持续推进，并随着经济发展而加速（Dewerpe，1992）。到19世纪中叶，法国已跻身先进工业化国家。1860年，法国的制造业附加值仅次于英国，但仍领先于比利时、美国和瑞士（Bairoch，1965）。尽管如此，法国的工业腾飞并不像其他国家那样迅速，这也解释了法国19世纪末被普鲁士（德国）赶超、如今农业仍占较大比重的原因。

9.2.1.2 基础设施

19世纪，法国的公路和铁路系统以及其他永久性基础设施（隧道、桥梁等）迎来较大的发展。30年代，法国的铁路运输系统仍相对陈旧，直到40年代才开始发展。铁路系统发展的结果是促进了偏远乡村的现代化（Weber，1976），但其最初是出于政治和文化原因而非经济目的兴建的。事实证明，铁路系统的发展促进了全国市场（原材料、商品、进口制成品）的建立从而带动了工业发展。法国的铁路网是中心式的，从巴黎向外辐射至全国各地。相比城市而言，法国农村更需要的是公路和水运航道等基础设施，但由于忙于兴建铁路，公路和水运航道等其他基础设施

---

① 巴黎自19世纪初就已经是一个世界领先的资本型城市（得益于相对完备的银行系统、充足的资本以及大量的劳动力）。

的建设一定程度上被忽视了（Dobbin，1994）。

9.2.1.3 教育

法国在不断发展的过程中，人口结构发生了深刻的变化。尽管在人口和经济结构发生转型之前，法国的文盲率很高，但到了 19 世纪后期，文盲已经显著减少。

法国大革命也促进社会政策发生了重大的变革，主要涉及两个方面：实施允许革命思想传播的措施（并确保公民的权利）和通过教育（学校）普及法语。对于雅各宾派来说，法语必须是整个国家唯一被应用的"自由语言"。Talleyrand（1791）在关于学校组织的报告中表达了对方言使用的忧虑，并指出建立普通公立小学教授法语是有必要的。

整个 19 世纪，尽管劳动力的正规教育和培训尚未被视为国家竞争力提升和经济增长的潜在因素，但教育仍然是法国历届政府施政的首要事项。教育的主要目的之一是传播文化和培养合格的公民（Durkheim，1922）。尽管人们愿意实现一体化，并培养"通用型"人才（源于工业革命的文化理想），但整体上看地区差异仍较大，尤其是各省入学率和基础设施情况的差异。改革的目的还在于提高法国农村家庭子女的识字率，力争达到全国平均水平。中央政府所在地巴黎实施了几项教育改革措施，如《基佐法案》、《塞伊法案》（Sée Law）或《费里法案》（Ferry Law）①，并在法国其他地区推行。19 世纪，学龄前儿童的识字率及中小学入学率都有了显著提高。教育的发展是循序渐进的：首先是打牢初等教育的基础（从 19 世纪中期到末期女性受教育人数逐渐增加），然后是发展中等教育（如 19 世纪末《塞伊法案》的实施）。

---

① 1879 年 2 月，共和党人律师费里（J. C. Ferry）出任教育部部长后颁布实施《费里法案》，确定了发展国民教育的义务、免费与世俗化三原则，用法律手段巩固了法国国民教育的改革成果。——译者注

9.2.2 文化

9.2.2.1 语言

法国语言体系非常分裂，不同地方（尤其是郊区）的人讲不同的方言。对于法国来说，如果某地的方言与法语较相似，那么该地区（如讲奥依语和法兰克-普罗旺斯语的地区）的教育会相对先进。20世纪初，通过加强教育，法国大多数人可以认识并应用法语，并且方言的使用大大减少（Weber，1976）。

9.2.2.2 宗教

法国大革命、（陪审团）牧师和共和派教师共同发挥作用促使法国的宗教和学校文化发生了转变，并对个人生活和意识产生了深远的影响（Harten and Pitz，1989）。宗教习俗可能会对个人的家庭、婚姻和性行为等产生重要影响。对于教会来说，婚姻是神圣的，因此禁止避孕和婚外性行为。但是，考虑到农村家庭生活困难和资源有限（Le Bras and Todd，2013），教会允许妇女推迟结婚以免生育太多孩子。在农村地区，天主教家庭是理想的家庭类型，其特征是晚婚、生育率高和低非婚生子率。19世纪中叶，"现实主义"运动主导了法国文学，并一直延续到20世纪初。该运动支持科学和理性，并认为教会是人类进步的阻碍。反教权主义深刻地改变了法国的宗教习俗，天主教会的地位一落千丈。

9.2.2.3 婚姻模式

生育控制可能源于传统控制手段，如禁欲、推迟初婚年龄、独身或推迟生育一孩年龄。但这也可能是现代化的结果，包括加大生育间隔、在特定年龄停止生育来直接控制婚内生育人口数量。

在人口结构转型的过程中，婚姻模式也发生了深刻的变化。在法国大革命之前，法国的婚姻特征与传统的欧洲婚姻模式基本一致（Hajnal，

1965）：高单身比例①、晚婚以及低非婚生育率。法国大革命后不久，独身率迅速下降，结婚年龄中位数也出现了显著的下降趋势，并且非婚生人数大幅增加。

9.2.3　人口：家庭组织

19世纪前期，法国是欧洲人口最多的国家，也是世界第三大国，仅次于中国和印度。随后，在欧洲，一直到19世纪60年代，法国人口都仅次于俄罗斯，位居第二。与其他欧洲国家不同，法国在19世纪没有经历过人口的爆发式增长。19世纪前期，法国的人口增长主要是由农村推动的。自进入19世纪以来，法国就开始了人口转型过程，比其他欧洲国家早一个世纪。

9.2.3.1　生育限制

首先，生育率下降往往是一种城市现象。法国城市的生育率下降早于农村。我们还发现了重视避孕的城市精英阶层与拥有强大生育能力的城市大众阶层（对生育控制较为敏感）之间的惊人反差（Flandrin，1984）。19世纪，法国发生了巨变。农村人比城市人更倾向于选择限制他们的后代数量。在法国北部等一些地区，工业发展似乎影响了生育率。最终，城市和农村的生育率在19世纪都降低了。

生育率转变是推动经济持续增长的一个独特因素（见图9.1）。根据适应性假说（Bonneuil，1997），个人在面对经济和社会环境变化（如婴儿死亡率下降）时，会倾向于采用生育控制措施。在法国，死亡率与生育率是同时下降的（其他大多数欧洲国家与法国相反，它们首先经历了死亡率下降，然后是生育率下降，这一过程比法国晚近一个世纪）。法国转型时期的特点是个人的平均寿命提高。预期寿命先是缓慢增加，到19

---

① 随着人口向城市的迁移，农村地区的独身女性较少，城市地区则较多。城市中的老年独身女性比农村地区多2~3倍（Henry and Houdaille，1979）。

世纪后十年则迅速增加（女性的预期寿命一直高于男性），同时，婴儿死亡率也大幅下降。

9.2.3.2 家庭结构

过去的两个世纪，法国社会发生了剧变。作为社会核心组织和支柱的家庭也随之发生变化。随着经济发展和工业化进程的推进，在以亲缘关系为基础的社会中，家庭模式逐渐从以扩展家庭为主演变为以核心家庭为主。Parsons（1956）认为核心家庭的发展适应工业社会不断变化的经济需要。

家庭类型需适合社会环境和工作组织架构（Dupont，2004）。大多数农业家庭属于扩展家庭。扩展家庭的成员主要包括父母、子女和祖父母以及其他家庭成员（如叔叔、婶婶），这些成员同住一个屋檐下或就近居住。家庭担负着教育儿童、制作食物、照顾老人等责任。扩展家庭还可以细分为两类：主干家庭和集体家庭。两类家庭的主要区别在于继承形式。集体家庭通常位于耕地富集的区域并以子女平等继承为主要特征。在集体家庭中，父母过世后，家庭财富和资产将被平均分割（Todd，1990）。所有儿子结婚后都可以将妻子带回家居住。集体家庭的目标是使家族世代相传，因此通常会生很多孩子从事农业劳动。主干家庭的特征是不平等继承。主干家庭通常位于耕地稀缺的地区，由一个儿子继承财富与资产，以延续家族血统。其他孩子可以选择单身并留在家中或结婚后离开家（Todd，2011）。在某些地区，耕地数量已经不再增加，一些未得到继承权的个体会为了养活自己而向城市迁移。农村人口外流主要影响到土地贫瘠的地区（尤其是法国南部地区和山区）（Frémont，1992）。

工业化进程导致了家庭结构及其功能的根本性变化。根据 Parsons（1956）的说法，有两个主要因素促进了核心家庭的发展：（1）从事能够赚钱的工作可促进个体实现独立；（2）个人主义使个体获得了自由择偶权，并推动了扩展家庭的瓦解。与扩展家庭不同，核心家庭由父母及其子女组成（通常是两三个子女）（Murdock，1949）。核心家庭也细分为两类：绝对核心家庭与平等核心家庭。核心家庭的特征是子女成年后完全自由。但是，两类核心家庭的继承模式是不同的。在绝对核心家庭中，遗产分配是通过遗嘱确定的，遗产通常由一个子女继承，且继承者通常是儿子。男女的待遇是不同的。然而，平等核心家庭的特点是子女拥有平等的继承权，父母在世时会鼓励子女与他们保持密切联系，父母去世后，财产将被平均分配。

工业的发展和基础设施（如学校）的完善改变了家庭的日常生活。工业化导致家庭和职业的进一步分离，接受教育逐渐成为国家赋予儿童的一种权利。教育有助于个体成年后进入劳动力市场，并提高其生活水平（作为向上流动的一个因素）。随着时间的推移，男女关系也发生了变化，家庭关系变得更加平等。

9.2.3.3　性别关系

随着时间的推移，过去男性专门从事有偿的市场工作、女性从事无偿的生育和家务工作的普遍模式发生了翻天覆地的变化。而上述模式建立在长期以来在家庭和劳动力市场之间形成的明显性别分界的基础上的，也是性别分工的结果，尽可能结合了家庭内最多生育数量和最高收入。

19世纪，单身女性（通常受教育程度低）获得有偿工作的机会有所增加。已婚女性，尤其是已婚已育的女性，19世纪下半叶进入劳动力市场的机会显著增加，但仍集中在几乎没有知识门槛的行业。女性进入劳动力市场使得她们获得工资收入的能力大为提升（另见 De Moor and Van Zanden，2010，对前工业时代情况的描述），女性的新经济角色也引发了家庭组织的变化。

在实现现代化的过程中，许多方面（经济、人口、教育和文化）都取得了进步。总体看，法国的经济发展在时空上并非整齐划一，它是国家现代化以及与社会经济和文化特征相关的特定区域发展路径的综合体。

9.3 方法和数据

9.3.1 方法

为了探析法国各省的主要特征，我们主要采用主成分分析（Principal Component Analysis，PCA）和层次聚类分析两种方法。根据 PCA，我们选取了一个变量集（包含 9 个名义变量和 65 个数值变量）和包含法国 89 个省的大量个体变量。

首先，利用 PCA 对数据进行降维处理（假设它们是共同成分的函数）。作为一种探索性方法，PCA 的目的不是解释相关性，而是综合数据所包含的信息，以便在一大组数据中发现有意义的模式。[1] 利用正交变换将一组可能相关的可观测变量转换成一组线性不相关变量，称为主成分[2]（见 Henning et al.，2011；Chilosi et al.，2013 在不同背景下的应用）。

进行主成分分析之后，我们进行层次聚类分析，根据法国各省在轴上的位置将它们分为不同的聚类。分组最大限度地提高了聚类内的同质性和聚类间的异质性（参见 Everitt et al.，2011）。换言之，在同一个聚类中，我们发现了模式相似且独特的省，并可由此区别其特征

---

[1]　关于主成分的更多描述，见 Lindeman 等（1980）。

[2]　直观地说，一组变量的第一主成分是所有变量的线性指数，它捕捉了所有变量共同的最大信息量（Filmer and Pritchett，2001）。

"相反"的省组成的其他聚类。进行层次聚类分析的目的是将法国89个省划分为几个相关聚类，从而为更清晰地了解这些省的具体特征提供依据。

主成分分析和聚类分析是将大量信息和观察结果转换为有限的维度和聚类的强大工具。但要记住的是，一些省份的具体特征会被这两种方法所掩盖。我们主要进行三因子分析，缺点是会忽视其他维度的特征。我们的例子中包含74个变量。所有的分组（及其分析）都与平均值进行比较。如果某省处于中心位置并处于两个轴的交点以内，就意味着该省在这两个轴上与其他省相比有一个平均特征。层次聚类分析法是在不考虑结果的作用的情况下进行分组的，因此必须特别注意对结果的分析以及对轴的解释（Joliffe，2014）。

9.3.2　数据

本章收集了大量的省级（NUTS 3）数据对区域发展进行了分类。大多数变量是根据法国综合统计局的数据构建的。这些变量来自86个省。另外3个省是样本的一部分（滨海阿尔卑斯省、萨瓦省和上萨瓦省），但并非所有变量都能为分析所用。这89个省构成了PCA中的"个体"。[①]

分析中使用的74个变量由各种社会经济指标组成：人口（出生率、预期寿命、结婚年龄等）；经济（城市化率、工业化率、就业率、生产、工资、通信设施等）；教育（学校数量、两性识字率等）；文化（宗教习俗、家庭结构、性别差异指数等）；地理（基本方位、到维滕堡距离）；等等。

变量的符号、名称和描述如表9.2（附录）所示。大多数数据（另有

---

① 由于滨海阿尔卑斯省（1814~1860年属于皮德蒙-撒丁王国）、萨瓦省和上萨瓦省的数据缺失，对这三个地区的解释必须慎之又慎。

说明）涉及 1851 年。我们在此应用了大量经济指标①，涵盖多个方面：行业（农业、工业）、城市化率、工业化率、财富，也包括反映个人社会地位（按性别分类）的就业、工资和专业化。

9.4 分析

9.4.1 主成分分析法

我们通过主成分分析法分析数据所反映的省份特征，主要将重要的变量合并到少数因子轴上。三个因子轴按照 Cattell（1966）的标准确定②，以解释可观测数据 50% 的差异性。图 9.2 展示了三个因子轴及其主要特征。③

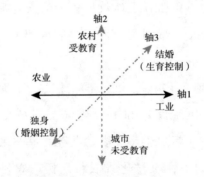

图 9.2　三个因子轴示意

---

① 在我们所掌握的变量中，有 9 个变量没有被用来确定两个主轴，而只是被投射到主轴上面。这 9 个变量被作为 "说明性" 变量使用，因此被投射到前两个轴上（见附录）。

② Cattell（1966）的碎石检验（scree test）可以确定要保留的成分数量。我们在特征值图中绘制向下曲线或拐点，按降序绘制有关的成分数量。

③ 主成分分析法的分析结果见附录中的图 9.9。它显示了主成分 1 和主成分 2（左）以及主成分 1 和主成分 3（右）涉及的变量的位置。

　　因子轴1　第一个因子轴（横轴）的负向指标如下：农业部门（在农业部门工作的个体或农民的人数占比、土地不平程度）、缺乏教育基础设施或投资（文盲率、无学校城镇、到维滕堡的距离）、婚姻生育率；正向指标（变量为正）如下：工业部门（制造业产出、小型工业占比、工业部门就业人数、男性工资、原始工业化率）、教育投资（识字率、公立小学入学率）、性别平等、交通或通信（铁路）设施和城市居民。

　　轴1倾向于反映生产结构（部门专业化水平）方面存在的鲜明差异，而基础设施（通信和教育）的差异则较小。因此，我们发现，以强大的农业生产为主导的农业型省份与机械化程度较高、与以工业生产为主导的省份之间形成了鲜明的对比。轴1还显示了受教育程度低（受教育机会少和生育率相对较高）和拥有土地数量较少的人与那些在城市附近居住并且受教育程度高的人（特别是女性）之间的明显区别。因子轴1解释了总方差的约24%。

　　因子轴2　因子轴2（纵轴）的负向指标如下：城市化水平（城市居民、人口聚集度、人口密度）和工业化（工厂数量、工业部门就业人数）、生育率-死亡率（粗出生率、婴幼儿死亡率）和服务部门（家政工人数量）；正向指标如下：农村化（农村居民、农村地区）和教育投资（男子学校、公立小学入学率、识字率、没有女子学校的城镇)① 以及健康（0岁预期寿命）。

　　轴2主要反映了城乡结构和人口的教育结构。一方面，以城市人口为主的省份，人口密度高、就业率高、婴幼儿死亡率相对较低；另一方面，轴2的正向指标显示的是农村人口较多、教育程度较低（包括男性和女

---

①　必须说明的是，这些省份的很多城镇没有女子学校；相反的情况是，一般来说男女同校的城镇较多。

性）的省份。因子轴 2 解释了总方差的约 14%。

因子轴 3 因子轴 3 的负向指标如下：Hajnal（1965）所定义的古典西欧婚姻模式（晚婚、持明确的独身主义）、婚姻生育率和公立小学男孩入学率；正向指标如下：与 EMP 相反的婚姻模式（女性早婚、已婚女性比例高）、文盲率、0 岁预期寿命和短期男性临时移民。

轴 3 反映了人口的婚姻结构和实施的生育限制。一方面，我们发现一些省份有明显的特征，如早婚人口高于平均水平；另一方面，早婚（25 岁以下）比例低于平均水平（独身主义者比例较高、婚姻生育率低）。因子轴 3 解释了总方差的约 11%。

9.4.2 层次聚类分析法

将层次聚类分析法与主成分分析法两种方法结合起来，可以对具有相似社会经济特征的省进行分组。层次聚类是一种聚类分析方法，主要根据类内同质性和类间异质性特征来建立有层次结构的聚类。对于一个包含 n 个个体的样本集合，利用聚类方法可以将这些个体聚集在多个类别中。这种层次聚类方法被称为聚集聚类，因为它首先将所有个体视为单独一个集群，然后再将这些集群聚集在不同的集群中。这种分析是通过连续迭代完成的，其中类间惯性（inter-class inertia）随着每次聚合而减少。

Ward（1963）的方法适用于测算个体（省）的欧氏距离，由其在三个因子轴上的坐标表示。类间同质性越大，其类间惯性就越小。[①] 利用 Ward 的方法可以将两个集群组合成一个分区以获得更高的聚合分数。它在每次迭代中产生聚合分数，来获得最小的类内惯性同质性增

---

① 根据惠更斯（Huygens Criteria）准则，一个聚类的总惯性是恒定的，等于类间惯性和类内惯性之和。

益和最小类间惯性异类性损失。① 六个分类的分布以类内同质性和类间异质性为标准（见附录表 9.3）。我们将在下一节解释每个分类的成分。

9.5 法国各省的分类

我们利用主成分分析法和层次聚类分析法对法国各省进行分类，具体来说，是按照经济发展程度将其分为六类（下文将更详细地描述）。图 9.3 和图 9.4 显示了每个分类中省份的分布，以及主成分分析的主要维度（因子轴）。

图 9.3 揭示了生产结构（经济活动结构——因子轴 1）与教育禀赋/表现（因子轴 2）之间的关系。工业化程度高的省（发达省）往往集中在点云的右侧。相反地，仍然以农业为主的省（欠发达省）往往集中在点云的左侧。还可以观察到，受教育程度更高的省更容易集中在点云的上部，而教育禀赋/表现较差的省则位于点云的下部。图 9.3 显示了经济发展与人力资本禀赋之间的关系，但不涉及与人口婚姻结构的关系。因此，图 9.4 集中展示了沿主轴（轴 1）和人口婚姻结构（轴 3）的各省分布。位于第一象限的省往往不控制婚姻，但控制婚姻生育率。相比之下，位于第三象限的省控制婚姻，但不控制婚姻生育率。

利用层次聚类分析法可以确定不同类别中各省的分布。本章分别概括了六个类别省份的特征，并进行了详述。

第一类：落后、"欠发达"省份。该类省份主要从事农业活动，女性

---

① 分析中使用的算法是 Spad 7.0 算法。更多的解释及与现有软件的比较，见 Chavent 等（2007）。

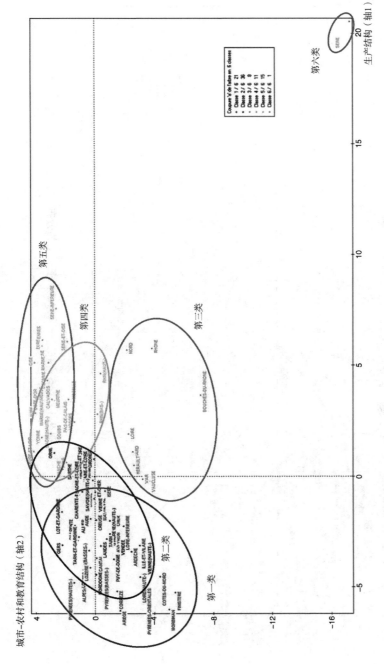

图 9.3 各省份在第一及第二因子轴上的分布

注：附录中的表 9.4 提供了每个分类的省份名。附录中的图 9.7 提供了法国的行政地图。

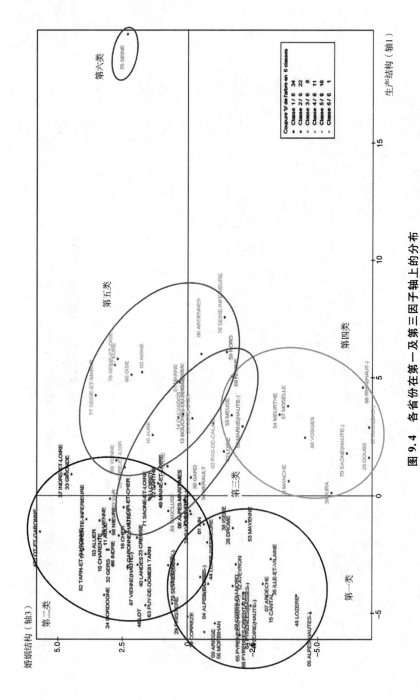

图 9.4　各省份在第一及第三因子轴上的分布

的农业参与率高于平均水平。尽管如此，该类省份的性别不平等指数①也远低于平均水平。男女结婚年龄和独身比例也高于平均水平，但其婚姻生育率比一般的省份高很多，粗出生率也高于平均水平。此外，这些省份还存在婴幼儿死亡率相对较高的特点，其儿童工资低于其他省份。该类省份的交通和通信设施不太完善，制造业产出较低。因此，第一类是由欠发达、以农业为主、地处偏远的省份组成，其特点是性别平等程度低、结婚率低、生育率高、生活水平低。第一类共有 21 个省份，均位于图的左侧，并主要集中在轴 2 的负侧（如图 9.3 所示，该图显示了法国各省份在两个主成分上的位置）。

第二类：重农业、教育欠发达省份。第二类涵盖范围大，共计 33 个省份。已婚者文盲比例很高，教育基础设施不完善，主要从事农业。这些省份的工业产出很低，在工业部门就业的人口比例也很低。婚姻生育率略低于全国平均水平，但很大一部分人口早婚，且独身比例也低于全国平均水平。与第一类省份类似，第二类省份也存在较高的性别不平等水平。因此，位于农业地区的第二类省份与全国平均水平相比，人口受教育程度和生活水平都相对低。生育率处于全国平均水平，因为虽然一些人选择早婚，但他们会倾向于控制婚姻生育率。第二类省份位于图的中心，在两个轴的相交处，重心略微偏向右上方（见图 9.3）。

第三类：工业发达、富裕省份。该类共包括 8 个省份，人口集中于城市是其显著特征。由于以工业省份为主，其农村数量和农业人口低于全国平均水平。男性和儿童的平均工资高，这主要得益于其拥有较大的熟练工比例和强大的工业化生产。该类省份针对男孩的教育基础设施水平低于全国平均水平，而且生育率很高。经济发达的工业省份在教育和薪酬方面存

---

① 该指数反映了男性和女性在以下关键领域的差距：经济活动参与率、所获机会以及教育程度。有关构建该指数的更多细节，见 Perrin（2014）。

在较大的性别不平等，而且生育率很高是个基本事实。这8个省份位于坐标轴的下部，更偏向于轴1的正向部分（见图9.3）。

第四类：位于"新教"地区受教育程度高的省份。该类由11个省份组成，它们所处的位置非常特殊。事实上，这些省份的教育指标是最具识别性的，其入学率和识字率都比其他省份高，教育结构也更完善。同样值得注意的是，这11个省份的宗教分化较为严重，距维滕堡更近的地区新教徒在人口中的占比最大。男女平均结婚年龄晚于其他省份。此外，工业相对发达，但是工业都远离城区。该类省份性别差异指数更大，但两性受教育程度均较高。这11个省份主要分布在农村地区，生活水平很高，性别平等程度高，平均生育率接近全国平均水平（分别为26.25和26.95）。它们位于图的右侧（并且主要位于坐标轴上部）（见图9.3）。

第五类：实施生育控制的性别平等省份。该类省份的特点是可耕地充足，绝大多数为农村地区。尽管专门为女童开设的学校数量很少，但这些省的女性人口大多数受过高等教育。女性教育和女性识字率是两个非常不同的指标。同样，这类省份的性别差距指数明显高于全国平均水平。女性的平均工资高于其他省份。男性和儿童的工资也高，但略低于女性。工业行业的高就业率表明，这些省份拥有动态工业行业，但工业仍然主要位于农村地区。最后，女性结婚年龄低于全国平均水平，婚姻生育率也很低（24.86%）。第五类与第四类的主要区别在于生育率。虽然第五类的省份限制婚姻生育率，但第四类省份出于宗教因素，倾向于通过结婚来"调节"生育率。该类共有15个省份，位于坐标轴的右上方（见图9.3）。

第六类：位于塞纳河畔的特殊省份。不同于其他所有省份，该类省份的人口密度是全国平均水平的29倍。塞纳河畔的省份工业化程度比其他省份都高，制造业产量是全国平均水平的5倍。性别平等水平接近全国平均。然而，这一水平掩盖了女性教育程度和识字率都非常低的事实。尽管婚姻生育率低于全国平均水平，但其总和生育率非常高。晚婚与终身独身者的比例很高，这类省份私生子的占比是全国平均水平的两倍。该类省份位于图的右下方（见图9.3）。

图9.5展示了19世纪中叶法国六个经济社会发展水平不同的集群的地理分布。令人惊讶的是，这些集群非常清晰地将法国分为不同的区域。

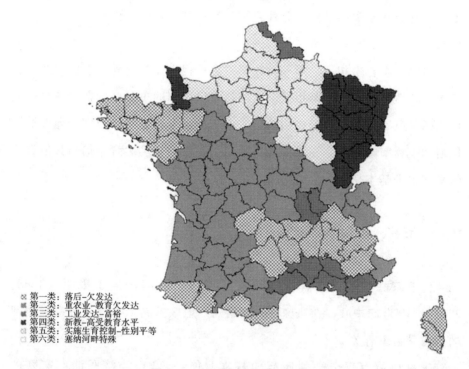

第一类：落后-欠发达
第二类：重农业-教育欠发达
第三类：工业发达-富裕
第四类：新教-高受教育水平
第五类：实施生育控制-性别平等
第六类：塞纳河畔特殊

图9.5　法国各省份的聚类情况

通过量化分析，我们首先确定了法国主要的社会经济特征，并基于此分析发展程度不同的各个省份的定位。事实上，就经济社会发展而言，法国是一个泾渭分明的国家。尽管如此，同一类别的省份在部门专业化、生育率和教育投资等方面还是具有相似的特征。位于法国东北部的第五类省份和第四类省份拥有动态工业，并且都非常重视教育。新教对第四类省份的影响更大，倾向于控制结婚，如主张晚婚。第四类省份集中在普鲁士边境，表明新教的影响可能来源于这个国家。相反地，第五类省份的特殊之处在于其严格控制婚姻生育率（虽然男女大多数早婚但婚姻生育率却很低），女性劳动参与率高，收入也高。

第三类省份的特征是高度城市化和工业化。但与第四类和第五类省份不同，它们并不强调教育。此外，第一类和第三省份的生育率高于全国平均水平。

与第三类省份相反，第一类和第二类重视农业。此外，它们的两性教育水平和性别平等水平都很低。这两类省份之间的重要区别在于各自的人口指标。虽然第一类省份控制结婚，但不控制生育；第二类省份允许早婚但婚姻生育率却较低。尽管如此，第二类省份的平均生育率仍与其他省份的平均水平基本持平。

9.6　家庭、性别平等和法国各省的定位

传统家庭结构的多样性很可能对现代化进程产生了影响（Todd，2011）。19 世纪中叶，在法国各省观察到的地区差异似乎与传统家庭类型的结构和组织有关。

家庭成员有三个必须履行的基本职能：（1）经济职能：家庭内外物质的生产和服务的提供；（2）社会职能：教育和福利的提供、规范和价值观的传播与传递；（3）繁衍职能：生育新世代。这些职能由家庭成员共同承担。家庭成员之间的任务分配和分工具有很大的时空差异。

对名义变量（解释变量）定位的分析揭示了有趣的附加结果（参见附录中的图 9.8 和表 9.6）。研究表明，第一类省份以不完整的主干

家庭（后期农村人口流失）为主要标志。主干家庭具有扩展家庭的特征，指的是几代人生活在一起的大家庭。一个孩子（通常但不总是老大）结婚生子后留在家里（继承房子和土地）以维持血统。其他子女可以选择独身并留在家里或结婚后离开原生家庭。继承遗产的儿子仍受父亲权威的影响（Todd, 2011）。第二类省份主要位于大西洋地区中部，并以扩展家庭为主（后期农村人口外流）。扩展家庭的特点是所有的儿子都可以在婚后将妻子带回家一起生活。这类家庭的继承惯例与继承观念不详，但不太可能是平等的。第三类省份的显著特征是父系核心家庭，这是一种合作型家庭，以扩展家庭为主，儿子有平等继承权。儿子也可以在婚后将妻子带回家一起生活（Todd, 2011）。第五类和第四类省份以平等主义核心家庭为主，相比来看，第四类省份特征明显（两者也分别以1851年和1891年的农村人口外流为特征）。平等主义核心家庭是由一对夫妇和他们的孩子所组成的独立家庭。这种家庭的特征是子女长大后完全自由，拥有平等的遗产继承权，并鼓励父母与子女之间保持紧密的关系，父母去世后遗产才完全分配（Todd, 2011）。

尽管这些变量尚未整合到分析中用于构建因子轴，但它们在因子轴上的位置（参见附录中的图9.8和图9.9）证实了第9.2节的描述。因此，一方面，较发达的省份早期经历了农村人口外流，其家庭类型为核心家庭；另一方面，欠发达的省份至今仍以农业为主，家庭类型为扩展家庭。

男女之间的权力关系在理解家庭组织方面起着关键作用。家庭成员之间任务分配的变化是由家庭成员之间不断变化的关系推动的。家庭趋势和模式随着性别角色和关系的变化而演变（Oláh et al., 2014）。性别差距指数反映了每个省份的性别平等水平，是分类的关键指标（见第9.4节）。

第一类和第二类省份在教育和经济机会方面呈现较大的性别差异，与此相比，第四类和第五类拥有最高的性别差距指数，它们被列为平等水平最高的省份类型。

我们利用层次聚类分析法获得了每个类别省份的平均性别差距指数，如图 9.6 所示。第一类和第二类省份以农业为主、生育率高、受教育程度低和男女识字率低，其性别差距指数较低。

同样地，第三类省份的性别差距指数低于全国平均水平（0.63）。与第一类和第二类省份相反，第三类省份的特点是工业占主导地位，但相似的是，第三类省份的平均生育率相对较高，但受教育程度较低。

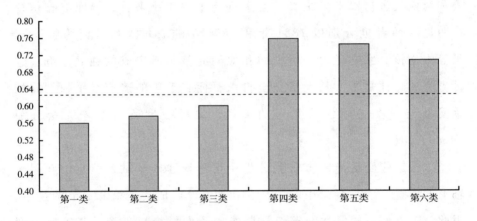

图 9.6　六类省份的性别差距指数

注：性别差距指数位于 0 到 1 之间，平均水平为 0.63。指数等于 0 相当于完全的性别不平等；而指数等于 1 则表示完全的性别平等。

第四类和第五类省份的性别差距指数也较高。这两类省份的特点是男女识字率和受教育程度都很高，而且工业占主导地位。这两类省份平均生育率都低于全国其他地区，且第五类省份低于第四类省份，但它们之间的婚姻模式差异很大。第五类省份控制婚姻生育率，而第四类省份通过控制结婚率来控制生育率。

第六类省份比较特殊。其工业化程度远远领先于其他省份。从图9.6中我们还注意到其性别平等水平相对较高（尽管低于第四类和第五类）。然而，性别平等程度高掩盖了教育基础设施差和入学率低的问题。除了相对较低的受教育率和具有强大的工业外，第六类省份的婴儿死亡率和生育率均较高。通过更深入地研究第六类省份的婚姻模式，我们注意到年轻单身女性的比例非常大，独身率也是如此，并且男女结婚均较晚，婚姻生育率较低。然而，该类省份的非婚生育率是法国最高的。表9.1对每类省份的主要特征和表现（如经济、教育、婚姻、生育率、性别平等、健康、文化和家庭组织特征）进行了总结。

9.7 结论

了解经济从停滞迈向高速增长的潜在机制是至关重要的。西方国家在发展过程中经历了巨大的人口、社会、经济、文化和制度变迁。尽管前人已经花费了大量精力探讨如何摆脱马尔萨斯陷阱，并对如何进入快速增长轨道进行动态建模，但经济、人口、社会、经济和文化等变量之间的相互关系仍有待更深入的探索。确定区域发展模式可能有助于启发和深化我们对现代经济增长过渡机制的理解。

本章研究了法国各省份在发展过程中呈现的地域异同。特别地，对区域进行了分类，描述发展的多样性，并总结了一种典型的发展模式。我们基于19世纪中叶法国89个省份、70多个指标的独特数据集展开分析，其中涉及的社会、经济、文化和人口情况的调查数据有助于探析法国各省份的区域特征。从数据中我们发现区域发展存在多样性。此外，利用

表 9.1 类别特征汇总

	第一类省份——落后—欠发达	第二类省份——重农业—教育程度低	第三类省份——工业发达—富裕	第四类地区——位于新教区制—受教育程度高	第五类省份——实行生育控制—性别平等
经济	最差的经济表现 · 农业为主 · 非农村人口 · 男女经济能力低下（在工业部门就业低，工资最低） · 基础设施薄弱（铁路、公路、蒸汽机）	经济表现较差 · 农业为主 · 没有聚集的人口 · 男女经济能力低下，工资水平最低（从事农业） · 基础设施薄弱（蒸汽机）	经济表现较好 · 工业为主（男性在外工作；女性照料家庭） · 人口聚集于城市 · 男性和儿童有较好的经济能力 · 基础设施较发达（强大的蒸汽机）	平均水平 · 专业 · 非城市人口	经济表现最好 · 工业专业化程度高（女性也在工业部门就业） · 农村人口 · 男女经济实力最高 · 基础设施较发达（铁路、蒸汽机）
教育	较低教育水平 · 男女入学率低 · 男女识字率低 · 基础设施薄弱（男子学校）	最低的教育水平 · 男女入学率最低 · 男女识字率最低 · 基础设施薄弱（男子学校）	平均水平 · 基础设施薄弱（没有女子学校）	最高的教育水平 · 男女入学率最高 · 男女识字率最高 · 基础设施较发达（男子学校、女子学校）	最高的受教育程度 · 男女高入学率 · 男女高识字率 · 基础设施较发达（男子学校、男女同校）
婚姻制度	欧洲婚姻模式 · 已婚女性比例低 · 男女均晚婚 · 独身主义者多	与欧洲婚姻模式相反 · 已婚女性比例最大 · 早婚 · 非婚生育率低	平均水平 · 非婚生育率低	欧洲婚姻模式 · 已婚女性比例低 · 晚婚 · 农村非婚生育率高	与欧洲婚姻模式相反 · 已婚女性比例大 · 早婚 · 农村非婚生育率高

	第一类省份 落后—欠发达	第二类省份 重农业—教育程度低	第三类省份 工业发达—富裕	第四类省份 位于新教地区—受教育程度高	第五类省份 实行生育控制—性别平等
生育率	**最高水平** ·婚姻生育率高 ·粗出生率高	**低水平** ·低婚姻生育率（婚姻内生育控制）	**较高水平** ·粗出生率高	**平均水平**	**最低水平** ·粗出生率低 ·婚姻生育率低（婚姻内生育控制）
性别平等	**最低水平** ·女性经济参与度与低和机会少 ·女童的教育程度低	**低水平** ·对女童教育的投资少	**平均水平**	**最高水平** ·男女在教育方面高度平等	**高水平** ·男女在经济参与机会方面高度平等 ·男女在教育方面高度平等
健康	**最低水平** ·婴儿死亡率高 ·预期寿命短	**最高水平** ·婴幼儿死亡率低 ·预期寿命长	**平均水平**	**平均水平**	**非常高水平** ·婴幼儿死亡率低 ·预期寿命长
文化	·奥克语 ·远离维滕堡	·远离维滕堡	·奥克语	·奥依语 ·接近维滕堡新教教徒	·奥依语
家庭组织模式	不整齐主干家庭	中等规模扩展家庭	合作型家庭—父子关系	核心平等主义家庭	核心平等主义家庭

主成分分析法和层次聚类分析法进行研究后，还发现了某些省份之间存在相似之处。根据某些省份的相似特征，我们将法国 89 个省份分为六种类别。有三个主要因素决定了法国 89 个省份的特征。非常有趣的是，很多因子是一对对立关系：（1）部门专业化程度（工业与农业）；（2）农村人口和城市人口的受教育程度；（3）婚姻结构（晚婚与早婚）。[①]

使用因子分析方法可以基于以前较少考虑到的特征来研究地方发展的多样性，从而探索法国各省的特殊性，而分类情况恰恰揭示了法国各省的不同状况。我们发现存在两个极端：先进地区与落后地区。一是**现代进步的社会形式**，特点是动态工业、性别平等、受教育程度高、成人和婴儿死亡率低、进行婚姻生育控制及生育率低等（第五类）；二是**传统保守的社会形式**，特点是性别不平等、人口受教育程度低、成人和婴儿死亡率高、控制结婚率和高生育率（第一类）。

19 世纪，法国社会以农业为主，家庭是基本生产单位。19 世纪下半叶到 20 世纪 20~30 年代见证了工业部门的出现和不断发展。随着社会从农业向工业转变，大部分生产都在家庭之外进行。工业化与教育的发展共同推进了女性角色和性别关系的改变，而发展过程中呈现的变化也与性别关系的演变密切相关。农业经济制度使女性能够更好地将家庭职责和田间劳动结合起来，并养育最多的孩子。随着工业的发展，女性在平衡两种工作时也面临两难困境。我们发现，工业化地区出现了两种情况：一方面，高度城市化和工业化的地区的性别不平等程度较高，并且有严格的性别分工和高生育率。这些地区重视教育，特别是男孩的教育；另一方面，工业集中在农村地区，并且在教育上投入较大，这些地区性别平等程度更高，女性更容易融入劳动力市场，因此生育率更低。

---

① 关于变量在不同轴上的映射，详见表 9.5 和图 9.9。

Goode（1963）认为，城市发展和工业化将导致家庭结构的简化，并最终导致核心家庭的扩散。然而，就法国而言，城市的发展似乎尚未发挥如此关键的作用。

我们观察到在国家发展背景下持续存在的地区差异（见 Perrin，2013）。社会经济因素解释了区域之间为何存在巨大的差异。然而，植根于地区历史中的文化特性（如语言、宗教、家庭类型或继承制度）也与解释区域的时空差异有关。激励措施和文化规范对于解释区域特征的多样性同样重要，特别是在生育行为方面（另见 De la Croix and Perrin，2016）。

本章的分析有助于提供关于发展模式的一些假设。对法国各省的分类表明，从区域层面而言，在不同区域，不同的发展阶段是并存的。不同的区域类型对应于特定的发展阶段。某些区域呈现的发展滞后可以用缺乏某些因素（如基础设施、自然资源等）来解释，也可以用文化多样性发挥了作用来解释，这反映了人口在性别关系和家庭组织方面的某种保守性，也反映在婚姻和生育行为等方面。因此，根据我们的探索性分析，一些指标是经济发展的先决条件：人力资本积累（识字率、教育）、区域经济结构（基础设施）、资本积累（收入与工资增长）、区位优势（矿产、能源、道路、熟练工）、政治和智力因素（进步主义与保守主义、世俗化）以及个人和文化特性（家庭组织、性别平等）。可以通过进一步的分析来检验这些发现。

本章是对区域经济发展表现进行类型学分析的首次尝试。它揭示了通常被传统方法忽略的因素的重要性，如性别关系和家庭结构。通过这种探索性分析，我们认为将家庭视为一个分析单位是非常重要的，目的是更好地理解社会关系和经济决策。它虽然没有解释推动经济发展的关键动力，但提供了一种新的视角来看待过去的发展历程。为促进和加深我们对动态变化的理解，仍需要进一步的分析。将比较分析范围扩大到欧洲地区是关键的第一步，可以为进一步研究铺平道路。

附　录

表 9.2　变量描述

变量缩写	变量名	变量描述
人口		
CW_Ratio	儿童-妇女比	1851 年每个育龄女性（15～45 岁）生育的 0～5 岁儿童人数
MF_Rate	婚姻生育率	1851 年每个已婚育龄女性（15～45 岁）生育的新生儿数量占同一年龄新生儿比例
CB_Rate	粗出生率	1851 年出生人数占总人口比例
IMF_IG	婚姻生育率指数	普林斯顿大学欧洲生育项目资料（1851 年）
MW_Share	已婚女性比例	1851 年已婚女性占适婚年龄女性的比例
AGE_H_55	男性结婚年龄中位数	1855 年男性平均结婚年龄
AGE_F_55	女性结婚年龄中位数	1855 年女性平均结婚年龄
Age at marriage<25	25 岁以下结婚的女性	1851 年早婚的女性人数（<25 岁）占 15～25 岁已婚女性总数的比例
Age at marriage<30	30 岁以下结婚的女性	1851 年早婚的女性人数（<30 岁）占 15～30 岁已婚女性总数的比例
Ill_urb_birth	城市非婚生育率	1851 年城市地区非婚生子女数量占总出生人口的比例
Ill_rur_birth	农村非婚生育率	1851 年农村地区非婚生子女数量占总出生人口的比例
Def_celib	终身独身比例	1851 年 50 岁以上单身女性的比例
Young_celib	青年独身比例	1851 年 35 岁以下单身女性的比例
LEXP_0	出生时预期寿命	1851 年出生预期寿命
INF_Mort	婴儿死亡率	1851 年 0 岁死亡率
CHILD_Mort	儿童死亡率	1851 年 5 岁死亡率
教育		
SCHOOL_H	男子学校	1850 年 6～14 岁男孩拥有公立男子小学数量
SCHOOL_F	女子学校	1850 年 6～14 岁女孩拥有公立女子小学数量

续表

变量缩写	变量名	变量描述
No_school_50	无学校的城镇	1850 年没有各类型学校的城镇
No_school_F_63	无女子学校的城镇	1863 年没有专门的女子学校的城镇
PP_ENROL_H	小学男生入学率	1851 年 6~14 岁男生公立小学入学率
PP_ENROL_F	小学女生入学率	1851 年 6~14 岁女生公立小学入学率
LIT_F_6165	1861~1866 年女性识字率	1861~1865 年能阅读和书写的女性人数
LIT_H_6165	1861~1866 年男性识字率	1861~1865 年能阅读和书写的男性人数
1859 ILETRE	文盲比例	1859 年不能签署婚约的人数
经济		
VILLE_2000	城镇数量	1851 年居民超过 2000 人的城镇
DENS	城镇密度	1851 年每平方公里人口数
URB_Resid	城镇居民	1851 年居住在 2000 人以上城镇的人数占总人口的比例
RUR_Resid	农村居民	1851 年居住在 2000 人以下城镇的人数占总人口的比例
URB_	城市化	1851 年每平方公里居民超过 2000 人的城镇数量
RUR_	农村化	1851 年每平方公里居民少于 2000 人的城镇数量
Urb_pop_H	城市男性人口比例	1851 年生活在城市地区的男性人数占男性总人口的比例
Urb_pop_F	城市女性人口比例	1851 年生活在城市地区的女性人数占女性总人口的比例
Rur_pop_H	农村男性人口比例	1851 年生活在农村地区的男性人数占男性总人口的比例
Rur_pop_F	农村女性人口比例	1851 年生活在农村地区的女性人数占女性总人口的比例
Pop_agglo	聚集人口	摘自 1851 年《统计公报》（居民少于 2000 人的城镇）

变量缩写	变量名	变量描述
TEM_H_MIGR	临时的男性移民	1851 年劳动年龄人口的迁移数量
Railroad_54	铁路	1854 年铁路公里数
Routes_1854	公路	1854 年每一千公里二级公路的长度/面积
Voie_com_54		1854 年水陆交通公里数
FARMLAB_F	从事农业的女性劳动力	1851 年从事农业的女性占 15~60 岁女性人数的比例
INDUSLAB_F	从事工业的女性劳动力	1851 年从事工业的女性占 15~60 岁女性人数的比例
FARMLAB_H	从事农业的男性劳动力	1851 年从事农业的男性占 15~60 岁男性人数的比例
INDUSLAB_H	从事工业的男性劳动力	1851 年从事工业的男性占 15~60 岁男性人数的比例
Agriculteurs	从事农业人数	1851 年每万人从事农业的人数
Indus_gr	从事大型工业人数	1851 年每万人从事大型工业的人数
Indus_peti	从事小型工业人数	1851 年每万人从事小型工业的人数
Prof_lib	自由职业工人	1851 年每万人从事自由职业的人数
Domestique	家政工人	1851 年每万人从事家庭活动的人数
Prof_diver	各类工人	1851 年每万人从事不同劳动的人数
Workers_H	男性工人比例	1861 年男性工人占男性总人口的比例
Workers_F	女性工人比例	1861 年女性工人占女性总人口的比例
Workers_C	女工-男工比	1861 年女性工人人数多于男性工人人数
Wage_H	1861 年男性平均工资	1861 年不同行业男性平均工资与各行业男性工资权重之比
Wage_F	1861 年女性平均工资	1861 年不同行业女性平均工资与各行业女性工资权重之比
Wage_C	1861 年儿童平均工资	1861 年不同行业童工平均工资与各行业儿童工资权重之比
PROTO_61	初始工业化水平	1861 年每千人蒸汽机数量
MANOUTP_61	制造业产出	1861 年人均制造业产出
Nbr_indus	每千名居民的工业产出	1861 年每千名居民拥有的各类型制造企业的数量
Wealth_ind	行业产出	1861 年每个行业的产出

续表

变量缩写	变量名	变量描述
LAND_35	可用耕地	1835 年每平方公里可用耕地
INEG_AGRI2	土地所有权不平等	1851 年地主占比
Dernier exode rural	农村人口最终流失率	普查日期农业劳动力低于总劳动力的 50%（来自 Le Bras et Todd）
WageHagr	农业男性工资	1852 年农业部门的男性日工资
WageFagr	农业女性工资	1852 年农业部门的女性日工资
Spe_indH	男性在工业部门的专业性	1861 年男性工业专业化程度（男性就业人数较多的行业）
Spe_indusF	女性在工业部门的专业性	1861 年女性工业专业化程度（女性就业人数较多的行业）
TopindwagH	男性工资最高的行业	1861 年男性工资较高的行业
TopindwagF	女性工资最高的行业	1861 年女性工资较高的行业
社会文化		
Catholics	天主教徒	1861 年每百人天主教徒数
Protestants	新教徒	1861 年每百人新教徒数
WITT_DIST	到维滕堡的距离	维滕堡到省会的距离
DIST_GEN_V	到日内瓦的距离	日内瓦到省会的距离
Dialect	法国方言	以奥依（Oil）、奥克（Oc）、法兰克-普罗旺斯语（Franco-Provençal）等语言为主的省份
Structure familiale	家庭结构	多样化的家庭结构类型——取决于家庭组织类型；团结性（Le Bras and Todd, 2013）
GGI	性别差距指数	基于 19 世纪 50 年代初等教育就业率、中等教育就业率、工资、农业劳动力、工业劳动力等方面的差异数据建立（Perrin, 2014）
地理位置		
LAT	纬度	
LONG	经度	
N/S	北部或南部地区	
E/O/C	东部或西部地区	

注：以上变量基于由法国统计局提供的各种资料建立：1851 年的人口统计结果；1851 年的领土和人口数据；1851 年和 1854 年的人口流动数据；1852 年的农业统计数据；1861～1865 年工业的调查统计结果；1829～1877 年的初等教育统计数据。

表 9.3　上分位数分层聚类

惯性分析	惯性	省份数量	距离
类间惯性	282886		
类内惯性			
第一类	71671	21	209891
第二类	59717	33	64090
第三类	29187	8	323854
第四类	27597	11	348631
第五类	40884	15	316452
第六类	00000	1	8137990
合计	511943		
商数（I. inter/I. totale）	5526		

表 9.4　各省份所属类别

第一类	第二类	第三类	第四类	第五类	第六类
Basses-Alpes	Ain	Bouches-du-Rhône	Doubs	Aisne	Seine
Hautes-Alpes	Allier	Gard	Jura	Ardennes	
Ardèche	Alpes-Maritimes	Hérault	Manche	Aube	
Ariège	Aude	Loire	Haute-Marne	Calvados	
Aveyron	Charente	Nord	Meuse	Côte-du-Nord	
Cantal	Charente-Inférieure	Rhône	Moselle	Eure	
Corrèze	Cher	Var	Bas-Rhin	Eure-et-Loir	
Corse	Creuse	Vaucluse	Haut-Rhin	Marne	
Côtes-du-Nord	Dordogne		Haute-Saône	Oise	
Drôme	Haute-Garonne		Vosges	Pas-de-Calais	
Finistère	Gers		Meurthe	Seine-Inférieure	
Ille-et-Vilaine	Gironde			Seine-et-Marne	
Isère	Indre			Seine-et-Oise	
Haute-Loire	Indre-et-Loire			Somme	
Loire-Inférieure	Landes			Yonne	
Lozère	Loir-et-Cher				
Mayenne	Loiret				
Morbihan	Lot				

续表

第一类	第二类	第三类	第四类	第五类	第六类
Basses-Pyrénées	Lot-et-Garonne				
Hautes-Pyrénées	Maine-et-Loire				
Pyrénées-Orientales	Nièvre				
	Orne				
	Puy-de-Dôme				
	Saône-et-Loire				
	Sarthe				
	Savoie				
	Haute-Savoie				
	Deux-Sèvres				
	Tarn				
	Tarn-et-Garonne				
	Vendée				
	Vienne				
	Haute-Vienne				

表 9.5 主成分中的重要指标

主成分	正向(+)/ 负向(-)	重要指标 （按重要性排序）		指标说明
因子轴 1	正向	制造业产出	→	生产力
		小型工业	→	经济活动结构
		女性识字率	→	女性的教育禀赋
		从事工业的女性工资	→	女性的经济实力
		从事工业的男性工资	→	男性的经济实力
		从事工业的男性劳动力	→	经济活动结构
		农业部门女性工资	→	女性的经济实力
		初始工业化水平	→	基础设施-工业
		从事工业的女性劳动力	→	经济活动结构
		性别平等	→	平等
		农业部门男性工资	→	男性的经济实力
		男性识字率	→	男性的教育禀赋
		铁路	→	基础设施-通信

续表

主成分	正向（＋）/ 负向（－）	重要指标 （按重要性排序）		指标说明
	负向	从事农业的劳动力	→	经济活动结构
		男性农民	→	经济活动结构
		文盲率	→	教育禀赋
		从事农业的女性劳动力	→	经济活动结构
		到维滕堡的距离	→	文化
		婚姻生育率	→	生育行为
		没有学校的城镇	→	基础设施-教育
		农业中的不平等	→	平等
		婚姻生育率指数	→	生育行为
因子轴2	正向	农村居民	→	人口稀少
		男子学校	→	基础设施-教育
		小学男孩入学率	→	男性教育禀赋
		小学女孩入学率	→	女性教育禀赋
		出生预期寿命	→	人口结构
		农村地区	→	人口稀少
		没有女子学校的城镇	→	基础设施-教育
		女性识字率	→	女性教育禀赋
		性别平等	→	平等
		男性识字率	→	男性教育禀赋
	负向	城市居民	→	人口密度
		聚集人口	→	人口密度
		密度	→	人口密度
		城市化	→	人口密度
		粗出生率	→	生育行为
		行业数量	→	经济结构
		儿童死亡率	→	人口结构
		婴儿死亡率	→	人口结构
		从事工业的男性劳动力	→	经济活动结构
		从事工业的女性劳动力	→	经济活动结构
		国内部门的劳动力	→	经济活动结构

续表

主成分	正向(+)/ 负向(-)	重要指标 (按重要性排序)		指标说明
因子轴 3	正向	早婚	→	婚姻结构
		已婚女性比例	→	婚姻结构
		出生预期寿命	→	人口结构
		文盲率	→	教育禀赋
		短期男性移民	→	经济活动结构
	负向	女性结婚年龄	→	婚姻结构
		男性结婚年龄	→	婚姻结构
		婚姻生育率指数	→	生育行为
		小学男孩入学率	→	教育禀赋
		终身独身	→	婚姻结构
		男性识字率	→	男性教育禀赋
		小学女孩入学率	→	女性教育禀赋
		女子学校	→	女性教育禀赋

表 9.6　各类别中重要的名义指标

类别	正向(+)/ 负向(-)	重要指标(按重要性排序)		指标说明
第一类	正向	1968 年农村人口最终流失率	→	人口流动
		不完全核心家庭	→	家庭结构
	负向	核心平等主义家庭	→	家庭结构
		奥依语	→	语言
		1851 年农村人口最终流失率	→	人口流动
第二类	正向	1854 年农村人口最终流失率	→	人口流动
		大西洋地区中部	→	家庭结构
		扩展家庭	→	家庭结构
	负向	专门从事纺织业的女性	→	经济专业化程度
		除奥克语和奥依语之外的其他方言	→	语言
		核心平等主义家庭	→	家庭结构
		1851 年农村人口最终流失率	→	人口流动

类别	正向(+)/ 负向(-)	重要指标(按重要性排序)		指标说明
第三类	正向	核心从父居家庭	→	家庭结构
		奢侈品行业最高工资	→	经济实力
	负向	奥依语	→	语言
第四类	正向	1891年农村人口最终流失率	→	人口流动
		核心平等主义家庭	→	家庭结构
	负向	奥克语	→	语言
		1954年农村人口最终流失率	→	人口流动
第五类	正向	核心平等主义家庭	→	家庭结构
		1851年农村人口最终流失率	→	人口流动
		专门从事纺织业的男性	→	经济专业化程度
		奥依语	→	语言
	负向	奥克语	→	语言
		1968年农村人口最终流失率	→	人口流动
第六类	正向	专门从事机械-金属行业的男性	→	经济专业化程度
	负向	核心共居家庭类型	→	家庭类型
		从事纺织业的女性最高工资	→	经济实力
		专门从事建筑业的男性	→	经济专业化程度
		专门从事陶瓷行业的男性	→	经济专业化程度
		奢侈品行业中女性的最高工资	→	经济实力
		专门从事运输业的男性	→	经济专业化程度

图 9.7　法国行政地图

　　注：部分省份古今名不同。1970 年前，Alpes-de-Haute-Provence 名称为 Basses-Alpes，1941 年前，Charente-Maritime 叫作 Charente-Inférieure，1955 年前，Seine-Maritime 叫作 Seine-Inférieure，1968 年前，Paris，Hauts-de-Seine，Seine-Saint-Denis 和 Val-de-Marne 构成了 Seine（塞纳省），而 Yvelines，Essonne 和 Val-d'Oise 构成了 Seine-et-Oise.

　　资料来源：http://www.cartesfrance.fr/geographie/cartes-administratives/france.html. Note: The name of several départements haschanged over time. Prior to 1970, the Alpes-de-Haute-Provence was called Basses-Alpes; prior to 1941, the Charente-Maritime was known as the Charente-Inférieure; prior to 1955; the Seine-Maritime was entitled Seine-Inférieure; and prior to 1968, Paris, Hauts-de-Seine, Seine-Saint-Denis, and Val-de-Marne composed the Seine county, while Yvelines, Essonne, and Val-d'Oise together were known as the Seine-et-Oise。

生育、人口与教育投资：家庭量化历史

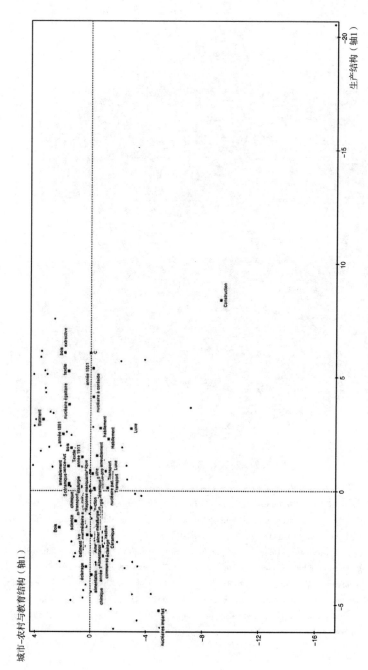

图 9.8 名义变量在前两个因子轴上的位置

注：我们发现法国南部各省（轴 1 的负值部分）和法国北部各省（轴 1 的正值部分）之间以及东部和西部各省（轴 2）之间存在在明显的差异。轴 1 还显示了晚期农村人口外流（负向部分）和其他经历了早期人口外流（正向部分）的省份之间的省份之间的鲜明区别。同样，在奥克语（负向部分）和奥依语（正向部分）方面也有明显区别。四个象限中家庭结构结构区别明显。

- 300 -

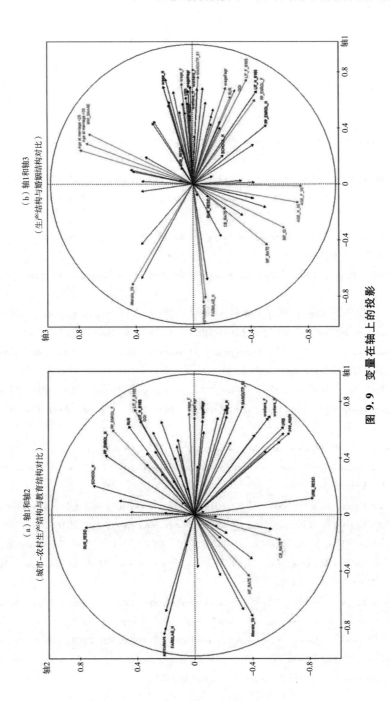

（a）轴1和轴2

（城市–农村生产结构与结构对比）

（b）轴1和轴3

（生产结构与婚姻结构对比）

图 9.9 变量在轴上的投影

参考文献

Bairoch, P., 965. "Niveaux de développement économique de 1810 à 1910." *Annales. Économies, Sociétés, Civilisations* 20 (6): 1091-1117.

Bairoch, P., 1989. "Les trois révolutions agricoles du monde développé: rendements et productivité de 1800 à 1985." *Annales. Économies, Sociétés, Civilisations* 44 (2): 317-353.

Bonneuil, N., 1997. *Transformation of the French Demographic Landscape 1806-1906.* Clarendon Press, Oxford.

Cattell, R. B., 1966. "The Scree Test for the Number of Factors." *Multivar Behav Res* 1: 629-637.

Chavent, M., Kuentz, V., and Saracco, J., 2007. "Analyse en Facteurs: présentation et comparaison des logiciels SAS, SPAD et SPSS." *La revue de Modulad* 37: 1-30.

Chesnais, J. C. 1992. *The Demographic Transition: Stages, Patterns, and Economic Implications.* Clarendon Press, Oxford.

Chilosi, D., Murphy, T. E., Studer, R., and Coşkun Tunçer, A., 2013. "Europe's Many Integrations Geography and Grain Markets, 1620-1913." *Explor Econ Hist* 50 (1): 46-68.

Combes. P. P., Lafourcade, M., Thisse, J. F., and Toutain, J. C., 2011. "The Rise and Fall of Spatial Inequalities in France: A Long-run Perspective." *Explor Econ Hist* 48 (2): 243-271.

De La Croix, D. and Perrin, F., 2016. "French Fertility and Education Transition: Rational Choice vs. Cultural Diffusion." *IRES Discussion Papers*, No. 2016-7, p. 36.

De Moor, T. and Van Zanden, J. L., 2010. "Girl Power: The European Marriage Pattern and Labour Markets in the North Sea Region in the Late Medieval and Early Modern Period." *The Econ Hist Rev* 63: 1 33.

Dewerpe, A., 1992. "Les systèmes industriels localisés dans l'industrialisation française." In *Développement local et ensembles de PME*, edited by Ganne B (ed), Rapport GLYSI-SAFA-Sociologies et anthropologies des formes d'action, PIRTTEM.

Diebolt, C. and Perrin, F., 2013. "From Stagnation to Sustained Growth: The Role of Female Empowerment." *Am Econ Rev Pap Proc* 103: 545-549.

Dobbin, F. , 1994. *Forging Industrial Policy: The United States, Britain, and France in the Railway Age*. Cambridge University Press, Cambridge.

Dupont, D. , 2004. "Les processus de transformation de la famille au Québec. " *Aspects Sociologiques* 11 (1): 8–31.

Durkheim, E. , 1922. *Éducation et sociologie*. Alcan, Paris.

Everitt, B. , Landau, S. , Leese, M. , and Stahl, D. , 2011. "Cluster Analysis, 5th edn. " Wiley, Chichester.

Filmer, D. and Pritchett, L. H. , 2001. "Estimating Wealth Effects without Expenditure Data or Tears: An Application to Educational Enrollments in States of India. " *Demography* 38 (1): 115–132.

Flandrin, J. L. , 1984. *Familles, parenté, maison, sexualité dans l'ancienne société*. Seuil, Paris

Frémont, A. , 1992. "La terre. In: Pierre Nora (ed) Les Lieux de mémoire, Tome Ⅲ. " Quarto Gallimard, pp. 3047–3080.

Galor, O. , 2011. *Unified Growth Theory*. Princeton University Press, Princeton, NJ.

Galor, O. and Weil, D. N. , 2000. "Population, Technology, and Growth: From Malthusian Stagnation to the Demographic Transition and Beyond. " *Am Econ Rev* 90: 806–828.

Gerschenkron, A. , 1962. *Economic Backwardness in Historical Perspective: A Book of Essay*. Belknap Press of Harvard University Press, Cambridge, MA.

Goode, W. J. , 1963. *World Revolution and Family Patterns*. Free Press Glencoe, Oxford.

Grégoire, H. B. (Abbé), 1794. Rapport sur la nécessité et les moyens d'anéantir les patois et d'universaliser la langue française.

Hajnal, J. , 1965. "European Marriage Pattern in Historical Perspective. " In *Population in history*, edited by Glass DV, Eversley DEC (eds), Aldine Publishing Company, Chicago, 1L.

Harley, C. K. , 2002. "Substitution for Prerequisites: Endogenous Institutions and Comparative Economic History. " In *Patterns of European Industrialisation: The Nineteenth Century*, edited by Sylla, R. , Toniolo, G. (eds) Routledge, London, pp. 29–44, Chap. 2.

Harten, H. C. and Pitz, M. , 1989. "Mobilisation Culturelle et disparités régionales. École, alphabétisation et processus culturel pendant la Révolution. " *Histoire de l'éducation* 42: 111–137.

Henning, M. , Enflo, K. , and Andersson, F. , 2011. "Trends and Cycles in Regional Economic Growth: How Spatial Differences Shaped the Swedish Growth Experience From

1860-2009. " *Explor Econ Hist* 48 （4）: 538-555.

Henry, L. and Houdaille, J. , 1979. "Célibat et âge au mariage aux XVⅢ et XlXe siècles en France: Ⅱ. Age au premier mariage. " *Population* 34: 403-442.

INSEE, 2007. Bilan démographique. http: //www. insee. fr.

Joliffe, I. , 2014. *Principal Component Analysis*. Wiley Stats Ref: Statistics Reference, Online.

Le Bras, H. and Todd, E. , 2013. *Le mystère français*. Seuil, Paris.

Lindeman, R. H. , Merenda, P. F. , and Gold, R. Z. , 1980. *Introduction to Bivariate and Multivariate Analysis*. Scott Foresman, Glenview, IL.

Maddison, A. , 2008. Statistics on World Population, GDP and Per Capita GDP, 1- 2008 AD. http: // www. ggdc. net/maddison/Maddison. htm.

Murdock. , G. P. 1949. *Social Structure*. Macmillan, New York.

Oláh, L. S. , Richter, R. , and Kotowska, I. E. , 2014. The New Roles of Men and Women and Implications for Families and Societies. Families and Societies Working Paper （No. 11）.

Parsons, T. , 1956. *Family: Socialization and Interaction Process*. Routledge, London.

Perrin, F. , 2013. "Gender Equality and Economic Growth in the Long-Run. A Cliometric Analysis. " Ph. D Dissertation, University of Strasbourg and Sant'Anna School of Advanced Studies.

Perrin, F. , 2014. On the Construction of a Historical Gender Gap Index. An Implementation on French Data. AFC Working Paper, WP2014-5, 28 pages.

Talleyrand, C-M. , 1791. *Rapport sur l'instruction publique fait au nom du comité des constitutions*. Imprimerie nationale, Paris.

Todd, E. , 1990. *L'Invention de l'Europe*. Paris: Seuil.

Todd, E. , 2011. *L'origine des systèmes familiaux*, *Tome 1. L'Eurasie*. Paris: Gallimard.

Ward, J. H. , 1963. "Hierarchical Grouping to Optimize an Objective Function. " *J Am Stat Assoc* 58 （301）: 236-244.

Weber, E. , 1976. *Peasants into Frenchmen: The Modernization of Rural France, 1870-1914*. Stanford University Press, Stanford.

10

19 世纪初法国的人力资本积累：来自基佐调查的经验

马加利·雅乌尔 – 格拉马尔

（Magali Jaoul-Grammare）

夏洛特·勒·沙普兰（Charlotte Le Chapelain）

摘　要： 在国民教育大臣弗朗索瓦·基佐①的倡议下，法国于1833年秋季开展了基佐调查。本章基于该调查结果，研究了19世纪初法国人力资本积累的过程。我们利用一种独特的人力资本衡量标准——学生进步——来强调该时期人力资本积累所具有的高度异质性。我们认为法国教育系统中的两类学校对人力资本形成做出了贡献：第一，丰富的人力、物力资源的大型学校对人力资本积累贡献巨大；第二，业余性和临时性的小型学校对人力资本形成的贡献较弱。此外，我们还发现，使用识字率或入学率来研究可能会误导人们对法国人力资本禀赋的估计；与之相对的，我们更强调19世纪初法国开启工业化进程时教育系统具有异质性。

关键词： 基佐调查　人力资本积累　法国　19世纪

10.1　引言

想要清晰地描述19世纪初法国的人力资本禀赋并非易事。实际上，由于统计数据匮乏，探讨这一时期大多数国家的人力资本禀赋都是一项艰巨的任务。一般情况下，研究者会用识字率来衡量19世纪初各国的人力资本禀赋，某些情况下也可以用小学入学率来估计人力资本积累，但这两种方法都存在重大缺陷。

由于统计信息匮乏（至少在19世纪初如此），识字率本身就难以衡量。

---

① 弗朗索瓦·皮埃尔·吉尧姆·基佐（François Pierre Guillaume Guizot，1787－1874），1847～1848年任法国首相。1848年二月革命发生后，随路易·菲利普的七月王朝被推翻后下台。——译者注

在法国，一种可用来直接衡量识字率的统计信息是 1827 年后法国应征入伍者的教育水平。具体而言，是用义务兵应征入伍时填报的阅读、写作或读写能力来估计区域识字率。自 19 世纪下半叶开始，利用人口普查的数据（如 1851 年、1866 年和 1872 年）来直接衡量教育水平才成为可能。在此之前（尤其是 18 世纪及之前），通常参考婚姻登记簿上的签名来估计识字率。Louis Maggiolo（1877~1879）是第一个使用这种方法来追溯法国识字率历史的人（Fleury and Valmary，1957）。根据这种方法，个人在官方文件上签名的能力被视作读写能力的代理变量。然而，尽管这种方法被历史学家广泛使用，但读写能力与识字水平的相关性仍然值得怀疑。[①] 相关研究已经表明，能签名的人虽然能阅读，但不一定能写作。例如，Nilsson（1999）就强调，利用这种方法对前工业社会进行推断是不准确的。

除此以外，另一种衡量法国工业化初期人力资本的方法是使用反映特定地区教育系统分布的变量，如学校数量、小学入学人数、教师人数。值得注意的是，法国统计学家迪潘（Dupin）1826 年用这种方法绘制了法国学校图（Dupin，1827）。他将法国划分为两个区域：一个是先进地区，位于著名的圣马洛-日内瓦线（Saint-Malo-Geneva line）以北；另一个是落后地区，位于该线以南。不过，现在人们也意识到，需要谨慎使用教育系统的密度来估计法国年轻人的教育水平。也有学者提出，因为学校质量存在相当大的差异，教育水平与入学率未必相关。一个关于教育质量的宏大研究项目强调，由于教育系统之间和教育系统内部的质量存在差异，即使教育机构数量相同，人力资本积累水平仍然可能有异。Hanushek

---

[①] 由于缺乏数据，最近出现了衡量人力资本的新方法（基于办理婚姻登记时的手续流程）。年龄堆积法（age heaping method）（A'Hearn et al.，2009；Crayen and Baten，2010；Baten et al.，2014）以年龄报告准确性作为衡量算术能力的指标。这种方法是基于"受教育程度低的人有错误地以 5 或 0 的尾数报告年龄的倾向。例如，与受过良好教育的人相比，如果受教育程度低的人实际年龄是 39 岁或 41 岁，他们更常回答是 40 岁"（Crayen and Baten，2010：452）。

（Hanushek and Kimko，2000；Jamison et al.，2007；Hanushek and Woessmann，2008，2011，2012）对所谓衡量"教育质量"的方法做出了重大改进，他主张寻求能更好地反映质量差异的人力资本代理变量。Hanushek 和 Woessmann（2015）建议使用国际考试（如 PISA、TIMSS）的分数来分析教育质量的差异。显然，使用入学率或任何反映学校密度的衡量标准来研究 19 世纪初的人力资本禀赋，都会受到现代方法的批评。这一代理变量的局限性在早期的法国更突出，因为 19 世纪上半叶教育系统的异质性非常强，甚至强于现在，所以以此为基础来推导人力资本禀赋结论是不明智的。

可见，无论是基于识字率还是入学率（学校密度）来估计法国工业化早期的人力资本禀赋都不能完全让人信服，但遗憾的是目前只能用它们来估计 19 世纪头十年的人力资本禀赋。

在本章中，我们介绍了一个原始的统计数据源，即基佐调查（Guizot inquiry）。它是由国民教育大臣弗朗索瓦·基佐于 1833 年秋季发起的。据我们所知，该统计信息尚未用于评估 19 世纪初的法国人力资本禀赋，或是用于深化理解该时期的人力资本积累过程。基佐调查不仅提供了估计法国教育密度的指标，还提供了关于教育系统的更广泛的信息。基佐调查的目的是评估法国初等教育的状况，除了量化信息（如学校规模）外，还提供有关学校和教学质量方面的详细信息。

本章旨在利用这些创新性的统计信息来分析 19 世纪初法国学校人力资本积累的决定因素。为此，我们使用了独创的指标（学生进步）来衡量人力资本积累，学生进步数据由基佐调查员收集并直接记录在数据集中。使用调查中的全部信息可揭示影响学生进步的潜在因素。我们发现，这一时期法国的教育领域有两种学校：一种是大型学校，拥有丰富的人力、物力资源，它们为人力资本积累做出了很大贡献；另一种是小型学校，具有一定的业余性和临时性，它们对人力资本形成的贡献较弱。我们的方法旨在补充和改进现有的对 19 世纪初法国人力资本禀赋的评估。

10.2 法国的初等教育和基佐调查

基佐调查开展于 1833 年 9~12 月，涵盖全部法国小学，目的是提供一份教育系统清单，为 1833 年 6 月通过的《基佐法案》（Guizot Law）的相关安排提供佐证。《基佐法案》是法国第一部规划初等教育的法案，旨在通过由社区、私人组织或宗教机构兴办的初等教育来提高国民识字率。该法案的出台主要是回应国民对提高识字率这一工作进展缓慢和存在的巨大的教育不平等的日益关注。这一时期的初等教育发展非常不均衡，学校发展差异也较大。迪潘（Dupin，1827）揭示了法国教育在地区层面存在巨大的不平等：迪潘的统计方法最初受到教育与经济发展相关联这一问题的启发，提出了著名的圣马洛-日内瓦线（见图 10.1）。如前文所述，圣马洛-日内瓦线将法国分为两个部分：位于该线以北的地区教育资源密集，而位于以南的地区则陷于落后的泥潭（尤其是教育）。

现在人们认识到，必须审慎对待迪潘的说法。Furet 和 Ozouf（1977）分析了法国识字率的变化，认为 19 世纪初学校教育在地区层面存在巨大的不平等。他们坚持认为除了南北差异还必须考虑其他差异，如城乡不平等，尤其是城市之间的不平等（新兴工业城镇与旧制度城镇），他们的说法可能更适合描述识字率方面存在的不平等特征。

由此可见，正是认识到教育系统缺乏同质性以及法国教育相对于邻国的落后，《基佐法案》才得以通过。它为法国建立高度集中的初级公立教育系统奠定了基础。

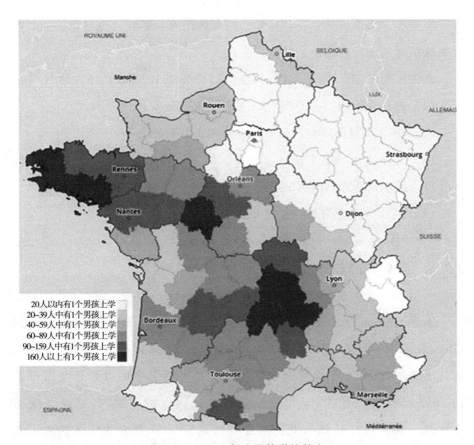

图 10.1　1826 年法国的学校教育

资料来源：作者根据 Dupin（1827）的数据绘制。

如前所述，基佐调查的第一个目标是准确描述法国小学的状况，为政府制定政策提供参考。基佐调查具有强大的政治背景，聘请了近 500 名调查员访问了法国（除科西嘉外）所有县的近 3 万所私立和公立男校以及男女同校学校。① 可以看出，基佐调查的另一个目的在于巩固政府在教育领域的领导作用。这项史无前例的调查搜集了受访学校的行政、财务、教

_____

① 女子学校不在《基佐法案》的范围内。

育和物质等方面的信息，还包括每位教师的信息。因此，也可将基佐调查视为法国对其国民教育体系的第一次检查。

基佐调查设置了 67 个问题（见附录），分属于不同的主题：

（1）物质和财务（教学地点、工资、教育成本）；

（2）学生（男女同校、信仰、入学年龄、人数等）；

（3）教学方法（教育方法、家具、书籍、黑板、地图、笔记本、教授学科、教学水平和质量等）；

（4）教师（专业资格、文凭和培训、个人技能等）。

10.3 数据和描述性统计

本章数据来自法国国家教育研究所（French National Institute of Educational Research，INRP）在其网站上公布的基佐调查结果。该数据库仅涵盖法国的 11 个地区（见图 10.2），包括 3 个城市教育部门所属的 2043 所学校，这三个城市分别是布尔日（法国中部）、尼姆（法国东南部）和雷恩（法国西北部的布列塔尼)①。尽管大量信息缺失，但这三个地区的教育部门仍提供了具有一定代表性的法国教育系统样本。样本涵盖了城乡的数据。城市地区样本涵盖了不同规模的城镇。参考迪潘男爵绘制的地图，我们可以发现样本中的三个地区在民众教育方面差异巨大，布列塔尼和法国西北部学生受教育程度较低；法国中部入学率略高；法国东南部学生受教育程度较高。

---

① 布尔日（Bourges），中央大区（Région Centre）谢尔省（Cher，18 号省）的省会，是该省最大的城市，也是中央大区第三大城市；尼姆（Nîmes），是法国东南部朗格多克-鲁西永大区（Languedoc-Roussillon）加尔省（Gard，30 号省）的省会；雷恩（Rennes）是法国西北部第二大城市，是西北部大区布列塔尼大区（Bretagne）的首府，也是伊勒-维莱讷省（Ille et Vilaine，35 号省）的首府。——译者注

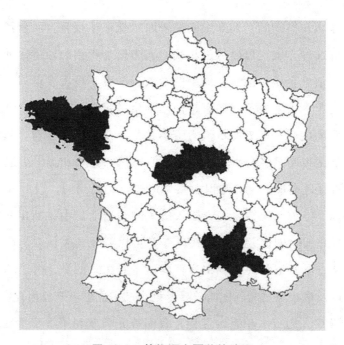

图 10.2　基佐调查覆盖的地区

资料来源：http://www.lion1906.com。

为了检验 19 世纪初的人力资本积累过程，我们根据调查数据构建一个独特的代理变量：学生进步。调查员提出的问题是："学生是否有进步？"答案用数值记录，0——否；1——少许；2——足够；3——是的；4——很大。

基佐调查要求调查员评估学生的整体水平和进步情况。然而，在 19 世纪，这些问题与 PISA（国际学生调查项目）这样的现代调查含义并不相同。在该历史背景下，学生的整体水平是指调查员对学生基础识字和算术平均水平的综合评价。该调查依赖简短的口头和书面的考试和练习，以及对学生笔记本的检查。这在某种程度上取决于老师所教的内容和笔记本的使用情况。调查结果不是基于调查员连续两次评估而是通过他们对学生技能的整体感知得出的，即学生们是否因接受了学校教育而获得人力资本积累。通过这种方式，可以将进步视为人力资本积累的衡量标准。考虑到已有关于评估教育质量的研究成果的看法，即以学校密度近似评估教育质量并不能完全令人信服，我们直接使用学生进步——也就说，学生通过接受教育学到的内容——来衡量人力资本积累。从这个角度看，我们所使用的代理变量更接近识字率而非入学率。但与识字率相比，学生进步这一指标能够更直接地衡量学生的知识积累。正如前文提到的，19世纪初的识字率是从婚姻登记册上的签名或应征入伍者的登记信息中推断出来的，这两者都可能导致极大的误差。利用代理变量可以避免此类偏误，因为它衡量的是基佐调查员所记录的知识积累程度。需要注意的是，由于调查员判断的主观性以及调查员之间的细微差异，调查结果仍不可避免地存在偏误。

为了考察人力资本积累的过程，我们首先尝试利用学校特点、物质资源、与教学和教师相关的特征来解释变量（学生进步）。其次，通过回归分析，尝试基于法国学校在人力资本积累过程中的贡献进行描述。表10.1列出了研究中使用的变量。

表 10.1 变量

变量	描述	类别
	学校的特征	
城镇规模	学校所在城镇的规模（居民人数）	
学生人数	夏季学期和冬季学期之间的最多学生数[a]	
在校时间	平均在校时间	
入学费用	父母必须支付的最低入学费用	
	学校的物质资源	
物质条件	缺少设备的数量（根据法国学校的整体水平进行评估，规定了学校应有的设备数量，如缺少或未采购到位，则计为缺少设备）	0：无任何缺少 1：缺少一件设备（黑板、家具、地图或教学场地太小） 2：缺少两件设备（如黑板和家具） 3：全都缺少

续表

变量	描述	类别
笔记本	学生们有笔记本吗？	有/无
教学方面的特征		
教授学科数量[b]		1~8 门
学生总体水平	学生的总体水平如何？	A：十分好 B：好 C：中等 D：不好 E：非常糟糕
教学方法	采用何种教学方法？	个体 互动 同步
教师的特征		
教师文凭	教师是否持有资格证书，获得何种学位？	无学位（无证书） 三等证书 二等证书 一等证书
师范学院	教师是否师范学院毕业？	是/否
其他职业	教师是否从事过其他职业？	是/否

注：a. 在农业区域，夏季学期和冬季学期的学生人数差异很大，因为许多学生在夏季不上学，而是帮助他们的父母干农活。

b. 大多数学校只有一名教师。因此，教授学科数量更多地取决于教师的能力而不是教师的数量。

样本涵盖了不同规模的城镇的学校。可见，就学生人数而言，学校规模差异很大，人数从 2~1200 人不等。25% 的学校学生人数少于 25 人，25% 的学校学生人数超过 50 人。学校学制差异巨大（1~9 年）。入学成本也各不相同：从 0 法郎（免费教育）到 1250 法郎，尽管大多数学校（75%）的入学成本低于或等于 125 法郎，但对于家庭来说，尤其是农村家庭，这都是不小的开销。而且，农村家庭更愿意自己的孩子辍学帮忙务农（见表 10.2）[1]。

物质资源分配不均。尽管超过半数的学校报告不缺地图、黑板、家具等设备，但大约 12% 的学校情况仍非常糟糕。就学校常用的学具笔记本而言，情况也不容乐观，约 10% 的学校学生没有笔记本可用（见表 10.3）[2]。

表 10.2　学校特征描述性统计

变量	最小值	最大值	第一四分位数	中位数	第三四分位数
在校时间	1	9	3	3	5
学生人数	2	1200	25	35	50
入学费用	0	1250	75	100	125
城镇规模	117	77992	817	1485	2848
居民人数（人）	<800		800~2000		>2000
不同规模城镇占比（%）	24.10		37.70		38.20

表 10.3　学校物质资源描述性统计

单位：%

变量	类别	观测值	占比
物质条件	0	1114	54.5
	1	599	29.3
	2	87	4.3
	3	243	11.9
笔记本	否	172	9.1
	是	1730	90.9

19 世纪初的法国没有官方教学方法，三种教学方法同时存在，包括个体教学法（individual）、互动（mutual）教学法和同步（simultaneous）教学法。

---

[1] 1833 年，瓦工的日工资为 2.21 法郎。
[2] 我们还注意到，样本中几乎有一半的学校没有足够的书籍供学生使用。

表 10.4 教学方面特征描述性统计

单位：%

变量	类别	观测值	占比
教学方法	个体教学法	536	29.5
	互动教学法	186	10.3
	同步教学法	1093	60.2
教授学科数量	1~2 门	175	8.9
	3~4 门	1240	63.2
	5 门及以上	547	27.9
学生总体水平	A	118	6.3
	B	483	25.8
	C	331	17.7
	D	862	46.0
	E	78	4.2

个体教学法在小型学校很常见。它基于这样一种理念：学生自行阅读，老师只需检查他们的学习成果。利用个体教学法不需要具体的场地、书籍或对教师的培训，家长的花费很少，其所在城镇的投入也较少。这种方法在山区和大西洋地区很常见。

互动教学法主要在学生较多的学校（超过 100 人）应用。这种方法主要根据学生的水平将其分组，教师监督其学习。学习有严格的组织规划，需要用到黑板、地图等良好的教学资源。互动教学法花费很高，主要在大型城镇、河流和制造业地区。这种方法得到了具有新教传统的自由派精英的支持，可以获得慈善团体的资助。互动教学法的支持者反对应用个体教学法，但只有少数学校能实施互动教学法。

同步教学法主要在中学应用。它将学业水平相近的学生分成一组，由一名教师对他们进行教育。18 世纪初，同步教学法的应用与神职人员有关，特别是基督教僧侣。

表 10.5 教师特征描述性统计

单位：%

变量	类别	观测值	占比
教师文凭	无证书	259	13.1
	三等证书	1062	53.9
	二等证书	631	32.0
	一等证书	20	1.0
是否师范学院毕业	否	1739	86.8
	是	264	13.2
其他职业	否	1519	74.4
	是	524	25.6

在基佐调查期间，法国学校共开设了九门学科：阅读、写作、拼写、语法、算术、宗教入门、土地调查、绘画和历史。基佐调查员必须明确他们所调查的学校是否教授上述这九门学科，从而汇总学校开设学科的数量。大部分学校的学科数在 1~8 门，近 28% 的学校教授 5 门及以上的学科。①

学业水平堪忧：一半的学校报告学生学业水平较差或极差，而且学生在入学期间往往未获得任何人力资本。调查员的报告表明，在一些学校，识字率几乎为零。例如，调查员路易·阿尔塞纳·穆尼耶（Louis-Arsène Meunier）报告说："在格南维尔②，40 个学生中只有一个学会了写作。"

1816 年 1 月 29 日的命令规定，教师必须持有地区学校主管部门颁发的资格证书才可以从事教学工作。资格证书分三个等级：有基本的阅读、写作和算术技能的颁发三等证书；在拼写、计算和书法方面有特长的颁发二等证书；具备土地调查、语法、算术、地理和"基础教学进阶"等方面的

① 在样本中，所有学校都教授宗教入门，所以不再计入。

② 格南维尔（Guernanville），位于厄尔省。

技能和知识的可颁发一等证书。尽管要求持证上岗，许多教师（约占样本的 13.1%）仍未获得过证书。[①]　绝大多数教师持有三等证书，只有 1.0%的教师持有一等证书。此外，样本中只有 13.2%的教师曾就读过师范院校。

教师培训和资格的异质性也表明，样本中近 26%的教师是兼职的。在 524 个兼职教师中，有一半是地区秘书（如城镇政府秘书、城镇政府职员、市长秘书）。此外，还有 12 个农民、7 个烟草商、4 个店员、2 个织布工和 2 个海关官员。

10.4　实证分析

10.4.1　人力资本积累

在本节中，我们分析解释变量"学生进步"是否会随着学校或教师特征变化而变化。估计模型如下：

$$Y_i = \alpha + \beta SD_i + \delta P_i + \gamma Q_i + \theta L_i + \Phi D_i + \eta T_i + \varepsilon \qquad (10.1)$$

对于每所学校 i，Y_i 代表人力资本积累（学生进步），SD_i 代表学生在校时间，P_i 是学校规模（学生人数），Q_i 代表教授学科数量，L_i 代表学生总体水平，D_i 代表教师文凭，T_i 代表教学方法，ε 是随机误差项。

我们使用 OLS 来估计（见表 10.6）。对于包含所有变量的回归 6，我们还分析了其Ⅲ型平方和[②]（见表 10.7）。这是通过从模型中剔除一个变量以检验其对模型估计的影响来计算的。如果给定变量对应的 F 统计量的显著性低于 5%，则说明该变量对模型的影响很大。

[①]　调查员路易-阿尔塞纳·穆尼耶在他的报告中提到，他要求一名学生解答一个基本的数学问题。学生不会，老师却说："我没有教过那个，连我自己都不懂。"

[②]　Ⅲ型平方和也叫部分平方和。它适用于分析非平衡的数据，包括有缺失值的数据。——译者注

表 10.6　人力资本积累（学生进步）回归估计

解释变量	回归 1	回归 2	回归 3	回归 4	回归 5	回归 6
学生在校时间	−0.009	−0.014	−0.024 **	0.009	0.016 *	0.012 *
	(0.013)	(0.013)	(0.012)	(0.010)	(0.010)	(0.010)
学生人数		0.004 ***	0.002 ***	3.10^{-4}	-1.10^{-6}	-3.10^{-4}
		(3.10^{-4})	(3.10^{-4})	(2.10^{-4})	(3.10^{-4})	(3.10^{-4})
教授学科数量			0.296 ***	0.075 ***	0.069 ***	0.063 ***
			(0.017)	(0.015)	(0.016)	(0.017)
学生总体水平（参考 C）[a]				A 1.217 ***	A 1.152 ***	A 1.128 ***
				(0.074)	(0.075)	(0.079)
				B0.561 ***	B 0.548 ***	B 0.526 ***
				(0.047)	(0.047)	(0.049)
				D−0.562 ***	D−0.553 ***	D−0.541 ***
				(0.043)	(0.043)	(0.046)
				E−1.094 ***	E−1.077 ***	E−1.057 ***
				(0.084)	(0.084)	(0.087)
教师文凭（参考一等证书）					二等证书 −0.193	二等证书 −0.225
					(0.154)	(0.164)
					三等证书 −0.295 *	三等证书 −0.318 *
					(0.155)	(0.166)
					无证书 −0.283 *	无证书 −0.301 *
					(0.161)	(0.171)
教学方法（参考个体教学法）						互动教学法 0.155 **
						(0.067)
						同步教学法 0.163 ***
						(0.037)
R^2	0.000	0.058	0.199	0.528	0.527	0.538
F 统计量	0.428	52.533 ***	140.339 ***	26569 ***	18192 ***	14459 ***
n	1720	1712	1700	1669	1641	1504

注：* 表示在 10% 的水平上显著；** 表示在 5% 的水平上显著；*** 表示在 1% 的水平上显著。
a 我们选择 C 作为参考类别，以区分高水平（A，B）和低水平（D，E）的影响。

表 10.7   回归 6 的 III 型平方和

变量	Pr>F	显著性
在校时间	0.218	不显著
学生人数	0.305	不显著
教授学科数量	0.000	***
学生总体水平	<0.0001	***
教师文凭	0.047	**
教学方法	<0.0001	***

注：* 表示在 10% 的水平上显著；** 表示在 5% 的水平上显著；*** 表示在 1% 的水平上显著。

这些估计表明，在校时间和学校规模对学生进步的影响很小或没有影响。回归数据证实：除了在校时间和学校规模外，增加其余变量都提高了模型估计拟合的效果。这也证实了调查员的结论，即一些完成了学业的学生仍无法写自己的名字。[①]

相反地，学生总体水平对学生进步有积极影响：学生水平越高，学生进步越大。教师资格也是如此。拥有证书的教师越多的学校，学生进步更大。

我们注意到，互动教学法和同步教学法与学生进步呈正相关关系，而个体教学法则不然。因此，教学方法在学生进步中发挥了重要作用：同步教学法和互动教学法比个体教学法更能激发学生的学习兴趣。

值得注意的是，人力资本积累与教授学科数量强相关。这表明人力资本积累取决于学校提供的人力资本数量——学科数量。在下节，

---

① "进展非常缓慢。阅读的方法也令人生厌。学生学习阅读的时间很长，而且一般只有在阅读流利后教师才教他们如何写字，结果很多孩子甚至不知道如何写下自己的名字就离开了教室。学过写字的人，也有很大一部分还是不会写，要么是不会拼写，要么是不习惯在纸上表达自己的想法"，调查员路易·阿尔塞纳·穆尼耶 1833 年记录说。

我们假设教授学科数量蕴含了有关学校概况的重要信息并彰显其的总体质量，由此探究其背后的因素有哪些。

10.4.2 学校质量：教授学科数量

在上一节，我们强调了学生进步取决于教授学科数量。接下来的分析加入了这个变量，并假设教授学科数量能够近似代表学校总体质量。事实上，能够教授除写作、阅读和基本算术技能以外学科的学校通常拥有更好的人力资源和物力资源，因此这些学校比那些不能提供这种课程的学校的质量更好。为检验这一假设，我们进一步分析可能影响教授学科数量的因素。

具体而言，我们分析了教师技能和物质条件的影响，此外，还检验了入学成本、教学方法和城镇规模是否对教授学科数量产生影响。

为了评估上述变量的影响，估计 OLS 模型如下：

$$Q_i = \alpha + \beta P_i + \delta C_i + \gamma S_i + \theta T_i + \rho M_i + \eta N_i + \Phi D_i + \tau O_i + \mu W_i + \varepsilon \ (10.2)$$

对于每所学校 i，Q_i 代表学校质量（教授学科数量），P_i 代表学校规模（学生人数），C_i 代表入学费用，S_i 代表城镇规模，T_i 代表教学方法，M_i 代表物质条件，N_i 代表学校是否有笔记本，D_i 代表教师文凭，O_i 代表教师是否兼职，W_i 代表教师是否上过师范院校，ε 是随机误差项。

教授学科数量与学校规模之间存在显著的正相关关系：学校规模越大，教授学科范围越广。估计结果表明，教学方法也与教授学科数量正相关，采用互动教学法和同步教学法的学校往往教授学科数量也多，这表明这两类方法对学生进步有积极作用。尽管城镇规模在模型中并非不可或缺（见表 10.8），但其影响与学校规模的结果一致：位于小城镇的学校大多仅限于教授基本识字和算术技能；较大城镇的学校往往教授更多的学科（见表 10.9）。

表10.8 对人力资本数量的估计（教授学科数量）

解释变量	回归7	回归8	回归9	回归10	回归11	回归12	回归13	回归14	回归15	回归16
学生人数	0.006***	0.007***	0.006***	0.006***	0.006***	0.006***	0.005***	0.005***	0.005***	0.005***
	(4.10^{-4})	(4.10^{-4})	(4.10^{-4})	(5.10^{-4})	(5.10^{-4})	(5.10^{-4})	(5.10^{-4})	(5.10^{-4})	(5.10^{-4})	(5.10^{-4})
入学费用		0.003***	0.002***	0.002***	0.002***	0.002***	0.001***	0.002***	0.001***	0.001***
		(3.10^{-4})	(3.10^{-4})	(3.10^{-4})	(3.10^{-4})	(3.10^{-4})	(3.10^{-4})	(3.10^{-4})	(3.10^{-4})	(3.10^{-4})
城镇规模			<800	<800	<800	<800	<800	<800	<800	<800
			-0.282***	-0.201***	-0.212***	-0.184***	-0.107***	-0.111*	-0.11*	-0.114*
			(0.067)	(0.067)	(0.067)	(0.067)	(0.066)	(0.066)	(0.065)	(0.066)
			>2000	>2000	>2000	>2000	>2000	>2000	>2000	>2000
			0.209***	0.056	0.034	0.082	0.019	0.013	0.005	-0.001
			(0.061)	(0.062)	(0.062)	(0.062)	(0.061)	(0.061)	(0.062)	(0.062)
教学方法				互动教学法	互动教学法	互动教学法	互动教学法	互动教学法	互动教学法	互动教学法
				1.331***	1.325***	1.253***	1.056***	1.041***	1.054***	1.045***
				(0.097)	(0.097)	(0.097)	(0.099)	(0.107)	(0.099)	(0.107)
				同步教学法	同步教学法	同步教学法	同步教学法	同步教学法	同步教学法	同步教学法
				0.441***	0.427***	0.349***	0.309***	0.304***	0.303***	0.299***
				(0.06)	(0.06)	(0.06)	(0.06)	(0.06)	(0.059)	(0.06)
物质条件					-0.077***	-0.052**	-0.057**	-0.056**	-0.056**	-0.056**
					(0.026)	(0.026)	(0.026)	(0.026)	(0.026)	(0.026)

续表

解释变量	回归 7	回归 8	回归 9	回归 10	回归 11	回归 12	回归 13	回归 14	回归 15	回归 16
笔记本						0.955*** (0.09)	0.853*** (0.089)	0.851*** (0.089)	0.864*** (0.089)	0.862*** (0.09)
教师文凭 （参考一 等证书）							二等证书 -0.489** (0.244)	二等证书 -0.491** (0.243)	二等证书 -0.472* (0.244)	二等证书 -0.476* (0.243)
							三等证书 -0.852*** (0.246)	三等证书 -0.856*** (0.246)	三等证书 -0.832*** (0.246)	三等证书 -0.838*** (0.246)
							无证书 -1.299*** (0.254)	无证书 -1.314*** (0.254)	无证书 -1.294*** (0.254)	无证书 -1.31*** (0.254)
是否师范 学院毕业								0.04 (0.083)		0.028 (0.083)
是否兼职									-0.112* (0.058)	-0.107* (0.058)
R^2	0.097	0.127	0.149	0.244	0.248	0.297	0.338	0.338	0.34	0.34
F 统计量	208,974***	138.756***	82.92***	92,905***	81.23***	87.019***	75.104***	68,488***	69,269***	63.569***
观测值	1946	1912	1903	1731	1731	1655	1628	1623	1628	1623

注：* 表示在 10% 的水平上显著；** 表示在 5% 的水平上显著；*** 表示在 1% 的水平上显著。

表 10.9　回归 16 的 Ⅲ 型平方和

来　源	Pr>F	显著性
学生人数	<0.0001	***
入学费用	<0.0001	***
物质条件	0.030	**
城镇规模	0.180	不显著
教学方法	<0.0001	***
笔记本	<0.0001	***
教师文凭	<0.0001	***
是否兼职	0.068	*
是否师范学院毕业	0.735	不显著

注：* 表示在 10% 的水平上显著；** 表示在 5% 的水平上显著；*** 表示在 1% 的水平上显著。

　　正如预期的那样，教授学科数量正向依赖于物质条件和平均人力资源禀赋。事实上，一方面，笔记本与教授学科数量正相关，物质短缺则对其产生负面影响；另一方面，教师的能力（以教师文凭为代表）与教授学科数量密切相关。专职教师数量多，即无兼职情况下，学校教授学科数量较多。

　　上述回归结果支持我们的假设，即教授学科数量似乎是解释学生进步的重要因素，也是判断学校大致情况及质量的指标。教授学科数量多的学校，实际上也是物质条件较好的学校，采用两种最现代的教学方法，聘用最优秀的教师。同时，这些学校往往规模较大且位于大城镇。

　　入学成本与教授学科数量呈正相关关系，这说明高质量的学校投入成本也巨大，尤其是对家庭而言，这种现象固然与教学方法和学校地理位置有关，但也说明家庭无法影响人力资本的质量。事实上，家庭在选择学校方面没有余地。例如，当只有一所学校提供教育，或者学校位于离家很远的村庄，或者入学费用较高，都会影响孩子入学。从这个角度看，入学费用是孩子获得教育的阻碍之一，孩子步行上学的时间也是如此。

10.4.3 学校档案

为了描述 19 世纪初的法国学校，我们使用多因子分析方法完成了相关回归分析。这是一种定性变量的数据分析方法，详尽地描述了研究的对象。多因子分析方法由本泽克里（Benzécri）于 19 世纪 60 年代提出，已成为数据分析的首选方法，尤其是在社会学领域。它基于这样一个事实，即常见事件的存在可以在无任何前提假设的条件下通过归纳方法来突出变量之间的某些相关性结构，以此确定学校特征对人力资本积累的影响。

具体而言，在图 10.3 上标识所有变量的所有模态（modalities），以强调所有模态发挥的作用。尽管该图呈现了基本结果，但必须同时考虑数据中包含的信息量（相对贡献）和所有模态对研究的贡献（绝对贡献）。

由图 10.3 可见，法国教育沿水平轴两极分化。轴的左端代表有利于人力资本积累的情况，右端代表不利于人力资本积累的情况。这两种情况都高度依赖学校的人力资源和物质资源。

由此可见，19 世纪初的法国存在一个双轨教育体系：一方面，大型学校拥有丰富的人力资源和物质资源，对人力资本积累做出了很大贡献；另一方面，小型学校的禀赋较差，对人力资本积累的作用较小。

可见，大多数优质学校开销都较大，且通常位于大城镇，而且入学费用低廉。这可以通过一个事实来解释，即运用互动教学法的学校位于大城镇，尽管花费高昂，但有时会得到慈善协会的资助。学费是农村儿童接受教育的障碍，其家庭难以支付入学费用，因此宁可让孩子在农场帮工。

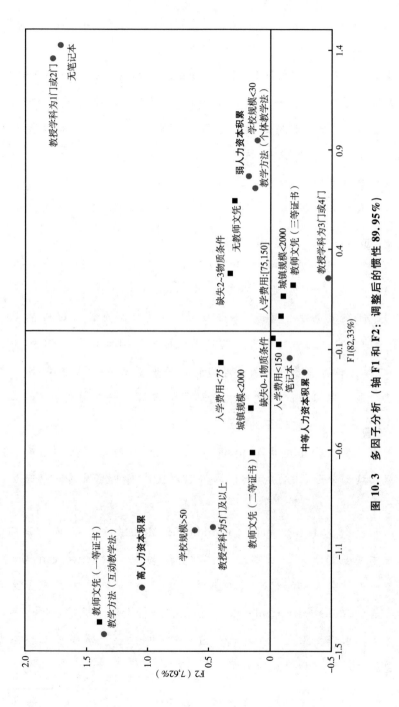

图 10.3　多因子分析（轴 F1 和 F2：调整后的惯性 89.95%）

专栏 10.1 MFA 描述

多因子分析（Multiple Factional Analysis，MFA）分四个步骤进行。

特征值分析（Eigenvalue Analysis）。特征值代表数据中包含的信息量。通常建议选择一些信息量损失最小的特征值。我们依据恺撒准则（Kaiser Criterion）：选择包含高达（1/P）%信息的特征值，P 是变量数。特征值数量也代表了图形中轴的数量：如果选择了两个特征值，意味着有两个轴（称为因子轴），即一个系统中包含了大部分数据信息。

贡献研究（Contribution Study）。分为两类贡献：一是绝对贡献（CTA），代表变量在因子轴定义中的模态权重；二是相对贡献（CTR），即在某个轴上模态的表征质量。临界值分别等于 CTA 的 10%（这是轴的定义，即该轴包含的信息不到模态的 10%）和 CTR 的 30%（模态在轴上的表征质量小于 30%）。如果模态显示 CTA 和 CTR 低于临界值，则将它们剔除。这些值比进行简单因子分析时使用的值小，因为 MFA 是一种比较谨慎的方法。

图形分析（Graphical Analysis）。主要用于解释出现在轴系统上的模态组。这部分分析最为有趣，因为它能使我们重点强调促使成功的各种特征。

附加模态映射（Projection of Additional Modalities）。我们的分析是基于样本变量进行的，这些变量被称为主动变量（active variables），在此基础上计算先前的标准（特征值、贡献）；未被选择的变量称为附加变量（additional variables），它们仅在进行图形分析时使用。事实上，为了使解释更深入，在进行多因子分析时往往会考虑所有模态变量，包括主动变量和附加变量。

我们将以下变量视为主动变量（用于展开分析并作为所有计算基础的变量）：学生进步、教授学科数量、学校规模、笔记本和教学方法。将学生进步分为三种模态：高人力资本积累（有很大进步）、中等人力资本积累（刚好）和弱人力资本积累（很少和没有进步）。

其他五个变量（入学费用、城镇规模、书籍、教师文凭和物质条件）被视为附加变量（也就是说，它们不会出现在计算中，但我们在解释时会将其考虑在内）。城镇规模也被纳入，因为它在确定教学方法以及提供的人力资本数量方面同样重要。

双轴组的调整惯性的 89% 基本上由第一轴支持（Greenacre，1984）。由于相对贡献较弱，我们将同步教学法和学校规模 [30；50] 从分析中剔除。

10.5 结论

利用基佐调查的结果，本章考察了 19 世纪初法国人力资本积累的过程。识字率或入学率等指标是研究中常用来评估法国人力资本禀赋的代理变量，但两者都存在重大缺陷，并导致了评估结果不可靠。我们基于基佐调查的数据，构建了一个独特的人力资本代理变量，即学生进步，这使我们能够直接衡量知识积累，从而避免了利用基于婚姻登记簿签名或应征入伍登记信息得到的识字率所带来的问题。本章阐明了法国教育系统的异质性，揭示了一个双轨教育体系的存在。一方面，大型学校人力物力资源丰富，对人力资本积累的贡献很大；另一方面，小型学校资源条件较差，对人力资本积累的作用不明显。这一结果还强调，因为一些学校对知识积累的贡献很弱，使用小学入学率来评估人力资本禀赋结果可能出现偏误。然而，当今大量研究在用这些指标来分析人力资本在工业革命中所起的作用，结论是其对工业革命而言是微不足道的，参见 Mitch（1999）关于英格兰的案例。在本章中，我们根据构建的代理变量，即学生进步，重新评估了人力资本的作用，揭示了法国教育领域在算术能力的普及方面存在差异，并利用学生进步（不同于入学率）这一变量对初等教育的人力资本禀赋进行了重新估计。我们认为，使用该变量能为分析人力资本禀赋对区域早期工业化的影响提供更准确的依据。

附录 基佐调查的原始调查表

QUESTIONS.						
L'instituteur est-il logé?	non	non	non	non	oui	oui
La commune lui fait-elle un traitement fixe?	oui	non	non	non	oui	oui
Quel en est le montant?	200.				200.	160.
L'instituteur jouit-il de quelque autre traitement comme secrétaire de la mairie, chantre, etc.?	non	non	non	non	non	traitement la mairie 300.#
L'école est-elle entièrement gratuite; ou bien n'y admet-on gratuitement que les enfants indigents? Quel est le nombre de ceux-ci?	payante	payante	payante	payante	payante 10 gratuits	payante 6 gratuits
Quelle est la rétribution payée par les élèves non gratuits?	1.50; 1; 0.75.	1.50; 1.00.	2.; 1.50.	3.	1.25; 1.-.75.	1.50; 1.
L'école est-elle commune aux enfants des deux sexes?	oui	non	non	non	non	non
A quel culte appartient-elle? Les élèves d'un autre culte y sont-ils admis?	catholique	catholique	catholique	catholique	catholique	catholique
L'instituteur est-il autorisé à recevoir des élèves pensionnaires?	non	non	non	non	non	non
A quel âge les enfants sont-ils admis à l'école?	6 ans	5 ans	4 ans	7 ans	5 ans	5 ans
Quel est le nombre moyen des années qu'ils y passent?	4 ans	3 ans	6 ans	6 ans		6 ans
Quel est le nombre des élèves? En hiver. En été.	20 / 20 / 10	24 / id.	26 / id.	54 / id.	35 / 35 / mordres	50 / 50 / 30
Quelle est la méthode d'enseignement suivie dans l'école?	simultanée	individuelle	simultanée	simultanée	mutuelle	simultanée
Si c'est la méthode mutuelle, le mobilier de classe est-il suffisant? Se compose-t-il des tableaux et autres objets d'enseignement envoyés de l'origine par l'une des sociétés pour l'instruction primaire, ou bien les tableaux ont-ils été renouvelés? Par quel ces tableaux ont-ils été publiés?					mobilier suffisant tableaux id. acquis par la commune Colas, Paris	
Les élèves sont-ils pourvus de livres uniformes et en nombre suffisant?	oui, pour la plupart	non	oui	oui	oui	oui
Quels sont ces livres?	Alphabets & textes différents	abécédaire, bible, histoire sainte	catéchisme, histoire, alphabets, manuscrits	moral, civil, lecture, gram., arith.	moral, histoire de... lecture, gram., arith.
Quels sont les objets dont manque l'école?	tableau de lecture, id. d'arith. & noir à bois	id. id.	id. id.	rien	rien	rien
Quels sont les moyens de les lui procurer?						
Quelles sont les matières de l'enseignement: instruction religieuse (histoire sainte et catéchisme), lecture, écriture, orthographe, grammaire, arithmétique, arpentage, dessin linéaire, géographie, histoire, musique.	lecture, écriture, arith.	lecture, écriture	lecture, écriture	lecture, écriture, gram.	lecture, écriture	lecture, écriture

- 331 -

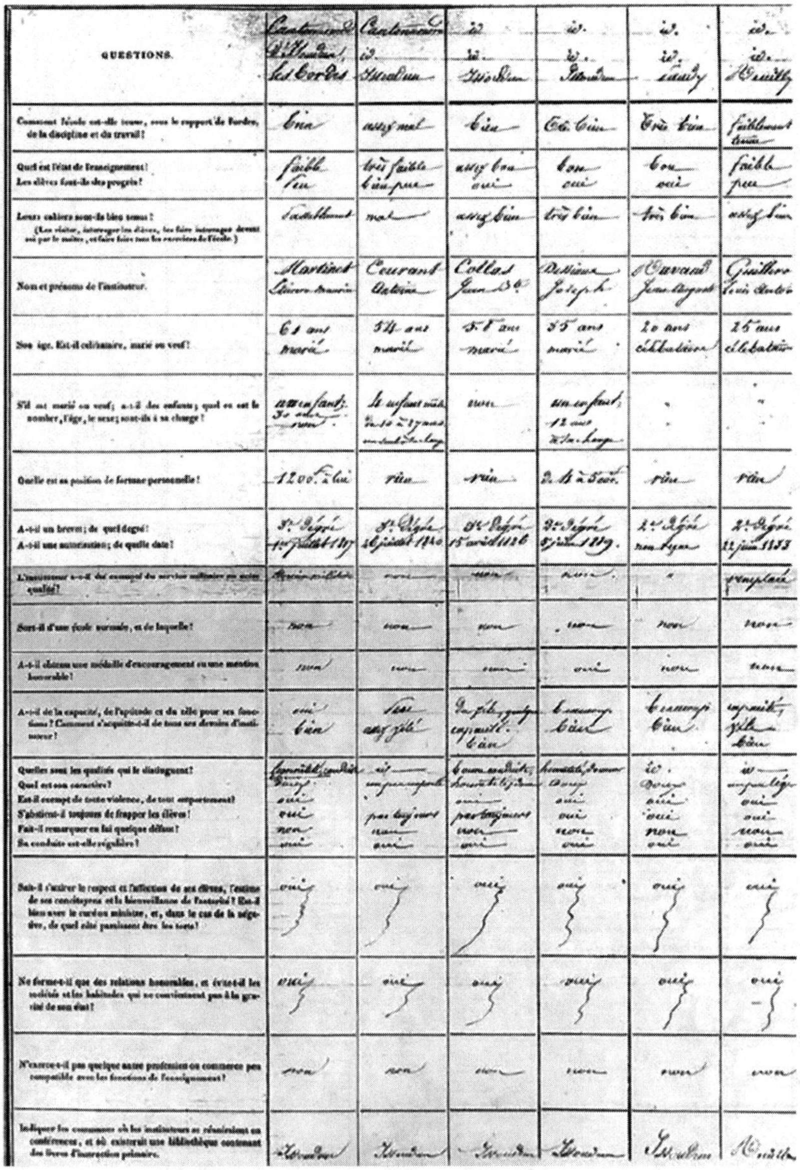

QUESTIONS.	[illegible]	[illegible]	id.	id.	id.	id.
Comment l'école est-elle tenue, sous le rapport de l'ordre, de la discipline et du travail?	bien	assez mal	bien	très bien	très bien	faiblement tenue
Quel est l'état de l'enseignement? Les élèves font-ils des progrès?	faible / peu	très faible / bien peu	assez bon / oui	bon / oui	bon / oui	faible / peu
Leurs cahiers sont-ils bien tenus? (Les visiter, interroger les élèves, les faire interroger devant soi par le maître, et faire faire tous les exercices de l'école.)	faiblement	mal	assez bien	très bien	très bien	assez bien
Nom et prénoms de l'instituteur.	Martinet [illegible]	Courant Antoine	Collas Jean Bte	[illegible] Joseph	[illegible] Jean Auguste	[illegible]
Son âge. Est-il célibataire, marié ou veuf?	61 ans marié	54 ans marié	58 ans marié	35 ans marié	20 ans célibataire	25 ans célibataire
S'il est marié ou veuf, a-t-il des enfants; quel en est le nombre, l'âge, le sexe; sont-ils à sa charge?	un enfant, 30 ans, non	[illegible]	non	un enfant, 12 ans, à sa charge	"	"
Quelle est sa position de fortune personnelle?	1200 f. [illegible]	rien	rien	[illegible]	rien	rien
A-t-il un brevet; de quel degré? A-t-il une autorisation; de quelle date?	3e degré 1er juillet 1817	3e degré [illegible] juillet 1840	3e degré 15 avril 1826	2e degré [illegible] juin 1849	2e degré [illegible]	2e degré 12 juin 1853
L'instituteur a-t-il été exempté du service militaire en cette qualité?	[illegible]	non	non	non	"	remplacé
Sort-il d'une école normale, et de laquelle?	non	non	non	non	non	non
A-t-il obtenu une médaille d'encouragement ou une mention honorable?	non	non	non	oui	non	non
A-t-il de la capacité, de l'aptitude et du zèle pour ses fonctions? Comment s'acquitte-t-il de tous ses devoirs d'instituteur?	oui / bien	[illegible] / assez zélé	[illegible] capacité / bien	beaucoup / bien	beaucoup / bien	capacité / zèle / bien
Quelles sont les qualités qui le distinguent? Quel est son caractère? Est-il exempt de toute violence, de tout emportement? S'abstient-il toujours de frapper les élèves? Fait-il remarquer en lui quelque défaut? Sa conduite est-elle régulière?	[illegible] / oui / oui / non / oui	id. / [illegible] / par toujours / non / oui	[illegible] / par toujours / non / oui	[illegible] / oui / oui / non / oui	id. / doux / oui / oui / non / oui	id. / [illegible] / oui / oui / non / oui
Sait-il s'attirer le respect et l'affection de ses élèves, l'estime de ses concitoyens et la bienveillance de l'autorité? Est-il bien avec le curé ou ministre, et, dans le cas de la négative, de quel côté paraissent être les torts?	oui	oui	oui	oui	oui	oui
Ne forme-t-il que des relations honorables, et évite-t-il les sociétés et les habitudes qui ne conviennent pas à la gravité de son état?	oui	oui	oui	oui	oui	oui
N'exerce-t-il pas quelque autre profession ou commerce peu compatible avec les fonctions de l'enseignement?	non	non	non	non	non	non
Indiquer les communes où les instituteurs se réuniraient en conférences, et où existerait une bibliothèque contenant des livres d'instruction primaire.	[illegible]	[illegible]	[illegible]	[illegible]	[illegible]	[illegible]

参考文献

A'Hearn, B., Baten, J., and Crayen, D., 2009. "Quantifying Quantitative Literacy: Age Heaping and the History of Human Capital." *J Econ Hist* 69 (3): 783−808.

Baten, J., Craven, D., and Voth, H., 2014. "Numeracy and the Impact of High Food Prices in Industrializing Britain, 1780−1850." *Rev Econ Stat* 96 (3): 418−430.

Crayen, D. and Baten, J., 2010. "New Evidence and New Methods to Measure Human Capital Inequality before and during the Industrial Revolution: France and the US in the Seventeenth to Nineteenth Centuries." *Econ Hist Rev* 63 (2): 452−478.

Dupin, C., 1827. *Forces Productives el commerciales de la France*. Paris: Bachelier.

Fleury, M. and Valmary, P., 1957. "Les Progrès de l'Instruction Elémentaire de Louis XIV à Napoleon III d'après l'Enquête de Louis Maggiolo (1877−1879)." *Population* 12 (1): 71−92.

Furet, F. and Ozouf, J., 1977. "Lire et écrire: l'alphabétisation des Français de Calvin à Jules Ferry." Paris, Éditions de Minuit, ouvrage publié avec le concours du CNRS, 2 vol.

Greenacre, M. J., 1984. *Theory and Applications of Correspondence Analysis*. Academic Press, London.

Hanushek, E. and Kimko, D., 2000. "Schooling, Labor Force Quality, and the Growth of Nations." *Am Econ Rev* 90 (5): 1184−1208.

Hanushek, E. and Woessmann, L., 2008. "The Role of Cognitive Skills in Economic Development", *J Econ Lit* 46 (3): 607−668.

Hanushek, E. and Woessmann, L., 2011. "The Economics of International Differences in Educational Achievement." In *Handbook of the Economics of Education*, Vol 3, edited by Hanushek, E., Machin, S., Woessmann, L. (eds), pp. 89−200, North Holland, Amsterdam.

Hanushek, E. and Woessmann, L., 2012. "Do Better Schools Lead to More Growth? Cognitive Skills, Economic Outcomes, and Causation." *J Econ Growth* 17 (4): 267−321.

Hanushek, E. and Woessmann, L., 2015. *The Knowledge Capital of Nations: Education and the Economics of Growth*. MIT Press, Cambridge, MA.

Jamison, E., Jamison, D., and Hanushek, E., 2007. "The Effects of Education

Quality on Income Growth and Mortality Decline. " *Econ Educ Rev* 26: 772-789.

Mitch, D. , 1999. " The Role of Education and Skill in the British Industrial Revolution. " *The British Industrial Rrevolution*: *An Economic Perspective*, Vol. 2. pp. 241-279.

Nilsson, A. , 1999. "What Do Literacy Rates in the 19th Century Really Signify? — New Light on an Old Problem From Unique Swedish Data. " *Paedagog Hist* 35（2）: 274-296.

11

第一次全球化时期乌拉圭蒙得维的亚的家庭形成、性别与劳动力

玛丽亚·M. 卡穆（María M.Camou）

摘　要：本章研究旨在分析家庭等制度因素在乌拉圭社会形成过程中对女性地位的影响。乌拉圭是一个拥有大批欧洲移民的国家，这些移民主要来自西班牙，其次是意大利。尽管这两个国家并非欧洲婚姻模式的典型代表，但有观点认为移民破坏了乌拉圭原有的家庭模式，导致家庭结构松散、家庭关系脆弱，也使得核心家庭模式成为乌拉圭社会的主流。核心家庭模式以更平等的性别关系和代际关系为特征，代表的是一种弱家庭关系，淡化了女性传统角色，从而提高了女性劳动参与率。研究结果表明，移民对移入国家的影响不仅来自移民的人口、文化和人力资本状况，还间接来自他们的移民决定和劳动选择所带来的结果。

关键词：家庭形成　性别　劳动力　乌拉圭

11.1　引言

2000 年，在用女性预期寿命、受教育程度、劳动市场参与率和缩小性别工资差距等指标衡量得出的性别指数排名中，乌拉圭处于拉丁美洲国家的最高水平（Camou and Maubrigades，2013，2015）。经济增长和性别不平等减少之间的关系已被充分讨论，但仍有一部分尚待探讨。本章旨在分析家庭等制度因素在乌拉圭社会形成过程中对女性地位的影响。乌拉圭是一个拥有大规模欧洲移民的国家，这些移民主要来自西班牙，其次是意大利。尽管这两个国家并非西欧婚姻模式的典型代表（De Moor and Van Zanden，2010），但有观点认为移民破坏了乌拉圭原有的家庭模式，导致其家庭结构松散、家庭关系脆弱，也使得核心家庭模式成为乌拉圭社会的主流。核心家庭模式这种以更平等的性别关系和代际关系为特征的弱家庭关系，淡化了女性传统角色，从而提高了女性劳动参与率。

研究结果表明，移民对移入国家的影响不仅来自移民的人口、文化和人力资本状况，还间接来自他们的移民决定和劳动选择所带来的结果。与此同时，随着人口、社会和教育状况的变化，当地社会也产生嬗变。为检验这一假设，本章首先考虑了 1858～1908 年的变化，比较了移民和定居蒙得维的亚（Montevido）的乌拉圭人口，在此基础上，对乌拉圭的家庭结构进行了分析。其次，基于移民和乌拉圭当地人在家庭角色、结婚年龄和劳动参与率等方面的差异，检验女性家庭地位的演变。

本章结构如下：第 11.2 节介绍理论方法与研究的主要问题；第 11.3 节介绍使用的数据与方法；第 11.4 节回顾研究年份的人口结构及其变化；第 11.5 节集中讨论乌拉圭的家庭形成过程；第 11.6 节分析女性地位的变化及其与移民行为的关系；第 11.7 节通过比较不同群体的劳动参与率，讨论乌拉圭当地人的表现；最后总结了本章的主要研究成果。

11.2　理论方法与研究的主要问题

尽管制度（如家庭制度）与发展之间的关系在社会科学中饱受争议，但事实上人口学、经济学、历史学和社会学等多个学科对此问题早有涉及。家庭结构比其他制度更经得起时间的考验，这也是其可以对社会产生巨大影响的原因之一。同时，家庭结构特征鲜明，使我们能对其进行持续的研究（Todd，1991；Duranton et al.，2009）。

家庭结构能从多个方面影响社会组织方式。该领域早期研究得出的结论发现，核心家庭与工业革命及随后的经济增长之间存在很密切的联系，其逻辑是核心家庭中的子女独立和离家独自谋生较早，这不仅会刺激人们寻找商机，也会提升全社会教育水平和创业能力（Laslett，1972；Hajnal，1982）。

关于家庭对欧洲发展的作用的相关研究强调，各区域的家庭关系紧密度不同。Reher（1998：203）认为，"家族忠诚、忠贞、权威性与韧性在家族群体和联姻家庭中表现得更为明显"。家庭对社会的影响很大，其中之一是年轻人搬离父母家组建家庭的时机，这是个人对教育和就业选择的最重要的一步。此外，在家庭结构松散的地区，往往会出现有助于经济增长的高效集团组织和公司，且这类组织和公司在个人受群体、部落或家庭保护较少的地区发展得会更快、更好（Greif，2006）。

本章的研究对象是第一次全球化时期的乌拉圭，这一时期持续的移民潮为乌拉圭的社会建设做出了重要贡献。历史学家展开的研究主要探讨了移民对家庭体系的影响。问题之一是移民会导致传统亲缘家庭模式的崩溃吗？一些学者认为不管是从农村到城市还是在国家之间，移民都倾向于重建其原籍地的家庭模式（Alesina and Giuliano，2010）。连锁式移民[①]有助于重建亲缘关系。亲属网络能够使移民互帮互助，这在移民定居初期往往非常重要（Hareven，1976）。

虽然上述情况有可能发生在欧洲从乡村到城市的移民或从贫穷国家到美国的移民中，但若考虑区域的特殊性，这一结论或许很难"放之四海而皆准"。正如Hatton和Williamson（1994a，1994b）所指出的，第一批移民流向美国是在19世纪初，成员主要是以家庭为单位的农民和手工艺人。但到了19世纪末，移民以年轻的单身非技术男性为主。这一时期拉普拉塔河地区和乌拉圭迎来了最大的移民潮，也表现出与前述相同的特征。

在本章的案例研究中，蒙得维的亚的人口由移民（migrants）和新移

---

① 连锁式移民指一个社会过程，在这一过程中，新移民更容易被同乡所吸引。他们在获取信息、就业和旅行费方面互相帮助。

民（newcomers）构成。无论是对新移民还是对国民（nationals）来说，定居蒙得维的亚都历尽艰辛。对移民人口来说，移民意味着远离家园；对国民来说，大批移民的到来造成了人口性别和年龄的失衡，也破坏了原有的文化传统。因此，本章认为，在第一次全球化期间，这种特殊的人口结构使得家庭关系疏离，移民家庭尤其如此。

家庭模式的演变与社会环境和社会文化的变迁密切相关。强家庭关系要求家庭中的一名成员——通常是妻子——照顾家庭，这意味着女性在家庭中扮演着更加"传统"的角色（Alesina and Giuliano，2010）。因此，家庭关系将影响女性在家庭和社会中的地位。正如 Van Zanden（2011）所指出的，在一些社会中，女性越来越多地参与家庭及其他层面的决策，而这似乎已成为衡量经济发展的一个正向指标。基于上述分析，本章提出如下假设：移民家庭关系越弱，移民女性就越独立。

独立女性的特点是晚婚、家庭地位高以及劳动参与率高。人们通常也将女性何时结婚和组建新家庭作为衡量其地位的一个重要指标，因为这从某方面反映了女性的独立程度以及她们在社会中的地位（Carmichael，2011；Carmichael et al.，2011）。同时，由于还要分析女性在家庭中的地位，有必要介绍家庭中女性户主的比例。Kuznesof（1980a，1980b）曾提到，女性独立是许多拉丁美洲国家（如乌拉圭）在早期现代化进程中呈现的一个显著特征，从侧面反映了现代生产体系迫使很多女性离开农村外出谋生。

Esping-Andersen（1999：53）主要强调强家庭关系对社会的影响，尤其是对家庭分工的影响。前工业化社会是建立在"劳动密集、三代人社会契约之上的。当时的家庭规模都很庞大且成员必须夜以继日地工作"。

本章尝试以家庭地位、结婚年龄和较高的劳动参与率等指标反映移民女性和乌拉圭人之间的差异，从而重建当时的两性关系。

11.3 方法与数据

在乌拉圭乃至整个拉丁美洲，有关家庭史的研究屈指可数。乌拉圭移民定居的特点显示了乌拉圭的家庭结构比南美洲其他地方都要松散。基于人口普查数据，本章重建了 1908 年蒙得维的亚的家庭结构，并与先前的研究（1860 年）（Camou and Pellegrino，1992）进行对比。根据乌拉圭人口①和外国移民的特征，我们构建了一些指标用以描述家庭关系和女性在家庭中的地位。

虽然本章的分析对象是蒙得维的亚，但我们仍分析了该国其他地区的人口特征，以阐明蒙得维的亚作为主要移民城市的特殊性。

第一阶段的资料来源是 1860 年人口普查调查表。收集了年龄、性别、公民身份和出生地等人口数据。同时，根据人口普查员的数据记录方式推断同处一室的相关人之间的亲属关系。第二阶段的资料来源是 1908 年共和国总普查数据（Censo General de la República），这也是乌拉圭第一份可靠的全国性人口普查数据。

考虑到人口普查数据的特点，我们重点关注一些可能影响结果的重大缺陷。首先，在职人数可能被高估。人口普查只记录了个人的职业或所从事的工作岗位，而不考虑被调查者当时是否受雇。当然，如今广泛应用的"失业"概念在该阶段并不直接适用。在当时，有偿劳动是一种

---

① 对于乌拉圭人口，按国籍分类的个人视为"东岸人"。这是指该国的官方名称，即乌拉圭东岸共和国（República Oriental del Uruguay）。显然，人口也是由几部分组成的：被殖民之前生活在该领土上的原住民、殖民地时期居住在该领土上的西葡移民人口、作为奴隶引进的非洲裔人口，以及在不同移民浪潮时期迁入的美洲人，主要是瓜拉尼裔（Guarani）。根据一些人的说法，这些人在耶稣会传教士解散后移民到乌拉圭。独立后移民到乌拉圭的人所生的子女也被视为"东岸人"。

例外而非常态。无论如何，这是一个经济快速增长的时期，对劳动力的需求不断增加，失业率非常低。

其次，难以重建女性劳动参与率数据，并且由于登记方法和当时人们的偏见，女性劳动参与率很可能被低估。在乌拉圭，由于农村劳动的特点，女性往往被排除在外。女性劳动力集中于城市，主要从事第二产业和第三产业工作（Rodríguez Villamil，1983）。

11.4 1858～1908年乌拉圭的人口构成

自1825年乌拉圭独立以来，中央政府就划定了疆界。当时，该国的人口估计为74000人，面积为187000平方公里（Pollero，2013）。乌拉圭人口稀少，大部分人集中在首都蒙得维的亚。1908年，30%的人口居住在蒙得维的亚。根据过往的人口普查数据，1852年和1860年蒙得维的亚的人口占总人口的比例分别为27%和26%（数据可能并不完全可靠）。

19世纪，由于内战的减少、生活条件的改善和大量移民的涌入，乌拉圭的人口有所增加。乌拉圭的社会发展在很大程度上依赖于持续且大规模的移民潮，这些移民主要来自西班牙和意大利。在拉美国家，乌拉圭是当时移民人口占比最高的国家。由于新移民主要分布于乌拉圭西南部和蒙得维的亚，因此对这些地区的影响要大于其他地区（见表11.1）。

在移民定居的进程中，人口的年龄分布也不均匀。例如，1858年，蒙得维的亚人口中儿童的占比较低，而49岁以下男性的占比却非常高（见图11.1）。

表 11.1 移民占乌拉圭总人口的比例

单位: %

年份	全国	郊区	蒙得维的亚
1860	33.5	—	44.7
1889	—	—	46.8
1908	17.4	11.9	30.4

注: 根据乌拉圭法律, 移民人口在乌拉圭所生育的子女视作乌拉圭居民。郊区是指除首都蒙得维的亚以外的地区, 因为当时大部分为农村地区。

资料来源: 1860 年、1908 年全国人口普查数据以及 1889 年蒙得维的亚人口普查数据。

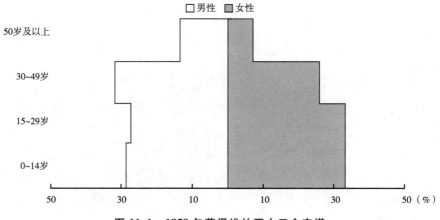

图 11.1 1858 年蒙得维的亚人口金字塔

资料来源: 蒙得维的亚人口普查 (1858~1859) (Padrón de Montevideo)。

　　当时的移民主要来自以下国家 (根据移民人数递减排序): 意大利、西班牙、法国、阿根廷、非洲国家和其他国家, 人口来源呈现了不同的特点。我们发现, 与 19 世纪初到达的第一批移民 (19 世纪初的移民主要是由农民和手工业者组成, 且多以家庭为单位) 相比, 后期移民构成有所不同, 如 1858 年的移民中青年男子占多数, 以及大量单身非技术型劳动力 (见表 11.2)。移民趋势在整个美洲大陆是相似的, 拉美国家后来也陆续经历了这一过程 (Hatton and Williamson, 1994a, 1994b)。

表 11.2　按国籍分类的蒙得维的亚人口（1858）

年龄	蒙得维的亚			
	本地人		移民	
	男性	女性	男性	女性
0~14 岁	1345	1658	540	510
15~29 岁	618	1282	1132	885
30~49 岁	394	760	1656	942
50 岁及以上	186	219	663	263

资料来源：蒙得维的亚人口普查（1858~1859）。

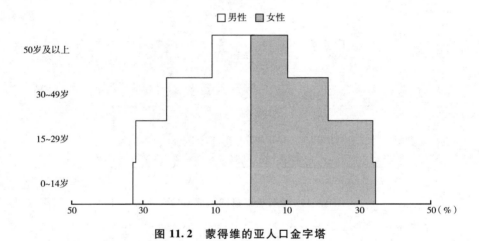

图 11.2　蒙得维的亚人口金字塔

资料来源：蒙得维的亚人口普查（1908）。

　　我们发现，随着 1851 年内战的结束，居住在蒙得维的亚的乌拉圭本地人的年龄结构呈现了年轻化的趋势。1857 年流行的黄热病又使年轻男性的死亡率偏高（Camou and Pellegrino，1992）。在乌拉圭，15~50 岁的人口中女性占比较大，一方面在于内战对男性的影响更大，另一方面在于乌拉圭的农业生产结构，女性劳动力往往被排除在外并从农村向城市迁移。

　　50 年后，人口金字塔发生了变化，儿童占比提升但在活跃人口年龄组中集中度却较低（见图 11.2）。由此可见，社会正在经历人口结构转型。Damonte（1994）的研究表明，由于医疗保健和生活条件的改善以及工资的提升，人口死亡率自 1880 年下降。虽然衡量生育能力的难度较大，不过 Pollero（2001）使用了一个基于出生率数据和他独创的研究方法，证明了生育率从 1908 年开始下降，且移民的生育率低于乌拉圭本地人。

相反地，如果我们观察乌拉圭的其他地区，尤其是农村人口，可以看到外国移民占比较低（见表 11.1），由此形成的人口金字塔显示了转型时期前的人口结构，即年龄结构年轻、儿童占比高（0～14 岁年龄组），这与当时乌拉圭存在的高生育率和低死亡率的现状相符。

到 1908 年，移民在总人口中的比重有所下降。乌拉圭人口结构呈现了鲜明的特征：移民的性别比例不平衡以及 0～14 岁年龄组的代表性较弱。19 世纪末，受交通革命（transport revolution）以及乌拉圭与移民母国之间工资差距扩大的影响，移民大规模涌入（Bértola et al.，1999；Williamson，1998）（见图 11.3 和图 11.4）。

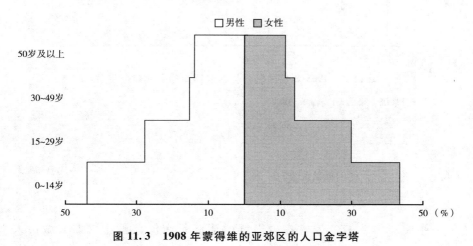

图 11.3　1908 年蒙得维的亚郊区的人口金字塔

资料来源：全国人口普查（1908）。

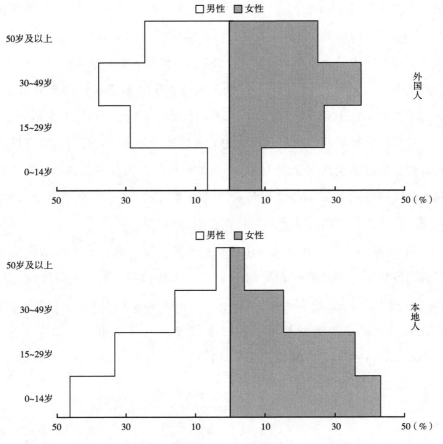

图 11.4　1908 年按国籍分类的蒙得维的亚人口金字塔

资料来源：全国人口普查（1908）。

11.5　社会变迁中的家庭关系

到 1858 年，核心家庭在蒙得维的亚已是主流，迅速增加的城市人口以及先前定居的人口与新移民之间的融合呈现了新特点（见表 11.3）。

表 11.3 1858 年蒙得维的亚的家庭类型

单位：%

	核心 I	核心 II	小计	扩展家庭	单人户	非结构性家庭	无法归类的家庭
户主	34	28	**62**	14	6	15	4
家庭成员	26	38	**64**	17	1	12	6

注：核心 I——无论有无配偶和孩子的户主；核心 II——核心家庭与其他非亲属。
资料来源：蒙得维的亚人口普查（1858~1859）。

我们沿用 Pollero 的标准对蒙得维的亚的家庭进行了分类。Pollero 的标准基于 Lasslett 的分类方法，但做了改进，它可以反映地区差异，使我们能够区分核心家庭（核心 I）和扩展的核心家庭（核心 II）、扩展家庭和其他家庭。与拉美其他区域不同的是，蒙得维的亚存在非亲属共同生活的情况（Kuznesof，1980a，1980b），即数据显示有大量无亲属关系的人生活在核心家庭中。我们很难定义这些人在家庭中的角色，他们可能是学徒、家族企业的工人、新移民或其他类型的人。核心家庭（核心 I）中家庭成员占比为 26%，而在核心 II 的类型中，包括无亲属关系的人在内，其家庭成员数量占比为 38%。

生活在扩展家庭中的其他亲属较少，大多是胞亲而非父母，而多代同堂的家庭非常少见，在此我们还必须考虑移民的因素（70% 的户主是移民）。

从户主国籍的角度考虑，正如预期的那样，核心家庭更常出现于移民中。生活在蒙得维的亚的西班牙人和意大利人在建立核心家庭方面往往比在其母国更成体系。一项基于婚姻登记信息的研究表明，蒙得维的亚 78% 的西班牙人来自西班牙北部的加利西亚和巴斯克地区（Camou，1997）。一项基于 1860 年西班牙人口普查数据的研究表明，家庭结构与地理位置有关，在某些区域主干家庭占据主导地位（Peña，1992）（见表 11.4）。

表 11.4　1858 年按户主和国籍划分的蒙得维的亚家庭类型

单位：%

	核心 I	核心 II	小计	扩展家庭	单人户	非结构性家庭	无法归类的家庭
本地人	27	24	**51**	26	7	13	3
移民	37	29	**66**	9	5	15	4

资料来源：蒙得维的亚人口普查（1858~1859）。

尽管移民来自西欧欠发达地区，但他们在目的地国家建立的家庭结构可能与母国迥然不同。定居在阿根廷和乌拉圭的人来自不同的地区，拥有不同的社会出身，他们带来的文化传统也反映了不同的社会模式。移民迁到新世界所带来的断裂必然深刻影响其生活，因为移民就意味着摆脱原生家庭，并与出身各异的伴侣共同组建新的家庭（Camou and Pellegrino，2014）。大多数情况下，他们也断绝了与原生家庭的血缘联系。

此外，移民不仅意味着要脱离原籍地，努力适应新的社会环境，还涉及移往何处的问题。移民者往往比留在母国的人要付出更多的努力，既能解决面临的经济等问题，也更能够接受现实和做出改变。

依据 1908 年的数据，我们很难确定蒙得维的亚当时的家庭类型，与1858 年相比，该时期蒙得维的亚有更多的子女与父母同住。这种演变反映了两个相似的特征：儿童存活率提高以及儿童登记工作的进一步完善。1858~1908 年，仆人的数量急剧减少，只有高收入的家庭能继续雇用仆人，不过家庭中非亲属数量仍保持稳定（见表 11.5）。

1908 年，非亲属人员主要生活在乌拉圭本地家庭中，而不是移民家庭，再加上儿童数量不同，造成了家庭规模的巨大差异。伴随着城市化进程的推进，核心II数量陡增。直到 20 世纪 20 年代，美洲的家庭规模才开始缩减（Hareven，1976）。当时，新移民不断涌入和人口自然增长导致的人口爆炸使住房资源严重短缺，城市变得拥挤不堪，房租也畸高。

表 11.5　1858 年和 1908 年蒙得维的亚的家庭结构（以每家户的人数计）

	1858 年	1908 年
男性户主	0.9	0.8
女性户主	0.1	0.2
儿童	1.4	2.5
其他亲戚	0.2	0.5
仆人	0.4	0.1
非亲属人员	0.8	0.7
家庭规模	4.7	5.4
总家庭数	2287	54836

资料来源：蒙得维的亚人口普查（1858~1859）、全国人口普查（1908）。

　　根据 Bértola 等（1999）的研究，虽然 1913 年南锥地区①的粮食购买力平价与欧洲水平相当或略高，但其公寓的租金却是欧洲的 5~6 倍。大规模移民给城市住房带来了巨大的压力（见表 11.6）。

表 11.6　蒙得维的亚的家庭规模

单位：人

1858 年	本地人	移民
家庭规模	8.1	3.4
1908 年	本地人	移民
家庭规模	9.5	2.8

注：在两次人口普查中，儿童按其国籍分类，而不是按照父母的国籍分类。
资料来源：蒙得维的亚人口普查（1858~1859）、全国人口普查（1908）。

　　核心家庭以及由其他非亲属人员组成的家庭可以反映当时的社会经济情况。这常常被认为是拉丁美洲社会的一个典型特征，而如今许多棚户区中错综复杂的家庭关系也与此相关（Kuznesof and Oppenheimer，1985）。

---

① 南锥地区是指位于南美洲南回归线以南的地区。一般所称的南锥体包括阿根廷、智利和乌拉圭三国。——译者注

11.6 女性在家庭中的地位

与拉丁美洲其他区域相比，蒙得维的亚女性户主的数量并不多。而在同一时期，其他拉丁美洲国家的女户主比例较高（Pollero，2001；Kuznesof，1980a，1980b）。1858 年和 1908 年，欧洲的女性户主比例为10%～15%，蒙得维的亚略高于欧洲。

乌拉圭本地人和移民之间存在一些有趣的差异。在乌拉圭本地人中，1858 年女性户主的比例非常高。尽管天主教会在拉丁美洲影响深远，但婚姻自主并不像在前工业化时期的欧洲社会那样常见。20 世纪中期，乌拉圭和阿根廷都受到了欧洲移民的影响，两国开始出现少部分自主结合的婚姻，但仍不像欧洲那样普遍（Maubrigades，2015）。

女性户主比例高是许多拉丁美洲国家早期现代化进程中的一个主要特征，特别是乌拉圭这样的国家，其生产体系往往将女性排斥于农村地区之外。"乌拉圭的生产体系是由资本不多、从事小规模手工业生产的下层劳动者支撑的。对于巴西和拉丁美洲来说，由于存在较长的向现代化过渡的时期（这可能使该现象凸显）以及进行了详细的家庭层面的人口普查，女性户主比例高的家庭早期在适应现代化方面的重要性才逐渐显现出来。"正如 Kuznesof（1980a，1980b）所说的，在圣保罗与蒙得维的亚，女性户主的高比例与下层家庭的分裂和不稳定有关。战争和农村地区男子主要打零工等情况也可能导致了女性户主比例有所增加。1908 年，乌拉圭女性户主比例开始下降（见表 11.1），内战的结束、国家实力的提升和世俗婚姻的普及推动了这一演变。

移民家庭则表现出相反的趋势，女性户主家庭刚开始非常少，后来逐渐增多。对于移民而言，女性户主最初占比较低应该与性别比失衡有关

（1858 年男女性别比为 152.8∶100）。在移民中，已婚女性的比例很高，如 1858 年乌拉圭 35 岁以上单身女性的比例是移民的两倍（Camou and Pellegrino，1992）。

表 11.7　女性户主比例（占总户主的比例）

单位：%

人口构成	占比
1858 年的蒙得维的亚	14.3
本地人	31.6
移民	6.6
1908 年的蒙得维的亚	18
本地人	21.6
移民	15.4

资料来源：蒙得维的亚人口普查（1858~1859）、全国人口普查（1908）。

结婚年龄是衡量女性在家庭中的作用及个人决策独立性的另一个指标。Maubrigades（2015）的研究表明，合法婚姻减少与女性结婚年龄较小之间存在相关性。蒙得维的亚的婚姻数据显示，1860~1880 年，乌拉圭本地女性结婚年龄普遍低于移民（见表 11.8）。

表 11.8　女性登记结婚年龄（按国籍分类）

单位：岁

年份	蒙得维的亚	
	本地人	移民
1860	21	23
1865	20	23
1870	21	23
1875	20	23
1880	20	23

资料来源：基于蒙得维的亚人口普查数据整理。

这两个指标都反映了本地女性和移民女性在家庭中的地位存在差异，乌拉圭女性普遍处于从属地位。

11.7 劳动市场参与率

许多研究者都指出，19世纪中期到20世纪初的拉丁美洲劳动力比较短缺（Bulmer Thomas，2003），更确切地说，灵活就业者非常稀缺。

最近的研究表明乌拉圭社会不平等水平在急速上升。Bértola（2005）估计了1870~2000年乌拉圭基尼系数的演变，发现该国1870~1910年社会不平等问题加剧。该时期也是土地价格大幅上涨、土地所有权高度集中的时期。工人之间的不平等也在加剧，这主要源于移民中的非技术型劳动者增多，而技术型劳动者却非常稀缺。移民要想融入当地社会，就必须接受工作环境狭小、城市房价高企的社会现状。

这一经济增长时期出现的劳动关系变化，凸显了移民对构建现代劳动关系的贡献，以及乌拉圭本国工人构成的变化。从劳动指标的角度看，乌拉圭既与其他拉丁美洲国家不同，内部也因国籍和性别的不同存在差异。在此期间，以GDP衡量，乌拉圭和阿根廷是拉美地区最发达的国家，并且其就业结构中工薪阶层占比最高（Camou，2014a，2014b）。

在拉丁美洲，劳动力市场的建立是一个渐进的过程。在经济迅速增长和生活水平不断提高的背景下，南锥体国家特别是乌拉圭，吸纳了大量的欧洲移民，并成为灵活就业者的主要来源。

19世纪末20世纪初，乌拉圭的经济正在融入国际经济体系，因此也经历了巨变。在交通现代化的背景下，出口的增长推动了经济的繁荣。城市经济的发展使制造业和服务业对劳动力的需求激增。1858~1908年，劳动关系发生了演变，雇佣劳动比重增加。

蒙得维的亚是乌拉圭吸纳移民的主力，其人口构成、规模都发生了巨大的变化，同时新移民逐渐融入当地的生产活动。

1858~1908 年，移民在职业人口中的占比呈下降趋势。这是因为尽管移民的劳动参与率仍然高于乌拉圭本地人，但移民二代入籍乌拉圭以及乌拉圭本地劳动力的增加导致移民在职业人口中的占比下降。

1858 年，乌拉圭本地男性的劳动参与率非常低；反之，移民男性的劳动参与率则高达 89%。移民和乌拉圭本地人人口结构的不同是造成这种差异的主要原因之一，其他重要影响因素还包括工作习惯、个人自律性和劳动积极性不同，等等。我们认为，可以将其归因为"现代"工作模式尚未形成。除企业家、商人和军职等一些上流社会的职业外，我们发现乌拉圭人几乎没有职业概念。这与 Barrán（2001）描述的情况相吻合，即娱乐、赌博、战争、政治和大型商业活动是主流，大量流动性较大的非正式职业未进入职业机构的登记名单（见表 11.9）。

表 11.9　劳动参与率（10 岁及以上人口）

单位：%

年份	蒙得维的亚			
	男性		女性	
	本地人	移民	本地人	移民
1858~1859	55	87	17	21
1889	68	89	23	33
1908	81	98	16	22

资料来源：蒙得维的亚人口普查（1858~1859）、蒙得维的亚人口普查（1889）、全国人口普查（1908）。

在拉丁美洲，乌拉圭女性的劳动参与率也遥遥领先。20 世纪初，乌拉圭与智利和阿根廷一样，女性劳动参与率相对较高（尤其是移民女性），远远高于巴西、哥伦比亚和墨西哥（Camou，2016）。1889~1908

年，乌拉圭本地女性与移民女性的劳动参与率都有所下降，这可能与女性劳动力的全球发展趋势有关。在发展的早期阶段，女性的劳动参与率较高，而在快速工业化时期则有所下降（Goldin，2006；Seguino and Grown，2006；Camou，2014a，2014b）。

11.8 *主要结论*

这一时期发生的社会和经济转型过程表明，以乌拉圭为例，大规模移民对家庭形成和性别角色产生了较大的影响。

乌拉圭的证据表明，在由移民潮和人口自然增长驱动的人口规模迅速扩大的时期，社会呈现了非结构化特征。作为在移民潮尾声人口流入最多的国家，乌拉圭吸纳的主要是单身的年轻非技术型男性移民。这种情况导致了人口结构呈倒金字塔形，一定程度上扭曲了传统的家庭结构。我们也发现有许多非亲属人员生活在核心家庭中。老一辈人数量不足强化了核心家庭的主流地位，而这些特征在移民和新进入者中表现得更明显。

在结构化家庭中，乌拉圭本地女性和移民女性有所不同。移民中已婚女性较多，而乌拉圭本地人可能更愿意或被迫生活在女性户主家庭中。在研究时期内，乌拉圭本地女性之所以如此选择可能与其从事的不稳定的低层次职业以及平均初婚年龄较小有关。

我们可以从移民中观察到较高的劳动参与率。就移民女性而言，她们比乌拉圭本土女性更倾向于结婚，这可能与其在家庭中拥有更独立的地位有关。

本章研究结果表明，移民大量涌入弱化了乌拉圭原本的家庭关系。这不仅是由移民的个体特征或其文化背景所致，而且是一个新社会在发展中不可或缺的一部分。在这一发展过程中，人们与原生家庭的联系正在变少。

下一步，我们计划更深入地利用相关数据比较乌拉圭与其他拉美国家的异同。在其他拉美国家，移民群体并未发挥如此关键的作用。但遗憾的是，因为 20 世纪初的拉美人口普查数据中与家庭结构有关的信息寥寥无几，资料来源的不可靠使我们只能以 19 世纪下半叶的其他人口调查资料为基础着手研究。

参考文献

Alesina, A. and Giuliano, P., 2010. "The Power of the Family." *J Econ Growth* 15: 93-125.

Barrán, J. P., 2001. de la sensibilidad en el U. G. E. E. de la B. O. (2001). Historia de la sensibilidad en el Uruguay. (Vol. 1. 11). Montevideo Uruguay: Ediciones de la Banda Oriental.

Bértola, L., et al., 1999. "Comparación Internacional del Poder Adquisitivo de los Salarios Reales de los Países del Cono Sur, 1870 – 1945." II Jornadas de la Asociación Uruguaya de Historia Económica (AUDHE). Montevideo.

Bértola, L., 2005. "A 50 años de la Curva de Kuznets: Crecimiento y distribución del ingreso en Uruguay y otras economías de nuevo asentamiento desde 1870." *Investigaciones En Historia Económica* 3: 135-176.

Bulmer Thomas, V., 2003. *The Economic History of Latin America since Independence.* Cambridge University Press. New York.

Camou, M. M., 1997. "Volumen y características demográficas de la inmigración española." In *Españoles en el Uruguay*, edited by Zubillaga C (ed). pp. 53 – 92. Universidad de la República. Facultad de Humanidades y Ciencias de la Educación, Montevideo.

Camou, M. M., 2014a. *Historical patterns of gender inequality in Latin America: new evidence documentos de trabajo PUES.* Facultad de Ciencias Sociales, Udelar, Montevideo, p. 38.

Camou, M. M., 2014b. "Shifting Labour Relations in Latin America along the XX Century: Women Participation and Demographic Changes." Workshop: The Impact of Family and Demography on Labour Relations Worldwide, 1500 - 2000, 12 - 13 December 2014. International Institute of Social History, Amsterdam.

Camou, M., 2016. "Historical Patterns of Gender Inequality in Latin America: New Evidence." In *Gender Inequalities and Development in Latin America During the Twentieth Century*, edited by Camou, M., Maubrigades, S., Thorp, R. (eds). pp. 25-44. Ashgate Publishing Company, Dorchester.

Camou, M. and Maubrigades, S., 2013. "Desigualdades de género y desarrollo en América Latina en el S. XX: su historia a través de indicadores del desarrollo humano." Revista del Centro de Estudios Interdisciplinarios Latinoamericanos (CEIL).

Camou, M. and Maubrigades, S., 2015. "The Lingering Face of Gender Inequality in Latin America. Workshop on Comparative Studies of the Southern Hemisphere in Global Economic History and Development." Research Institute for Development, Growth and Economics, Montevideo.

Camou, M. and Pellegrino, A., 2014. "Marriage Behaviour among Immigrants: Montevideo 1860 - 1908." In *Intermarriage throughout History*, edited by Luminita Dumanescu, D. M., Eppel, M. (eds) p. 465. Cambridge Scholars Publishing, Cambridge.

Camou, M. and Pellegrino, A., 1992. *Una fotografía instantánea de Montevideo.* Ediciones del Quinto Centenario. U. d. l. República, Montevideo. 2.

Carmichael, S., 2011. "Marriage and Power: Age at First Marriage and Spousal Age Gap in Lesser Developed Countries." W. P. N. 15. Utrecht University, CGEH Working Paper Series.

Carmichael, S. et al., 2011. "When the Heart is Baked, Don't Try to Knead It. Marriage Age and Spousal Age Gap as a Measure of Female 'Agency'." *Utrecht University*, CGEH Working Paper Series, 19.

Censode Población del departamento de Montevideo de 1889.

Censo Nacionalde la República Oriental del Uruguay de 1860.

Censo Nacional de la República Oriental del Uruguay de 1908.

Damonte, A. M., 1994, La transición de la mortalidad en el Uruguay, 1908-1963, Programa de Población, Facultad de Ciencias Sociales, Universidad de la República, DT.

De Moor, T. and Van Zanden, J. L., 2010. "Girl Power: The European Marriage Pattern and Labour Markets in the North Sea Region in the Late Medieval and Early Modern Period." *The Econ Hist Rev* 63: 1-33.

Duranton, G., Rodriguez-Pose, A., and Sandall, R., 2009. "Family Types and the Persistence of Regional Disparities in Europe." *Econ Geogr* 85: 23-47.

Esping-Andersen, G., 1999. *Social Foundations of Postindustrial Economies.* Oxford

University Press, Oxford.

Goldin, C. , 2006, *The Quiet Revolution That Transformed Women's Employment*, *Education, and Family. National Bureau of Economic Research*, Cambridge, MA.

Greif, A. , 2006. Family Structure, Institutions, and Growth: The Origins and Implications of Western Corporations. *Am Econ Rev* 96 (2): 308-312.

Hajnal, J. , 1982. "Two Kinds of Preindustrial Household Formation System. " *Popul Dev Rev* 8: 449-494.

Hareven, T. K. , 1976. "Modernization and Family History: Perspectives on Social Change. " *Signs* 2 (1): 190-206.

Hatton, T. J. and Williamson, J. G. , 1994a. "International Migration 1850-1939: An Economic Survey. " In *Migration and the International Labor Market, 1850-1939*, edited by Hatton, T. J. , Williamson, J. G. (eds), pp. 3-35. Routledge, London.

Hatton, T. J. and Williamson, J. G. 1994b. *Introduction. International Migration and World Development: A Historical Perspective.* Springer, Berlin, pp. 3-56.

Kuznesof, E. A. , 1980a. "Household Composition and Headship as Related to Changes in Mode of Production: Sao Paulo 1765 to 1836. " *Comp Stud Soc Hist* 22 (1): 78-108.

Kuznesof, E. A. , 1980b. "The Role of the Female-Headed Household in Brazilian Modernization: São Paulo 1765 to 1836. " *J Soc Hist* 13 (4): 589-613.

Kuznesof, E. A. and Oppenheimer, R. , 1985. "The Family and Society in Nineteenth-Century Latin America: An Historiographical Introduction. " *J Fam Hist* 10 (3): 215-234.

Laslett, P. , 1972. *Household and Family in Past Time.* Cambridge: Cambridge University Press.

Maubrigades, S. , 2015. "Connections between Women's Age at Marriage and Social and Economic Development. " In *Gender Inequalities and Development in Latin America During the Twentieth Century*, edited by Camou M, Maubrigades S, Thorp R (eds) Ashgate, England.

Padrónde Montevideo 1858-59. Archivo General de la Nación.

Peña, F. M. , 1992. "Las estructuras familiares en la España tradicional: geografía y análisis a partir del censo de 1860. " *Revista de Demografía Histórica* 10 (3): 15-62.

Pollero, R. , 2001. "Familia y fecundidad en el Uruguay. La inmigración en la conformación de la familia uruguaya. 1850 - 1908. " Master, Facultad de Humanidades y Ciencias de la Educación. Universidad de la República, Montevideo.

Pollero, R. , 2013. "Historia demográfica de Montevideo y su campaña (1757 - 1860)." Tesis de doctorado, Programa de Población. FCS, Udelar.

Reher, D. , 1998. Family Ties in Western Europe: Persistent Contrasts. Popul Dev

Rev XIV: 203-234.

Rodríguez Villamil, S. , 1983. *El trabajo femenino en Montevideo. 1880 - 1914. La mujer en el Uruguay: ayer y hoy. Grecmu.* Montevideo, Ediciones de la Banda Oriental 91-116.

Seguino, S. and Grown, C. , 2006. "Gender Equity and Globalization: Macroeconomic Policy for Developing Countries. " *J Int Dev* 18 (8): 1081-1104.

Todd, E. , 1991. *The Making of Modern France.* Politics, Ideology and Culture (trans). Oxford, UK.

Van Zanden, J. L. , 2011. In *Good Company: About Agency and Economic Development in Global Perspective.* Stellenbosch Economic Working Papers. Stellenbosch. 23/11.

Williamson, J. , 1998. *Real Wages and Relative Factor Prices in the Third World 1820-1940: Latin-America. Discussion Paper Number 1853,* Harvard Institute of Economic Research.

12 性别福利体制、工作－家庭模式与女性就业

安妮·雷马特（Anne Reimat）

摘　要：家庭成员将带薪和不带薪的工作合而为一的"工作-家庭模式"一直在经历着演变，并且它与两性关系和性别平等的变化同步发生。工作-家庭模式存在明显的跨国差异。本章从性别福利体制的角度梳理了第二次世界大战后家庭内部工作模式的演变。一般来说，界定某种特定的性别福利体制类型在分析工作-家庭安排方面具有较强的解释力。从"男性养家模式"到"双职工全职工作模式"是工业化国家所共同经历的典型线性发展历程。而我们从此角度展开讨论，却发现一些国家偏离了预期。

关键词：性别　就业　福利体制

12.1　引言

女性赋权、人口问题和经济增长之间的相互作用是新的长期经济发展理论关注的核心问题（Diebolt and Perrin，2013）。作为上述因素互相影响的部分结果，工作-家庭模式（家庭成员采用的带薪工作和无薪工作有机结合的方式）一直在演变（Tilly and Scott，1987），并且伴随着性别关系及性别平等水平的变化。这种演变很大程度上是由女性劳动市场参与率的不断提高驱动的。过去数十年，女性的劳动市场参与率迅速提高，同时也经历了不同的阶段（Goldin，2006）。值得注意的是，自第二次世界大战以来，女性一直渴望兼顾带薪工作和家庭，迎来事业和家庭双丰收。

然而，工作-家庭模式的跨国差异仍然显著。当下，即便所有工业化国家都在逐步偏离历史上长期存在的"男性养家模式"（Lewis，

1992，2001），但"成人职工模式"——双职工全职工作或配偶一方全职工作——在各地区的发展程度也并不一致（Giullari and Lewis，2005）。双职工家庭正在增加，其中"一个半收入者"家庭模式——一个全职工作、另一个一边兼职一边无薪照顾家庭（照料者）——占了很大的比重。新兴的"双职工-双照料者"家庭模式——夫妻双方平等地从事带薪工作和无薪照料工作——即便在年轻一代的家庭中也并未普及（Gornick and Meyers，2005，2008）。

许多学者指出，福利政策以及通常说的整体福利体制，对于解释我们所观察到的差异非常有帮助（Orloff，2002；Eliason et al.，2008）。例如，福利政策可以通过为儿童提供充足的负担得起日托服务来促进母亲就业；反之，也可通过提供资产测查补助①使母亲不用就业。基于"福利体制"的分析方法提出了强大的分析工具从而侧重研究家庭选择及其就业行为的跨国差异。

然而，Esping-Andersen（1990）早期提出的将福利体制分为自由主义、保守主义和社会民主主义三种类型的"三分法"受到了性别问题研究者的批评（Lewis，1992，1997；Sainsbury，1996；Crompton，1999），这些批评促进了新的性别福利体制的发展（Leitner，2003；Bettio and Plantenga，2004；Bambra，2005；Saxonberg，2013）。性别福利体制是基于"去家庭化"（defamilialisation）的核心概念而提出的，强调以前在家庭范围内主要由女性处理的事务，现在可以以付费形式在家庭范围之外实现（Esping-Andersen，1999）。"去家庭化"的实现程度与家庭内部带薪工作和无薪照料工作的分配方式有关，这是福利体制研究中关于"性

---

① 资产测查补助（means-tested benefits）指鉴定福利申请者是否符合获得某项服务的资格的过程。但过于烦琐的审批程序，一方面会使需要帮助的人却步，另一方面可能会影响急需援助者的生计。——译者注

别化"部分的核心。

本章的目的是分析第二次世界大战后（1950~2014）家庭内部就业模式的演变。长期以来，关于家庭成员的工作安排和福利政策的历史比较研究较少（Scott and Tilly，1975），现有的研究多是关注现实状况（Jaumotte，2003；Eliason et al.，2008；Erhel and Guergoat-Larivière，2013；Hook，2015）。本章主要运用线性动态面板模型，评估特定性别福利体制是如何影响二战后家庭的就业模式的。

由于福利体制的变化主要来自女性就业维度，因此我们还考察了几个关键要素——教育程度、去家庭化政策、家庭职能分工（尤其强调子女数量）和经济增长——对女性就业的影响。在我们的分析中，用来评估女性就业的线性动态面板模型纳入了长期时间序列数据和截面数据，而在此之前有关女性就业模式的跨国分析一般都基于近二三十年的数据展开（Steiber and Haas，2012）。我们对全职工作和兼职工作进行了区分，主要因为兼职工作在一些国家是女性充分就业的一种表现。进行这种区分非常必要，因为已婚女性从事兼职工作被视为突破了历史上男性养家模式，但事实上却并不能使女性实现完全的经济独立（Ciccia and Bleijenbergh，2014）。

我们发现，一般来说，特定福利制度类型对工作-家庭模式具有较强的解释力，但也有一些国家偏离了预期，出现了偏离整体性别福利体制的工作-家庭安排。例如，荷兰大力提倡"一个半收入者"家庭模式，但"半收入者"基本上还是指母亲；南欧的葡萄牙实现了高水平的女性全职就业。这些发现佐证了工业化国家家庭模式发生的从"男性养家"向"双职工全职工作"演变的典型线性进程。

第 12.2 节回顾了进行性别福利体制和"去家庭化"分析的背景，以梳理不同的工作-家庭模式及其在各国的不平等分布；第 12.3 节介绍了数据来源和历史上对家庭-工作模式和女性就业起决定作用的一些特征事实；第 12.4 节从统计学的角度探究了女性就业与不同决定因素之间的关系，特别关注"去家庭化"的作用，并讨论了研究结论；第12.5 节为本章总结。

12.2 分析背景：性别福利体制、去家庭化和工作-家庭模式

12.2.1 福利体制和劳动性别分工

长期以来，学者一直使用微观方法分析家庭成员如何在带薪工作和无薪工作之间分配时间。这种方法解释了家庭-工作安排涉及的许多方面（Becker，1991），但往往忽略了产生这些安排的制度背景（Stier et al.，2001）。在进行家庭-工作模式的跨国差异分析时，要考虑整体的制度背景，而主要探讨国家、市场和家庭的相互影响以及广泛的制度因素的性别福利体制方法恰恰考虑了这一背景（Powell and Barrientos，2011）。实际上，学者们已经明确指出福利体制类型是解释劳动参与率（特别是女性的劳动参与率）的核心（Orloff，2002）。值得一提的是，能够提供关系民生方方面面照料服务的福利国家，有望实现更高的女性就业率。

性别福利体制类型学（typologies）正是立足于照料活动和带薪工作之间的关系而建立的（Crompton，1999），因此界定特定的性别福利体制对理解上述关系尤为重要。

性别福利体制分析方法是根据 Esping-Andersen（1990）的福利体制理论发展而来的，该理论将福利体制分为三类：自由主义、保守主义和社会民主主义。该分类是建立在去商品化（decommodification）指标（社会保障系统能在多大程度上防止人们依赖市场）和社会分层指标（社会保障系统产生或减少不平等的能力）的基础上。女权主义者认为 Esping-

Andersen 的分类未充分考虑性别因素,并提出了一些批评意见(Sainsbury,1996;Lewis,1997;Lewin-Epstein and Stier,2013)。

女权主义者展开的第一种批评与"无性别"的去商品化概念有关。福利的作用是使人们减少对市场的依赖,以确保拥有谋生手段和保持适当的生活水平。然而,正如女权主义者所主张的那样,女性赋权是为了减少女性对传统男性养家模式的依赖,以提高她们进入劳动力市场的可能性。

第二种批评主要是认为 Esping-Andersen 的福利体制未将女性和家庭成员视为福利提供者。家庭成员中,尤其是女性,既因为无偿照料家庭而成为社会保障系统的重要组成部分,也是有偿专业医疗和社会护理服务的重要组成部分。

第三种批评的声音认为性别本身就是一种社会分层形式。劳动的性别分工(无论是有偿工作还是无偿工作或者是劳动市场内部)本身就导致了不平等,且在各国都或多或少地存在。

Esping-Andersen(1999:45)提出了"去家庭化"的概念来回应这些批评。可以这样理解"去家庭化":以前可以在家庭范围内处理的事务(主要由女性负责),现在可以以有偿工作的形式在家庭之外来实现。在此意义上,它指的是照料活动的"外部化"(externalisation)。

在此基础上,我们提出了与不同的去家庭化程度相关的基于无偿照料和有偿工作的劳动性别分工模式(见图 12.1)。

最初,性别福利体制研究依据各国对男性养家模式的责任分工来进行区分,这种模式的典型理想形式是"被排除在劳动市场之外的已婚女性,在社会保障和税收方面从属于丈夫,并被期望在没有公共支持的情况下在家里承担照料(孩子和其他被抚养人)的责任"(Lewis,1992:162)。这种模式在整个欧洲正在失去发展活力(Lewis,2001;Jaumotte,2003:7),甚至在一些欧洲国家早已销声匿迹。

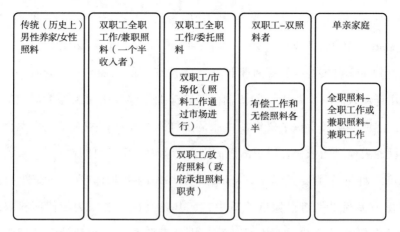

图 12.1 无偿照料和有偿工作的家庭性别分工

资料来源：Lewis（1997）、Crompton（1999）、Orloff（2002）、Giullari 和 Lewis（2005）、Gornick 和 Meyers（2005）以及 Lewin-Epstein 和 Stier（2013）。

委托照料的双职工模式鲜明地凸显了与女性就业有关的有偿照料服务问题。大多数欧洲福利国家的政策制定者现在都在推广这种模式，即所有成年人，无论男女老幼，无论有无子女，只要工作都应该获得报酬，这契合了提高女性劳动参与率和积极的劳动政策（Giullari and Lewis，2005）。然而，从性别平等（尤其是女性就业）的角度来看，这种模式的首要条件是照料服务正规可得且家庭负担得起，并且不会在劳动市场上造成新形式的性别隔离。大多数国家都无法同时满足这两个条件。

事实上，双职工模式假定正规劳动部门可以负起照料的责任（采用委托照料方式，由市场、国家或者二者结合提供照料服务）。但在大多数工业化国家，正规、可得和可负担的儿童保育、老年护理、残疾或患病儿童照料以及成年人照料的权利和机会往往得不到充分保障。此外，由于这些活动相对复杂和社会照料需求的不断变化，实现所有种类照料活动的去家庭化也是不现实的（Lewis，1997）。

全职工作和兼职照料相结合的方式恰恰体现了双职工模式和男性养家模式的巧妙融合。值得一提的是荷兰政府推动了"组合模式"的发展，旨在将有偿工作和无偿照料结合起来，其中无偿照料工作由夫妻均摊，夫妻二人都可做兼职工作以获得报酬（Plantenga，2002）。事实上，这种组合模式实施的结果就形成了"一个半收入者社会"（Plantenga，2002），其中男性主要是全职工作，女性则在照料家庭的同时从事有偿的兼职工作。一些学者认为，这种模式只是对男性养家模式的有限修正而非改变，因为它很难保证女性享有充分的财务自主权，也未从根本上改变性别关系（Ciccia and Bleijenbergh，2014）。

对于单身父母，尤其是单身母亲，如何平衡工作和家庭之间的关系是一个严峻的问题。各国在劳动市场参与方面存在重大差异（Lewis and Hobson，1997；Ruggeri and Bird，2014）。一些社会政策有利于单身母亲退出劳动市场并全身心照顾家庭（通过提供无工作能力或经济状况证明），而其他社会政策则促进单身母亲的就业（提供可获得的儿童照料或儿童保育补贴）。近年来，在逐渐兴起的"成人职工家庭"和积极的劳动市场政策两种模式中，后一种模式更受青睐（Giullari and Lewis，2005），而有偿工作则被视为单身母亲有效摆脱贫困风险的最佳途径。

最后，双职工-双照料者模式（Gornick and Meyers，2005，2008）是双职工委托照料模式的一种替代方案，这需要夫妻双方更平等地分担工作和照料责任。Pascall 和 Lewis（2004：378）提出了"两个四分之三收入者"（two three-quarter earner）模式，从就业的角度来看，能够促进性别平等，并强调家庭照料的必要性。然而，家庭中夫妻双方承担照料责任存在的长期不平等，阻碍了"基于性别平等的成人职工家庭"的兴起（Giullari and Lewis，2005）。一般来说，女性往往既要承担照料职责还要工作，近年来她们的照料职责略有减轻，但在大多数西方国家，尽管男性工作时间减少了，其照料职责却只是略有增加（Orloff，2002）。因此，从某种程度上说，基于时间平等的双职工-双照料者模式尚未形成，这种模式在大多数欧洲国家未流行开来，甚至在最年轻一代的家庭中也未普及。

12.2.2 去家庭化和工作-家庭安排

性别福利体制分析方法对去家庭化和劳动的性别分工理论发展做出了重大贡献，为理解福利国家、家庭-工作模式、正规照料服务和女性就业之间的关系提供了强大的分析工具（Anttonen and Sipilä，1996；Leitner，2003；Bettio and Plantenga，2004）（见表 12.1）。

表 12.1　性别福利体制、去家庭化和家庭-工作模式

去家庭化程度	福利体制	家庭-工作模式	女性就业的决定因素	女性劳动市场参与率
高	社会民主主义体制（主要是北欧国家）	高度支持双职工模式	照料活动外部化、高水平的规范照料服务	高
中等	自由主义体制	中等程度支持双职工模式（低水平公共照料服务）与一个半收入者模式	通过市场确保去家庭化、高水平的兼职就业	较高
中等	保守主义体制（欧洲大陆国家）	中等程度支持双职工模式（与收入有关的社会政策）与作为男性养家模式延伸的一个半收入者模式	鼓励兼职就业，使女性能够兼顾工作和家庭	中等
低	南欧国家体制	支持男性养家或双职工全职工作模式其中之一	照料服务低水平	低

性别福利体制分析方法认为，福利国家及其制度安排将有利于家庭-工作模式的构建（Stier et al.，2001；Orloff，2002；Gornick and Meyers，

2005；Saraceno and Keck，2011）（见表 12.1）。社会民主主义国家的女性就业率往往更高，主要源于照料活动很大程度上不再局限于家庭。事实上，社会民主主义国家为双职工家庭提供了较大的支持，提供广泛的公共照料服务。自由主义国家女性就业率预计达到中等水平，这主要是因为照料活动的去家庭化是通过市场进行的，只有工资收入较高的双职工家庭才能负担得起委托照料成本。自由主义国家还鼓励女性在照料服务部门从事低薪和兼职工作，因此女性兼职就业会使其就业率更高。尽管社会民主主义国家和自由主义国家不同，但在促进就业率提高（尤其是女性就业率提高）方面是一致的。这些国家开辟了促进女性就业增长的两条道路（Nelson and Stephens，2013）。第一条，自由主义道路，依赖私人服务部门提供更多的低薪工作；第二条，社会民主主义道路，由政府提供更多的就业岗位和公共部门就业的高增长。

相比之下，在去家庭化程度较低的国家，如南欧国家，男性养家观念仍然根深蒂固，女性的就业率始终不高。缺乏正规且负担得起的照料服务会导致女性就业水平低下，从而在双职工模式和男性养家模式之间发生两极分化。一些去家庭化程度较低的国家正偏离该模式。在这种情况下，非正式的家庭照料模式（如祖辈照料孙辈）可以弥补正规照料服务的不足，并促进女性就业。

保守主义国家（如欧洲大陆国家）女性就业处于中等水平，而且一些国家继续利用与创收相关的福利政策支持男性养家模式。"一个半收入者"家庭更有代表性，并逐渐成为常态。兼职工作可以使女性兼顾工作和家庭，可视为男性养家模式的一个变体。

下文将分析二战后女性就业的跨国差异。总体来说，用女性就业水平来解释工作-家庭安排更合乎逻辑（Hook，2015），因为双亲家庭中的父亲仍然主要是全职工作（见表 12.2）。在欧盟的 15 个国家中，只有不到 15% 的家庭在一个半收入者、双职工或男性养家模式之外（Lewis et al., 2008）。

由此可见，工作-家庭模式的主要变化是由女性的劳动参与（就业或不就业、全职或兼职）驱动的，这是福利制度影响女性的一个关键指标（Hook, 2015）。此外，女性就业与家庭决定因素（特别是子女的数量）和照料责任实现外部化的可能性有关。

表 12.2　2013 年按成人就业状况划分的家庭（一对夫妻）中子女的占比

	（1）双职工全职工作	（2）一方全职工作、一方兼职工作	（3）一方全职工作、一方不工作	（4）其他工作类型	（5）夫妻双方均不工作
卢森堡	27.5	35.4	31.6	3.4	2.1
丹麦	53.1	25.7	15.3	3.1	2.8
美国[a]	60.0		36.8		3.1
奥地利	17.5	50.0	22.4	6.5	3.5
瑞典	45.1	32.4	13.2	5.6	3.7
芬兰	50.3	12.4	31.6	1.8	3.8
荷兰	6.9	58.2	17.2	13.8	3.9
德国	16.1	45.0	28.0	5.9	5.0
葡萄牙	59.6	6.0	25.9	2.6	5.9
澳大利亚	18.9	38.3	30.6	6.1	6.0
英国	24.3	36.2	27.1	6.5	6.0
法国	36.5	26.9	25.6	4.8	6.1
比利时	33.2	33.4	20.6	5.9	7.0
意大利	27.6	20.0	39.7	5.0	7.7
西班牙	34.2	15.9	35.3	5.1	9.5
希腊	38.2	5.7	42.5	3.5	10.1
爱尔兰	29.5	20.0	31.5	7.8	11.3

注：a 美国没有区分全职工作和兼职工作。

资料来源：经合组织（OECD）家庭数据库，0~14 岁子女在家庭（一对夫妻）中的占比。
（1）双职工全职工作；（2）一方全职工作、一方兼职工作；（3）一方全职工作、一方不工作；（4）其他工作类型（包括夫妻双方都从事兼职工作，以及一方从事兼职工作、一方不工作）；（5）夫妻双方均不工作。

12.3 工作-家庭模式：数据和事实

本章的研究强调了福利体制在多大程度上促进了不同的工作-家庭模式的构建。通过衡量女性的就业水平，我们还评估了教育、家庭人口（特别是子女数量）和经济增长对家庭就业模式的影响。

根据新的福利体制类型，我们考察了欧洲 18 个国家的福利模式，研究表明存在不同类型的福利国家及相应的照料服务模式（Anttonen and Sipilä，1996；Esping-Andersen，1999；Leitner，2003；Bettio and Plantenga，2004；Bambra，2005；Lewin-Epstein and Stier，2013），具体如下：社会民主主义国家（瑞典、丹麦、挪威、芬兰、荷兰）、欧洲大陆国家（比利时、德国、法国、奥地利）、南欧国家（希腊、意大利、西班牙、葡萄牙）和盎格鲁-撒克逊国家（英国、爱尔兰、加拿大、美国和澳大利亚）。本研究时期涵盖了二战后的 1950~2014 年，各国女性就业和工作-家庭模式发生变化则集中在近些年（Steiber and Haas，2012）。

关于工作-家庭模式的跨国差异的历史数据较少，且 20 世纪 60 年代之前的数据具有较强的异质性（ILO，1962：368；Scott and Tilly，1975）。1951 年，国际劳工组织的一项研究指出，利用现有的统计资料很难直接测算二战后已婚女性和家庭中母亲的就业水平（ILO，1951b），不过法国和美国等国家例外。Daric（1958）的研究表明，20 世纪上半叶，一些国家的工业和服务业部门的女性就业率相当高，并证实了女性就业率存在 U 形特征（Goldin，1995，2006；Olivetti，2013）。

在 20 世纪 30 年代经济衰退期间，工作岗位的稀缺促使某些政府立法限制已婚女性就业。许多法律或集体协议中包含针对已婚女性就业的歧视性条款，但在二战后的几十年里这些条款逐步被废除（ILO，1962）。二战后，关于女性就业水平的同类型跨国统计数据虽不难获得，但1945~1960年的数据却仍不全面。

12.3.1　工作-家庭安排的跨国差异

历史数据显示，家庭和就业状况之间的关系随着时间的推移而演变（Scott and Tilly，1975），并且在各国之间存在差异（ILO，1951b，1957）。本节主要研究工作-家庭安排的多样性。

表12.2列出了经合组织国家有0~14岁子女的家庭中成年人的就业状况，它凸显了工作-家庭安排的跨国差异。

在有子女的一对夫妻家庭中，双职工全职工作模式［模式（1）］已经成为北欧国家（丹麦、芬兰和瑞典）的主要家庭类型，该类型在法国、葡萄牙和希腊也很常见。男性养家模式［模式（3）］在丹麦、瑞典、荷兰和比利时并不普遍，但在南欧国家、美国以及芬兰仍然存在。"一个半收入者"模式［模式（2）］在荷兰、奥地利、德国和澳大利亚很普遍，但在南欧国家（葡萄牙、希腊、西班牙、意大利）则是少数。在所有国家中，双职工全职工作、男性养家和"一个半收入者"工作类型之外［模式（4）］的工作-家庭模式占比很低，但在荷兰，模式（4）相对较常见，并主要由双职工兼职工作家庭驱动。在南欧国家和爱尔兰，严重的失业导致夫妻双方均不工作的家庭比例相对较高［模式（5）］。

图12.2提供了一些欧洲国家有子女的女性工作和家庭状况的数据。在我们所研究的国家中，有子女的女性一般都是夫妻一起生活。不工作的母亲在希腊、西班牙和意大利则很多。单亲家庭在北欧国家更为普遍，这些国家的女性主要从事全职工作。在南欧，有被抚养子女的女性更多地生活在其他类型的家庭中（如有成年子女工作或扩展家庭）。所有国家（英

国除外）中，没有工作的单身母亲占比都较低。

比较表 12.2 和图 12.2 可以得出这样的观点：对女性就业状况进行分析可以使我们了解与工作-家庭相关的一系列指标。全职工作的女性衡量了双职工全职工作家庭的重要性；兼职工作的女性可以使我们深入了解一个半收入者家庭的状况，而大量女性不工作则表明男性养家模式普遍存在。

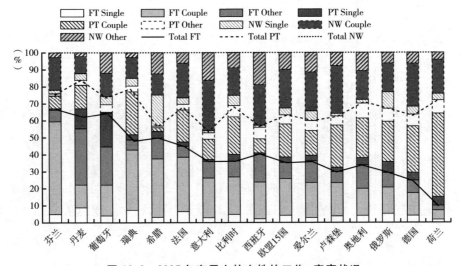

图 12.2　2005 年有子女的女性的工作-家庭状况

资料来源：欧盟统计局：劳动力调查。有子女（指家庭中 15 岁以下的子女或者 25 岁以下但在社会和经济上仍需完全依赖父母的家庭成员）的家庭中女性的工作-家庭状况简称如下：Single（单身带孩子）、FT（full time，全职工作）、PT（part-time，兼职工作）和 NW（not working，不工作）；Couple（与丈夫一起生活并有孩子）；Other（有孩子的其他类型家庭）［单亲父母和一个或多个成年子女、扩展家庭和其他（生活在同一家庭的非亲属，或亲属但非夫妇）的成年人。］

12.3.2　二战后女性劳动参与率

图 12.3 显示了 1954 年和 2014 年的女性就业率，在这 60 年间，所有观察国的女性劳动参与率都有惊人的增长。

　　然而，女性就业率的增长主要源于一些国家兼职就业率的增长。事实上，二战后的几年，女性兼职工作并不常见（ILO，1957）。如果我们比较 1954 年与 2014 年的女性全职就业率（见图 12.3），就可以发现，女性就业率增长的趋势非常缓慢，各国之间的差异也很大。

　　一些国家的兼职就业率特别高，它有力地促进了女性就业率的提升（如挪威、德国、英国、荷兰、奥地利）；相反地，南欧国家（如葡萄牙、西班牙、希腊）的女性就业率却很低。

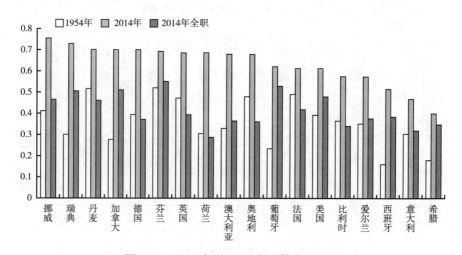

图 12.3　1954 年和 2014 年女性的就业率

　　资料来源：1954 年：国际劳工组织（ILO，OECD）、经合组织和各国的人口普查以及 2014 年：经合组织。

　　在大多数国家——瑞典、西班牙、希腊、加拿大和葡萄牙除外——兼职就业的增加是 20 世纪 50 年代至 2014 年女性就业增长的最大原因。

　　在我们的模型中（见第 12.4 节），15～64 岁女性的就业数据（全类型、兼职、全职）来自 OECD 的年度劳动力统计。如上所述，女性兼职工作和全职工作可以作为不同类型的工作-家庭安排的指标。全职工作的女性越多，该国高水平的双职工全职工作家庭将更多（见表 12.2 和图 12.2）。在女性广泛从事兼职工作的国家，"一个半收入者"家庭（男性从事全职工作、女性从事兼职工作）的比例更高。

根据以下文献（Jaumotte，2003；Fetahi-Vehapi and Spasenoska，2011；Erhel and Guergoat-Larivière，2013），我们还纳入了其他几个决定因素来解释女性的就业、教育、家庭负担、照料服务的可获得性和经济增长。

12.3.2.1　女性的劳动参与率和教育

教育是解释就业的一个关键变量。然而，二战后时期，教育可能对女性的劳动参与率产生了负面影响。一方面，一些学者认为，第二次世界大战后初期女性就业主要是由经济需要驱动的，主要涉及低收入家庭和受教育程度低的女性（ILO，1957；Daric，1958）。另一方面，20 世纪 60 年代和 70 年代之后，教育水平的提高有助于女性实现就业，实证研究也证明二者之间存在正相关关系（Jaumotte，2003）。附录 2 和附录 4 报告了女性就业的对数与受教育程度的散点图，显示了二者之间存在的正相关关系。

关于女性最高学历的数据来自 Barro 和 Lee（15~64 岁女性人口的受教育程度数据来自 Education Attainment Dataset，barrolee. com），研究模型涉及的变量是受过完整中等或高等教育的女性人数。

12.3.2.2　女性的劳动参与率和家庭负担

许多研究都强调了家庭照料职责，特别是子女数量和年龄对女性劳动参与率（Misra et al.，2010），以及老人提供非正式家庭照料的影响（Kotsadam，2011；Ben-Galim and Silim，2013；Naldini et al.，2014）。

不过，即便子女数量和年龄会影响女性就业，这种影响也可以通过足够的公共或私人的可负担的照料服务来抵消（ILO，1951a）。从另一角度说，服务行业会雇用大量女性，其发展有利于女性就业。没有正规照料服务的国家，可以通过降低生育率或更广泛地由非正规照料（主要由祖辈照料孙辈）来应对该问题。由于缺乏数据，我们的模型无法准确评估非正规照料服务的作用，而是通过考察福利体制类型以及公共服务和正规照料服务的重要性来研究家庭组织的情况（Galasso and Profeta，2010）。

在我们的研究中，照料工作的强度由 15 岁以下的子女人数和 80 岁以上的老人人数来近似表示。附录 1 显示了 15 岁以下子女数量与女性就业之间的复杂关系。

12.3.2.3 女性就业、正规照料服务的可及性和公共服务的作用

正规照料服务（教育、卫生、社会照料）的兴起与工业化进程关系密切（Frankenstein，1939），并且这些服务很大程度上与女性就业有关（ILO，1951a；Nelson and Stephens，2013）。

事实上，正规照料服务，或者可以说是整个服务行业从两个方面促进了女性就业。首先，服务行业的就业既反映了照料和私人服务（如儿童照料、老人照料、长期照护、健康护理和残疾人护理、教育）的发展，使女性能够从家庭职责中脱身而进入劳动力市场，也反映了一国的去家庭化程度。其次，服务行业为女性提供了工作岗位（Mandel abd Semyonov，2006；Hicks and Kenworthy，2008），而女性就业的变化很大程度上是服务行业发展的结果（Nelson and Stephens，2013）。

用来评估照料服务和公共服务可及性的数据来自中央产品分类（Central Product Classification）（CPC，unstat.un.org）代码 9 下的就业水平，它对应于社区、社会和个人服务。① 散点图显示了在公共服务和照料服务行业就业与女性就业之间的正相关关系（见附录 3）。

---

① 数据来源：经合组织按活动和地位划分的 1950~1999 年的就业；2000 年后，数据来源为欧洲劳动力调查或个别国家 1950~1999 年的统计资料（特别是美国的劳工统计数据）。

12.3.2.4 女性就业和经济环境

通过观察部分国家 GDP 的变化，我们衡量了经济环境对女性就业的影响。2008~2014 年的数据来自经合组织的数据库（GDP 以 2005 年美元购买力平价计算），并运用 1990 年麦迪逊数据库的 GDP （GDP Int GK $，Maddison Historical Statistics of the World Economy，www.ggdc.net） 对 1950~2007 年的 GDP 进行了反推。

在下一节中，我们检验了特定福利体制以及上述决定因素对女性全类型就业、兼职就业和全职就业的影响。

12.4 对家庭就业模式、福利体制作用及与家庭相关的决定因素的理解

我们应用线性动态面板模型来探讨几个决定因素对女性就业（A：全类型；B：兼职就业；C：全职就业） 和福利体制的影响。我们使用了 18 个国家的数据，时间跨度为 1950~2014 年， 共 60 余年。我们收集了与女性就业和工作-家庭安排相关的因素 （Stier et al.，2001；Eliason et al.，2008；Steiber and Haas，2012；Erhel and Guergoat-Larivière，2013）。我们运用双对数回归模型进行分析，以女性就业作为因变量，以女性工作年龄和真实 GDP 作为自变量 （Hollweg et al.，2015）。从长期来看，利用这种分析方法可以获取更多的信息，并对系数 （弹性） 进行直接解释，结果如表 12.3 所示。

模型 A1 包括六个决定因素。国内生产总值 （GDP）、适龄工作的女性 （15~64 岁） 人数、子女 （0~15 岁） 数量、80 岁及以上老人人数、公共服务和照料服务以及拥有中学或大学学历的女性人数。

模型中的变量用对数表示，因此系数可以用弹性系数表示。除了 80 岁

表 12.3 福利制度和不同决定因素对妇女就业的估计影响

1950~2014 年样本	模型 A1	模型 A2	模型 A3	模型 B1	模型 B2	模型 B3	模型 C1	模型 C2	模型 C3
log GDP（GDP 的对数）	0.28	0.29	0.26	0.39	0.40	0.44	0.43	0.43	0.39
	(0.03)	(0.03)	(0.03)	(0.11)	(0.11)	(0.11)	(0.05)	(0.05)	(0.05)
	0.000	0.000	0.000	0.000	0.000	0.000	0.000	0.000	0.000
log females of working age（适龄工作的女性人数的对数）	0.76	0.82	0.76	0.34	0.31	0.38	0.40	0.51	0.67
	(0.11)	(0.11)	(0.06)	(0.56)	(0.56)	(0.29)	(0.22)	(0.20)	(0.11)
	0.000	0.000	0.000	0.542	0.576	0.197	0.062	0.011	0.000
log children under 15（15 岁以下子女人数的对数）	-0.15	-0.17	-0.24	0.33	0.24	0.14	0.02	0.01	-0.12
	(0.05)	(0.05)	(0.04)	(0.23)	(0.23)	(0.20)	(0.09)	(0.09)	(0.08)
	0.007	0.001	0.000	0.150	0.298	0.476	0.784	0.899	0.142
log people aged 80 and older（80 岁及以上老人的对数）	0.05	…	…	-0.07	…	…	0.09	…	…
	(0.03)			(0.15)			(0.06)		
	0.079			0.620			0.081		
log public services and care services（公共服务与照料服务的对数）	0.19	0.19	0.20	0.01	0.01	0.00	0.11	0.11	0.12
	(0.02)	(0.02)	(0.02)	(0.06)	(0.06)	(0.06)	(0.03)	(0.03)	(-0.03)
	0.000	0.000	0.000	0.827	0.818	0.994	0.000	0.000	0.000
log female having completed educational level 2 or 3（拥有中学或大学学历的女性人数的对数）	0.04	0.04	0.02	-0.06	-0.03	-0.01	0.08	0.08	0.01
	(0.02)	(0.02)	(0.02)	(0.11)	(0.11)	(0.09)	(0.04)	(0.04)	(0.04)
	0.008	0.006	0.121	0.591	0.792	0.907	0.05	0.04	0.86
C	-1.35	-1.39	0.08	-0.02	0.33	-0.33	-0.98	-1.19	-0.56
	(1.02)	(1.01)	(0.19)	(5.68)	(5.25)	(1.08)	(1.75)	(1.65)	(0.36)
	0.185	0.17	0.659	0.997	0.949	0.762	0.577	0.470	0.119

续表

1950~2014年样本	模型A1	模型A2	模型A3	模型B1	模型B2	模型B3	模型C1	模型C2	模型C3
AR（1）	0.96 (0.00) 0.000	0.96 (0.00) 0.000	0.97 (0.00) 0.000	0.98 (0.01) 0.000	0.98 (0.01) 0.000	0.98 (0.00) 0.000	0.95 (0.00) 0.000	0.94 (0.01) 0.000	0.97 (0.00) 0.000
福利体制（北欧体制为参考类别）									
自由主义			0.03 (0.08) 0.687			0.64 (0.54) 0.23			-0.19 (0.14) 0.178
保守主义			-0.12 (0.07) 0.08			1.43 (0.66) 0.02			-0.34 (0.12) 0.008
南欧国家体制			-0.18 (0.07) 0.02			-0.136 (0.54) 0.799			-0.13 (0.14) 0.336
横截面跨国固定效应									
奥地利	0.15	0.15		1.22	1.44		0.16	0.17	
澳大利亚	0.01	0.00		0.59	0.62		-0.11	-0.13	
比利时	0.01	0.01		0.71	0.85		-0.15	-0.14	
加拿大	0.09	0.08		0.06	0.04		0.11	0.08	
丹麦	0.33	0.32		-0.69	-0.87		0.23	0.23	
芬兰	0.38	0.36		-0.41	-0.42		0.53	0.56	

续表

1950~2014年样本	模型 A1	模型 A2	模型 A3	模型 B1	模型 B2	模型 B3	模型 C1	模型 C2	模型 C3
法国	-0.24	-0.22		0.08	0.09		-0.19	-0.16	
德国	-0.35	-0.33		1.08	1.17		-0.35	-0.35	
希腊	-0.19	-0.19		-1.64	-1.74		0.2	0.22	
爱尔兰	0.25	0.22		0.19	-0.36		0.13	0.1	
意大利	-0.4	-0.39		0.58	0.77		-0.23	-0.23	
荷兰	-0.06	-0.07		1.34	1.47		-0.49	-0.52	
挪威	0.24	0.23		-0.49	-0.64		-0.02	-0.02	
葡萄牙	0.43	0.42		-1.89	-2.17		0.61	0.65	
西班牙	-0.35	-0.34		0.31	0.47		-0.13	-0.12	
瑞典	0.25	0.25		-0.75	-0.99		0.16	0.19	
英国	-0.04	-0.03		0.19	0.12		-0.18	-0.18	
美国	-0.49	-0.48		-0.48	-0.55		-0.28	-0.32	
R^2 (%)	99.97	99.97	99.97	99.81	99.82	99.81	99.93	99.93	99.93
调整的 R^2 (%)	99.97	99.97	99.97	99.81	95.81	99.81	99.93	99.93	99.93
观测样本	716	716	716	535	535	535	535	535	535

注：(1) 为了控制残差序列相关问题，所有的模型都包括自回归过程 AR (1)；(2) 特征根小于 1（ADF Fisher 单位根检验）；(4) F 统计量通过零假设检验（评估模型的总体显著性）；(3) 特征根小于大于 1（ADF Fisher 单位根检验）；(4) F 统计量通过零假设检验（评估模型的总体显著性）；(5) 误差的正态性检验显示偏离了正态性，但误差是平稳的，样本下不是平稳的，所以我们可以解释 p 值（Lütkepohl, 1993: 369）；(6) 在包括 GDP 和就业的长期对数模型中，强相关关系是正态分布的。自变量：A. 女性全类型工作的对数；B. 女性兼职工作的对数；C. 女性全职工作的对数。回归结果包括话系数，括号内的标准误和 p 值。

及以上老人人数外，其他的变量系数都与预期相符。该变量必须包含照料老人之外的因素，否则对女性就业影响会很小。模型 A2 通过多元回归分析剔除了这一因素。在模型 A1 和模型 A2 中，女性受教育程度和子女数量的相关性相对弱一些，是因为这两个变量之间有共线性（皮尔逊相关系数：0.92）。受过高等教育的女性生育子女的数量较少，第二次世界大战之后这种情况尤为明显。然而，在性别平等主义的推动下，生育率下降的趋势出现了逆转（Esping-Andersen and Billari，2015）。如果将两个决定因素之一——受教育程度或子女数量从回归中剔除，那么系数估计值就会变得更加显著（此处未列出模型）。公共服务和照料服务的规模对女性就业（无论是全类型就业还是全职就业）有显著的正向影响。

在模型 A3 中，福利体制是虚拟变量。社会民主主义国家（北欧国家）被用作参考类型（基准体制）。不同体制之间存在的差异符合预期。与北欧福利体制相比，欧洲大陆国家和南欧国家的福利体制对女性就业产生了负面影响，而等级制度使南欧国家落后于欧洲大陆国家。表 12.3 还给出了模型 A 的截面固定效应以及福利体制系数的细微差别。它表明北欧的福利体制对女性就业有积极的影响，芬兰和丹麦尤为明显。荷兰的截面固定效应接近 0，证实了它的"复合"地位，即介于社会民主主义和保守主义之间，且兼有几个福利体制类型的特点（Bambra，2005）。自由主义国家的截面固定效应较小，或者为负，但爱尔兰不同。总的来说，南欧制度对女性就业有负面影响；但葡萄牙是个例外，其影响为正。

在模型 B1、模型 B2 和模型 B3 中，因变量是兼职就业女性的对数。生育子女对女性兼职就业有正向影响，估计表明，在其他条件相同的情况下，子女数量每增加 1%，女性兼职就业率就会增加 33%。[①] 拥有中学或

---

① 在双对数模型下，该值应为 0.33%。——译者注

大学学历与女性兼职就业没有显著的相关性，而与女性全类型就业（模型A）和女性全职就业（模型C）呈正相关关系。公共服务和照料服务的水平与女性兼职就业没有显著的相关性，而与女性全类型就业（模型A）和女性全职就业（模型C）有正相关关系。与北欧体制相比，自由主义体制或保守主义体制对兼职就业有积极影响。南欧国家的结果不太明确，其女性兼职就业不太普遍。与荷兰相关的截面固定效应很高，证明了女性兼职就业的重要性和该国"一个半收入者"家庭模式的普遍性。

模型C1、模型C2和模型C3将全职就业女性的对数作为因变量。公共服务和照料服务的重要性与女性全职就业有显著的相关性。在其他条件相同的情况下，公共服务和照料服务的规模每增加1%，女性全职就业率增加0.11%。这种情况下女性一般是雇主，这提高了女性，特别是有年幼子女的女性的劳动参与率。与预期相反的是，公共服务和照料服务与子女人数之间的相关性并不强。这表明，制度背景（福利体制以及公共服务和照料服务的规模）对女性全职就业的解释力比女性是否生育更强。除此之外，拥有中学或大学学历与女性全职就业正相关。

最后，北欧国家之外的体制类型，特别是欧洲大陆体制和自由主义体制，对女性全职就业有负面影响。然而，当使用国家固定效应时，一些南欧国家显示出正的或低的跨国效应，表明在全球范围内女性就业总量不如其他国家（葡萄牙除外）时，家庭妇女和全职女性之间存在两极分化的趋势。

总的来说，结果与第12.2节中关于工作-家庭模式的性别福利体制类型预测一致。大多数国家都依赖"一个半收入者"的家庭模式，父亲全职工作和母亲兼职工作是常态，这种模式在自由主义体制和保守主义体制中甚至更为普遍。在自由主义国家，女性兼职就业主要受到私人照料服务推动，而在保守主义国家，在国家或市场提供的照料服务不够充分时，女性兼职就业更好地兼顾了工作和家庭。在社会民主主义国家，双职工全职工作家庭更为普遍，整体的制度安排或福利体制为这一模式提供了全面支持。最后，在南欧国家，福利政策进一步促进了性别分工，也因为双职工全职就业和男性养家两个模式呈现了两极分化趋势。

12.5 结论

本章主要揭示了工作和家庭之间的关系，以及随着时间的推移驱动这种关系变化的因素。我们利用性别福利体制分析方法确定了家庭和就业之间的关系类型，并利用女性就业和家庭决定因素（子女和老人人数）和去家庭化决定因素（公共服务和照料服务的可及性）数据对上述关系进行了检验。

我们发现，各种决定因素与女性就业和工作-家庭模式的相关性总体上显著，其符号与预期相符，说明性别福利体制对预测女性就业水平和工作-家庭模式很重要。这些结果印证了二战后所有工业化国家共同经历过的历史轨迹，即从历史上的"男性养家"模式向全新的所有成年人都应全职就业"成人职工家庭模式"的转变。

尽管男性养家模式在二战后的几十年内逐渐失去主导地位，但它仍然存在于一些国家，特别是南欧国家（正规照料服务水平较低）。

双职工家庭在所有国家都在增加，但国家间差异仍然明显。在那些有可能通过适当的正规照料服务将家庭照料外部化的国家，双职工全职工作模式更为普遍。然而，在一些国家，尽管正规照料服务水平较低，但母亲全职就业的水平很高，说明该因素并不是必要条件。

"一个半收入者"家庭在所有国家都有所增加，甚至成为工作-家庭安排的主流。特别是子女数量对母亲兼职工作有正向影响。不过，关于女性兼职就业的类型仍然存在一些争议。我们应该如何看待女性兼职？究竟应视为"新版"男性养家模式还是双职工家庭崛起的象征？因为兼职并不能保证女性有充分的经济自主权，如果我们只把双职工全职工作视为性别平等主义的代名词的话（Bardasi and Gornick，2008；Ciccia and Bleijenbergh，2014），不得不说一些国家自 20 世纪 50 年代以来进展甚微，其女性就业率的提高主要还是靠兼职就业来驱动。

　　未来研究的一个径路是关注经济增长和工作-家庭模式之间的关系。经济增长和女性就业之间的长期关系将成为可以深挖的主题（Olivetti，2013；Diebolt and Perrin，2013，2014），还有家庭模式和经济增长之间的长期关系（Carmichael et al.，2016）。当然，工作-家庭模式和经济增长之间的关系仍然是一个尚未开发的领域。研究双职工全职工作家庭的兴起与经济增长水平之间的联系颇为有趣，它是研究性别平等与经济增长以及女性就业与经济增长之间联系的融合点。

附录 1　女性就业对数与 15 岁以下子女人数对数

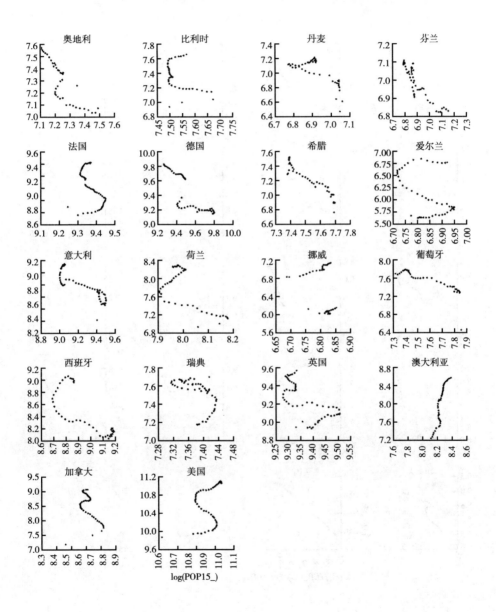

log(POP15_)

附录 2 女性就业对数与拥有大学学历女性人数的对数

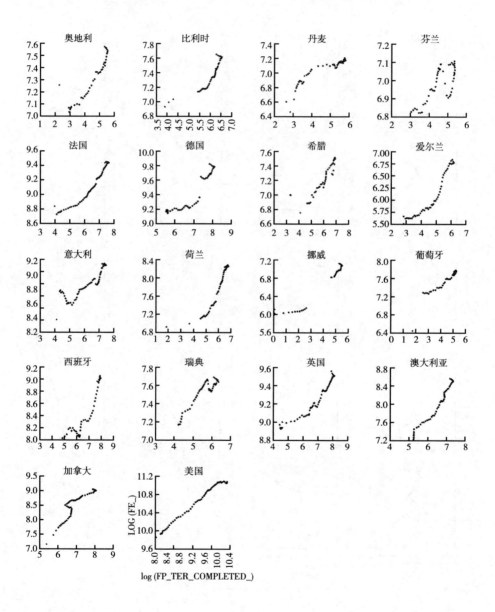

附录 3 女性就业对数与公共服务和照料服务对数

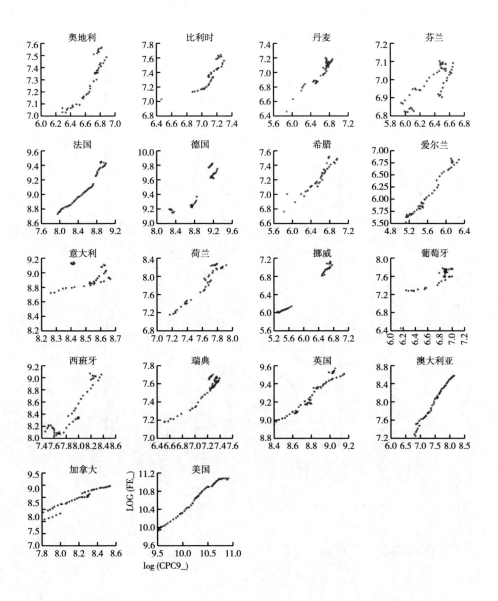

附录 4　女性全职就业人数对数与拥有中学或大学学历的女性

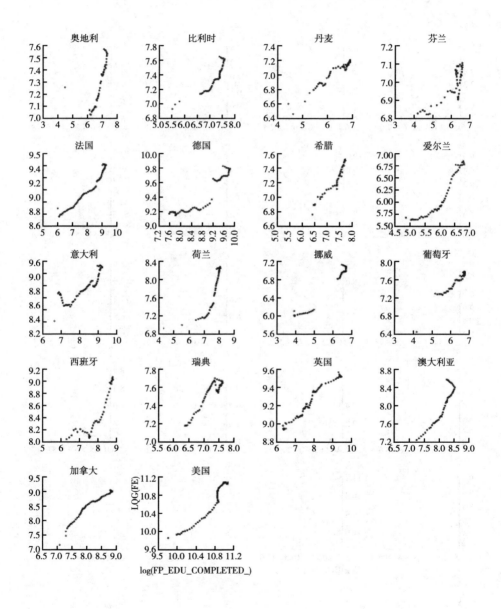

参考文献

Anttonen, A. and Sipilä, J., 1996. "European Social Care Services: Is It Possible to Identify Models?" *J Eur Soc Policy* 6 (2): 87-100.

Bambra, C., 2005. "Cash Versus Services: Worlds of Welfare and the Decommodificcation of Cash Benefits and Health Care Services." *J Soc Policy* 32 (2): 195-213.

Bardasi, E. and Gornick, J. C., 2008. "Working for Less? Women's Part-time Wages Penalties across Countries." *Fem Econ* 14 (1): 37-72.

Becker, S., 1991. *A Realise on the Family*, *Enlarged* edn, Harvard University Press, Cambridge, MA.

Ben-Galim, D. and Silim, A., 2013. *The Sandwich Generation. Older Women Balancing Work and Care.* Institute for Public Policy Research Report, London, August.

Bettio, F. and Plantenga, J., 2004. "Comparing Care Regimes in Europe." *Fem Econ* 10 (1): 85-113.

Carmichael, S. G., Dilli, S. D., and Van Zanden, J. L., 2016. "Introduction: Family Systems and Economic Development." *Econ Hist Dev Reg* 31 (1): 1-9.

Ciccia, R. and Bleijenbergh, I., 2014. "After the Male Breadwinner Model? Childcare Services and the Division of Labor in European Countries." *Soc Polit* 21 (1): 50-79.

Crompton, R. (ed)., 1999. *Restructuring Gender Relations and Employment: The Decline of the Male Breadwinner.* Oxford University Press, Oxford.

Daric, J., 1958. "Quelques vues sur le travail fcminin non agricole en divers pays." *Population* 13 (1): 69-78.

Dieboll, C. and Perrin, F., 2013. "From Stagnation to Sustained Growth: The Role of Female Employment." *Am Econ Rev Pap Proc* 103 (3): 545-549.

Diebolt, C. and Perrin, F., 2014. "The Foundations of Female Employment Revisited." *Revue d'Economie Politique* 124 (4): 587-597.

Eliason, S. R., Stryker, R., and Tranby, E., 2008. "The Welfare State, Family Policies, and Women's Labour Force Participation: Combining Fuzzy-set and Statistical Methods to Assess Causal Relations and Estimate Causal Effects." In *Methods and Substance in Macrocomparative Analysis*, edited by Kenworthy, L., Hicks, A. (eds), pp. 135-155.

MacMillan, New York, NY.

Erhel, C. and Guergoat-Larivière, M., 2013. "Labour Market Regimes, Family Policies, and Women's Behavior in the EU." *Fem Econ* 19 (4): 76-109.

Esping-Andersen, G., 1990. *The Three Worlds of Welfare Capitalism*. Oxford University Press, Oxford.

Esping-Andersen, G., 1999. *Social Foundations of Postindustrial Economies*. Oxford University Press, New York.

Esping-Andersen, G. and Billari, F. C., 2015. "Re-theorizing Family Demographics." *Popul Dev Rev* 41 (1): 1-31.

Fetahi-Vehapi, M. and Spasenoska, I., 2011. "Determinants of the Female Employment Rate in the European Union in Comparison with Non European Countries." *Eur Stud J* 2 (1): 22-38.

Frankenstein, L., 1939. "Women in Industrial Welfare Work." *Int Labour Rev XL* (3): 297-319.

Galasso, V. and Profeta, P., 2010. "When the State Mirrors the Family: The Design of Pension Systems." *J Eur Econ Assoc* 16: 1712-1763.

Giullari, S. and Lewis, J., 2005. "The Adult Worker Model Family, Gender Equality and Care. The Search for New Policy Principles, and The Possibilities and Problems of a Capabilities Approach." United Nations Research Institute for Social Development. Social Policy and Development Programme, 19, April.

Goldin, C., 1995. "The U-shaped Female Labor Force Function in Economic Development and Economic history." In *Investment in Women's Human Capital and Economic Development*, edited by Schultz, T. P. (ed). pp. 61-90. University of Chicago Press, Chicago, IL.

Goldin, C., 2006. "The Quiet Revolution That Transformed Women's Employment, Education, and Family." *Am Econ Rev* 96 (2): 1-21.

Gornick, J. C., and Meyers, M. K. 2005. "Supporting a Dual-earner/Dual-carer Society." In *Unfinished Work: Building Equality and Democracy in an Era of Working Families*, edited by Heymann, J., Beem, C. (eds). The New York Press, New York.

Gornick, J. C. and Moyers, M. K., 2008. "Creating Gender Egalitarian Societies: An Agenda for Reform." *Polit Soc* 36 (3): 313-349.

Hicks, A. and Kenworthy, L., 2008. "Family Policies and Women's Employment: A Regression Analysis." In *Methods and Substance in Macrocomparative Analysis*, edited by Kenworthy, L., Hicks, A. (eds), pp. 135-155. New York: MacMillan.

Hollweg, G. H., Lederman, D., and Mitra, D., 2015. "Structural Reforms and

Labour-market Outcomes." *World Econ* 39 (7): 925-963.

Hook, J. L., 2015. "Incorporating 'Class' into Work-Family Arrangements: Insight from and for Three Worlds." *J Eur Soc Policy* 25 (1): 14-31.

ILO, 1951a. "Facilities for Women with Home Responsibilities." *Int Labour Rev 63* (3): 287-301.

ILO, 1951b. "Employment of Married Women and Mothers of Family." *Int Labour Rev* 63 (6): 677-697.

ILO, 1957. "Part-time Employment for Women with Family Responsibilities." *Int Labour Rev* 75 (6): 543-553.

ILO, 1962. "Discrimination in Employment or Occupation on the Basis of Marital Status." *Int Labour Rev* 85 (3-4): 262-282 and 368-389.

Jaumotte, F., 2003. Labour Force Participation of Women: Empirical Evidence on the Role of Policy and Other Determinants in OECD Countries. OECD Econ Stud 37.

Kotsadam, A., 2011. "Does Informal Eldercare Impede Women's Employment? The Case of European Welfare States." *Femin Econ* 17 (2): 121-144.

Leitner, S., 2003. "Varieties of Familialism: The Caring Function of the Family in Comparative Perspective." *Eur Soc* 5 (4): 353-375.

Lewin-Epstein, N. and Stier, H., 2013. Family, Gender and Work. European Social Survey. Norwegian Social Science Data Services at http://essedunet.nsd.uib.no/cms/topics/family/2/all.html.

Lewis, J., 1992. "Gender and the Development of Welfare Regimes." *J Eur Soc Policy* 2 (3): 159-173.

Lewis, J., 1997. "Gender and Welfare Regimes: Further Thoughts." *Soc Polit* 4 (2): 160-177.

Lewis, J., 2001. "The Decline of the Male Breadwinner Model: Implications for Work and Care." *Soc Polit* 8 (2): 152-169.

Lewis, J. and Hobson, B., 1997. "Introduction." In *Welfare Regimes Lone Mothers in European*, edited by Lewis, J. (ed.). pp. 1-20. Jessica Kinsley, London.

Lewis, J., Campbell, M., and Huerta, C., 2008. "Patterns of Paid and Unpaid Work in Western Europe: Gender, Commodification, Preferences and the Implications for Policy." *J Eur Soc Policy* 18 (1): 21-37.

Lütkepohl, H., 1993. *Introduction to Multiple Time Series Analysis*, 2nd edn. Springer-Verlag, Berlin.

Mandel, H. and Semyonov, M., 2006. "A Welfare State Paradox: State Interventions and Women's Employment Opportunities in 22 Countries. " *Am J Sociol* 111 （6）: 1910-1949.

Misra, J. , Budig, M. J. , and Boeckmann, I. , 2010. "Work-family Policies and the Effects of Children on Women's Employment Hours and Wages. " *Community Work Fam* 14 （2）: 139-157.

Naldini, M. , Pavolini, M. , and Solera, C. , 2014. Does Caring for the Elderly Affect Mid-life Women's Employment? Differences Across Regimes. Carlo Alberto Notebooks 368. October.

Nelson, M. and Stephens, J. D. , 2013. "The Service Transition and Women's Employment. " In *The Political Economy of the Service Transition*, edited by Wren, A. （ed） pp. 147-170. Oxford University Press, Oxford.

Olivetti, C. , 2013. The Female Labor Force and Long-run Development: the American Experience in Comparative Perspective. NBER Working Paper No. 19131.

Orloff, A. S. , 2002. Women's Employment and Welfare Regimes. Globalization, Export Orientation and Social Policy in Europe and North America. Social Policy and Development. Program Paper No. 12. United Nations Research Institute for Social Development, pp. 1-49.

Pascall, G. and Lewis, J. , 2004. "Emerging Gender Regime and Policies for Gender Equality in a Wider Europe. " *J Soc Policy* 33 （3）: 373-394.

Plantenga, J. , 2002. "Combining Work and Care in the Polder Model: An Assessment of the Dutch Part time Strategy. " *Crit Soc Policy* 22 （1）: 53-71.

Powell, M. and Barrientos, A. , 2011. "An Audit of the Welfare Modelling Business. " *Soc Policy Adm* 45 （1）: 69-84.

Ruggeri, K. and Bird, C. , 2014. Single Parents and Employment in Europe. Short Statistical Report No. 3. European Commission, April.

Sainsbury, D. , 1996. Gender, *Equality and Welfare Stales*. Cambridge University Press, Cambridge.

Saraceno, C. and Keck, W. , 2011. "Towards an Integrated Approach for the Analysis of Gender Equity in Policies Supporting Paid Work and Care Responsibilities. " *Demogr Res* 25 （11）: 371-406.

Saxonberg, S. 2013. "From Defamilialization to Degenderisation: Toward a New Welfare Typology. " *Soc Policy Adm* 47 （1）: 26-49.

Scott, J. W. and Tilly, L. A. , 1975. "Women's Work and the Family in Nineteenth Century Europe. " *Comp Stud Soc Hist* 17 （1）: 36-64.

Steiber, N. and Haas, B. , 2012. "State of the Art. Advances in Explaining Women's

Employment Patterns. " *Soc Econ Rev* 10: 343-347.

Stier, H. , Lewin-Epstein, N. , and Braun, M. , 2001. "Welfare Regime, Family-supportive Policy, and Women's Employment along the Life Course. " *Am J Sociol* 106 (6): 1731-1760.

Tilly, L. A. and Scott, J. W. , 1987. *Women, Work & Family*. Routledge, New York.

13

1920 年以来刚果的采矿业、家长制和教育普及

达西·朱夫（Dácil Juif）

　　摘　要：以往的研究较多地关注法属非洲殖民地和英属非洲殖民地的入学率差异，本章则增加了比属非洲殖民地的案例。大多数研究都强调教育供给，特别是对传教士活动的限制，而我们则主要强调殖民地时期采矿业发展带来的需求激增所发挥的重要作用。我们利用各种原始文献，从数量和质量上评估了 1920 年以来刚果①的入学率变化。我们认为，殖民地时期形成的教育不平等在刚果独立后的几十年内依然存在。我们以讨论省内差异为出发点，解释了采矿业的发展如何成为小学入学率提升的催化剂。20 世纪 20 年代中期，上加丹加矿业联盟（Union Minière du Haut Katanga）以及比属刚果的大多数特许公司都实行了"稳定化"的"家长制"② 政策，即让工人及其家属在工作地点附近长期定居，同时高额投资工人子弟小学教育。这一做法节省了招聘费用和劳动报酬，使得对矿工及其子女的教育投资有利可图。

　　关键词：家长制　人力资本　不平等　刚果

13.1　引言

　　教育是衡量生活水平的一个重要部分。提供教育可以从多个渠道改善社会福利水平。首先，教育可以提高个人收入，促进经济增长（Galor，2011）。其次，接受过教育的人能够了解更多卫生和疾病预防方面的知识，他们的身

---

① 即刚果民主共和国，简称刚果（金），1960 年独立。因本章更多地探讨历史问题，为行文方便，采用刚果或比属刚果的称谓。

② Paternalism 家长制、父权主义，与本书前面章节中的父权制（patriarchy，家长统治）词义相近，本章不做区分。——译者注

体往往也更健康。一些研究发现，教育与婴儿死亡率、生育率和早婚之间存在负相关关系（Klasen，2002；Breierova and Duflo，2004）。由于教育具有积极作用，过去两个世纪现代福利国家一直在加大教育投入的力度，并将其认定为一个重要的发展目标（Lindert，2004）。在刚果（前比属刚果/扎伊尔），教育不仅是收入最重要的预测变量，而且是保证国民在农业以外的行业就业的唯一因素（De Herdt et al.，2010，2012）。

自 15 世纪第一批传教士在撒哈拉以南非洲定居以来，这一地区的正规教育在很大程度上由教会掌控。早期传教士在非洲地区活动的目的是让尽可能多的人改宗，而提供教育是其吸引非洲人信仰基督教的主要手段。此外，一些殖民地国家对教会提出了经营学校的要求，以此作为其掠夺被殖民国家大片土地的补偿。

大部分解释法属非洲殖民地和英属非洲殖民地教育水平差异的文献都集中在这些国家对传教士态度的差异方面（White，1996；Grier，1999；Cogneau，2003；Garnier and Schafer，2006；Bolt and Bezemer，2009；Cogneau and Moradi，2014）。法属非洲殖民地教育的特点是国家大力干预和限制传教士活动。法国人非常注重世俗主义①，因此由法属殖民地政府负责筹建大部分学校。而英国政府注重节省开支，认为传教士是廉价的教育供应者，因此允许所有基督教团体涉足教育领域，并在如何办学、设置课程等方面给予其自由裁量权。人们通常认为，英国人自由放任的态度（*laissez-faire*）提高了其殖民地的入学率，而这些被殖民国家独立后也承袭了这一独特的教育模式。② 例如，Cogneau 和 Moradi（2014）研究了多

---

① 法国对世俗主义的重视是法国宪法的一项原则，即政教分离。通常可以理解为意在阻止宗教干涉政府事务，尤其是宗教对国家政策的影响。——译者注

② 同样，Gallego 和 Woodberry（2010）认为，非洲今天的教育水平可以追溯到鼓励新教和天主教传教士之间竞争的殖民政策，或者说是保护某个特定教会。英国人奉行中立政策，而大多数信奉天主教的殖民地国家则倾向于传播天主教。

哥兰（Togdand）被划分为英属殖民地和法属殖民地的情况，发现入学率在英属殖民地一边上升，而在法属殖民地一边则停滞不前。不同地区教育的差异在刚果民主共和国独立后几十年仍然存在。

目前，对比属刚果的研究较少，可将其视作一个特殊案例。具体而言，国家大力投入教育事业，同时与基督教传教士合作。它通过补贴促进了小学教育和专业培训的普及，以满足经济体和政治组织对劳动力的需求。由于担心教育会激起反殖民主义者的反抗情绪，殖民政府还试图管控教学内容。但在实践中，教育却由传教士们组织和提供。除此之外，虽然只给天主教传教士发放补贴，但刚果从未禁止新教传教士进入其领土传教。

另一类文献则强调了被殖民前的情况对教育供需的影响。例如，在Johnson（1967）研究的基础上，Nunn（2010）认为19世纪至20世纪初，可以用制约传教士的自然因素（如气候、疾病或可通航河流以及其他贸易路线的可及性）来解释被殖民时期教育的区域差异，而这种教育差异甚至延续至今。Frankema（2012）认为，被殖民前的情况会影响当地人对基督教传教士提供的教育的需求。

虽然地理因素和非洲人的教育需求发挥了重要作用，但本章认为，已有研究没有充分考虑一个重要因素，即殖民地工业对劳动力的需求。比属刚果就是一个例子，相比于当时存在的大量的种植园经济[1]，殖民地工业（如采矿业）对本土教育的普及产生了积极影响。殖民地工业对劳动力的需求导致了入学率的区域不平等，并且这种不平等一直持续到后殖民时代。

当时，从事采矿、运输以及其他行业（主要是棕榈油和棉花种植业）

---

[1] 例如，在拉丁美洲殖民地时期的种植园经济中，教育并不被认为是农业劳动力（由日工、农奴、奴隶和自给农夫组成）供给的必要条件（Galor et al., 2009；Frankema, 2008）。

的特许公司对熟练劳动力的需求越来越大。第一次世界大战后，机械化水平的提高以及低工资的非洲工人对高工资的欧洲工人的替代，使得对受过教育的本地劳动力的需求变得尤为强劲。自 19 世纪 20 年代中期起，殖民地政府推行了稳定的家长制政策，即长期雇用工人并允许其家人在工厂永久居住，这一政策被比属刚果的大多数特许公司①所采用。这一政策使工人在医疗服务、充足的食物和住房以及专业培训方面获益不少，促使当地劳动力流动率下降、生产力提高。政府在大多数特许公司中拥有大量股份，因此在制定劳工政策方面发挥了重要作用。此外，根据政府规定，达到一定规模的公司必须承担社会责任，至少为工人子弟提供最低限度的教育机会，比属刚果的公司通常通过与传教士合作达成该目的（Harris，1946）。

本章从数量和质量上评估了比属刚果正规教育的发展情况。研究结果表明，殖民时代早期形成的地区差异在独立后的几十年仍然存在。我们用各省入学率差异来解释工业如何影响人力资本形成。在研究中，我们主要关注入学率最高的加丹加省，并深入研究加丹加矿业联盟（Union Minière du Haut Katanga，UMHK）的劳工（和教育）政策，该联盟是迄今为止该地区最大也是唯一的矿业公司。UMHK 实行了稳定的劳工政策，不仅为工人提供专业培训，还为其子弟提供小学教育。与比属刚果的其他大公司一样——尽管与其邻近的殖民地热衷于在劳资关系中采用"肤色隔离"政策——UMHK 公司使当地居民获得熟练工作或半熟练工作的机会得到提升。需要说明的是，本章并不认为这些公司或政府的动机纯粹是做慈善。施行稳定的劳工政策的目的是尽量少地雇用高工资的白人劳动力并转而雇用本地劳动力。接受初等教育是工人的福利，但对于雇主来说，向未来几代工人灌输职业纪律和道德是首要的目的，至于教授何种知识内容反

① 1908 年后，在利奥波德国王统治下特许经营公司失去了对其领土的行政权力，但国家仍确保工人为公司工作，以及允许其按垄断价格出售作物。

而是次要的。

我们基于各种原始资料来量化刚果在被殖民时期和独立后的入学率，并记录了公共教育政策和 UMHK 的劳工政策和实践。这些资料包括《比属刚果殖民地行政当局年度报告》（Annual Reports of the Administration of the Colony of Belgian Congo）、UMHK "本土劳工部" 的年度报告（以下简称 UMHK M. O. I. 年度报告）[1] 和 1984 年独立的刚果（扎伊尔）的人口普查报告。

本章后续安排如下：第 13.2 节定性描述刚果民主共和国正规教育的历史；第 13.3 节分析殖民时期和后殖民时期刚果学校入学率的变化和地区差异；第 13.4 节主要解释工业在促进殖民地教育方面发挥的作用，并对自 20 世纪 10 年代采矿业兴起以来的劳工政策和实践进行概述，重点是教育的提供；第 13.5 节是本章总结。

13.2   刚果的正规教育：整体概览

比属刚果教育体系的形成得益于政府、工业和教会的合作，这便是著名的 "殖民主义三位一体"[2]（Boyle, 1995；Masandi, 2004；Dunkerley, 2009）。除了军事学校，当地的学校几乎都是由传教士建立并安排工作人员负责管理（Boyle, 1995）。政府负责制定教学方案和其他指导方针，并为许多学校提供补贴。特许公司在刚果的教育系统中发挥了重要作用，影响了政府的教育政策，并为由天主教传教士开办的员工及其子女学校提供资助。

殖民地早期的特点是通常由讲英语的新教传教士完成了开拓性工

---

[1]　自 1920 年起，政府与相关企业都开始发布年度报告，一直到 1960 年殖民时代结束。

[2]　20 世纪 50 年代，在比利时发生 "学校战争" 之际，殖民地的教会-政府联盟开始瓦解，主要原因是殖民地大臣挑战了天主教在教育部门的主导地位（Boyle, 1995）。

作，而天主教传教士则在利奥波德国王（1885～1908）的统治下才获得了地盘。利奥波德二世必须允许外国传教士（包括新教传教士）自由出入，因为这是刚果自由邦保留其个人财产权这一特殊地位的条件之一。[①] 在这方面，比属刚果与其他信奉天主教的殖民地（法国、西班牙和葡萄牙）不同，后者禁止传播新教（Gallego and Woodberry, 2010）。比利时国王由于担心外国传教士影响过大，从而支持比利时天主教传教士的传教活动，给他们提供永久的土地和政府补贴。[②] 1906 年[③]，梵蒂冈与刚果自由邦之间签订协议，首次正式制订了天主教教会学校补贴计划，而1924 年刚果自由邦再次处于比利时殖民统治（1908～1960）之下（Harris, 1946）。作为对土地特许使用和政府补贴的回报，传教士们几乎负责整个殖民地的学校系统。比利时殖民地官员非常依赖传教士，因为他们对发展小学教育感兴趣。之与形成鲜明对比，比如法国，其殖民教育体系是国有化和非宗教化的，更强调教育质量，但接受教育的人相对更少。如图 13.1 所示，比属刚果的领土被划为不同的教会区域，并分配给各色天主教会。而 UMHK 所在区域被分配给本笃会（Benedictines）[④] 和慈幼会（Salesians）[⑤]。

----

① 在 1885 年柏林会议中，被划为比利时国王利奥波德二世的"私人采地"被称为刚果自由邦。——译者注

② 到 1943 年，有 3873 名传教士居住在比属刚果，其中 3064 名是天主教徒，809 名是新教徒；超过 3/4 的学生在天主教学校上学。

③ 1906 年 5 月 6 日签署的协议指出，只要满足四个条件每个天主教传教点都将获得至少 100 公顷的耕地，具体如下：（1）每个传教点都同意"尽可能"则建立一所学校，让当地儿童接受小学教育和手工艺教育；（2）课程必须提交给总督审核，科目可由双方协商确定；（3）除提供初等教育外，还需设置农业、林业和手工艺等课程；（4）比利时语教学是课程的重要组成部分（Fabian, 1983）。第四个条件没有达成。

④ 本笃会，亦译为"本尼狄克派"。天主教隐修院修会。529 年由意大利人本尼狄克（亦译"本笃"）创立于意大利中西部的卡西诺山。——译者注

⑤ 鲍思高慈幼会，简称慈幼会（Salesians of Don Bosco），是天主教组织之一，成立于 1857 年。——译者注

图 13.1 1923 年比属刚果的天主教传教士分布地图

资料来源：比利时国家档案馆：Hippolyte d'Ursel 档案
（R27），以及比属刚果的天主教传教士地图（1923 年），访问
日期为 2018 年 6 月 19 日，http：//www.expocongo.be/
content.php？m＝6&r＝3&sr＝4&doc＝113&l＝en。

政府很快意识到有必要对教育进行控制，并委托一个委员会制订
1924 年教育计划。① 正如上述计划所要达成的目标那样，在比属刚果，正
规教育是为了"教育"而不是"指导"民众，同时旨在向其灌输职业道
德和任劳任怨的思想。② 新的教育计划试图在教育结构和内容方面展开一
定程度的标准化操作。重点是普及小学教育，这也主要源于学生接受中学

---

① 然而，最终的计划直到 1929 年才公布，部分原因是天主教传教士拒绝接受国家审查
（Depaepe，2011）。
② 这一目标在 1948 年得到了再次确认。1948 年的比利时议会会议文件指出："首要原则是让当
地人更多地接受技术培训，而不是学习非常模糊的知识"（Document Parlementaire du Senat，
Z.1947-1948，nr.340，p.63）。

教育或专业培训的机会很少。专业培训的主要目的是使非洲人具有从事符合殖民地经济和政治需要的工作的能力，很多工作或工种，如小学教师、低级文员、医疗助理和手工艺人，不能完全由欧洲人完成。除此之外，天主教"修女"（对天主教女传教士的称呼）和殖民地政府也为已婚女性提供家庭教育（Hunt，1990）。

小学只教最基本的识字和算术课程，并且非常重视体力劳动，农业培训也是重要内容。在农村地区，孩子们会在上学期间在分配给他们的土地上劳作。尽管二战后法语开始普及，小学教育仍以方言为主，主要用基孔戈语（Kikongo）、齐鲁巴语（Tshiluba）、斯瓦希里语（Kiswahili）和林加拉语（Lingala）授课。法国殖民地则不同，法语是其唯一的教学语言（White，1996）。比属刚果的基督教传教士根据主要方言词汇和语法规则翻译了《圣经》。他们还为学生印刷了教科书和供他们阅读的小册子，成立印刷厂和出版社也成为传教士活动的重要部分。在传教士建立的普通学校接受培训的非洲僧侣或乡村教师成为普及初等教育不可或缺的力量，他们的人数很快就超过了欧洲教师。

"官方学校"数量有限且主要由天主教传教士开办于城市中心，殖民地政府为其提供全额资助，而由比利时传教士开办的经认证的学校在数量上占优，但只获得补贴。1930年，登记的学生中只有不到5%进入了"官方学校"，其余的学生则进入了获得补贴的传教士学校（见附录2）。经认证的学校必须遵守政府制订的教学计划，并接受审查。相比之下，"外国"传教士创办的学校（主要是新教）为大量儿童提供了教育机会，但直到1947年才得到殖民地政府的补贴或审查，学生人数也几乎未被纳入官方统计。

比属刚果的学校体系如下：为尽可能多的儿童提供基础教育，即第一阶段的学习；学时通常为两年。绝大多数非洲人止步于基础阶段的学习。

小学的第二个阶段即专业预科，时长为 3 年，主要针对那些将继续接受专业培训的儿童。专业培训的目的是培养下列人员：（1）小学教师；（2）文员（簿记员、打字员、海关官员、本地法院登记员等）；（3）工匠（木匠、铁匠、木工艺人和印刷员）。专业培训时长一般为 2~4 年。1949 年，在学校改革的背景下，中学教育①得以引进（Masandi，2004）。刚果民主共和国的第一所大学——洛瓦尼姆大学，是在其独立前 6 年（1954 年）才由天主教会创建的。

在刚果，与送儿子上学相比，父母对送女儿上学一事更加犹豫不决。1924 年的教育计划已经对女孩入学率较低这一情况有所关注，认为应该建立更多的女子学校。1930 年，在校的小学生中女生占 8.6%，到了 1946 年，这一比例上升为 9.4%。② 在刚刚独立时，数百名获得中学文凭的人中竟没有一个女性，更不用说在受过高等教育或大学毕业的人中也没有女性。可能的原因是劳动市场缺乏对女性劳动力的需求，女性教育没有明显的经济或社会优势，她们因此被排除在有偿劳动市场之外（Masandi，2004）。她们获得的少数带薪职位是教育部门中的低级职位。在学校里，女孩接受的主要培训，也是成为新的精英家庭的能干主妇。正如 Nunn（2012）所说，女性教育受到忽视主要源于非洲的天主教传教士对此的重视程度不如新教传教士。

显然，比利时殖民地学校体系的主要缺陷是，女性不仅几乎被排除在正规教育之外，而且女性的整体受教育程度也限于非常基础的层面。与荷属东

---

① 1949 年发布的《刚果经济和社会发展十年计划》，针对教育系统实施了有限的改革。在小学第一阶段学习之后，引入了两种不同的教育模式：一种面向精英，另一种面向大众。结构调整如下：（1）为所有人提供小学第一阶段教育（两年）面向精英的高等教育（4 年）；（2）面向大众的小学第二阶段学习（3 年）或面向精英的小学第二阶段学习可持续到中学（4 年）；（3）面向大众提供小学后的特殊培训（1~3 年）或面向精英的中学学习（4~6 年），主要是专业培训或常规学习。
② 1930 年，有 122511 名男孩进入补贴制学校和"官方学校"，而女孩只有 11513 名。到了 1946 年，共有 333520 名男孩和 34672 名女孩入学（《比属刚果殖民地行政当局年度报告》，1930 年和 1946 年）。

印度群岛等其他殖民地相比，比属刚果小学以上教育非常落后（Frankema，2013）。因此，到 1960 年 6 月独立前夕，这个拥有 1300 多万人口的国家只有 16 名本土大学毕业生（Buelens and Cassimon，2013）。根据 Buelens 和 Cassimon（2013）的说法，独立后的刚果民主共和国缺乏足够的人力资本来维持采矿业的发展，这主要源于殖民地时期针对非洲人接受高等教育的禁令严重限制了高技能工人的供给。不过，从国际比较的视角来看，在大众教育普及率方面，比属刚果教育系统的成功是显而易见的。二战前夕，比属刚果是少数几个小学总入学率超过 20% 的非洲殖民地之一。入学率之与相似的殖民地是英属非洲殖民地，如北罗得西亚、南罗得西亚、尼亚萨兰和乌干达。它们的入学率高于英属非洲殖民地的平均水平，也远高于法属非洲殖民地或葡萄牙属非洲殖民地的平均水平（Frankema，2012）。

独立后，正规教育继续由宗教团体把控，并由政府提供补贴。1974～1977 年，蒙博托①政权曾短暂地将所有宗教学校收归国有，试图建立一个"完整的国家"。1986 年，实施结构调整方案后，补贴被大量削减，但出现了私立学校，使得入学率继续攀升（Titeca and De Herdt，2011）。整体来看，刚果民主共和国的教育水平仍然高于撒哈拉以南非洲的平均水平（World Bank，2015：27）。

13.3 经验证据

13.3.1 刚果入学率变化情况

本节提供了殖民时代早期以来比属刚果入学率变化的经验证据。此

---

① 蒙博托·塞塞·塞科（Mobutu Sese Seko，1930～1997），扎伊尔共和国（现刚果民主共和国）总统，1965 年他通过政变上台，重建中央政府，1997 年该政府在第一次刚果战争中被推翻。——译者注

外，这些经验证据还揭示了比属刚果入学率的地区差异。这为解释工业化程度较高的省份，特别是加丹加省的优势奠定了基础。本研究使用的关于比属刚果的资料来自1920~1958年《比属刚果殖民地行政当局年度报告》。[①] 我们从该系列报告的教育部分获得了当地儿童入学人数数据，具体包括教会学校数量及其学生人数，而从人口部分获得了人口数量数据。独立后的数据来自1984年的人口普查。

20世纪20年代，传教士在比属刚果活动频繁，1924年政府在教育计划中正式确立了获得补贴的指导方针和前提条件。1920~1930年比较特殊，目前只有补贴制学校在校人数数据。在这期间，补贴制学校的总入学人数从20000人上升到130000人（见图13.2和表13.1）。从1930年到独立，在校人数又增加了4.1倍。20世纪30年代，在补贴制学校就读的学生人数占学生总数的30%左右，但此后不断增加，并在1950年超过了就读于非补贴制学校的学生人数。图13.2提供了所有在小学和小学以上学校就读的学生人数。从中可以看出，在整个殖民地时期，在小学以上学校就读的学生人数只占学生总数的1%~2%（见附录2）。到1984年，总入学人数已上升到6908300人，比1958年增长了约3.6倍。

1958年的学生人数与1930年相比增长了约3倍，这远远超过了人口增长的速度，同时期的总人口和儿童人数的增长尚未翻倍（见表13.1），这意味着入学率得到了明显提高。

13.3.2 正规教育的地区差异

入学人数在比属刚果分布并不均匀，从年度报告中可以得到1930年、1935年和1946年3个年份各省就读于补贴制学校的学生人数（一般只有

[①] 殖民地政府自1920年开始有统计教育数据，自1930年以来未曾中断（Frankema，2013）。

男孩）（各省区位见附录 1）。① 表 13.2 中小学男生入学率为某省的男生
人数占该省的男孩总数的比例。

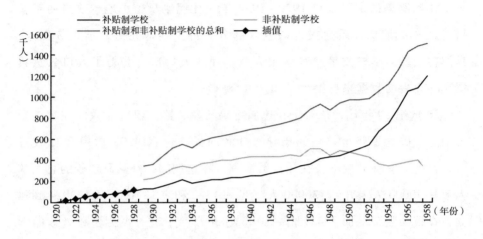

图 13.2 小学、中学和职业教育的学生人数

注：1920～1929 年在非补贴制学校就读的学生人数由插值而得。

资料来源：1920～1958 年《比属刚果殖民地行政当局年度报告》。

表 13.1 比属刚果人口增长情况

年份	总人口	指数	儿童人数	指数	学生人数	指数
1920	7152808	81	1616194	50	20314ᵃ	6
1930	8880872	100	3239722	100	366358	100
1940	10327409	116	4129248	127	692221	189
1950	11268079	127	4582294	141	970372	265
1958	13579138	153	6061886	187	1503589	410
1984	30731000	346	16123600	498	6908300	1886

注：a 只包括在补贴制学校就读的学生人数。

资料来源：《比属刚果殖民地行政当局年度报告》（1920 年、1930 年、1940 年、1950 年、
1958 年）以及 1984 年人口普查。

—————————

① 各省区名称以 1947～1963 年为准。

很明显，各省之间入学率存在显著的差异。到目前为止，加丹加省的入学率最高：三个基准年份的数据是平均水平的两倍。1930年，加丹加省的入学率最高，紧随其后的是开赛省（Kasai）和东方省（Orientale），二者入学率相差不大。1935年，在加丹加省、开赛省、东方省、基伍省（Kivu）、利奥波德维尔省（Leopoldville）和赤道省（Equateur）六个省份中，加丹加省表现仍然最好，基伍省和赤道省表现最差。有趣的是，首都所在地利奥波德维尔省，入学率低于平均水平。直到1946年，基伍省仍然落后于表现最好的加丹加省。

表13.2 小学男生入学率（男生人数占男孩总数的比例）

单位：%

省份	入学率		
	1930年	1935年	1946年
加丹加省	16.7	22.5	27.3
开赛省	8.1	12.8	16.8
东方省	7.0	12.9	15.9
利奥波德维尔省	–	6.9	15.4
赤道省	–	4.7	10.3
基伍省	–	2.5	6.5
全国	8.9	9.9	15.8

注：直到1930年，全国被分为四个省，即加丹加省、东方省、开赛省和赤道省，但赤道省没有学生人数数据。如果假设学龄人口占总人口的20%，结果仍然一致（见附录3）。
资料来源：通过1930年、1935年和1946年《比属刚果殖民地行政当局年度报告》的数据计算所得。

然而，应该先指出，需审慎地看待这些数据，特别是分母，即男孩总人口。首先，我们使用所有年龄段的男孩总数，而不是只使用学龄儿童（如 6~11 岁）的数据，因为后者无法获得。[①] 其次，众所周知，殖民地时期的人口统计数据非常不准确（Frankema and Jerven，2014）。预计会出现儿童人数统计不完全的情况，特别是在欧洲殖民地政府影响较小的那些省份。加丹加省的儿童数据应该是最准确的，这主要是因为 UMHK 在该省的大部分地区运营，并对人口实施严格控制。如果其他省份也出现统计不完全的情况，加丹加省和其他省份的入学率差异实际上会更大。

补贴制学校的学生人数（分子）相对可靠，因为这些数据是由学校检查员或运营学校的传教士提供的。地区统计数据只包括在补贴制学校就读的学生人数，从全国平均水平的角度看，这些学生占学生总数的 1/3~1/2（见图 13.2）。因此，必须假设所有省份补贴制学校的学生人数占学生总数（补贴制学校和非补贴制学校）的比例大致相同，或者将这些数字解释为只包括补贴制学校的学生人数。由私有企业赞助的学校也被排除在外。在这种情况下，我们可基于这些数字分析各省的差异，但不能得到实际入学率。

入学率的区域差异可能反映了不同区域对熟练劳动力的需求差异。传教士对学校校址的选择不仅考虑地理位置的优越性，还参考了工业是否发达这一因素。UMHK 在加丹加省的上加丹加（Haut-Katanga）区经营，"铜矿带"就位于该地区。[②] 进一步讨论可以发现，上加丹加区的入学率甚至高于整个加丹加省。1935 年，上加丹加区的入学率为 53.9%，而上加丹省则为 22.5%。UMHK 对劳动力的需求较大，并且要求劳动力至少掌握一些基本技能，这一点将在第 13.4 节详细讨论。

---

① 在进行稳健性检验时（见附录 3），假设学龄人口占总人口的 20%，参考 Cogneau 和 Moradi（2014）的研究。
② 所谓的"铜矿带"是位于刚果和赞比亚交界处的一块多山的富含矿物的土地。

入学率紧随上加丹省的是开赛省，其拥有一家大型半私营矿业公司 Forminière 公司①。自 1912 年开始从事钻石开采起，Forminière 公司就与政府合作，以保证可靠的劳动力供应。政府与 Forminière 公司共同制定并执行有关招募、工资、食品、住房、医疗、教育和其他服务方面的政策。Forminière 公司遵循的劳工政策和给予工人的生活条件与 UMHK 相似，同时期也有细微差别。围绕着该公司的钻石矿床有大量人口聚居，劳动力供给充足。由于采矿作业具有短期性质，公司主要雇用临时工而非稳定的合同工。② 不过，自 20 世纪 20 年代中期起，Forminière 公司还是部分采取了稳定劳工政策。1925 年，Forminière 公司在 Tshikapa 针对石匠、木匠、伐木工、铁匠、装配工、司机和护士开设了一所培训学校。30 年代，通过创办小学继续实施稳定计划。1931 年，第一所男子小学在 Tshikapa 成立，由 Scheut 神父任教，采用了 UNHK 与加丹加省本笃会签订的相类似的协议（Derksen，1983）。其他与传教士合作提供初等教育和专业培训的大型企业③（雇用劳动力比 UMHK 和 Forminière 公司少）有 Les Huileries du Congo Belge④（HCB，在赤道省、东方省和利奥波德维尔省经营棕榈树种植

---

① Forminière 公司是利奥波德二世 1906 年创建的三家公司之一，此外还有 UMHK 和下刚果加丹加铁路公司（BCK）。钻石开采量从 1913 年的几千克拉增加到 1918 年的 20 万克拉，二战前夕，世界上 60% 的钻石是在比属刚果开采的。所有的开采都由 Forminière 公司管理，其甚至享有所有权。1921~1924 年，Forminière 公司的劳动力从 1 万人跃升至 2 万人，而该公司也成为二战前比属刚果最大的雇主（Derksen，1983）。

② 直到 20 世纪 10 年代末，大部分劳动者都是提供无偿劳动，但这种情况后来发生了变化，主要是因为无偿劳动无法满足产量增长的需求。1921 年，开赛劳工交易所成立，其运作规则与加丹加省同行相似（Derksen，1983）。

③ 在比属刚果开展业务的公司的综合名单见 Buelens（2007）。

④ HCB 是一家由英国公司，由肥皂生产商 Lever Brothers Ltd. 创办，1911 年获得 75 万公顷土地的特许使用权，相当于刚果领土的 1/4。在与殖民地政府签订的合同中，其承诺在五个特许经营地区的每一个地区至少资助一名医生、一家诊所和一所学校（Nicolaï，2013：5）。到 1960 年，HCB 资助了 75 所小学、两所中学和几家技术训练中心（Nicolaï，2013：8）。然而，HCB 也因强迫性劳动和强制招募的做法而臭名昭著，尤其是两次世界大战期间。刚果生产的棕榈油的出口量在 20 世纪 50 年代达到顶峰，1960 年后开始下降。

园），Géomines 公司（在加丹加省 Haut-Lualaba 开采锡和锡石）、La Compagnie Minière des Grands Lacs 和 Société des Mines d'Or de Kilo-Moto（在东方省开采金矿），以及加丹加省的矿业和运输公司①（1939~1945 年《比属刚果殖民地行政当局年度报告》）。地处偏远的基伍省未能吸引大公司的驻留，该省以小农户和一些欧洲定居者农业（主要是咖啡和乳制品）以及小规模采矿（主要是黄金）为主。

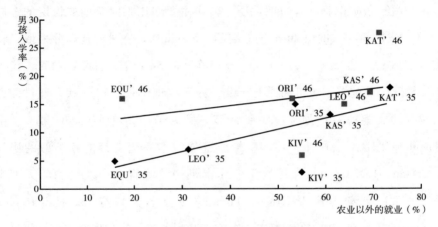

图 13.3 1935 年和 1946 年入学率与从事农业以外工作的雇佣工人比例之间的相关性

资料来源：1935 年和 1946 年《比属刚果殖民地行政当局年度报告》。图中两条线分别是 1935 年和 1946 年的趋势线。

KAT：加丹加省；KAS：开赛省；ORI：东方省；LEO：利奥波德维尔省；EQU：赤道省；KIV：基伍省。——译者注

图 13.3 描绘了殖民地时期的入学率与从事农业以外工作（如工业、矿业、建筑业、运输业等）的男性雇佣工人比例之间的相关性，从中可以发现二者之间存在显著的正相关关系，特别是 1935 年。1965 年，加丹

---

① 包括加丹加铁路公司（CFK）、Léopoldville-Katanga-Dilolo 铁路公司（LKD）和下刚果加丹加铁路公司（BCK）（Buelens, 2007）。

加省出现了一个异常值，且相关性显著为正。基伍省则出现相关性显著为负的异常值，该省从事采矿业的雇佣工人比例较高，但入学率非常低。基伍省的采矿业不由采矿公司经营（即使在今天，仍主要依赖手工作业，且通常是非正规作业），采矿主要是非熟练矿工维持生计的手段。因此，基伍省的教育投资几乎为零。

通过比较殖民地时期和后殖民时期的教育统计数据，可以发现各地区之间的教育不平等长期存在。依靠1984年人口普查中有关女性的特别统计报告，我们能够计算出刚果各省女性的入学率和文盲率（见表13.3）。需要注意的是，由于前文提及的有关殖民地时期人口和入学率统计存在的问题，以及表13.3只包括女性的统计数据等原因，女性的入学率与表13.3中描述的殖民地时期的入学率没有直接可比性。[①]然而，可以用它们来比较各省份教育表现排名。利奥波德维尔省（首都所在省份）是入学率最高、文盲率最低的地区（分别为41.8%和42.3%）。与殖民地时期相比，入学率的地区排名有所改变，当时加丹加省的入学率是最高的。独立后，首都金沙萨吸引了更多受过教育的工人，他们接替了以前由欧洲人担任的更高的行政职位。在教育和劳动参与的性别平等方面，首都也领先于其他地区，例如，首都提供了更多的服务部门的工作，与采矿业等行业相比，服务部门的工作更容易由女性完成。此外，由于加丹加省的采矿业自20世纪70年代衰退，对熟练采矿工人的需求开始下降。然而，紧随利奥波德维尔省之后的是加丹加省和开赛省，它们的表现相似，入学率和识字率均高于全国平均水平。基伍省和赤道省表现仍然最差，正如两省1935年和1946年的数据那样。

---

① 遗憾的是，省级总人口（男性和女性）教育数据不可得。

表 13.3　1984 年女性入学率（5~29 岁）和文盲率（全年龄段）

单位：%

省份（1984 年）	省份（1950 年）	入学率	文盲率
班顿杜省（Bandundu）、金沙萨市（Kinshasa）、下扎伊尔省（Bas Zaire）	利奥波德维尔省	41.8	42.3
沙巴省（Shaba）	加丹加省	34.7	49.1
西开赛省（Kasai-Occidental）、东开赛省（Kasai-Orientale）	开赛省	34.4	46.7
上扎伊尔省（Haut Zaire）	东方省	25.4	61.2
赤道省	赤道省	24.7	68.9
马涅马省（Maniema）、北基伍省（Nord-Kivu）、南基伍省（Sud-Kivu）	基伍省	21.5	69.5
全国（扎伊尔）	全国	32.3	54.6

注：1984 年的省界与 1950 年的省界一致（1984 年各省的入学率和识字率按人口加权后与 1950 年各省合并）。

资料来源：人口科学普查（1984 年）：扎伊尔女性概况。

下节将讨论 UMHK 的劳工政策，并举例说明采矿业如何对学校教育的普及做出贡献。

13.4　UMHK 的劳工政策和教育

UMHK 成立于 1906 年，第一批铜出产于 1912 年。1914 年，铁路修建到了伊丽莎白维尔（Elisabethville），并将矿区与莫桑比克的贝拉港联通起来，矿产品得以从贝拉港出口（Fetter，1976）。在整个殖民地时期，UMHK 都享有由政府支持的加丹加省铜矿开采垄断权，政府持有 60% 的股份，直到 1967 年蒙博托政府将铜矿完全收归国有。

加丹加省的铜矿业自兴起以来，一直是刚果经济的支柱。铜矿出口占总出口额的很大一部分，政府严重依赖铜矿收入。例如，1936 年殖民地总出口额的 67% 是矿产品。1960 年独立前夕，加丹加省出产的铜（约 32 万吨）占出口总额的 45%，占世界总产量的 8%（Juif and Frankema，2018）。铜矿开采公司还雇用了大量工人，使曾经人口稀少的"铜矿带"地区变成了中部非洲城市化水平最高的地区之一。20 世纪 20~50 年代（除 30 年代初由于经济大萧条而出现衰退），UMHK 都是比属刚果最大的雇主。

13.4.1　UMHK 的稳定化政策

劳动力短缺在整个殖民地时期都是一大问题，特别是在经济大萧条发生之前。20 世纪初，"铜矿带"地区人烟稀少，当地人从事采矿工作的积极性并不高。这主要由于利奥波德二世国王曾用巧取豪夺的方式开采橡胶，为欧洲人工作的本地人往往名声不佳。此外，采矿工人的发病率和死亡率都很高，而且采矿业的发展也为当地人向矿业公司供应农产品提高了可能性，这比受雇于矿业公司更有吸引力。

直到 20 世纪 20 年代中期，UMHK 都主要依靠从偏远地区强制招募工人来满足其人力需求。1910 年，殖民地政府成立了一个半官方劳工招聘机构——加丹加劳工交易所（BTK，后来的 OCTK）。其他私人招聘机构，如罗伯特·威廉斯的坦噶尼喀特许权有限公司（Robert Williams' Tanganyika Concessions Limited）和葡萄牙的科雷亚·福雷斯（Correa Freres）都是 BTK 的竞争对手，尽管它们主要在比属刚果以外的地区招工。① 招聘工人并不总是基于自愿原则。在比属刚果领土上，往往要与殖民地政府和当地酋长合作展开招聘工作。BTK 的工作人员在执行招募任务时经常有军方陪同。政府针对每个村庄制定了招聘配额（男性），但招聘人数通常会超过配额。政府还利用提高税率的方式来助力该行业招工，迫使劳动力进入有偿劳动市场。此外，BTK 还引入了一个身份识别系统

---

① 很多人在现金工资和城市生活的吸引下，主动越过了北罗得西亚边界。

来追踪违约工人，并在 1922 年使用暴力强迫工人履行劳动合同（Perrings，1979；Houben and Seibert，2013）。

UMHK 雇用了加丹加省大部分可用的本地劳动力，其余的工人来自中部的开赛省、比利时卢旺达保护国（自 1924 年起）、英属罗得西亚和尼亚萨兰以及葡属安哥拉。直到 1925 年，UMHK 一直高度依赖北罗得西亚的劳动力（40%以上的本地工人来自北罗得西亚）。1925 年，北罗得西亚殖民政府迫于新兴的罗得西亚采矿业的压力，对移民到加丹加省进行了限制。因此，罗得西亚人在加丹加省的比例急剧下降，并且在 1931 年，UMHK 决定完全停止在比利时殖民领土之外招募工人（Fetter，1976）。

20 世纪 10 年代至 20 年代初，大部分工人是临时工，他们通常工作 3~6 个月。他们在露天矿场从事采矿工作（往往徒手挖掘），也充当家庭佣工和人力搬运工。他们还负责挖掘沟渠、建造铁路和建筑物的地基。在伊丽莎白维尔的铸造厂和"刚果之星"矿区，只有一小部分长期熟练工人，他们主要来自尼亚萨兰、南罗得西亚和北罗得西亚地区。

一战后，比利时法郎对英镑急剧贬值（见附录 4），因此，以英镑支付的白人熟练工人工资以及来自英属殖民地的本土工人的工资变得越发昂贵。20 年代，UMHK 大力投资于机械化设备，以节省劳动力成本。这使公司对来自比利时本土的更多受过教育的工人的需求增加，他们可以操作机器和接受法郎工资。

工人稳定政策于 1925 年出台，使工人尽可能长期受雇于雇主。出台这一政策的主要目的是节省白人工人的工资和招聘本地工人的费用，并降低工人流失率。[①] 公司开始对工人及其后代的技能和健康进行长期投

---

① 招聘费用很高，包括交通、食品、服装和前往矿区途中的医疗服务费用，以及招募费用。此外，一些远道而来的工人由于不适应工作或气候环境，会在途中或在抵达矿区后死亡、发病或逃走。由于新工人必须接受培训、健康检查和接种疫苗，劳动力流动率高会推升成本。

资，这反过来会使工人满意度提升，更有可能续签合同。

为了稳定工人，1927 年后公司与其签订 3 年期合同（之前大部分为半年期合同）。1928 年，45%的工人签订了 3 年期合同，1931 年，98%的工人签订了 3 年期合同（De Meulder，1996）。自 1923 年起，工人妻子得到允许住进公司厂区。UMHK 很快意识到已婚工人身体越健康，满意度越高，工作效率也越高，更能更长久地为公司工作或无限期地工作。成家的工人很受青睐，公司甚至会向工人预付彩礼，以使他们能够在签订合同前结婚（Fetter，1976）。[①] UMHK 为已婚工人供应特殊宿舍，并提供额外的口粮和现金奖励。1926~1965 年，厂区中每个已婚女性生育的孩子数量从平均 1.5 个缓慢上升到平均 3.9 个。表 13.4 显示了 20 世纪 20 年代 UMHK 本地劳工的生活情况。

表 13.4　20 世纪 20 年代 UMHK 本地劳工生活情况

年份	结婚率(%)	平均孩子数量（个）	每百名工人孩子数量(个)	每千名居民出生率(%)
1924	14.8	—	—	—
1925	18.8	—	—	—
1926	22.1	940	31.9	20.0
1927	23.6	1423	38.9	25.3
1928	30.6	2105	44.7	30.6
1929	33.71	3149	54.1	33.4
1930	40.84	4457	66.8	46.8

资料来源：1930 年北罗得西亚卫生检查员关于加丹加本地劳工的报告（另见 Juif and Frankema，2018）。安排北罗得西亚劳工在加丹加就业的跨州合同包括在最大的矿场"刚果之星"卢本巴希派驻一名罗得西亚劳工常设检查员（直到 1933 年）。

---

① 尽管一夫多妻制在比属刚果非常常见，但政策只针对一夫一妻制家庭——只有一个妻子可以获得家庭福利，因此只对一夫一妻制家庭有吸引力。1946~1951 年，公司厂区家庭规模从平均 2.8 人增加到平均 3.3 人，而到 1965 年则达到平均 4.7 人的高点（UMHK M. O. I. 年度报告）。

总的来说，随着稳定政策的实施，福利供给得到了极大提升。孩子们很可能成为未来一代工人，因此从小受公司文化熏陶。天主教传教士主要负责提供卫生、教育和其他社会服务，并得到公司的资金支持。负责为本地工人家庭提供社会服务的部门是 OPEN（Oeuvre de protection de l'enfance noir）①。OPEN 鼓励母亲带不满 5 岁的子女到儿童福利诊所进行体检，并可以得到牛奶、糖和肥皂的配给票。儿童 5 岁可以上学，食堂为其提供一日三餐。女性怀孕时，公司提供的口粮翻倍。

为了节省劳动力成本，UMHK 以及其他公司都顺理成章地用本地工人取代了白人工人。1930~1934 年，有 1360 名非洲人接替了以前只有欧洲人才能胜任的 UMHK 的岗位（Harris，1946）。需要注意的是，在罗得西亚和南非等盛行"肤色隔离"政策的殖民地，非洲人很少就职于相对熟练的岗位（Juif and Frankema，2018；Higginson，1988）。

英国副领事在 1929 年 10 月发布的一份关于《加丹加的罗得西亚当地居民的季度报告》中指出，"当地人的工作条件（涉及饮食、医院、住房和其他一般待遇）乏善可陈。但自我 1925 年就职以来，这里的条件有了很大的改善"。

然而，历史学家约翰·希金森（John Higginson）指出，并非一切都很美好。稳定政策的目的是将工人与公司捆绑在一起，并让他们以极低的成本繁衍后代，本质上是"以胁迫和种族优势为基础，以政治自由为代价"（Higginson，1989：216）。当地人被认为只有"小孩心智"，他们必须被管教着上班，不能开小差。也许，如果非洲人有选择的话，他们会在加丹加矿区从事以英镑支付报酬的"非约束性"工作，而不是签订长期合同，这正如 De Haas（2016）对卢旺达移民进行研究所发现的一样。二战后工会在

---

① 即"黑人儿童保护慈善机构"。——译者注

比属刚果被明令禁止，直到独立前工会都未发挥应有的影响力，工人对其的认可度也不高。传教士与政府和公司管理层合作，学校教育也被用来引导大众向期望的方向发展。历史课上，为了避免激发反抗的革命精神，讨论革命话题格外谨慎，而教科书则一再强调比利时的权力和财富（Van Reybrouck，2014：205；Depaepe，2012：207）。UMHK 还有可能在学生毕业前就决定是否雇用他们了（Dunkerley，2009：125）。

在 20 世纪 30 年代的经济困难时期（1930~1934 年，劳动力急剧减少，平均工资下降了 20%），UMHK 在继续实施稳定政策的同时，也试图节省食物开支。它一直从罗得西亚的欧洲农民那里购买大量食品，1927 年开赛通了铁路后，又与销售开赛农民农产品的商业公司合作。自 30 年代初起，住在厂区的工人妻子在自家后院种植玉米、土豆和花生等农产品，又将它们卖给 UMHK。公司希望她们按固定价格出售农产品（比支付给欧洲农民的价格低 40% 左右），收入作为对丈夫低工资的一种补充。①1933 年 UMHK M.O.I. 年度报告（第 12 页）对这一问题说明如下：

> 1933 年，UMHK 对生活在厂区的家属进行了大规模宣传，目的是扩大粮食作物种植面积。我们从工人妻子那里购买青玉米、土豆、花生等。这些交易毫不费力，其价格比我们支付给欧洲农民的价格低 40% 左右。这种从工人妻子那里购买食物的政策，在工资大幅减少的时候，为依附于我们的当地人家庭提供了急需的资源。这对稳定工人和提高厂区的道德水准都大有裨益。

---

① 此外，居住在加丹加市郊区"棚户区"（1931 年后被称为"棚户区中心"）的农民许多是在经济大萧条期间被 UMHK 解雇的矿工，他们种植粮食作物并以固定价格将农产品出售给 UMHK，以养活自己及家人。为了使棚户区居民与现金和市场挂钩，加丹加省还引入了一种特别税。

二战期间，加丹加的总体生活费用提升，工人的购买力略有下降（Higginson，1989：180）。虽然 UMHK 的工人免费食宿，但实际上他们已对一系列消费品有了自己的偏好。1941 年，UMHK 的当地工人组织了罢工，要求提高工资，并引发了对殖民地秩序的其他不满。大约 100 名罢工者在伊丽莎白维尔被杀害。家长制度维持了公司稳定，虽然长期获益颇丰，但也是恶性事件的罪魁祸首。从工人的角度来看，公司应该对他们的健康承担更大的责任，因为公司已经剥夺了他们在劳动力市场上的流动性（Higginson，1989：182）。

二战后，由于采矿业的成功和比利时殖民剥削政策转向经济发展，工人的工资普遍有所提高，生活条件也得到改善。1941～1950 年，UMHK 本土工人的实际平均工资几乎翻了一番（Juif and Frankema，2018）。矿工生活水平的提高提升了消费需求，并对当地其他经济部门（啤酒、食品加工、水泥以及发电行业）产生影响。① 总体看，政治管制放松，工会获得自由权，种族隔离政策也逐渐被废弃了（Buelens and Marysse，2009）。

一方面，UMHK 与政府和教会合作采取的劳工稳定政策提高了本土工人及其家庭的福祉，工人获得了正规教育，以及更好的食物、住房和医疗保健。另一方面，工会活动、工人更换雇主的自由也受到限制，这符合公司的利益，因为这种做法既可以节省招聘费用，又可以确保未来一代的工人接受传教士的"教育"从而成为顺从的人。

13.4.2 加丹加省的教育

UMHK 工人子女大概率会走进学堂。公司的目的是促进所有本地工

---

① 在加丹加经营的工业企业涉足啤酒（Brasseries du Katanga）、建筑材料（Societé des Ciments du Katanga）、纺织品（TEXAF，Usines Textiles de Leopoldville）、电力（Sogefor 和 Sogelec）和化学品（Sogechim）等领域。

人子女接受正规教育，以便将他们培养成公司未来发展的生力军。如图13.1和附录1所示，上加丹加地区的本笃会和卢拉巴地区的方济各会在UMHK厂区为工人子弟提供教育。

本笃会于1910年开始在伊丽莎白维尔开展工作，并与1911年到达的慈幼会神父合作（Dunkerley，2009：121）。方济各会1920年才在卢拉巴区活动。加丹加省人口稀少，且不像刚果盆地那样水路交通发达，早期对传教士来说并不是一个有吸引力的地方。但随着采矿业的兴起和人口的增长，该地区开始逐渐吸引潜在皈依者。

本笃会和慈幼会在上加丹加地区开办了"官方学校"以及很多补贴制农村学校。该地区还运营着两个新教传教所：Méthodiste du Sud-Congo传教所和加朗甘兹①福音传教所（Johnson，1967：181）。截至1931年，天主教沙勿略会也经营了一些补贴制学校。天主教的姐妹之爱（Sisters of Love）和本笃会的修女负责女子教育。

1926年，当稳定政策变得明确时，UMHK与本笃会建立了合作关系，根据协议，公司资助建立学校，由传教士负责教育工人子弟（Dunkerley，2009：124）。② 如果矿工愿意，他们也可以将孩子送到新教教会学校。1931年，UMHK在七个主要矿区（卢本巴希—Lubumbashi、基普希—Kipushi、潘达—Panda、中央工作区—central workplace、坎博韦—Kambove、孔特韦—Kontwe、辛科洛韦—Shinkolobwe）资助建立了学校，惠及904个学生（根据1931年《比属刚果殖民地行政当局年度报告》，第194页）。加丹加的铁路公司资助建立了另一所学校，共有42个学

---

① "加朗甘兹王国"（Garanganze，1856-1891），又称姆西里王国、"叶克王国"，是曾存在于今刚果（金）东南部的加丹加地区的一个王国，因其统治者是姆西里而得名。——译者注
② 在边境以南的罗得西亚"铜矿带"地区的厂区里，情况非常不同，那里不欢迎传教士（Juif and Frankema，2018）。

生。1935 年，在 1400 名适龄工人子女中，1194 人在 UMHK 资助的学校上学，包括 674 个男孩和 520 个女孩（1935 年 UMHK M. O. I. 年度报告）。这一数字不仅表明 UMHK 工人子女入学率非常高（超过 80%），且女孩上学的比例也远超殖民地的平均水平。小学教育实际上是强制性的，不送孩子上学的母亲会被剥夺食物配给权。二战后，公司资助学校的入学率进一步提升：1949 年，有 8941 个学生入学（1949 年 UMHK M. O. I. 年度报告）。

教育显然是为了满足公司的需要而设计的，并与手工工作相结合，以节省劳动力成本和材料开支。男孩和女孩在身体上和教学内容上都有严格的区分。一方面，儿童接受教育只是为了满足工业的需要；另一方面，只有男孩可能成为未来的工人（女孩则成为家庭主妇），这在实际上加剧了性别隔离。自 10 岁起，当孩子们中的一些人还在上学时，男孩就被公司雇用从事清洁、种植和伐木等工作。他们的服务时间随着年龄和体力的增长而增加，从儿童时期的每天几个小时到青少年时期（12 岁以上）的一整天。10 岁开始上缝纫学校的女孩则为工人缝制衣服。正如本土劳工报告（1935 年 UMHK M. O. I. 年度报告）所指出的，青少年继续在儿童食堂就餐，领取低工资，以使公司节省劳动力成本。16 岁以上的男孩作为学徒被纳入常规工作小组。少数男孩在 UMHK 资助的专业学校接受培训，成为木匠、铁匠或文员，或在 UMHK 开办的医院接受护士培训（Mottoulle，1946）。职业学校的教员主要由牧师构成，同时还有非洲本地勤务、督导（moniteurs）和教员（instituteurs）协助，而小学教员则主要是刚果本地的教师。

UMHK 工人子女的入学率非常高，但上加丹省的其他地区情况如何呢？1935 年，在 UMHK 运营的上加丹加区，男孩的入学率（就读于 UMHK 资助学校学生，非补贴制学校除外）远高于加丹加省的平均水平

（22.5%），也高于全国的平均水平（9.9%）。表13.5显示了1935年上加丹加区男孩的入学率情况。

表13.5 1935年上加丹加区男孩的入学率

单位：人，%

教会	男生人数（补贴制学校）	男孩总数	入学率
本笃会	16307		
沙勿略会	224	33452	53.9
慈幼会	1513		

资料来源：《1935年比属刚果殖民地行政当局年度报告》。

很明显，离矿区最近的居民有动力及机会送孩子上学。不仅矿工子女入学率高，而且在矿业公司运营区域居住的其他儿童入学率也非常高。我们从中可以得出结论，采矿业对入学起到了催化作用。采矿业公司当然有动力让工人子女接受教育，以培训他们成为未来的劳动力。而作为一种外溢效应，生活在周边地区的人也可能送孩子上学，因为他们认识到如此一来可能会获得薪酬更高的工作。作为教育的间接推动者，采矿业吸引了其他行业的进入，如食品加工、啤酒生产等，这些行业也需要技术工人。

13.5 结论

迄今为止，关于非洲殖民地教育的文献主要聚焦于被殖民前的地理条件和殖民地国家的态度（"自由放任"或干预和世俗化），并将其作为基督教传播的决定因素。已有文献对英法殖民地之间的差异的研究较多。本章增加了一个比属殖民地案例，并分析了工业公司和政府劳工政策在促进教育发展方面发挥的作用。本研究为探讨促进非洲教育长期发展的决定因素提供了一个补充观点，从而为分析经济增长的根本原因做出贡献。

我们首先追溯了殖民地早期以来入学率的变化，并报告了各省之间的差异。我们认为，进入后殖民时代后，教育的地区不平等依然存在。其次，深入研究了殖民地最大的矿业公司 UMHK 的劳工政策。UMHK 的稳定政策与投资于专业培训和初等教育双管齐下，目的是降低劳动力的稀缺性，避免较大的劳动力流动，并以廉价的本地工人取代熟练的欧洲白人工人。在制定劳工政策的时候，需要兼顾行业和政府利益，这主要是因为殖民地政府控制了 UMHK 和其他大公司的大部分股权。

不仅是工人子女，而且在公司运营的整个地区儿童的入学率都高于其他地方，这一事实表明，在采矿业（或围绕矿区而兴起的行业）工作的前景提高了本地父母投资子女教育的动力。

从 UMHK 案例中得出的经验可推广到刚果（金）其他地区，因为劳工政策在很大程度上受到比利时殖民政府的影响，与普遍存在的家长式管理模式相契合。事实上，自 20 世纪 20 年代中期起，所有的大型公司都采取了稳定政策，并在厂区内为工人提供福利和教育设施。

这些政策在提高居民的生活水平方面产生了积极的影响，培养了一支健康、训练有素和能够满足需要的劳动力队伍。然而，家长制意识形态破坏了政治自由，如工会和投票权（1957 年在最大的城市举行了首次向黑人选民开放的市政选举，距离独立仅 3 年时间）。政府本可以在中学教育方面表现得更好，例如至少可以向部分本地人提供教育机会。缺乏本土知识精英，以及民众作为政治上成熟的主体的准备不足，无疑阻碍了独立国家的形成。不过尽管如此，采矿业对大量具备基本技能的工人的需求和政府实施的稳定政策确实促进了小学入学率的提高。

致谢：感谢荷兰科学研究组织对"贫穷是命吗？从全球视角探讨非洲生活水平的长期变化"（NWO VIDI 资助号：016.124.307）的资助，同时感谢 Ewout Frankema 和 Frans Buelens 对本章初稿的评价。

附录 1　20 世纪 50 年代比属刚果各省和地区图

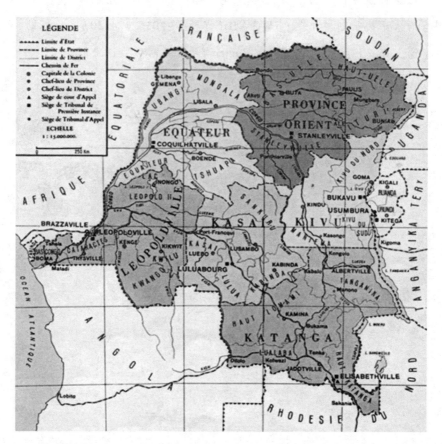

资料来源：Cartes géographiques du Congo Belge et du Ruanda-Urundi（1956），第 1 页，2018 年 6 月 18 日登录，https：//www. histoire－des－belges. be/au－fil－du－temps/ epoque－contemporaine/congo－belge/les－etapes－de－la－mise－en－valeur－du－congo。

附录 2 特定年份学校和学生数量概况

	1930 年	1939 年	1945 年	1948 年	1955 年
(A)"官方学校"					
学校数量					
小学	9	7	6	5	
中学	4	4	3	4	
职业学校(专业学校)	5	4	3	3	
学校合计	18	15	12	12	
学生人数					
小学	2968	3624	3934	3464	25769[a]
中学	72	282	257	313	1614
职业学校(专业学校)	576	282	278	355	
大学					42
学生合计	3616	4188	4159	4132	27425
中学文凭	143	102	96	89	
(B)补贴制学校					
学校数量					
小学一年级	2532	4446	5020	6966	
小学二年级	163	650	839	983	
小学六年级预备学校			44	52	
普通学校	16	34	37	39	
中学	2	6	11	12	
职业学校(专业学校)	5	3	8	8	
家庭学校	4	17	26	28	
补贴制学校合计	2722	5156	5985	8088	
学生人数					
小学一年级	119563	195401	243918	320591	
小学二年级	8162	47980	65840	84311	852701[a]
小学六年级预备学校			1630	1750	
普通学校	891	2038	2154	2471	
中学	49	331	624	959	9903
职业学校(专业学校)	133	181	366	504	
家庭学校	183	473	728	824	

续表

	1930 年	1939 年	1945 年	1948 年	1955 年
宗教研习学校					358
学生人数合计	128981	246404	315260	411410	862962
文凭					
来自普通学校、中学和职业学校	175	503	549	726	
来自中学、"官方学校"和补贴制学校	318	605	645	815	
文凭合计	493	1108	1194	1541	
（C）"免费"学校					
学校数量					
小学	n/a	17910	19193	19072	
小学后	n/a	87	66	58	
"免费"学校合计	n/a	17997	19259	19130	
学生人数					
小学	n/a	463950	483258	513049	358262[a]
小学后	n/a	2192	1805	1925	9279
"免费学校"学生合计	n/a	466142	485058	514974	367541
总计					
学校数量					
小学		23013	25302	27078	
小学后学校		155	154	152	
学校总计		23168	25456	27230	
学生人数					
小学		710955	798265	923165	1236732[a]
小学后（中学、职业学校、家庭学校）		5779	6212	7351	21196
学生总人数		716734	804477	930516	1257928
小学学生比例		0.99	0.99	0.99	0.98
小学后学生比例		0.01	0.01	0.01	0.02

注：[a]包括托儿所、学前班和小学。

资料来源：《比属刚果经济和社会发展十年计划》（1949 年）；《比属刚果殖民地行政当局年度报告》（1955 年）。

附录 3 假设人口的 20% 是学龄儿童的各省入学率（男孩和女孩[a]）情况

单位：%

省份	入学率		
	1930 年	1935 年	1946 年
加丹加省	15.4	21.7	27.8
开赛省	9.6	13.0	17.7
利奥波德维尔省		8.0	18.2
东方省	6.7	11.6	14.4
赤道省		4.5	10.1
基伍省		2.7	7.2
合计	7.5	10.0	15.6

注：[a]由于无法获知女孩在各省的分布情况，我们只在计算全国总入学率时统计了男孩和女孩。如果不统计女孩的入学率，总入学率会减少约 1%。

资料来源：作者计算。数据来自 1930 年、1935 年、1946 年的《比属刚果殖民地行政当局年度报告》。

附录 4 1919~1945 年比利时法郎对英镑的汇率

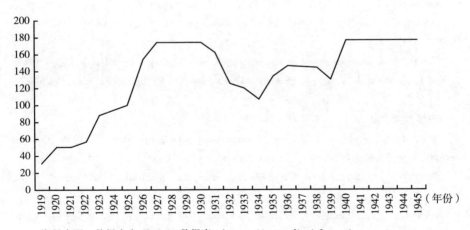

资料来源：数据来自 ClioInfra 数据库，https：//www.clio-infra.eu/。

参考文献

主要数据来源

Mottoulle, L., 1946. Politique sociale de l'Union miniére du Haut-Katanga pour sa main-d'oeuvre indigène et ses résultats au cours de vingt années d'application, vol. 14. Georges van Campenhout, Brussels. http://www.kaowarsom.be/en/memoir_43. Accessed 19 June 2018.

Office de L'infòrmation et des relations publiques pour le Congo Belge et le Ruanda-Urundi (1956) Cartes géographiques du Congo Belge et du Ruanda-Urundi, 4th edn. R. De Rouck, Brussels.

Rapports Annuels de L'Administration de la Colonie Congo Belge/Annual Reports of the administration of the Colony of Belgian Congo, 1920 to 1958. From Archives Africaines, Brussels.

Rapports Annuels UMHK Département de la M. O. I. (Main-d'oeuvre indigène)/ Annual Reports UMHK-Department of Indigenous Labour, 1920 to 1964. From Archives générales du Royaume 2−Dépôt Joseph Cuvelier, 653−659, Brussels.

Recensement scientifique de la population, 1984: profil de la femme au Zaïre, Institut national de la statistique (Congo). From *Archives Africaines*, Brussels.

Report of the ministry of the colonies, Brussels, year 1919. From Archives Africaines: M. O. I. 3547 (24).

Tienjarenplan voor de economische en sociale ontwikkeling van Belgisch Kongo 1949. Brussel Les editions de Visscher. Eersie Boekdee. From Leiden University Africa Archive.

主要参考文献

Bolt, J. and Bezemer, D., 2009. "Understanding Long-run African Growth: Colonial Institutions or Colonial Education?" *J Dev Stud* 45 (1): 24−54.

Boyle, P., 1995. "School Wars: Church, State, and the Death of the Congo." *J Mod Afr Stud* 33 (3): 451−468.

Breierova, L. and Duflo, E., 2004. The Impact of Education on Fertility and Child Mortality: Do Fathers Really Matter Less Than Mothers? National Bureau of Economic Research (No. W10513).

Buelens, F. , 2007. Congo 1885 – 1960: Een Financieel-Economische Geschiedenis. EPO, Berchem.

Buelens, F. and Cassimon, D. , 2013. "Chapter 11: The Industrialization of the Belgian Congo." In *Colonial Exploitation and Economic Development. The Belgian Congo and the Netherlands Indies Compared*, edited by Frankema, E. , Buelens, F. (eds), pp. 229 – 250. Routledge, London.

Buelens, F. and Marysse, S. , 2009. "Returns on investments During the Colonial Era: The Case of the Belgian Congo." *Econ Hist Rev* 62(1): 135 – 166.

Cogneau, D. , 2003. Colonisation, School and Development in Africa: An Empirical Analysis. DIAL Working Paper DT/2003/01.

Cogneau, D. and Moradi, A. , 2014. "Borders that Divide: Education and Religion in Ghana and Togo Since Colonial times." *J Econ Hist* 74 (03): 694 – 729.

De Haas, M. , 2016. African Initiative and Colonial Responses to Ruanda-Urundi Migration to Uganda (1920 – 1960). Unpublished Working Paper.

De Herdt, T. , Titeca, K. , and Wagemakers, I. , 2010. "Making Investment in Education Part of the Peace Dividend in the DRC." In *Chronic Poverty Research Centre Conference Ten Years of War Against Poverty*, pp. 8 – 10. Manchester, UK, September 2010.

De Herdt, T. , Titeca, K. , and Wagemakers, I. , 2012. "Make Schools, Not War? Donors' Rewriting of the Social Contract in The DRC." *Dev Policy Rev* 30 (6): 681 – 701.

De Meulder, B. , 1996. De kampen van Kongo: arbeid, kapitaal en rasveredeling in de koloniale planning. Meulenhoff, Amsterdam.

Depaepe, M. , 2011. "Ejes de la Política Educativa Colonial en el Congo Belga (1908 – 1960) /Axes of the Colonial Educational Policy in the Belgian Congo (1908 – 1960)." *Hist Educ* 30: 33 – 44.

Depaepe, M. , 2012. *Between Educationalization and Appropriation: Selected Writings on the Hisiory of Modern Educational Systems*. Leuven University Press, Leuven.

Derksen, R. , 1983. "Forminière in the Kasai, 1906 – 1939." *Afr Econ Hist* 12: 49 – 65.

Dunkerley, M. E. , 2009. "Education Policy and the Development of the Colonial State in the Belgian Congo, 1916 – 1939." Ph. D Thesis, University of Exeter.

Fabian, J. , 1983. "Missions and the Colonization of African Languages: Developments in the Former Belgian Congo." *Can J Afr Stud* 17 (2): 165 – 187.

Fetter, B. , 1976. *The Creation of Elisabethville, 1910 – 1940*. Hoover Institution Press, Stanford, CA.

Frankema, E. , 2008. "The Historical Evolution of Inequality in Latin America. A

Comparative Perspective, 1870−2000. " Ph. D Thesis, University of Groningen.

Frankema, E. , 2012. "The Origins of Formal Education in Sub-Saharan Africa: Was British Rule More Benign?" *Eur Rev Econ Hist* 16 (4): 335−355.

Frankema, E. , 2013. "Chapter 7: Colonial Education and Postcolonial Governance in the Congo and Indonesia. " In *Colonial Exploitation and Economic Development. The Belgian Congo and the Netherlands Indies Compared*, edited by Frankema, E. , Buelens, F. (eds), pp. 153−177. Routledge, London.

Frankema, E. and Jerven, M. , 2014. "Writing History Backwards or Sideways: Towards A Consensus on African Population, 1850 − 2010. " *Econ Hist Rev* 67 (4): 907−931.

Gallego, F. A. and Woodberry, R. , 2010. "Christian Missionaries and Education in Former African Colonies: How Competition Mattered. " *J Afr Econ* 19 (3): 294−329.

Galor, O. , 2011. *Unified Growth Theory*. Princeton University Press, Princeton, NJ.

Galor, O. , Moav, O. , and Vollrath, D. , 2009. "Inequality in Landownership, the Emergence of Human-Capital Promoting Institutions, and the Great Divergence. " *Rev Econ Stud* 76 (1): 143−179.

Garnier, M. and Schafer, M. , 2006. "Educational Model and Expansion of Enrollments in Sub-Saharan Africa. " *Sociol Educ* 79 (2): 153−175.

Grier, R. M. , 1999. "Colonial Legacies and Economic Growth. " *Public Choice* 98 (3−4): 317−335.

Harris, J. S. , 1946. "Education in the Belgian Congo. " *J Negro Educ* 15 (3): 410−426.

Higginson, J. , 1988. "Bringing the Workers Back in: Worker Protest and Popular Intervention in Katanga, 1931−1941. " *Can J Afr Stud* 22 (2): 199−223.

Higginson, J. , 1989. *A Working Class in the Making: Belgian Colonial Labor Policy, Private Emerprise. and the African Mineworker, 1907 − 1951.* The University of Wisconsin Press, Madison, WI.

Houben, V. and Seibert, J. , 2013. "Chapter 8: (Un) Freedom: Colonial Labor Relations in Belgian Congo and the Netherlands Indies Compared. " In Frankema, E. , Buelens, F. (eds), Colonial Exploitation and Economic Development. pp. 178−192. Routledge, London.

Hunt, N. R. , 1990. "Domesticity and Colonialism in Belgian Africa: Usumbura's Foyer Social, 1946−1960. " *Signs* 15 (3): 447−474.

Johnson, H. B. , 1967. "The Location of Christian Missions in Africa. " *Geogr Rev* 57 (2): 168−202.

Juif, D. and Frankema, E. , 2018. "From Coercion to Compensation: Institutional

Responses to Labour Scarcity in the Central African Copperbelt. " *J Inst Econ* 14 （2）：313-343.

Klasen, S. , 2002. "Low Schooling for Girls, Slower Growth for All? Cross-Country Evidence on the Effect of Gender Inequality in Education and Economic Development. " *World Bank Econ Rev* 16：345-373.

Lindert, P. H. , 2004. *Growing Public*：*Social Spending and Economic Growth since the Eighteenth Century*, Vol. 1. Cambridge University Press, Cambridge.

Masandi, P. K. , 2004. "L'Éducation féminine au Congo belge. " *Paedagogica Historica* 40 （4）：479-508.

Nicolaï, H. , 2013. "Le Congo et l'huile de palme. Un siècle. Un cycle?" *Belgeo Revue belge de géographie* 4：1-41.

Nunn, N. , 2010. "Religious Conversion in Colonial Africa. " *Am Econ Rev* 100 （2）：147-152.

Nunn, N. , 2012. Gender and Missionary Influence in Colonial Africa. Unpublished Working Paper.

Perrings, C. , 1979. *Black Mineworkers in Central Africa*：*Industrial Strategies and the Evolution of An African Proletariat in the Copperbelt*, *1911-1941*. Heinemann Educational, London.

Titeca, K. and De Herdt, T. , 2011. "Real Governance Beyond the 'Failed State'：Negotiating Education in the Democratic Republic of the Congo. " *Afr Aff* 110 （439）：213-231.

Van Reybrouck, D. , 2014. *Congo*：*The Epic History of a People*. New York：Harper Collins.

While, B. W. , 1996. "Talk about School：Education and the Colonial Project in French and British Africa （1860-1960）." *Comp Educ* 32(1)：9-26.

World Bank, 2015. Public Expenditure Review of the Education Sector in the Democratic Republic of Congo an Efficiency, Effectiveness, and Equity Analysis. World Bank Working Paper.

14 西欧的儿童收养（1900~2015年）

让－弗朗索瓦·米尼奥

（Jean－François Mignot）

摘 要：本章首次梳理和比较了自儿童收养在德国（1900）、瑞典（1917）、法国（1923）、英格兰和威尔士（1927）以及意大利（1942）合法化以来西欧儿童收养法的确立和收养实践的发展史。本章主要依据这五个国家的长期收养情况，分析了各国无亲属关系与有亲属关系儿童收养的收养率变化和发展历程，同时关注跨国收养的最新研究进展。对大多数西欧国家而言，由于对儿童收养的需求增加，儿童收养率自20世纪初到70年代持续增长。自70年代以来，由于国内外可收养儿童减少，儿童收养率有所下降。此外，瑞典、英格兰和威尔士的儿童收养率长期高于德国、法国和意大利。总而言之，西欧儿童收养史反映了自1900年以来人口的主要变化趋势，以及儿童收养率的南北差异。

关键词：收养 寄养 不孕 遗弃 非婚生育 继亲家庭 家庭法 西欧 20世纪 21世纪

14.1 引言

儿童收养反映了人们在多大程度上认可儿童属于原生家庭以外的家庭并获得继承权。因此，儿童收养是社会人口行为学的重要组成部分（United Nations，2009；Leinaweaver，2015）。这也是几位社会科学家研究美国收养史（Carp，1998；Herman，2008；Conn，2013），并进行量化研究的原因（Moriguchi，2012）。但是，除了美国，人们对包括欧洲国家在内的其他国家儿童收养的历史知之甚少（Corbier，1999；Rossi et al.，

2014）。关于欧洲儿童史（Becchi and Julia, 1996；Heywood, 2001；Lett et al., 2015；Stearns, 2015）、家庭史（Ariès and Duby, 1990~1998；Burguière et al., 1996；Kertzer and Barbagli, 2003；Therborn, 2004）、社会史（Stearns, 2001）、人口史（Bardet and Dupâquier, 1997~1999）、人口学（Caselli et al., 2005）、家庭经济学（Bergstrom, 1997；Schultz, 2015）、量化历史研究（Diebolt and Haupert, 2016）等的著述和文献综述虽然不少，但很少或根本没有提到儿童收养（古代和中世纪儿童史是一个例外）（Dasen et al., 2001）。此外，当前也缺乏对欧洲收养史的比较研究。

如何比较西欧国家的收养法和实践？西欧人在哪个时期收养孩子最多？不同国家收养孩子的数量有何不同？本章的主要目的是梳理西欧儿童收养的典型事实，并且比较 20 世纪初以来西欧国家的儿童收养率变化，如最早确立儿童收养法的德国、瑞典、法国、英格兰和威尔士以及意大利。本章聚焦于西欧收养法，并使用公开可比数据分析了自 1900 年以来西欧儿童收养率的变化情况。本章主要研究国内有亲属关系、无亲属关系以及跨国的儿童收养。此外，本章还推测了导致出现相关模式和趋势的可能原因。

14.2 西欧收养法

收养指在一对夫妇或个人（收养人）与另一个年轻人（被收养人）之间建立亲子关系，使被收养人继承收养人的姓氏和财产，并服从父母权威的法律制度。被收养的儿童可能是孤儿、被遗弃者、从有虐待倾向的父母那里"解救"的儿童、外国儿童或有亲属关系的儿童（如在父母丧偶或离异再婚后收养的继子女）。由收养建立的亲子关系，不仅不同于伊斯兰教法中的卡法拉（一种有法定领养关系但无亲子关系的法律制度），也不同于其他"虚构"的亲属关系，如精神上的亲属关系（Fine，1999；Alfani and Gourdon，2012）。作为一种法律制度，收养也不同于寄养（fosterage），寄养是一种非正式安排，它存在于历史上的很多无国家社会①，以及当今世界包括西欧在内的许多国家中（Goody，1969；Lallemand，1993；Volk，2011）。

14.2.1　中世纪至1900年前关于儿童收养的法律

尽管古罗马法律对收养的阐释相对完备，但自中世纪早期到18世纪末，收养很大程度上从大多数西欧国家的法律体系中消失了（Lett，1998；Fauve-Chamoux，1998；Burguière，1999），在此期间几乎没有正式收养。由于没有任何程序允许单身或已婚夫妇与被收养人建立合法的亲子关系，寄养父母承担着孩子可能被亲生父母或其他亲属领回的风险。在西欧社会中，人们对将陌生人纳入家庭的行为总是疑虑重重，尤其是那些风尘女子所生的子女（私生子），被认为带有"不洁血统"，可能会破坏家族的血统（Laslett et al.，1980；Fauve-Chamoux and Brunet，2014）。早期天主教会不仅反对收养私生子，也反对收养婚生儿童以及成年人，这可能是因为收养行为使无子女者后继有人，从而妨碍了天主教会从这些人身上搜刮遗产（Goody，1983）。虽然第一部西欧民法典《法国民法典》（1804）以及《萨克森民法典》（1865）和《意大利王国民法》（1865）重新将收养条款吸纳进来，但也只允许成人收养（见表14.1）（Mignot，2015a，2015b）。

---

① 无国家社会（stateless society）是指无国家主权、政府，权力很少被集中的社会或地区。——译者注

表 14.1　西欧国家实现收养合法化的年份

	成人收养	简单收养	完全收养
德国	1900 年	1900 年	1977 年
瑞典	1917 年	1917 年	1959 年
法国	1804 年	1923 年	1939 年
英格兰和威尔士	从未允许		1927 年
意大利	1865 年	1942 年	1967 年

　　注：德国从 1900 年开始允许简单收养，瑞典则从 1917 年开始允许收养。英格兰和威尔士从未允许成人收养和简单收养。在本章中，直到 1949 年，德国指的是整个德国，1950～1990 年指的是联邦德国，而自 1991 年以来指的是整个德国。由于缺乏英国的数据，本章仅涉及英格兰和威尔士，不涉及苏格兰和北爱尔兰的儿童收养。

　　资料来源：Rieg（1985）、United Nations（2009）。

　　在儿童收养实现合法化之前，西欧的孤儿和被遗弃的儿童通常由孤儿院和育婴堂等机构照料，这些机构将其中一些儿童寄养到养父母那里，并为他们提供一些报酬。当这些儿童到了 12 岁左右，大多数会被作为仆人或学徒安置在需要额外劳动力的家庭中。自 19 世纪中叶开始，欧洲的收养机构相继关闭，单身母亲起诉生父（要求孩子身份合法化或索要赡养费）的权利得到强化，弃婴行为开始减少（Hunecke，1991；Bardet and Faron，1996）。自 19 世纪末，西欧立法者也开始保护儿童，使他们免于成为童工或被家庭虐待。相反地，在此之前，立法者大多保护合法家庭免受非婚生子女的指控。因此，可将 1900 年以来允许收养儿童的法律视为公众对儿童（包括被剥夺某些继承权的私生子）福利日益关注的结果。

14.2.2　1900年以来儿童收养的法律

　　最早通过儿童收养法的西方国家是美国，如马萨诸塞州制定的《儿童收养法案》（1851），直到 19 世纪 70 年代，其他州才相继通过相关法案。随后，新西兰（1881）、西澳大利亚（1896）和不列颠哥伦

比亚省①（1920）也颁布了类似的法律。相比之下，西欧法律体系直到
20世纪初才承认儿童收养，其承认简单收养和/或完全收养两种收养形
式。完全收养［“绝对”（plenary）、“特殊”（special）或“强关系”
（strong）］废除了孩子与其亲生父母的法律关系：它用新的、排他性
的亲子关系取代了原来的亲子关系。因此，被收养人不得同时拥有四
位父母。相比之下，简单收养［“普通”（ordinary）或“弱关系”
（weak）］会在养父母和养子女之间建立亲子关系，但不会废除孩子与
其亲生父母的法律关系。简单收养只会强化亲子关系，被收养人可能
拥有四位父母，并继承他们的财产。不过，只有与养子女确立了简单
收养关系的收养者才拥有作为父母的权利，而亲生父母则没有。英格
兰和威尔士则恰恰相反，它是一个刚开始不承认简单收养但在1927年
却直接承认完全收养的英美法系国家，而大陆法系国家则首先承认简
单收养。

　　西欧第一个通过儿童收养法的国家是德国。1900年前，德国某些州
已经允许收养儿童，如《普鲁士民法典》（1794）实施以来已有一些收养
继子女的行为（Neukirchen，2005）。1900年颁布的《德国民法典》以统
一的民事立法取代了德国各州的法律，允许成人收养和儿童收养。直到
20世纪10年代，大多数收养都是成人收养，但自20年代以来，儿童成
为主要的被收养人（Florsch，1985；Benninghaus，2013）。从1900年起，
50岁以上已婚且没有合法子女的夫妇和单身人士只要比被收养人至少大
18岁就可以收养。被收养人与其原生家庭保持法律关系（仍有继承关
系），并从收养人的姓氏和遗产中受益。被收养人仅与收养人有法律关
系，这意味着他们不能从收养人的亲属那里继承遗产。后来，联邦德国允

---

① 　不列颠哥伦比亚省是加拿大西部的一个省。——译者注

许有合法子女的人成为收养人（1961），又允许 35 岁以上的人成为收养人（1961），随后这一标准放宽至 25 岁（1973）。根据德国 1976 年制定并于 1977 年生效的一项法律，其成为本章研究的五个西欧国家中最后一个允许完全收养的国家。表 14.2 列示了西欧国家儿童收养法的资料来源。

表 14.2　西欧国家儿童收养法的资料来源

	20 世纪初	20 世纪末	21 世纪初
德国	Florsch（1985） Neukirchen（2005） Mouton（2005）	Florsch（1985） Neukirchen（2005） Benicke（2003）	Neukirchen（2005） O'Halloran（2015:第 14 章） Center for Adoption Policy（2016a）
瑞典	Lindgren（2002,2006）		O'Halloran（2015:第 12 章） Center for Adoption Policy（2016b）
法国	Gutton（1993）	Neirinck（2000）	O'Halloran（2015:第 13 章）
英格兰和 威尔士	Keating（2009）	Flauss-Diem（1985） O'Donovan（2003）	O'Halloran（2015:第 6 章） Center for Adoption Policy（2016c）
意大利	Brand（1985）		Center for Adoption Policy（2016d）

瑞典 1917 年引入成人收养和儿童收养，允许 25 岁以上无合法子女的单身人士和已婚夫妇收养（关于家庭政策的法律，参见 Le Bouteillec，2013），其收养的法律效力与德国类似。后来，瑞典还允许有合法子女的夫妻（1944）和同性伴侣（2003）进行收养。法国在 1923 年通过的一项法律中加入了关于收养子女的条款，该法律与德国和瑞典的相关法律大致相似。后来，法国立法者还允许有合法子女的父母（1976），以及年龄为 30 岁（1966）和 28 岁（1996）的收养人以及同性伴侣进行收养（2013）。

英格兰和威尔士在 1926 年通过的《儿童收养法》中加入完全收养的条款，该法于 1927 年生效（北爱尔兰 1929 年生效、苏格兰 1930 年生效）。25 岁以上的已婚夫妻和单身人士即使已经有一个婚生子女或私生子女，还可以再收养一个孩子，但禁止单身男性收养女孩。被收养人与自己的原生家庭保持某种继承关系，但实际上很少有被收养者从其亲生父母那里获得遗产。此外，在《1949 年收养儿童法》通过前，被收养人姓名必须出现在收养人的遗嘱中才能继承遗产。英格兰和威尔士后来允许同性伴侣进行收养（2002）。意大利在其《1942 年民法》中对儿童收养做出了规定。50 岁以上且没有合法子女的单身人士或已婚夫妻可以收养一个儿童，但只能收养一个雅利安儿童（1944 年 1 月 20 日的皇家法令废除了该规定）。后来意大利法律允许有合法子女的父母收养孩子时必须年满 18 岁（1967）。

尽管人们对儿童收养的疑虑根深蒂固，但为何西欧立法者还是允许收养？接下来，我们对关于儿童收养的法律进行回溯分析。意大利政府允许儿童收养（1942）的目的是照顾二战留下的孤儿。同样，法国允许儿童收养（1923）是为了保护一战中被收养的孤儿的合法地位，他们的父母大多是民族英雄（Jablonka，2006）。同样，英格兰和威尔士允许儿童收养（1926），是为了确保越来越多战时临时结合而出生的"战争婴儿"的合法地位，20 世纪 20 年代早期他们主要由家庭抚养（Keating，2001；Behlmer，2002；Keating，2009）。英格兰和威尔士的收养法是在儿童保护和收养协会的倡议下通过的，目的之一是取缔"婴儿农场"（baby farming）① 和虐童行为（Chassaigne，1992）；目的之二是在孩子与父母之间建立牢固的法律关系（Keating，2001），当时收养者担心亲生父母可能会索要他们的孩子，从而引起麻烦（Keating，2009）。战争还使无子女者人数增加，

---

① 婴儿农场（baby farming）是维多利亚时代晚期英国、澳大利亚和美国罕有的接受婴儿或儿童监护权以换取报酬的做法。一些农民"收养"儿童时收取一次性报酬。在这些收养行为中，一些收养者会忽视或蓄意谋杀婴儿，以赚取抚养费用。因此，这种收养方法通常被认为不利于儿童的成长。——译者注

包括战争寡妇和失去子女的夫妇。一些无子女的收养人出于爱国主义和其他利他主义动机而进行收养，另一些收养人主要考虑将来的照料问题，即子女可以工作和照料他们，还有一些是为了有一个可以抚养和慰藉的对象。

瑞典是一个未直接受到一战波及的国家（Ined，2016），为了"造福儿童"，1917年通过了关于儿童收养的决议（Socialstyrelsen，2009：11），照顾对象除了战争孤儿，还包括私生子和被遗弃的贫困儿童（Lindgren，2002，2006）。1900年，德国也通过了儿童收养法（Minderjährigen adoption），作为一项儿童保护措施，主要是照顾被遗弃的非婚生子女（Mouton，2005；Benninghaus，2013）。从制度上允许儿童收养一方面减轻了国家的经济负担，另一方面降低了儿童犯罪的风险（Walker，2006）。总的来说，19世纪末20世纪初西欧人对在与弃婴和私生子之间建立亲子关系的疑虑可能有所减少。随着婴儿死亡率和生育率的下降（Coale and Cotts Watkins，1986；Vallin，2005）以及父母对孩子感情投入的加大（Thomson，2015），没有孩子的夫妇可能越来越愿意收养年幼的孩子，并像亲生子女一样抚养和关爱他们。

14.2.3 1900年以来西欧有关儿童收养法律的演化趋势

自1900年以来，西欧的儿童收养至少存在四个总体趋势。第一，儿童收养变得更加方便。20世纪初，因为立法者希望年轻夫妇自己生育而不是收养孩子，所以只有成人和年龄较大的夫妇可以收养孩子。此外，立法者希望避免收养对合法子女的继承权造成损害，因此只有无子女的个人和夫妇可以收养。相比之下，21世纪初收养的条件并不严格，其目的是使孤儿有更多的机会被其他家庭收养和抚养。

第二，收养更多的是完全收养，而不是简单收养。20世纪初，人们认为简单收养既能增加孩子可以依赖的父母的数量，又不必与原生家庭断绝法律关系，毕竟断绝法律关系对亲生父母来说过于残酷。然而，从整个 20 世纪来看，完全收养才被认为符合儿童的"最大利益"，也最能满足其排他性情感需要。当下，大多数收养家庭是孩子唯一的家庭。大多数被收养人与养父母、养父母的父母、兄弟姐妹等其他亲属有法律关系，并且可以相互继承。

第三，收养主要是为了儿童的利益。虽然在大陆法系国家儿童收养最初只是由私人合约约束，但如果需要法院判决，法官要以儿童的最大利益为前提。后来发展到只有被收养人的父母同意或者是孤儿、受父母忽视或虐待，或者父母被剥夺了与其的法律关系，养父母才可以收养。同时，对收养申请人进行筛选，以确保他们具备收养所需的物质条件和养育能力，在收养许可通过前还设置了一段适应期。然而，这种长期趋势被纳粹德国中断了："当魏玛当局主要以种族标准筛选经济和情感稳定的家庭以确保儿童福利时，'好父母'的标准便被极大地扭曲了。"（Mouton，2005：567；Jörg Lewe 口述）。

第四，儿童收养申请撤销难度更大。例如，1917 年的瑞典法律承认简单收养，允许收养者撤销收养并将孩子送回原生家庭（Lindgren，2002，2006）。1944 年的一项法律是在"精神卫生"和优生运动的背景下投票通过的，旨在将患病儿童与其他正常儿童区分开来，如果收养者在收养前对被收养儿童有严重缺陷不知情，则其撤销收养时间延长至 5 年。1970 年，瑞典又取消了撤销收养资格的法律程序，以避免收养者试图逃避责任或以撤销收养为手段来威胁被收养人。在跨国收养日益增多的情况下，这一点尤其重要，否则一些儿童可能会成为无国籍者。20 世纪初，虽然西欧的许多儿童收养有可能被撤销，但到了 21 世纪初则大多数收养都不能被撤销。

另外，自 1900 年以来，西欧的儿童收养立法已接近普通法意义上的收养概念，以使需要保护的儿童尽可能获得法律地位（最初是合法子女才有的地位）。此外，儿童的利益也得到了更广泛的关注（Lindgren，2002，2006）。

14.3 德国、瑞典、法国、英格兰和威尔士以及意大利儿童收养的统计资料来源（1900~2015年）

最容易获得并能较好地解释儿童收养衡量标准的指标是每10万人每年儿童收养数量。也有文献使用了每1000名新生儿每年被收养数量，但该指标有两个缺点：（1）在可供收养的新生儿很少的时候，该指标意义不大；（2）出生率逐年较大的变化损害了该指标的稳健性（见附录，图14.6）。

有关儿童收养的数据非常稀缺。如在英格兰和威尔士以及其他国家或地区，一方面数据保护法使查阅登记册非常困难，另一方面又有许多登记册丢失或损毁（Keating，2009：9）。一般来说，有关儿童的统计数据大多是国家层面的（见表14.3），汇总数据通常来源于行政部门（司法部门或政府部门民事统计数据），是正式登记收养的较全面的数据。但有关收养人、被收养人和亲生父母的资料通常很少或根本没有。

最常见的统计单位是按法院命令年份划分的被收养人数量。关于跨国收养，现有的大多数统计数据都报告了每年获准进入某国被收养的外国儿童数量，这可能与同一年的跨国收养人数略有不同。不过，这些细节上的差异并不会严重影响儿童收养的数量级或长期演变。大多数数据的起始年份都是儿童收养合法化那一年，但1942~1954年意大利的数据缺失，而且即便有数据也不易比较。虽然一些国家（如德国、瑞典、英格兰和威尔士）提供了儿童收养数据，但未提供成人收养数据；其他国家（如法国和意大利）则提供了完全收养和简单收养的数据，但这些数据通常未对简单收养中的成人收养与儿童收养进行区分。

表 14.3 1900~2015 年西欧国家儿童收养的统计资料来源

	国内收养	跨国收养	年中总人口
西德	Glässing［1957（1900－1933）］，Statistisches Bundesamt［2015（1950－2014）］	Statistisches Bundesamt［2015（1982－2014）］	Maddison（2003［1900－1949 and 1991－1999］），Statistisches Bundesamt（2015［1950－1990］，United Nations Population Division（2015a［2000－2015］）
瑞典	Hübinette［2001a（1918－2001）］，Lindgren［2006:33－35,仅斯德哥尔摩（1922－1975）］	Hübinette（2001a,2001b［1969－2004］），Australian Inter country Adoption Network（2016［20052013］），Statistiska Centralbyrån（2016［2000－2014］）	Maddison（2003［1900－1999］），United Nations Population Division（2015a［2000－2015］）
法国	French Ministry of Justice's statistical yearbook presented in Mignot［2015a（1923－1981）］，Observatoire national de l'enfance en danger［2007－2016（1989－2015）］，Belmokhtar［1996（1992）,2009（2007）］	Ministère des Affaires étrangères（2016［1979－2015］）	Maddison（2003［1900－1999］），United Nations Population Division（2015a［2000－2015］）
英格兰和威尔士	Office for National Statistics［2013（1927－2012）］，Masson et al.［1983（1950－1956）］,Selman［2006a（1959－1984）］	Selman（2006a）and Office for National Statistics（2013［1993－2013］）	A Vision of Britain Through Time（2009［1900－2011］），Office for National Statistics（2015［2014］）
意大利	Brand［1985（1955－1979）］,Istat［2011（1968－2008）］，Giustizia Minorile（2003）and Giustizia Minorile［2014（*adozioni di casi particolari*,1993~2008）］	Istat（2011［1986－2008］），Commissionne Per le Adozioni Internazionali（2014［2001－2013］）	Maddison（2003［1900－1999］），United Nations, Population Division（2015a［2000－2015］）

注：中括号中的日期是指可用的最新和最早的数据时点。

14.4 儿童收养概述

14.4.1 总发生率

西欧儿童收养的年发生率一直低于每 10 万人 80 人，即从未达到过每千人 1 人的水平（见图 14.1）。换言之，尽管从不完整数据中可以看到整个 20 世纪有 160 万儿童被收养，2000~2014 年有超过 20 万儿童被收养，但儿童收养仍是一个相对少见的人口统计事件。

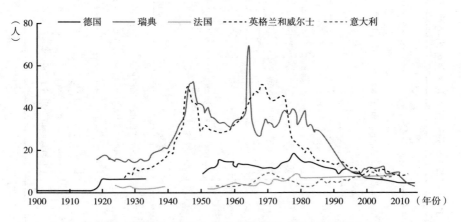

图 14.1　西欧每 10 万人儿童收养数量（1900~2015 年）

注：瑞典的数据在 1918~1968 年（只包括国内收养）和 2002~2014 年（只包括跨国收养）稍被低估。法国 1924~1938 年的数据是估计数据而非实际数据；法国 1952~1980 年的数据被低估（只包括完全儿童收养，不包括简单儿童收养）。1927~1992 年，英国和威尔士的数据被低估（只包括国内收养）。

资料来源：见表 14.3。

14.4.2 跨国差异

如图 14.1 所示，直到 20 世纪 90 年代，瑞典、英格兰和威尔士的儿童收养率一直高于德国，更不用说法国和意大利了。20 世纪 20~90 年代，瑞典每年每 10 万人有 15 人被收养，英格兰和威尔士几乎与之持平，但德国远低于这一水平，法国甚至从未达到每年每 10 万人 10 人被收养的水平，意大利只在 2001 年达到该水平。自 20 世纪 40 年代中期到 70 年代中期，西欧国家的儿童收养率差距尤其明显。瑞典、英格兰和威尔士的儿童收养率至少是德国的 2 倍，是法国或意大利的 4 倍。但 90 年代后，西欧各国的儿童收养率差距逐渐缩小。

瑞典、英格兰和威尔士几乎没有共同的法律、语言和宗教观（Carmichael et al., 2016），而德国、法国或意大利也没有相似的传统家庭结构（见附录、表 14.4）。那么，该怎么解释反映了国内收养中有亲属关系儿童与无亲属关系儿童收养率的南北梯度差异呢？据推测，16~19 世纪，西欧的大多数北方农业家庭会从其他家庭聘请青少年进行周期性务工。这些年轻人离家打周期工，并在结婚前存下一部分钱。因此，大多数家庭都习惯于家中有非亲属成员。相比之下，很少有南方农业家庭雇用仆人，即便雇用，时间也通常较短（Reher，1998）。因此，当 20 世纪在法律层面儿童收养合法化时，北欧可能认为相对正常，但南方人则将其视作对家庭凝聚力的威胁。尽管如此，长期以来北方家庭比南方家庭更开放这一事实也难以恰当解释南北方收养率存在梯度差异，因为我们仍然不清楚南北方家庭缘何不同。

14.4.3　不同时期的演变

自两次世界大战期间到 20 世纪 70 年代，大多数西欧国家的儿童收养率都有所提高。瑞典以及英格兰和威尔士二战后的儿童收养率都很高，根源在于战争使儿童收养出现了高峰。1946 年，英格兰和威尔士每 10 万人有超过 50 人被收养，瑞典在战争期间保持中立，其 1947 年的收养率水平与英格兰和威尔士大致相同。被收养者可能是战争孤儿、被生母遗弃的非法战争婴儿、战争遗孀或鳏夫遗弃的合法婴儿、战后离婚高峰后收养的继子女，以及从国外收养的少数儿童。1964 年，瑞典儿童收养率达到异常高的峰值（每 10 万人中有 70 人被收养），需另做解释。

20 世纪 70 年代以来，大多数国家的收养率有所下降，主要是因为被收养人的"供给"减少。英格兰和威尔士的收养率在 1968 年达到峰值后开始下降，原因是国内收养中有亲属关系和无亲属关系的儿童减少。德国的收养率在 1978 年达到峰值之后有所下降，主要是因为国内收养减少。瑞典的收养率在 1975～1981 年达到峰值后才开始下降，这主要是因为 60~70 年代，其国内收养的下降被跨国收养的激增所弥补，其中大多数跨国收养的儿童来自亚洲。法国的收养率在 1977 年达到峰值，自 70 年代到 21 世纪初停滞不前，虽然国内收养的减少也被跨国收养的激增所弥补，但自 1977 年起跨国收养也开始减少。意大利是唯一一个自 1983 年颁布儿童收养法到至少 20 世纪末，儿童收养越来越频繁的国家。

为了更好地分析不同国家和不同时期出现不同的收养趋势的原因，我分别讨论了收养的主要类型：国内无亲属关系收养（第 14.5 节）、国内有亲属关系收养（第 14.6 节）和跨国收养（第 14.7 节）。图 14.2、图 14.3、图 14.4 和图 14.5 的纵轴是图 14.1 纵轴的一半。

14.5 国内无亲属关系收养

大多数收养无亲属关系儿童的人是 30 多岁或 40 多岁的不育、无子女的已婚夫妇，也有少数（大部分是女性）是单身。在英格兰和威尔士，1927 年首次允许收养时，85% 的收养者已婚且作为共同收养人（Rossini，2014：98-99）。早在 20 世纪 50 年代的法国，不孕不育夫妇通常更喜欢通过人工授精而不是收养来获得孩子，因为人工授精引起的遗传问题较少，并且夫妇更容易向孩子隐瞒其非亲生的事实（Cahen，2013）。如今，国内收养中的亲属关系收养大都是收养者尝试体外受精失败才决定的

（Fisher，2003）。

大多数无亲属关系的被收养人是被遗弃的孩子，也有少数是孤儿或被原生家庭忽视和虐待的孩子（Howell，2009）。大多数被遗弃的孩子是非婚生的。在 1927 年的英格兰和威尔士，2/3 的国内被收养人（无亲属关系和有亲属关系）是私生子（Rossini，2014：98-99）。20 世纪 60 年代到 1975 年，近 90% 的国内无亲属关系被收养人是私生子（这一比例 1985 年降至 70%）（Selman，2006a）。同样，50~70 年代，法国 90% 的国内被收养人是私生子，50%~70% 是被遗弃的儿童，他们来自公共寄养机构，只有 5% 是孤儿（Marmier-Champenois，1978）。如今，大多数被收养人都有"特殊需求"，即生病、残障或年龄相对较大。

20 世纪 60 年代之前，既没有可靠的避孕手段，人工流产手术技术也不成熟，非婚生子又被社会视为父母道德不洁的证明，大多数贫穷的单身女子为了避免个人和家庭遭受耻辱不得不抛弃私生子（Bardet，1987）。考虑到单身母亲独自抚养一个孩子在经济上面临诸多困难，母亲抛弃孩子也许是为自己还有孩子争取了更多的生存机会。20 世纪初，许多（如果不是大多数的话）单身母亲和被遗弃儿童的生母都是移居到城市帮佣的年轻人（Laslett et al.，1980；Fauve-Chamoux，2009）。由于她们既没有家庭的经济支持，非婚生子又会面临被解雇的风险，所以她们必须在孩子和工作之间做出选择（Tilly et al.，1992）。在 19 世纪 70 年代到 20 世纪 20 年代的法国，贫穷的单身母亲选择抛弃私生子的原因无外乎两种：或者是为避免家族蒙羞，向家人隐瞒未婚先孕的事实；或者是为"弥补"自己的过错，保住嫁给体面男人的机会，在父母的要求下抛弃私生子（Rivière，2015）。

14.5.1 国家间的差异

直到 20 世纪 70 年代，英格兰和威尔士以及瑞典的国内无亲属关系儿童收养率都远高于德国或法国，更不用说意大利了（见图 14.2）。令人惊讶的是，60 年代，英格兰和威尔士的国内无亲属关系儿童收养率是德国的 3 倍、法国的 10 倍。

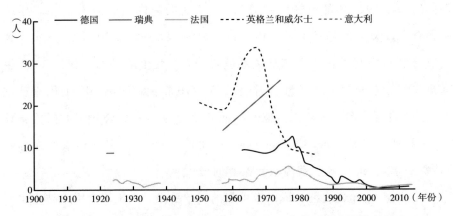

图 14.2 1923～2014 年西欧各国每 10 万人无亲属关系儿童收养情况

注：德国 1963～1981 年的数据稍被高估了（不仅包括国内儿童收养，而且包括无亲属关系跨国收养）。本章瑞典的数据不是观察而是预测所得：假设瑞典国内无亲属关系儿童收养率与斯德哥尔摩的收养率相同（斯德哥尔摩法庭受理的收养案例占瑞典全国的10%～15%）（Lindgren，2006：33-35）。法国 1924～1938 年的数据略被高估（包括有亲属关系成人收养），而法国 1957 年后的数据稍被低估（仅包括来自国内寄养机构的儿童收养，不包括其他无亲属关系完全收养和无亲属关系简单收养）。英国 1950～1956 年的收养数据为最大估算值。本图无意大利数据。

资料来源：见表 14.3。

如何解释英格兰和威尔士、瑞典这两个国家与德国、法国、意大利的差异？我们提出了一些可能的解释：英格兰和威尔士收养率相对较高不太可能是"供给"因素引起的，如出生率较高、非婚生育率较高或孤儿数量较多。20 世纪 60 年代，英格兰和威尔士的出生率或非婚生育率并不比其他西欧国家高（见附录、图 14.6 和图 14.7），也许是因为英国单身母亲更经常抛弃私生子。尽管我们缺乏这方面的比较数据，但应该注意的是，16～19 世纪，英格兰和威尔士等北方国家遗弃儿童的频率要低于法国和意大利等南方国家（Bardet，1987；Hunecke，1991；Bardet and Faron，1996）。整个20世纪，与其他西欧国家相比，瑞典的私生子比例确实更高（见附录、图14.7），但由于早在50年代就出现了可收养儿童短缺的情况（Lindgren，2006），不太可能出现许多非婚生子女被放弃收养的情况。还有一种可能是：60年代前在英国活动频繁的私人收养机构更喜欢收养这种方式，而不是公共寄养，原因在于其通常可通过收养来获得报酬。所有的这些可能性都值得进一步探究。然而，考虑到60年代前每个国家可供收养的儿童都比收养申请人多（见图14.3，德国），英格兰和威尔士以及瑞典出现较高的儿童收养率应主要是受"需求"驱动的。

在英格兰和威尔士，国内无亲属关系收养率较高，这不太可能是需求多的原因，如已婚夫妇无子女的比例较高。事实上，在30年代和40年代出生的女性（50~70年代有生育或收养需求）中，无子女的比例意大利（15%）和瑞典（13%）最高，英格兰和威尔士处于平均水平（11%），最低的是法国（8%）（见附录、图14.8；Tanturri et al.，2015：10）。在英格兰和威尔士和瑞典，不育的已婚夫妇也可能更愿意收养孩子。在较富裕的国家中，更多的不育夫妇可以负担得起抚养一个孩子的成本。40年代前，西欧最富裕的国家是英国，而60年代和70年代最富裕的国家是瑞典（见附录、图14.9）。对于收养人来说，在城市生活可能更容易隐瞒自己的孩子是收养的事实。20世纪初到60年代，西欧城市化程度最高的国家是英国，20世纪60年代至21世纪初则是瑞典（见附录、图14.10）。然而，直到两次世界大战期间，瑞典都是城市化程度最低的国家，但其收养率已经是法国的3倍。要了解为什么英格兰和威尔士和瑞典收养的孩子比其他西欧国家多，就需要收集更多的个体数据，并厘清各国究竟是哪些夫妇申请收养并最终完成收养。

14.5.2　随时间的演变

在大多数西欧国家，从两次世界大战期间到 20 世纪 50 年代和 60 年代，国内无亲属关系收养变得更加频繁（见图 14.2）。增长的原因可能是已婚无子女的夫妇对儿童的需求增加，而非被收养人的供应增加。事实上，60 年代前，大多数西欧国家的收养申请人（需求）都远少于弃婴或收养儿童（供应）。例如，1928 年，德国青年局仅有 0.4% 的儿童被收养（Benninghaus，2013）。早在 60 年代德国的收养申请人就少于可收养儿童（见图 14.3）。再来看瑞典，50 年代前其收养申请人一直少于被收养儿童（Lindgren，2006）。同样，在 50 年代和 60 年代的法国，每年只有 1% ~ 4% 的可收养儿童被收养（Verdier，1986）。

为什么从两次世界大战期间到 50 ~ 60 年代，无亲属关系儿童的收养需求增加了？原因并不是无子女人口增加，恰恰相反，50 年代和 60 年代收养儿童的女性（出生于 30 ~ 40 年代）无子女的比例是最低的（见附录、图 14.8）。原因是多方面的：也许是在一个生育率较高和对子女的情感需求不断增加的时代，没有孩子这一现实让已婚不育的夫妇难以接受，甚至可能让他们变得更加痛苦；也许是收养人更能接受非婚生儿童进入自己的家庭；也许是陌生的城市环境使他们更容易向邻居和学校隐瞒收养一事（见附录、图 14.10）。在西欧和美国，60 年代前私生子被视为是可耻的（Carp，1998），即便人数不是最多，也是有相当数量的收养人隐瞒了收养这一事实——有时甚至对被收养人隐瞒。此外，亲子匹配的目的通常在于使被收养人是收养人所生的说法更加可信（Lindgren，2006）。

对遗传病担忧的消解是 60 ~ 70 年代前无亲属关系收养需求增加的另一个可能原因。事实上，与用爱的力量构建强大而牢固的家庭关系相比，收养者认为所谓的"不洁血统"对被收养儿童的表现和幸福来说并不那么重要。40 年代前，人们普遍认为梅毒是先天性的，可由孕妇（尤其是

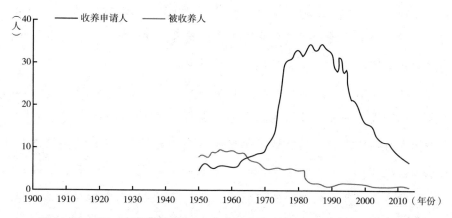

图 14.3　1900~2013 年德国每 10 万人的收养申请人（需求）和被收养人（供应）

资料来源：德国联邦统计局（Statistisches Bundesamt），2015。

性工作者）传染给胎儿，而且当时不能有效地检测婴儿是否患病，因此人们普遍（尽管错误地）认为它是遗传性的，无法治愈。在这种情况下，人们对于收养心存疑虑就不难理解了。30 年代的德国，由于担忧私生子会遗传某类病症，以及健康状况不佳，收养机构只收养健康的孩子（Benninghaus，2013）。40 年代以来，人们已经认识到梅毒不是遗传性的，并且利用青霉素等抗生素可以有效地治疗它。这有助于降低收养无亲属关系儿童的风险或不确定性。总体来说，在大多数国家，智力低下的儿童很少被收养，一些优生学家甚至认为收养私生子会助长智力低下、道德不良、反社会等行为代代相传（Herman，2012）。

　　60 年代末以来，英格兰和威尔士国内的无亲属关系儿童收养已变得不那么频繁。70 年代末以来，瑞典、德国和法国国内的非亲属关系儿童收养也越来越少。可收养儿童数量的减少恰恰可以解释上述变化趋势。事实上，避孕措施的应用（见附录、图 14.11）和人工流产手术技术的成熟减少了意外怀孕和意外生产的数量，弃婴数量也相应减少。此外，西欧国家的家庭法禁止歧视非婚生子女，一些福利国家甚至开始支持单亲家庭，这进一步降低了单身母亲抛弃非婚生子女的可能性。如今，在西欧每年被遗弃的儿童数量非常少，而且还在不断减少。

公众对非婚生子女遗传问题的担忧、对社会污名化的恐惧逐渐消失，以及有利于收养的公共政策的制定都可能推动对无亲属关系儿童收养的需求大幅提升。事实上，虽然辅助生殖技术有所进步（1978 年，英格兰和威尔士首次实施了体外受精手术），但对收养的需求也在不断提升。然而，在没有任何儿童被遗弃的情况下，没有任何供给可以满足这种收养需求。20 世纪 70~80 年代，德国可收养儿童短缺的问题不断凸显，需求与供给之间一直保持较大的缺口（见图 14.3）。20 世纪末 21 世纪初，法国和意大利，收养人申请的数量比可收养人的数量多 3~12 倍（Mignot，2015b）。50~60 年代，法国每年仅有 1%~4% 的儿童被收养，70 年代为 4%~10%，21 世纪初则增长到 20%~35%（《2007~2016 年国家危险处境儿童调查》）。并不是所有符合条件的合法儿童都能被收养，因为很少有收养申请人愿意收养年龄较大的儿童，而且社会工作者认为，某些时候将儿童留在他们所喜爱的寄养家庭更符合他们的利益。

19 世纪末，一些需要劳动力的养父母更喜欢收养青少年。随着无亲属关系收养的动机越来越多地是出于情感而非工具性原因，收养申请人的偏好也逐渐从青少年转向儿童。在两次世界大战期间，德国（Benninghaus，2013）以及英格兰和威尔士（Keating，2009）的许多收养人偏爱 2 岁到 3 岁的孩子。这个年龄段的孩子很难记住亲生父母，而且健康状况可以得到精准评估。自 40 年代起，婴儿死亡率不断下降，收养人也更加偏爱婴幼儿而不是儿童，因为婴幼儿更容易对收养者产生依赖（Keating，2009：187）。因此，在英格兰和威尔士，"1951 年，36% 的收养对象是 12 个月以下的婴儿，1968 年这一数据则提高到 51%"（Keating，2009：207）。但自 70 年代可收养婴儿出现短缺，这意味着收养者不能总是根据自己的喜好去选择被收养的儿童。在英格兰和威尔士，5 岁以下的（亲属关系与无亲属关系）国内收养比例从 1974 年的 50% 下降到 1995 年的 31%（尽管 2012 年为 65%）（国家统计处，Office for National Statistics，2013）。在法国，被收养儿童的平均年龄从 50 年代的 1.3 岁增加到 90 年代的 3.2 岁（Halifax，2005），现在甚至更高。

许多收养申请人更喜欢收养女孩而不是男孩，也许是因为女孩更能在感情上给予收养人更多的回报。早在 20 年代的德国女孩就供不应求（Benninghaus，2013）。20 年代和 30 年代，在英格兰和威尔士，"每次提及收养的首选性别……都清楚地表明，女孩明显比男孩更受欢迎，即使收养者已选择了现有的性别"（Keating，2009：203）。在现实中，尽管有这种收养偏好，男孩仍在国内收养中占较大比例（近 50%），如 20 世纪 50 年代到 21 世纪的法国（Mignot，2015a；Belmokhtar，1996；Belmokhtar，2009），20 世纪 80 年代到 2010 年前后的英格兰和威尔士（国家统计处，2013），以及 20 世纪 90 年代至 2010 年的德国（德国联邦统计局，2015）和瑞典（Statistiska Centralbyrân，2016）。

14.6 国内有亲属关系收养

大多数有亲属关系儿童的收养人是继父，他们在与单身、离婚或寡居的母亲结婚后担负起抚养孩子的责任（Goldscheider，2015）。例如，在英格兰和威尔士，"1955 年，有 10341 个非婚生子女被收养，其中 111 个由父母共同收养，19 个由其父亲和伴侣收养，3000 个由其母亲和伴侣收养，18 个由父亲独自抚养，87 个由母亲独自抚养"（Keating，2009：140）。20 世纪 90 年代和 21 世纪初，德国 90% 以上的有亲属关系的被收养人是继父母。在 21 世纪初的法国，大多数有亲属关系的被收养人（母亲离异）是在母亲再婚后被没有子女的继父收养的（Belmokhtar，2009）。继父收养可能使非婚生子女受益，目的是使其身份实现合法化；或者，他们也可能在母亲离婚或丧偶再婚后使婚生子女受益，目的是让他们与继家同姓。其他亲属也可以收养，在两次世界大战期间，法国大约有 45% 的被收养人被其姨妈、叔叔、继父母或其他亲属收养（Mignot，2015a）。一些收养者甚至收养自己的非婚生子女，以使他们有合法的财产继承权。如今，收养者也可以是同性伴侣，大多数为女性同性伴侣。

14.6.1　国家间的差异

70 年代以前，英格兰和威尔士以及瑞典的有亲属关系儿童收养率比德国、法国和意大利高很多（见图 14.4）。即便假设两次世界大战之间德国所有儿童收养（见图 14.1）都是有亲属关系收养（Mouton，2005），其有亲属关系儿童收养也只是瑞典的 1.5 倍。最重要的是，60 年代，瑞典以及英格兰和威尔士的有亲属关系儿童收养率是德国的 3~4 倍，而法国或意大利与其差距则更大。

如何解释瑞典、英格兰和威尔士与德国、法国和意大利之间存在的这种差距？一种可能性是瑞典以及英格兰和威尔士有更多的继父母和养子女一起生活。事实上，自 50 年代以来，瑞典是西欧离婚率最高的国家，排在英格兰和威尔士之前，然后是德国和法国；在本章研究的国家中，意大利离婚率最低（见附录、图 14.12）。50 年代，在英格兰和威尔士，被收养的继子女其母亲大多是单身（80% 被收养的继子女是私生子），70 年代，被收养的继子女其母亲大多数是离异状态（60% 被收养的继子女是婚生的）（Masson et al.，1983：1）。在瑞典、英格兰和威尔士，单身母亲再婚的比例更高，这将使继父母与继子女一起生活的家庭数量增多，但我

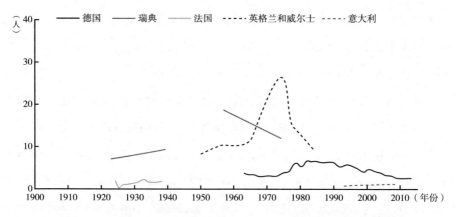

图 14.4　1900~2013 年西欧每 10 万人有亲属关系儿童收养数量

　　注：德国 1963~1981 年的数据略被高估（不仅包括国内家庭收养，还包括有亲属关系儿童的跨国收养）。本图无瑞典数据，但假设瑞典国内无亲属关系儿童收养与斯德哥尔摩的比例相同（Lindgren，2006：33-35）。英国 1950~1956 年的数据略被低估（仅包括继父母的收养）。法国 1924~1938 年的数据略被高估（仅包括有亲属关系的成人收养）。

　　资料来源：见表 14.3。

们尚未掌握足够的材料来恰当地解释这一事实。在英格兰和威尔士，有亲属关系收养的数量 70 年代中期达到顶峰，而无亲属关系收养的数量 60 年代末达到顶峰，这可能表明这些趋势是由不同因素推动的，但并不能说明英国继父收养了更多继子女的原因。70 年代，英国继父母收养的一个主要原因是，孩子出生后需要理顺家庭关系，特别是在孩子上学后所有家庭成员都要冠以相同的姓氏（Masson et al.，1983：16）。

14.6.2　进展

　　在大多数西欧国家，国内有亲属关系收养率呈先增后减趋势，峰值在瑞典、英格兰和威尔士以及德国各不相同，分别为 50 年代、70 年代以及 80 年代（见图 14.4）。考虑到可用信息较少，这种趋势很难解释。至少在 50 年代之前，有亲属关系儿童收养的数量增加，主要是由于战争孤儿的增加或孤儿更多地被其姨妈、叔叔与继父母收养。在英格兰和威尔士，法律的出台也是一大助力，如《1958 年收养法》为养父母和继父母的收养提供了便利（Masson et al.，1983：20）。60 年代和 70 年代初，英格兰和威尔士的继父母收养数量增加，主要是由于单身母亲再婚后继父收养增多，而非单身母亲死亡后继父母收养增加（Masson et al.，1983：1）。1975~1978 年，在被收养儿童中，超过一半（51%）父母离异，36% 为非婚生，9% 为孤儿，4% 为混合型（多种原因）（Masson et al.，1983：1）。

自 70 年代中期以来，英格兰和威尔士有亲属关系儿童收养数量有所下降，《1975 年儿童法》出台起到了关键作用，该法案试图用监护权或抚养权部分取代继父或继母收养，以避免被收养儿童与其父母（通常是父亲）断绝关系。这项法律直接导致了继子女收养申请和通过数量的减少，特别是离异者的收养（Masson et al.，1983）。自 60 年代起，西欧国家的离婚率上升明显（见附录、图 14.12），但收养子女的继父母数量却未显著增多。这可能是因为大多数西欧国家的收养法都希望尽量减少继子女收养，主要担心这可能会切断孩子与其父亲之间的法律和感情联系（United Nations，2009）。自 70 年代始，单身母亲得到法律认可，在社会上也越来越被接受，她们不再像之前那样那么迫切地需要找一个丈夫来抚养孩子（Rivière，2015）。婚生子女与非婚生子女法律地位的平等也使通过收养儿童让自身身份实现合法化的优势大打折扣。这可能是英格兰和威尔士国内无亲属关系儿童收养的比例从 1960 年的 66% 到 70 年代初至 80 年代下降到 40% 的原因（Selman，2006a）。

14.7 跨国儿童收养

跨国儿童收养应与儿童移民（Kershaw and Sacks，2008；Stuchtey，

2013：51；Jablonka，2007）和强制移民计划（如纳粹的"生命之泉计划"① ）区分开来（Fehrenbach，2010：183-184），也应与儿童救助计划区分开来（Hübinette，2003；Hübinette and Tigervall，2006；Hübinette，2009）。尽管早在 20 世纪 30 年代，英国"儿童就会被收养协会送到荷兰、法国、比利时、瑞士、挪威和美国的养父母那里"，但跨国收养大多始于二战之后（Rossini，2014：111-112）。二战后，有 500 名被遗弃的德国儿童被送往瑞典收养（Hübinette，2003）。1946~1951 年，有 500 名德国的法国占领军与德国妇女所生的"占领军儿童"被遗弃，因此被送往法国收养。一些德国战争孤儿也被送往美国收养（Weil，1984）。德国是唯一一个发生了大量跨国收养的西欧国家（见附录、图 14.13）。1975 年后，法国针对越南战争孤儿和被遗弃儿童的人道主义救助有所增加（Denéchère，2011）。韩国和瑞典的跨国收养始于 1957 年，70 年代两国签署了一项促进跨国收养的协议（Hübinette，2003；Lindgren，2006）。1976年，韩国总统朴正熙曾邀请斯堪的纳维亚收养的韩国人寻根认祖。90 年代和 21 世纪初，所有西欧国都签署并批准了《跨国收养方面保护儿童及合作公约》（以下简称《海牙公约》）（Hague Convention on Protection of Children and Co-operation in Respect of Intercountry Adoption）并遵循其关于跨国收养的规定。

14.7.1 国家间差异

自 20 世纪 60 年代以来，瑞典的跨国收养相对频繁，法国、意大利、德国以及英格兰和威尔士均居其后（见图 14.5）。80 年代，瑞典的跨国

---

① "生命之泉计划"（Lebensborn）是纳粹德国的一个具有党卫队和政府背景的注册机构，成立于 1935 年，其目标是按照纳粹种族优生理论进行试验，以提高"雅利安人"子女的出生率。——译者注

收养至少是其他西欧国家的 10 倍；21 世纪 10 年代，瑞典的跨国收养约为英格兰和威尔士的 30 倍。

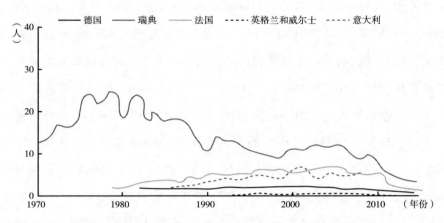

图 14.5　1969~2015 年西欧每 10 万人跨国儿童收养情况

资料来源：见表 14.3。

为什么瑞典夫妇收养了这么多外国儿童，而英格兰和威尔士夫妇收养的却很少？早在 20 世纪 50 年代末 60 年代初，瑞典就面临可收养儿童短缺的问题（Lindgren，2006）。这增加了跨国收养的需求，瑞典政府为此提供了便利。时至今日，瑞典政府仍根据 2016 年提出的财政补助计划为跨国收养者提供补助（O'Halloran，2015：779）。可以说，瑞典开了跨国收养的先河，并成为世界上跨国收养率最高的国家之一。21 世纪初，瑞典"每年跨国收养近 1000 名儿童，这些儿童分属于 30 多个国家，亚洲是最大来源地。瑞典每年的国内收养不到 200 人，大约 20 人为婴儿，寄养儿童也差不多如此。其余大多数收养则涉及继子女收养。"（Socialstyrelsen，2009：14）跨国收养被视为一种声援第三世界的行为，瑞典政府想借此维护其作为世界上最自由和进步的国家之一的形象和声誉（Hübinette and Tigervall，2006；Lindgren，2006；Jonsson Malm，2010）。"然而，自 20 世纪 90 年代末起，随着成年后的被收养者和养父母开始以出版回忆录和自传的形式公开各自的经历，以往公众的一些普遍认知受到了挑战，如人们认为跨国收养是反种族主义和团结主义的维护者、被收养儿童作为不同文化沟通的'乌托邦式'的桥梁、养父母是儿童的拯救者等"（Hübinette and Tigervall，2006）。

相比之下，英格兰和威尔士的收养申请人并没有面临类似的国内可收养儿童短缺的问题，部分原因可能是自 20 世纪 80 年代以来有大量不受重视或被虐待的儿童（Mignot，2017）。正因如此，英格兰和威尔士跨国收养需求也从未像瑞典那样高。此外，为了让英国儿童（而非外国儿童）被收养，并减少地方当局的照料成本，英国政府针对跨国收养制定的成本支出标准（金钱和时间）比国内收养高许多。最后，关于儿童被迫迁移的历史使人们对跨国收养是否对儿童有益产生了怀疑。因此，许多英国社会学者认为，跨种族收养通常不符合孩子的最大利益（Julie Selwyn 口述）。

西方国家跨国收养发生率的差异令人印象深刻，而且被收养者的原籍国也存在差异（20 世纪 70 年代以来英格兰和威尔士以及德国的跨国被收养人的资料很难获得）。20 世纪 70~80 年代，瑞典和法国发生的大多数跨国收养其儿童都来自亚洲（Hübinette，2001b；Ministère des Affaires étrangères，2016）。21 世纪初，瑞典的大多数跨国收养，儿童来源仍然是亚洲（Hübinette，2001b），但在 21 世纪初和整个 10 年代，法国和意大利的跨国被收养儿童来自亚洲的比例则相对不高，分别为 25% 和近 20%（Ministère des Affaires étrangères，2016）。法国的被收养儿童来自不同的洲，各洲人数大致相等，而意大利则主要收养东欧儿童，人数已超过亚洲。事实上，现在的许多跨国收养都是跨种族收养的，这会给儿童的心理健康和/或福祉带来一些特殊的挑战，包括可能存在的自尊问题和种族认同冲突（Hjern et al.，2002；Dalen et al.，2008；Lindblad et al. ，2010 on Sweden；Halifax and Labasque，2013 on France；Ferrari and Rosnati 2013；Rosnati and Ferrari，2014 on Italy；Clarke，2014 on England；也见 Hollingsworth，1997；Juffer and Van Ijzendoorn，2007 等文献回顾）。

14.7.2　进展

21 世纪初，法国、意大利和德国的跨国收养更加频繁（见图 14.5），这可能是因为避孕措施的实施和人工流产手术自由化使健康的国内可收养儿童发生短缺。此外，由于私生子不再被歧视，收养行为也不再被认为是可耻的，收养看得见的外国儿童也使养父母不得不对外公布收养孩子的事实。这与之前的收养做法大相径庭，以往因为人为隐瞒，收养的事情往往不为人知。自 20 世纪 60~70 年代到 21 世纪 10 年代中期，国内收养逐渐被跨国收养所取代，这也使收养行为本身比以往任何时候都更加引人注目。

在瑞典，国内收养的减少可以追溯到 70 年代末，这点需要具体解释。自 21 世纪 10 年代中期以来，法国、意大利和德国的跨国收养频率已大大降低，这主要是因为全球可收养儿童的数量不断下降（Selman，2006b，2010，2012，2015；Mignot，2015c）。死亡率的下降减少了孤儿的数量；同时，生育率下降，非婚生子女污名消失，很多国家制定了社会和儿童福利支持政策。被遗弃儿童的数量不断下降，并且越来越多的被遗弃儿童现在实现了国内收养。越来越多的国家签署并批准《海牙公约》，这也进一步使全球可收养儿童的数量下降。现在，大多数西欧国家的跨国收养都有 "特殊需求"，如法国和意大利（Ministère des Affaires étrangères，2016）。随着跨国被收养者的年龄越来越大，公众也越发关注被收养者如何融入寄宿家庭和社会的问题。2015 年，法国 41% 的跨国被收养者在被收养时至少已经 5 岁，而 2005 年这一比例仅为 18%。2010 年以来，意大利大多数跨国被收养者在被收养时至少已经 5 岁，而 2000 年的情况却并非如此。与此类似，2014 年德国 50% 的跨国被收养者被收养时至少已经 6 岁（1991 年为 36%、2005 年为 68%）（Statistisches Bundesamt，2015）。

14.8 结论

本章概述了自儿童收养在西欧合法化以来的儿童收养的法律和实践。本章已经阐明，20 世纪初，德国、瑞典、法国、英格兰和威尔士和意大利为保护弱势儿童的福利（包括战争孤儿和战争婴儿）在其法律体系中引入了与儿童收养有关的条款。越来越多的社会、政治和法律支持为保护儿童最大利益而收养儿童，而无须考虑其身份（有亲属关系儿童、被遗弃的孩子、孤儿或外国儿童）。由于对无亲属关系儿童的收养需求增加，儿童收养发生率自 20 世纪初期到 70 年代持续增长。越来越多的无子女夫妇收养无亲属关系儿童的原因尚需进一步探讨。该类收养多数被认为主要在于满足夫妇情感需求，但这种认识还不完善。70 年代之前，由于对有亲属关系儿童的收养需求增加，儿童收养发生率也有所增长。自 70 年代后，儿童收养发生率一直在下降，避孕措施的实施和人工流产手术的自由和便利使可收养儿童短缺，首先影响了国内收养，其次也影响了跨国收养。遗弃儿童现象的逐步消失直接影响了西欧的儿童收养。此外，为了保持孩子与生父之间的关系，继子女收养也被禁止。总体而言，21 世纪 10 年代，西欧各国的儿童收养发生率与两次世界大战期间大体相同。

本章还说明了自 20 世纪以来瑞典和英国比德国、法国和意大利更愿意收养儿童。收养率存在的这种长期差距是收养无亲属关系和有亲属关系儿童的差异造成的。那么，为什么英国和瑞典的家庭中对陌生儿童的接纳度如此之高呢？如果南北梯度分异适用于整个西欧，则需要进一步研究其背后的机制以及它如何与西欧家庭模式相适应。然而，了解这一差距可能需要收集个人数据，并厘清哪些夫妇提出收养申请并最终收养了孩子。讨论儿童收养史需要对比东欧国家和非欧洲国家的数据。自 50 年代以来，美国每 10 万人有 40~80 人被收养（Moriguchi，2012），这一数据比瑞典或英格兰和威尔士还高。自 50 年代以来，日本的收养率甚至比美国还高，但是几乎所有的被收养者都是成年人（Moriguchi，2010）。全球收养模式揭示了世界上一些人口之间被忽视的差异，从而弥补了之前的研究主要基于婚姻、生育和移民进行分析的缺陷。

致谢：对于以下学者的帮助，我深表感谢：Christina Benninghaus，Francesca Caroccia，E. Wayne Carp，Nina Dethloff，Vincent Gourdon，Joachim Haas，Juliette Halifax，Juho Härkönen，Tobias Hübinette，Jenny Keating，Silvia Leek，Philippa Levine，Jörg Lewe，Cecilia Lindgren，Li Ma，Agnès Martial，Christoph Neukirchen，David Reher，Paola Ronfani，Peter Selman，Julie Selwyn，June Thoburn，以及匿名评审员。

附　录

表 14.4　西欧国家的特征

	法律法系	语系	主要宗教	传统家庭结构
德国	大陆法系	日耳曼语	新教/天主教	主干
瑞典	大陆法系	日耳曼语	新教	主干
法国	大陆法系	罗曼语	天主教	核心（北部） 主干（南部）
英格兰和威尔士	英美法系	日耳曼语	新教	核心
意大利	大陆法系	罗曼语	天主教	核心（南北） 集体（中部）

资料来源：传统家庭结构来源于 Kertzer（2001）。

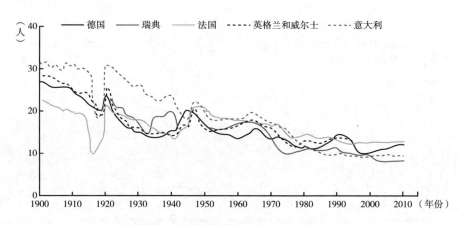

图 14.6　1900~2010 年西欧每千人活产率

资料来源：Ined（2016）。

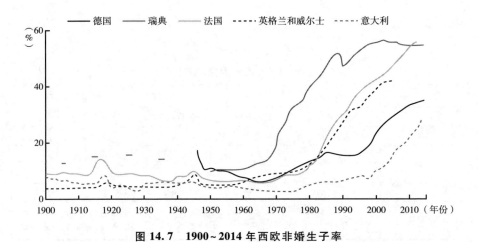

图 14.7　1900~2014 年西欧非婚生子率

资料来源：Ined（2016）、Eurostat（2016）以及 Statistiska Centralbyrån（1969：106）。

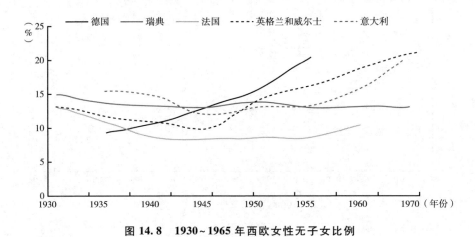

图 14.8　1930~1965 年西欧女性无子女比例

资料来源：Organisation for Economic Cooperation and Development（2016）。

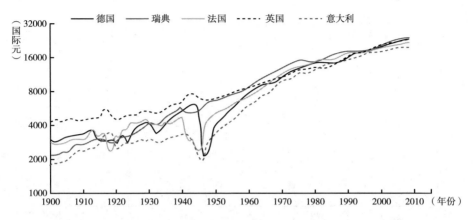

图 14.9　1900~2008 年西欧国家人均 GDP（以 1990 年国际元为基准）

资料来源：Maddison（2003）。

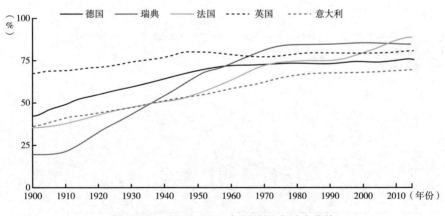

图 14.10　1900~2015 年西欧国家城市化率

资料来源：1900~1913 年数据来自 Bardet 和 Dupâquier（1997-1999）（5000 人以上城市的人口占比）；1950~2015 年数据来自 United Nations Population Division（2015b）（城市地区的人口占比）。

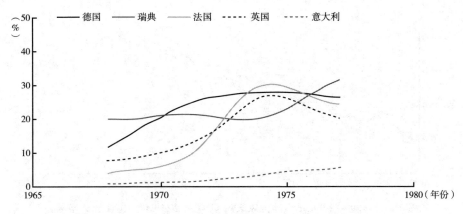

图 14.11 1968~1977 年西欧 15~44 岁女性服用避孕药比例

资料来源：Leridon et al. （1987）。

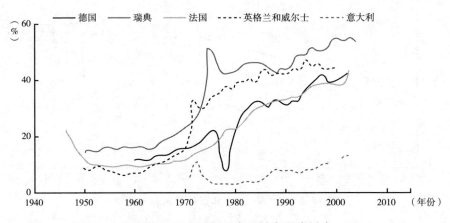

图 14.12 1946~2003 年西欧各国离婚率

资料来源：Ined （2016）。

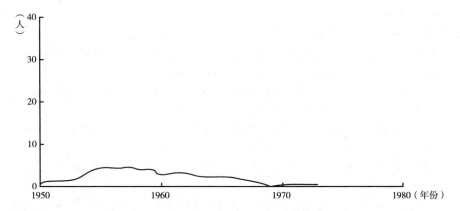

图 14.13　1950~1973 年西德每 10 万人跨国收养儿童数量

资料来源：Statistisches Bundesamt（1977：64）（1950~1953 年不包括西柏林的跨国收养）。

参考文献

A Vision of Britain Through Time, *Population*. 2009 Available at http://www. visionofbritain. org. uk.

Alfani, G. and Gourdon, V. eds., 2012. *Spiritual Kinship in Europe, 1500－1900*. Palgrave Macmillan, Londres.

Ariès, P. and Duby, G. eds., 1990－1998. *A History of Private Life*. Belknap Press, Cambridge.

Australian Iniercouniry Adoption Network. 2016. International Adoption Statistics. Available at http://www. aican. org/statistics. php.

Bardet, J-P., 1987. "L'enfance abandonnée au cœr des interrogations sociales." *Hist Econ Soc* 6（3）：291-299.

Bardet, J－P. and Dupâquier, J., 1997－1999. *Histoire des populations de l'Europe*. Fayard, Paris.

Bardet, J－P. and Faron, O., 1996. "Sull'infanzia abbandonata in età moderna." *In Storia dell'infanzia, Dal settecento a oggi*, Vol. 2, edited by Becchi, E. and Julia, D.（eds）, pp. 100-131. Laterza, Rome.

Becchi, E. and Julia, D., eds, 1996. Storia dell'infanzia, Dal settecento a oggi, vol

2. Rome，Laterza

Behlmer，G. K. , 2002. "What's Love Got to Do with It? 'Adoption' in Victorian and Edwardian. England." In *Adoption in America. Historical perspectives*, edited by Wayne Carp E (ed), pp 82–100. University of Michigan Press, Ann Arbor, MI.

Belmokhtar，Z. , 1996. "Les adoptions simples et plénières en 1992." *Infostat Justice* 46：1–4.

Belmokhtar，Z. , 2009. "L'adoption simple et plénière en 2007：des projets différents." *Infostat Justice* 106：1–6.

Benicke，C. , 2003. "L'adoption internationale en droit allemand." *Revue internationale de droit comparé* 55 (4)：789–802.

Benninghaus，C. , 2013. *Adoption—The Emergence of A New Reproductive Technology, Germany ca. 1890–1930.* Unpublished Paper.

Bergstrom. T. C. , 1997. "A Survey of Theories of the Family." In *Handbook of Population and Family Economics*, edited by Rosenzweig MK, Stark O (eds), pp. 21–79. Elsevier, Amsterdam.

Brand，E. , 1985. "Adoption-Italie." *Revue internationale de droit comparé* 37 (3)：631–651.

Burguière，A. , 1999. "Un aussi long refus. Droit et pratique de l'adoption en France du XVᵉ siècle au temps présent." In *Adoption et fosterage*, edited by Corbier M (ed), pp. 123–137. De Boccard, Paris.

Burguière，A. , Klapisch-Zuber, C. , Segalen, M. , and Zonabend, F. eds, 1996. *A History of the Family*. Polity Press, Cambridge.

Cahen，F. , 2013. . "Éléments pour une hisioire de la lutte contre la stérlité involoniaire (France. 1920–1982)." *Annales de Démographie Historique* 126 (2)：209–228.

Carmichael，S. G. , Dilli, S. , and Van Zanden, J. L. , 2016. "Introduction：Family Systems and Economic Development." *Econ Hist Dev Reg* 31 (1)：1–9.

Carp，E. W. , 1998. *Family Matters：Secrecy and Disclosure in the History of Adoption.* Harvard University Press, Cambridge.

Caselli. G. , Vallin. J. , Wunsch, G. eds, 2005. *Demography. Analysis and Synthesis. A Treatise in Population.* Academic Press, Paris.

Center for Adoption Policy, 2016a. Overview of German Adoption Law. Available at http：//www. adoptionpolicy. org/pdf/eu–germany. pdf.

Cenier for Adoption Policy, 2016b. Overview of Swedish Adoption Law. Available al http：//www. adoptionpolicy. org/pdf/eu–sweden. pdf.

Center for Adoption Policy, 2016c. Overview of English Adoption Law. Available at http：//www. adoptionpolicy. org/pdf/eu-england. pdf.

Center for Adoption Policy, 2016d. Overview of Italian Adoption Law. Available at http：//www. adoptionpolicy. org/pdf/eu-italy. pdf6.

Chassaigne, P. , 1992. "Un aspect peu connu de l'abandon d'enfants dans l'Angleterre victorienne：le baby farming. " *Annales de Démographie Historique* (1)：187-197.

Clarke, V. , 2014. *The Voices of Mixed Ethnicity Adopted Children. Ethnic Identities, Experiences of Discrimination and Ethnic Socialisation.* University of Bristol, Bristol.

Coale, A. J. and Cotts Watkin, S. , 1986. "The Decline of Fertility in Europe. " *The Revised Proceedings of a Conference on the Princeton European fertility Project.* Princeton University Press, Princeton, NJ Commissione Per Le Adozioni Internazionali 2014. Dati e prospettive nelle adozioni internazionali. Rapporto sui fascicoli dal 1° gennaio al 31 dicembre. Firenze：Istituto degli Innocenti. Available at http：//www. commissioneadozioni. it/media/ 143019/report_ statistico_ 2013. pdf.

Conn, P. , 2013. *Adoption：A Brief Social and Cultural History.* Palgrave MacMillan, New York.

Corbier, M. , 1999. "Introduction. Adoptés el nourris. " In *Adoption el fosterage.* edited by Corbier M (ed). pp. 5-41. De Boccard, Paris.

Dalen, M. , Hjern, A. , Lindblad F, Odenstad, A. , Ramussen, F. , and Vinnerljung, B. , 2008. "Educational Attainment and Cognitive Competence in Adopted Men. " A Study of International and National Adoptees, Siblings and A General Swedish Population. Child Youth Serv Rev 30：1211-1219.

Dasen, V. , Lett, D. , Morel, M-F. , and Rollet, C. , 2001. "Dix ans de travaux sur l'enfance. " *Annales de Démographie Historique* 102 (2)：5-100.

Denéchère, Y. , 2011. *Des enfants venus de loin. Histoire de l'adoption internationale en Allemagne.* Colin, Paris.

Diebolt, C. and Haupert, M. , 2016. *Handbook of Cliometrics.* Springer-Verlag, Berlin.

Eurostat, 2016. Eurostat Database. Available at http：//ec. europa. eu/eurostat/data/ database.

Fauve-Chamoux, A. , 1998. "Adoption, Affiliation, and Family Recomposition-Inventing Family Continuity. " *Hist Fam* 3 (4)：385-392.

Fauve-Chamoux, A. , 2009. "Domesticité et parcours de vie. Servitude, service prémarital ou métier ?" *Annales de Démographie Historique* 117 (1)：5-34.

Fauve-Chamoux, A. and Brunet, G. , 2014. "L'enfant illégitime et ses parents. Tendances européennes et coloniales au XIXe siècle, au sein des modèles séculaires d'illégitimité. " *Annales de Demographie Historique* 127 (1)：7-43.

Fehrenbach, H., 2010. "War Orphans and Postfascist Families. Kinship and Belonging after 1945." In *Histories of the Aftermath: the Legacies of the Second World War in Europe*, edited by Biess, F., Moeller, R. G. (eds), pp. 175-195. Berghahn Books, New York.

Ferrari, L. and Rosnati, R., 2013. "Internationally Adopted Adolescents: How Do They Integrate Ethnic and National Identity?" *Ital J Soc Educ* 5 (3): 45-61.

Fine, A., 1999. "Adoption et parrainage dans l'Europe ancienne." *In Adoption et fosterage. De Boccard*, edited by Corbier, M. (ed), pp. 339-354, Paris.

Fisher, A. P., 2003. "Still 'Not Quite as Good as Having Your Own'?" *Toward a Sociology of Adoption. Ann Rev Sociol* 29 (1): 335-361.

Flauss-Diem, J., 1985. "Angleterre." *Revue internationale de droit comparé* 37 (3): 539-556.

Florsch, M., 1985. "Allemagne (République fédérale)." *Revue internationale de droit comparé* 37 (3): 525-538.

Giustizia Minorile, 2003. L'applicazione della Legge 4 maggio 1983 n. 184 "Disciplina dell'adozione e dell'affidamento dei minori" negli anni 1993 - 1999. Analisi statistica. Giustizia Minorile, Rome. Available at http://www.giustiziaminorile.it/statistica/approfondimenti/ Adozioni_ 1993_ 99. pdf.

Giustizia Minorile, 2014. *Dati statistici relativi all'adozione anni 2000-2013*. Giustizia Minorile, Rome. Available at http://www.giustiziaminorile.it/statistica/approfondimenti/ Adozione_ Serie_ Storiche. pdf.

Glässing, H., 1957. *Voraussetzungen der Adoption*. Alfred Metzner Verlag, Frankfurt am Main.

Goldscheider, F., 2015. "Repartnering and Stepchildren." In *International Encyclopedia of the Social and Behavioral Sciences, 2nd edn*, edited by Smelser, N. J., Baltes, P. B. (eds), pp. 430-433. Elsevier, Amsterdam.

Goody, J., 1969. "Adoption in Cross-Cultural Perspective." *Comp Stud Soc Hist* 11 (1): 55-78.

Goody, J., 1983. *The Development of the Family and Marriage in Europe*. Cambridge University Press, Cambridge.

Gutton, J-P., 1993. *Histoire de l'adoption en France*. Publisud, Paris.

Hague Convention on Protection of Children and Cooperation in Respect of Intercountry Adoption 2016 Available at https://www.hcch.net/en/instruments/conventions/status - table/? cid = 69.

Halifax, J., 2005. "Les families adoptives en France." In *Histoires de familles*, *histoires familiales Les résultats de l'enquête Famille de 1999*，edited by Lefèvre，C.，Filhon，A.（eds），pp. 309-335. INED，Paris，

Halifax，J. and Labasque，M-V.，2013. *Étude relative au devenir des enfants adoptés en France et a l'international*. Rapport Final. CREAI de Picardie，Amiens Available at http：//www. adoption. gouv. fr/IMG/pdf_ Rapport_ final. pdf.

Herman，E.，2008. *Kinship by Design. A History of Adoption in the Modern United States*. University of Chicago Press，Chicago，IL.

Herman，E.，2012. Eugenics. The Adoption History Project. Available at http：// pages. uoregon. edu/ adoption/topics/eugenics. htm.

Heywood，C.，2001. *A History of Childhood. Children and Childhood in the West from Medieval to Modern times.* Polity，Cambridge.

Hjern，A.，Lindblad，F.，and Vinnerljung，B. 2002. "Suicide，Psychiatric Illness，and Social Maladjustment in Intercountry Adoptees in Sweden：A Cohort Study." *Lancet* 360（9331）：443-448.

Hollingsworth，L. D.，1997. "Effect of Transracial/Transethnic Adoption on Children's Racial and Ethnic Identity and Self-esteem. A Meta-Analytic Review." *Marriage Fam Rev* 25（1-2）：99-130.

Howell，S.，2009. "Adoption of the Unrelated Child：Some Challenges to the Anthropological Study of Kinship." *Ann Rev Anthropol* 38：149-166.

Hübinette，T.，2001a. Adopterade，institutionaliserade och fosterhemsplacerade barn i Sverige 1918-2001 I relation till antalet aborter，steriliseringar och IVF-födslar [Adoptees，institutionalized and foster children placed in Sweden 1918-2001 in relation to the number of abortions，sterilisations and IVF births]. Available at http：//www. tobiashubinette. se/barn_ sverige. pdf.

Hübinette，T.，2001b. Anlända utomnordiska adoptivbarn（ålder 0-10 år）[Foreign adopted children（aged 0-10 years）]. Available at http：//www. tobiashubinette. se/ varldsdel_ sverige. pdf.

Hübinette，T.，2003. "The Adopted Koreans of Sweden and the Korean Adoption Issue." *Rev Korean Stud* 6（1）：251-266.

Hübinette，T.，2009. "Adoption." In *The Palgrave Dictionary of Transnational History. From the Mid-19th Century to the Present Day*，edited by Iriye，A.，Saunier，P-Y.（eds），pp. 11-13. Palgrave Macmillan，New York.

Hübinette，T. and Tigervall，C.，2006. "Contested Adoption Narratives in a Swedish Selling." Paper Presented al the 2nd International Conference on Adoption Research，University of East Anglia，Norwich.

Hunecke, V., 1991. *Intensità e fluttuazioni degli abbandoni dal XV al XIX secolo.* Enfance abandonnée et société en Europe, XlVe – XXe siècle. École Française de Rome, Rome, pp. 27–72.

Ined, 2016. Base DE données des pays développés. Available at https: // www. ined. fr/fr/tout–savoir–population/chiffres/bases–donnees/donnees–pays–developpes/.

Istat, 2011. Serie Storiche. Tavola 6. 9 Provvedimenti giudiziari in materia di stato delle persone–Anni 1891 – 2008 (valori assoluti). Adozioni di minori (di cui: adozioni di minori stranieri); Adozioni ordinarie. Available at http: //seriestoriche. istat. it/index. php? id = 7&user_100ind_pi1%5Bid_pagina%5D = 49&cHash = 66f9eb5b9dc25bcee546ed 696f1da59a.

Jablonka, I., 2006. *Ni père ni mère. Histoire des enfants de l'Assistance publique* (*1874–1939*). Seuil, Paris.

Jablonka, I., 2007. *Enfants en exil. Transfert de pupilles réunionnais en métropole* (*1963–1982*). Seuil, Paris.

Jonsson Malm, Carolina, 2010. Internationella adoptioner och familjens gränser [International adoptions and family boundaries]. Det politiska äktenskapet: 400 års historia om familj och reproduktion Bente Rosenbeck, Hanne Sanders, Jens Rydström, Marie Lindstedt Cronberg, Gunlög Fur. Stockholm: Makadam, pp. 215–241.

Juffer, F. and Van Ijzendoorn, M. H., 2007. "Adoptees Do Not Lack Self-Esteem: A Meta-Analysis of Studies on Self-Esteem of Transracial, International and Domestic Adoptees." *Psychol Bull* 133: 1067–1083.

Keating, J., 2001. "Struggle for Identity: Issues Underlying the Enactment of the 1926 Adoption of Children Act." *Univ Sussex J Contemp Hist* 3: 1–9.

Keating, J., 2009. *A Child for Keeps: The History of Adoption in England*, *1918–1945.* Palgrave Macmillan, Basingstoke.

Kershaw, R. and Sacks, J., 2008. *New Lives for Old: The Story of Britain's Child Migrants.* National Archives, Richmond.

Kertzer, D. I., 2001. "Family Systems in Europe." In *International Encyclopedia of the Social and Behavioral sciences*, edited by Smelser, N. J., Baltes, P. B. (eds), pp. 5357–5361. Elsevier, Amsterdam.

Kertzer, D. I. and Barbagli, M., 2003. *Family Life in the Twentieth Century.* Yale University Press, New Haven, CT.

Lallemand, Suzanne, 1993. *La circulation des enfants en société traditionnelle*, *prêt*, *don*, *échange.* Paris: L'Harmattan.

Laslett, P., Oosterveen, K., and Smith, R. M., 1980. *Bastardy and Its Comparative History.* Edward Arnold, London.

Lavallée, C., 2008. "Pour une adoption sans rupture du lien de filiation d'origine dans les juridictions de civil law et de common law." *Inf Soc* 146 (2): 132–140.

Le Bouteillec, N., 2013. "Parenté et illégitimité: réformes du droit de la filiation et de la famille en Suède au début du XXe siècle." *Annales de Démographie Historique* 125 (1): 69–97.

Leinaweaver, J. B., 2015. "Adoption, Demography of." In *International Encyclopedia of the Social and Behavioral Sciences*, *2nd edn*, edited by Smelser, N. J., Baltes, P. B. (eds), pp. 136–141. Elsevier, Amsterdam.

Leridon, H., Charbit, Y., Collomb, P., Sardon, J-P., and Toulemon, L., 1987. La seconde révolution contraceptive. La régulation des naissances en France de 1950 à 1985. INED/PUF, Paris.

Lett, D., 1998. "Droits et pratiques de l'adoption au Moyen Âge." *Médiévales* 35: 5–8.

Lett, D., Robin, I. and Rollet, C., 2015. "Faire l'histoire des enfants au début du XXIe siècle: de l'enfance aux enfants." *Annales de Démographie Historique* 129 (1): 231–276.

Lindblad, F., Weitoft, G. R., and Hjern, A., 2010. "ADHD in International Adoptees: A National Cohort Study." *EurChild Adolesc Psychiatry* 19 (1): 37–44.

Lindgren, C., 2002. "What Is 'In the Best Interest of the Child'? Notions of Biological and Social kinship in Swedish Child Adoption Policy 1917–1970." In *Uppväxt, familjeformer och barns bästa*, edited by Söderlind, I. (ed), Institutet för framtidsstudier, Stockholm.

Lindgren, C., 2006. En Riktig Familj. Adoption, föräldraskap och barnets bästa 1917–1975 [A Real Family. Adoption, Parenthood and the Child's Best Interest 1917–1975]. Carlssons, Stockholm.

Maddison, A., 2003. *The World Economy*. Historical Statistics. OECD, Paris.

Marmier-Champenois, M-P. 1978. L'adoption. Effectivité de la loi du 11 juillet 1966. Approche des résultats de l'institution. Ministère de la Justice, Paris.

Masson, J., Norbury, D., and Chatterton, S. G., 1983. Mine, Yours, or Ours? A Study of Step-Parent Adoption. H. M. S. O, London.

Mignot, J-F., 2015a. " "Simple" Adoption in France. Revival of an Old Institution (1804–2007)." *Rev Fr Sociol* 56 (3): 365–394.

Mignot, J-F., 2015b. "Adoption in France and Italy: A Comparative History of Law and Practice (nineteenth to twenty-first centuries)." *Population* 70 (4): 805–830.

Mignot, J-F., 2015c. "Why Is Intercountry Adoption Declining Worldwide?" *Popul Soc* 519: 1–4. Available at http://www. ined. fr/fichier/s_ rubrique/23160/population. and. societies. 2015. 519. adoption. world. en. pdf.

Mignot, J-F., 2017. "Full Adoption in England and Wales and France: A Comparative History of Law and Practice (1926–2015)." *Adopt Foster* 41 (2): 142–158.

Ministère des Affaires étrangères, 2016. Statistiques de l'adoption internationale de l'Agence française de l'adoption. Available at http：//www. agence-adoption. fr/le-paysage-de-ladoption-internationale/les-statistiques/.

Moriguchi, C. , 2010. "Child Adoption in Japan, 1948 – 2008. A Comparative Historical Analysis. " *Econ Rev* 61 （4）： 342-357.

Moriguchi, C. , 2012. "The Evolution of Child Adoption in the United States, 1950-2010. An Economic Analysis of Historical Trends. " *Econ Rev* 63 （3）： 265-285.

Mouton, M. , 2005, "Rescuing Children and Policing Families： Adoption Policy in Weimar and Nazi Germany. " *Cen Eur Hist* 38 （4）： 545-571.

Neirinck, C. , 2000. "L'évolution de l'adoption. " In *Parents de sang, parents adoptifs. Approches juridiques et anthropologiques de l'adoption*, edited by Fine, A. , Neirinck, C. （eds）, pp. 343-361. France, Europe, USA, Canada. LGDJ, Paris.

Neukirchen. , C. 2005. *Die rechthistorische Entwicklung der Adoption*. Peter Lang, Frankfurt.

O'Donovan, K. , 2003. "L'adoption dans le droit du Royaume-Uni. " *Revue Internationale de Droit Comparé* 55 （4）： 845-860.

O'Halloran, K. , 2015. *The Politics of Adoption. International Perspectives on Law, Policy and Practice.* Springer, NewYork.

Observatoire National de L'enfance en Danger, 2007-2016. La situation des pupilles de l'État au 31 décembre. Paris. Available at http： //oned. gouv. fr/mots-cles/pupille-letat.

Office for National Statistics, 2013. Adoptions in England and Wales, 2012. http： // webarchive. nationalarchives. gov. uk/20160105160709/http： //www. ons. gov. uk/ons/dcp 171778_ 322848. pdf.

Office for National Statistics, 2015. Annual Mid-year Population Estimates, 2014. Available at http： //webarchive. nationalarchives. gov. uk/20160105160709/http： //www. ons. gov. uk/ons/ dcp171778_ 406922. pdf.

Organisation for Economic Cooperation and Development, 2016. OECD Family Database/The Structure of Families/Fertility Indicators/Childlessness. Available at http： // www. oecd. org/els/family/SF_ 2-5-Childlessness. xlsx.

Reher, D. S. , 1998. "Family Ties in Western Europe： Persistent Contrasts. " *Popul Dev Rev* 24. （2）： 203-234.

Rieg, A. , 1985. "Adoption-Introduction Comparative. " *Revue Internationale de Droit Comparé* 37 （3）： 511-524.

Rivière, A. , 2015. "Mères Sans Mari. Filles-mères et abandons d'enfants （Paris, 1870-1920）." *Genre Hist 16.* Available at http： //genrehistoire. revues. org/2292.

Rosnati, R. and Ferrari, L. , 2014. "Parental Cultural Socialization and Perception of

Discrimination as Antecedents for Transracial Adoptees' Ethnic Identity. " *Procedia Soc Behav Sci* 140 (8): 103-108.

Rossi, M. C. , Garbellotti, M. , and Pellegrini, M. , 2014. Figli d'elezione. Adozione e affidamento dall'età antica all'età moderna. Carocci, Florence.

Rossini, G. , 2014. *A History of Adoption in England and Wales, 1850-1961*. Pen & Sword, Barnsley Rowland, D. T. 2007. "Historical Trends in Childlessness", *J Fam Issues* 28 (10): 1311-1337.

Schultz, T. P. , 2015. "Fertility Transition: Economic Explanations. " In *International Encyclopedia of the Social and Behavioral Sciences. 2nd edn*, edited by Smelser, N. J. , Baltes, P. B. (eds), pp. 60-67. Elsevier. Amsterdam.

Selman, P. , 2006a. "Towards A Demography of Adoption: Making Sense of Official Statistics on Child Adoption and the Search for Origins. " Paper Presented at Second International Conference on Adoption Research. University of East Anglia. Norwich.

Selman, P. , 2006b. "Trends in Intercountry Adoption: Analysis of Data from 20 Receiving Countries. 1998-2004. " *J Popul Res* 23 (2): 183-204.

Selman, P. , 2010. "The Rise and Fall of Intercountry Adoption in the 21st Century. " *Int Soc Work* 52 (5): 575-594.

Selman, P. , 2012. "Global Trends in Intercountry Adoption: 2001-2010. " *Adopt Advocate* 44: 1-17.

Selman, P. , 2015. Global Statistics for Intercountry Adoption: Receiving States and States of Origin. 2003-2013. Available at https: //assets. hcch. net/docs/3bead31e-6234-44ae-9f4e-2352b190ca21. pdf.

Socialstyrelsen, 2009. *Adoption. Handbook for the Swedish Social Services.* Socialstyrelsen. Vasteråas.

Statistisches Bundesamt, 1977. *Öffentliche Sozialleistungen. Reihe 2. Öffentliche Jugendhilfe.* Wiesbaden.

Statistisches Bundesamt, 2015. Adoptierte Kinder und Jugendliche 1991-2011. Statistik der Kinder und Jugendhilfe. Available at https: //www. destatis. de/DE/Publikationen/Thematisch/ Soziales/KinderJugendhilfe/Adoptionen5225201137004. pdf? _blob=publicationFile.

Statistiska Centralbyrån, 1969. *Historical Statistics of Sweden. Part 1. Population. 1720-1967.* AB Allmänna Förlaget. Stockholm.

Statistiska Centralbyrån, 2016. Adopted Children and Young persons Aged 0-21 by Sex, Age and Country of Birth. Year 2000-2014. Available at http: //www. scb. se/en_ / Finding - statistics/Statistics - by - subject - area/Living - conditions/Livmg - conditions/ Children-and-their-Families/#c_ li_ LE01021.

Stearns, P. N. ed, 2001. *Encyclopedia of European Social History from 1350 to 2000*. Scribner. Detroit.

Stearns, P. N., 2015. "History of Childhood." In *IACAPAP Textbook of Child and Adolescent Mental Health*, edited by Rey, J. M. (ed), pp. 1-32. International Association for Child and Adolescent Psychiatry and Allied Professions. Geneva. Available at http://iacapap. org/wp-content/uploads/J. 9-H1STORY-OF-CH1LDHOOD-2015. pdf.

Stuchtey, B., 2013. "Solidarity with Children? Towards a History of Adoption." *German Hist Ins Lond Bull*: 43-56.

Tanturri, M. L., Melinda, M., Rotkirch, A., Sobotka, T., Takács, J., Miettinen, A., Faludi, C., Kantsa, V., and Nasiri, D., 2015. State-of-the-Art Report. Childlessness in Europe. Families and Societies Working Paper Series, Vol. 32, pp. 1-53.

Therborn, G., 2004. *Between sex and Power. Family in the World*. 1900-2000. New York: Routledge.

Thomson, E., 2015. "Children. Value of." In *International Encyclopedia of the Social and Behavioral Sciences.* 2nd edn. Smelser, N. J., Baltes, P. B. (eds), Elsevier. Amsterdam. pp. 498-501.

Tilly, L. A., Fuchs, R. G., Kertzer, D. 1., and Ransel, D. L., 1992. "Child Abandonment in European History: Asymposium." *J Fam Hist* 17 (1): 1-23.

United Nations, 2009. *Child Adoption: Trends and Policies*. United Nations Publications. New York.

United Nations Population Division, 2015a. World Population Prospects: The 2015 Revision. Available athttp://esa. un. org/wpp/.

United Nations Population Division, 2015b. World Urbanization Prospects: The 2014 Revision. Available at https://esa. un. org/unpd/wup/CD-ROM/WUP2014_ XLS_ CD_ F1LES/WUP2014-F02-Proportion_ Urban. xls.

Vallin, J., 2005. "Europe's Demographic Transition, 1740-1940." In *Demography. Analysis and Synthesis*, *A Treatise in Population*, Vol. *III.*, edited by Caselli, G., Vallin, J., Wunsch, G. (eds), pp. 41-66. Academic Press, Paris.

Verdier, P., 1986. *L'enfant en miettes*. Édouard Privat, Toulouse.

Volk, A. A., 2011. "Adoption: Forms, Functions and Preferences." In *The Oxford Handbook of Evolutionary Family Psychology*, edited by Salmon, C., Shackelford, T. K. (eds), pp. 113-127. Oxford University Press, Oxford.

Walker, P. J., 2006. "Adoption and Victorian Culture", *Hist Fam* 11: 211-221.

Weil, R. H., 1984. "International Adoptions: The Quiet Migration", *Int Migr Rev* 18: 276-293.

图书在版编目（CIP）数据

生育、人口与教育投资：家庭量化历史／（法）克
洛德·迪博耶（Claude Diebolt）等主编；郭永钦，蔡
孟君，王凌峰译.--北京：社会科学文献出版社，
2025.1
（量化经济史经典译丛）
书名原文：Cliometrics of the Family
ISBN 978-7-5228-2815-2

Ⅰ.①生… Ⅱ.①克… ②郭… ③蔡… ④王… Ⅲ.
①生育率-关系-教育投资-研究 Ⅳ.①C92 ②G467.2

中国国家版本馆 CIP 数据核字（2023）第 219461 号

量化经济史经典译丛
生育、人口与教育投资：家庭量化历史

主　　编／［法］克洛德·迪博耶（Claude Diebolt）　　［荷］奥克·莱普玛（Auke Rijpma）
　　　　　　［英］萨拉·卡米歇尔（Sarah Carmichael）　　［土耳其］塞林·迪利（Selin Dilli）
　　　　　　［德］夏洛特·施特默（Charlotte Störmer）

译　　者／郭永钦　蔡孟君　王凌峰

出 版 人／冀祥德
责任编辑／高　雁
责任印制／王京美

出　　版／社会科学文献出版社·经济与管理分社（010）59367226
　　　　　　地址：北京市北三环中路甲 29 号院华龙大厦　邮编：100029
　　　　　　网址：www.ssap.com.cn
发　　行／社会科学文献出版社（010）59367028
印　　装／三河市龙林印务有限公司

规　　格／开　本：787mm×1092mm　1/16
　　　　　　印　张：30.75　字　数：391 千字
版　　次／2025 年 1 月第 1 版　2025 年 1 月第 1 次印刷
书　　号／ISBN 978-7-5228-2815-2
著作权合同
登 记 号／图字 01-2022-1096 号
定　　价／128.00 元

读者服务电话：4008918866